全国交通土建高职高专规划教材

Gonglu Xiaoqiaohan Kance Sheji yu Shili

公路小桥涵勘测设计与示例

薛安顺　陈秋玲　等　编著

熊世龙[贵州省交通勘察设计研究院]　主审

人民交通出版社

内 容 提 要

本书为21世纪交通版全国交通土建高职高专规划教材。全书分为十章，第一章为概述；第二、三、四章主要介绍了小桥涵外业勘测的方法步骤及应该收集的有关资料；第五、六、七章分别介绍了小桥涵标准图的类别、功能、套用方法，涵洞进出口处理的几种常用方案，工程数量计算的方法、有关公式和参数；第八章为设计示例；第九章和第十章分别介绍了目前常用的涵洞和桥梁设计软件的主要功能和使用方法。

本书可作为交通高等职业技术教育道路桥梁工程技术专业教材，亦可供从事公路桥涵设计及施工技术人员参考使用。

图书在版编目（CIP）数据

公路小桥涵勘测设计与示例/薛安顺，陈秋玲等编著．
北京：人民交通出版社，2006.9
21世纪交通版交通土建高职高专规划教材
ISBN 978-7-114-06160-8

Ⅰ.公… Ⅱ.①薛…②陈… Ⅲ.①公路桥-桥涵工程-勘测-高等学校：技术学校-教材②公路桥-桥涵工程-设计-高等学校：技术学校-教材
Ⅳ.U448.142.5

中国版本图书馆CIP数据核字(2006)第107689号

书　　名：全国交通土建高职高专规划教材
　　　　　公路小桥涵勘测设计与示例
著 作 者：薛安顺　陈秋玲　等
责任编辑：师　云　邓　莉
出版发行：人民交通出版社
地　　址：(100011) 北京市朝阳区安定门外外馆斜街3号
网　　址：http://www.ccpress.com.cn
销售电话：(010) 59757969，59757973
总 经 销：人民交通出版社发行部
经　　销：各地新华书店
印　　刷：北京鑫正大印刷有限公司
开　　本：787×1092　1/16
印　　张：20
字　　数：491千
版　　次：2006年9月　第1版
印　　次：2011年8月　第4次印刷
书　　号：ISBN 978-7-114-06160-8
印　　数：7001-9000册
定　　价：36.00元

总　　序

针对高职高专教材建设与发展问题,教育部在《关于加强高职高专教材建设的若干意见》中明确指出:先用2~3年时间,解决好高职高专教材的有无问题,再用2~3年时间,推出一批特色鲜明的高质量的高职高专教育教材,形成**一纲多本、优化配套**的高职高专教育教材体系。

2001年7月,由人民交通出版社发起组织,15所交通高职院校的路桥系主任和骨干教师相聚昆明,研讨交通土建高职高专教材的建设规划,提出了28种高职高专教材的编写与出版计划。后在交通部科教司路桥工程学科委员会的具体指导下,在人民交通出版社精心安排、精心组织下,于2002年7月前完成了28种路桥专业高职高专教材出版工作。

这套教材的出版发行,首先解决了交通高职教育教材的有无问题,有力支持了路桥专业高职教育的顺利发展,也受到了全国各高职院校的普遍欢迎。

随着高职教育教学改革的深入发展、高职教学经验的丰富与积累,以及本行业有关技术标准、规范的更新,本套教材在使用了2~3轮的基础上,对教材适时进行修订是十分必要的,时机也是成熟的。

2004年8月,人民交通出版社在新疆乌鲁木齐召开了有19所交通高职院校领导、系主任、骨干教师共41人参加的教材修订研讨会。会议商定了本套教材修订的基本原则、方法和具体要求。会议决定本套教材更名为"交通土建高职高专统编教材",并成立了以吉林交通职业技术学院张洪滨为主任委员的"交通土建高职高专统编教材编审委员会",全面负责本套教材的修订与后续补充教材的建设工作。

2005年6月,编委会在长春召开了同属交通土建大类、与路桥专业链接紧密的"工程监理专业、工程造价专业、高等级公路维护与管理专业"主干课程教材研讨会,正式规划和启动了这三个专业教材的编写出版工作。

2005年12月,教育部高等教育司发布了"关于申报普通高等教育'十一五'国家级规划教材"选题的通知(教高司函[2005]195号),人民交通出版社积极推荐本套教材参加了"十一五"国家级规划教材选题的评选。

2006年6月,经教育部组织专家评选、网上公示,本套教材中有十五种入选为"十一五"国家级规划教材,2008年1月,又有六种教材在"十一五"国家级规划教材补报中列选,共计21种,标志着广大参与本套教材编写的教师的辛勤劳动得到了社会的认可、本套教材的编写质量得到了社会的认同。

2006年7月,交通土建高职高专统编教材编审委员会及时在银川召开会议,有24所各省区交通高职院校或开办有交通土建类专业的高等学校系部主任、专业带头人、骨干教师以及人民交通出版社领导共39位代表出席了本次会议。会议就全面落实教育部"十一五"国家级规划教材的编写工作进行了研讨。与会代表一致认为必须以入选的十五种国家级规划教材为基本标准,进一步全面提升本套教材的编写质量,编审委员会将严格按照国家级规划教材的要求审稿把关,并决定本套教材更名为**"全国交通土建高职高专规划教材"**,原编委会相应更名为**"全国交通土建高职高专规划教材编审委员会"**。以期在全国绝大多数交通高职院校和开办有交通土建类专业的高等院校的参与、统筹、规划下,本套教材中有更多的进入"十一五"国家级规划教材行列。

2007 年 5 月，编委会在湖南长沙召开工作会议，就“十一五”国家级规划教材主参编人员的确定和教材的编写原则作出了具体安排，全面启动“十一五”国家级规划教材的编写与出版工作。

2008 年 4 月，编委会在广东珠海召开工作会议，研讨了**“工学结合”**高职高专教材编写思路，决定在“十一五”国家级规划教材编写过程中，注重高职教学改革新方向，注重工程实践经验的引入，倡导**“工学结合”**。

本套高职高专规划教材具有以下特色：

——顺应交通高职院校人才培养模式和教学内容体系改革的要求，按照专业培养目标，进一步加强教材内容的针对性和实用性，适应学制转变，合理精简和完善内容，调整教材体系，贴近模块式教学的要求；

——实施开放式的教材编审模式，聘请高等院校知名教授和生产一线专家直接介入教材的编审工作，更加有利于对教材基本理论的严格把关，有利于反映科研生产一线的最新技术，也使得技能培训与实际密切结合；

——全面反映 2003 年以来的公路工程行业已颁布实施的新标准、规范；

——服务于师生、服务于教学，重点突出，逐章均配有思考题或习题，并给出本教材的参考教学大纲；

——注重学生基本素质、基本能力的培养，教材从内容上、形式上力求更加贴近实际；

——为加强学生的实际动手能力，针对《工程测量》、《道路建筑材料》等课程，本套教材特别配套有实训类辅导教材；

——为方便教学，本套教材配套有《道路工程制图多媒体教材》、《公路工程试验实训多媒体教材》、《路基路面施工与养护技术多媒体教材》、《桥涵设计多媒体教材》、《桥涵施工技术多媒体教材》、《现代道路测量仪器与技术多媒体教材》等。

本套教材的出版与修订再版，始终得到了交通部科教司路桥工程学科委员会和全国交通职教路桥专业委员会的指导与支持，凝聚了交通行业专家、教师群体的智慧和辛勤劳动。愿我们共同向精品教材的目标持续努力。

向所有关心、支持本套教材编写出版的各级领导、专家、教师、同学和朋友们致以敬意和谢意。

全国交通土建高职高专规划教材编审委员会

人民交通出版社

2008 年 5 月

前　言

随着我国“十一五”规划的制定和落实，新一轮的公路建设高潮正在兴起，各级政府对公路建设的投入逐年增大，高速公路、一般公路、农村公路呈现出齐头并进的发展态势，因而公路行业对技术和人才的需要更加迫切。各交通类职业技术院校都把培养学生的职业技能做为首要目标。小桥涵勘测设计，是路桥专业学生的基本技能之一，也是公路建设技术人员必须掌握的基本知识和能力。几年来，我们多次对教材进行了改革和整合，但一直没有一本专门介绍小桥涵勘测设计方法步骤并列有实例的教科书。为此，在2004年交通高职教材新疆会议上，制定了本书的编写计划和大纲，安排由陕西、新疆、吉林、贵州等交通职业院校共同完成编写工作。

本书编写的目标是：既能给学生详细地介绍小桥涵勘测设计的方法步骤，又能给予他们充实的资料和丰富的示例，力图使他们在学过专业课程之后通过阅读此书、参考示例，就能独立地承担起小桥和涵洞设计的任务；同时又可供各级各类公路设计单位的桥涵设计人员参考使用。全书共分十章，第一章为概述，重点介绍了小桥涵的概念和类别，阐述了小桥涵设计的重要性；第二、三、四章主要介绍了小桥涵外业勘测的方法步骤及应该收集的有关资料，详细说明了设计流量的计算方法和孔径确定的实用经验，描述了桥涵位置选定的原则和外业工作的注意事项；第五、六、七章，分别介绍了小桥涵标准图的类别、功能、套用方法，涵洞进出口处理的几种常用方案，工程数量计算的方法、有关公式和参数；第八章为设计示例，示例(一)至示例(五)为小桥部分，示例(六)至示例(十)为涵洞部分，包含拱式小桥、梁式小桥、直线小桥、弯坡小桥以及石拱涵、盖板涵、圆管涵、箱涵、倒虹吸等各种结构形式，内容丰富、设计资料及计算过程详尽，图纸齐全；第九章和第十章分别介绍了目前常用的涵洞和桥梁设计软件的主要功能和使用方法，为读者掌握CAD技术高效率完成小桥涵设计打下基础。

第一章、第二章以及第八章的示例(一)至示例(五)由陕西交通职业技术学院薛安顺编写；第四、五、六、七章由新疆交通职业技术学院陈秋玲编写；第三章由陕西省交通职业技术学院张省侠编写；第八章的示例(六)、(七)由陕西省交通职业技术学院郗锋编写；示例(八)、(九)、(十)由吉林交通职业技术学院沈艳东编写；第九、十章由陕西省交通职业技术学院何宜典编写；贵州交通职业技术学院张润虎审定了编写大纲和初稿。全书由薛安顺、陈秋玲统稿，贵州省交通勘察设计研究院教授级高工熊世龙总工程师主审。本书审稿会于2006年4月在贵阳召开，参加审稿会议的除了主编外，还有人民交通出版社卢仲贤、贵州交通职业技术学院张润虎、四川交通职业技术学院黄万才、贵州省桥梁工程总公司教授级高工刘经建、贵州省交通科技研究所高级工程师胡绍刚等同志，他们为本书提出了许多修改意见。在本书编写过程中，陕西省林业勘察设计院余建平同志提供了很多资料，陕西交通职业技术学院卢颖同志做了大量工作，书后所列参考文献为本书的编写给予了巨大的技术支持，在此一并表示诚挚谢意！

由于作者水平有限，加之时间仓促，书中不足乃至错误之处在所难免，恳请广大读者批评指正。

作　者

2006年7月于西安

前 言

目　录

第一章　概　　述

小桥涵勘测设计是公路设计中的一项重要工作，山区公路的每条自然沟和平原区公路的每道灌溉渠一般都要设置桥涵，高速公路需要的通道和桥涵数量更多，小桥涵的数量在整个公路工程中占有很大比例。因此，科学合理的进行小桥涵设计是降低工程造价、提高工程质量，保证公路安全、稳定和正常运营的重要环节之一。

第一节　小桥涵界定

小桥与涵洞统称为小桥涵，是用来跨越小溪流、干沟、已有路线、水渠、管道及方便人和动物穿越的小型构造物。按照中华人民共和国行业标准《公路工程技术标准》(JTG B01—2003)规定(表1-1)，多孔跨径总长 $8m \leqslant L \leqslant 30m$ 或单孔跨径 $5m \leqslant L_K < 20m$ 的桥梁称为小桥；单孔跨径 $L_K < 5m$ 的构造物称为涵洞；而对于管涵及箱涵不论管径或跨径大小、孔数多少，均称为涵洞。

桥梁涵洞分类　　　表1-1

桥涵分类	多孔跨径总长 L(m)	单孔跨径 L_K(m)
特大桥	$L > 1000$	$L_K > 150$
大桥	$100 \leqslant L \leqslant 1000$	$40 \leqslant L_K \leqslant 150$
中桥	$30 < L < 100$	$20 \leqslant L_K < 40$
小桥	$8 \leqslant L \leqslant 30$	$5 \leqslant L_K < 20$
涵洞	—	$L_K < 5$

其中单孔跨径是指桥涵的标准跨径，梁式桥及板式桥涵以两桥、涵墩中线间距离或桥、涵墩中线与台背前缘间距离为准；拱式桥和涵洞以净跨径为准；多孔跨径总长仅作为划分小桥及涵洞的一个指标，梁式桥、板式桥为多孔标准跨径的总长；拱式桥为两岸桥台内起拱线间的距离，其他形式桥梁为桥面系车道长度。

第二节　小 桥 类 型

按结构形式来划分，小桥可以分为梁式小桥和拱式小桥。

(一)梁式小桥

1.按上部结构有无预应力可以分为普通钢筋混凝土小桥和预应力混凝土小桥。普通混凝土小桥在工程中运用最为广泛，常用的有：预制板、现浇板、预制梁(包括T形、I形、Π形、箱形)、现浇梁、小型刚构等。其中板式小桥应用最为广泛，按施工方法可分为装配式和整体式。按横截面形式又可分为实心板和空心板。在高等级公路和桥涵工程比较集中的二、三级公路项目中，也采用预应力混凝土结构。小桥的上部预应力混凝土结构一般为空心板，采用先张法预制，然后装配安装。

2.按照桥梁与水流方向是否正交,梁式小桥可分为正交小桥和斜交小桥。斜交小桥又分为斜交斜做和斜交正做两种方式(图 1-1、图 1-2)。在高等级公路中,斜交小桥占的比例越来越大,多采用斜交斜做方式。

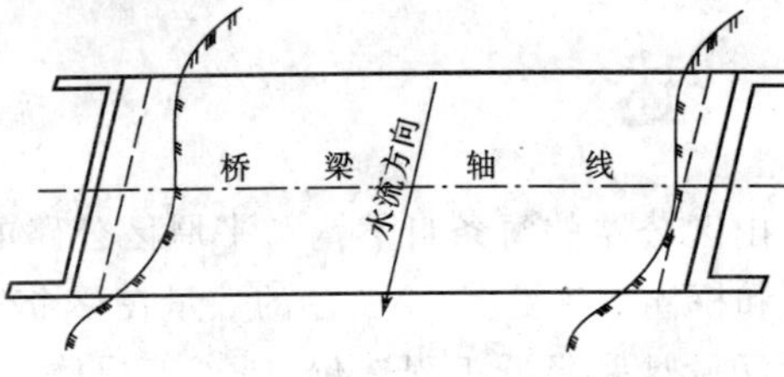

图 1-1 斜交斜做

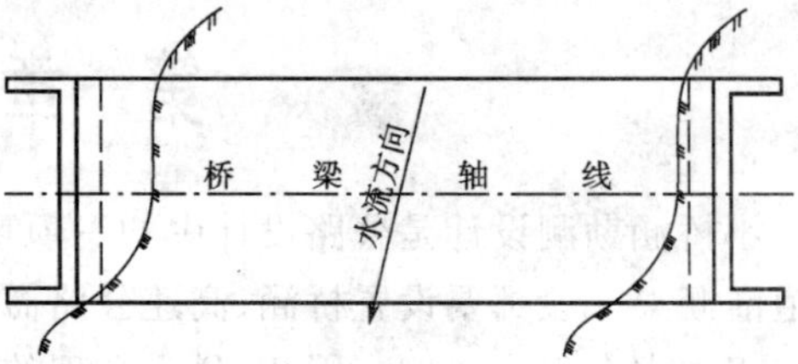

图 1-2 斜交正做

3.按上部结构的受力情况,梁式小桥可分为:简支梁(板)、连续梁和刚构,如图 1-3、图 1-4、图 1-5 所示,连续梁和刚构在跨线桥和人行天桥类小桥中运用较为普遍。

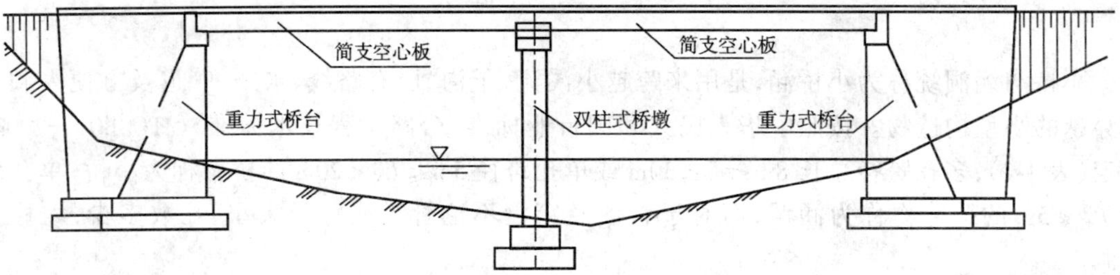

图 1-3 简支板小桥

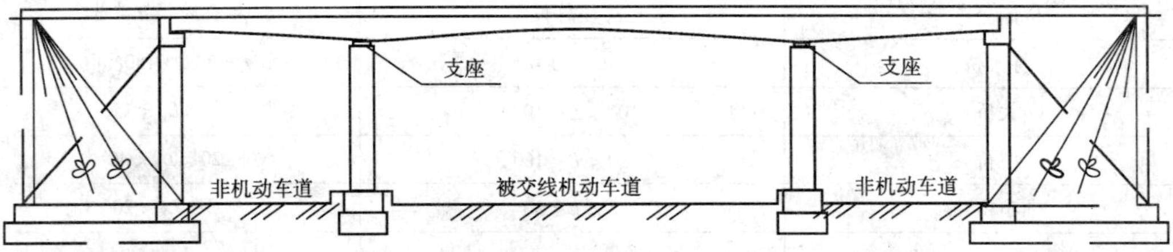

图 1-4 连续梁小桥

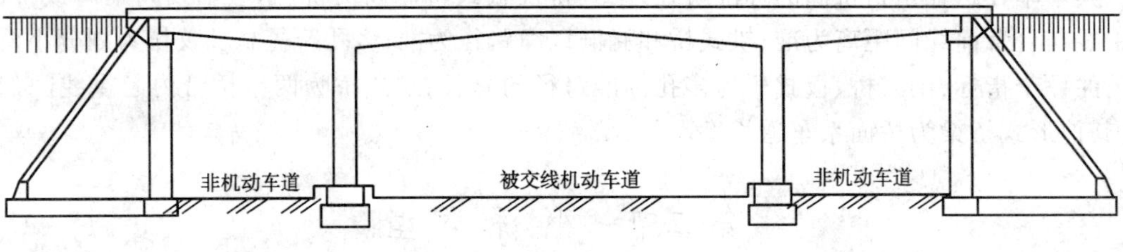

图 1-5 刚构小桥

4.按桥梁的受力体系和下部结构的形式,梁式小桥又可分为一般简支梁式小桥和四铰框架式轻型墩台小桥,如图 1-6 所示。轻型小桥单孔跨径不大于 13m,跨数不多于三跨,墩台与上部结构采用锚栓连接,墩台之间设支撑梁。在受力方面,上下部结构共同作用,形成四铰框架从而减少了墩台内力,使墩台尺寸减小,结构十分轻巧,节约材料,减小地基压力。该类小桥在平原区跨线桥中也得到广泛应用。

(二)拱式小桥

1.按拱轴线形式,拱式小桥可分圆弧拱和悬链线拱。圆弧拱受力状况较差,但由于线形简单,施工方便,在跨越小型河沟桥梁和园林景观桥梁中运用较多,圆弧拱小桥如图 1-7 所示。

跨径 13m 以上的拱桥，多采用悬链线拱，以改善受力条件。

2.按建桥所用材料来分，有石拱桥、混凝土拱桥、钢筋混凝土拱桥。石拱桥能就地取材，用块、片石或料石砌筑，施工方便，造价低廉，在山区公路中广泛应用。在部分石料缺乏地区，若需要修建拱桥，可用混凝土浇筑，或用混凝土预制块砌筑。钢筋混凝土拱桥一般为肋拱或刚架拱。肋拱小桥、刚架拱小桥分别如图 1-8、图 1-9 所示。

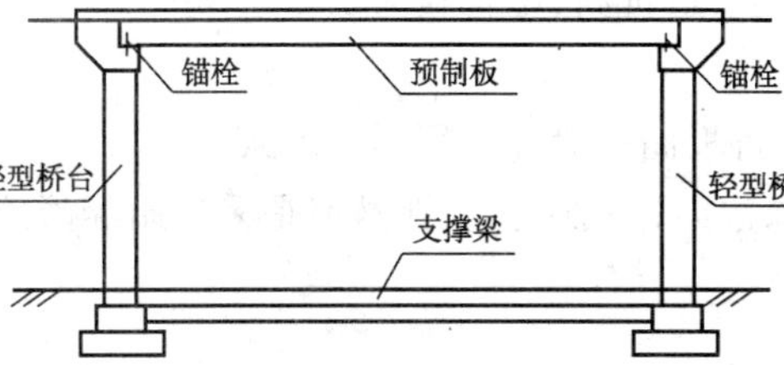

图 1-6　轻型墩台小桥

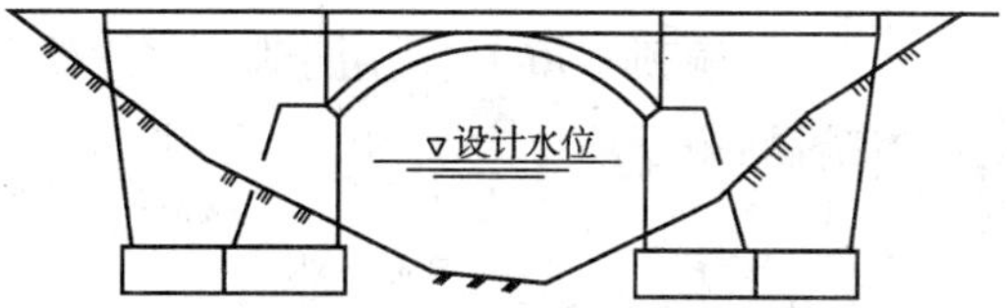

图 1-7　圆弧拱小桥

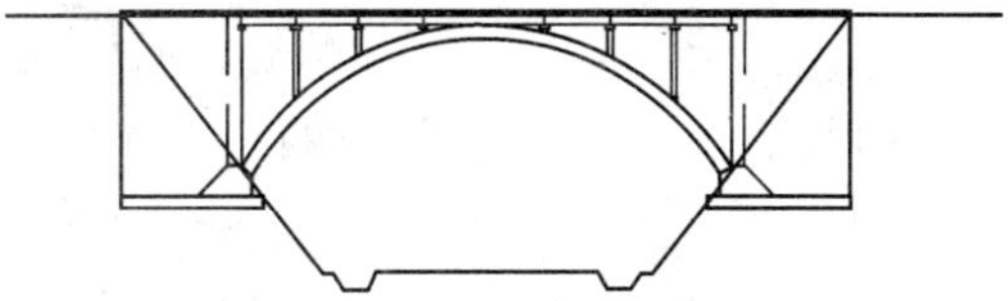

图 1-8　肋拱小桥

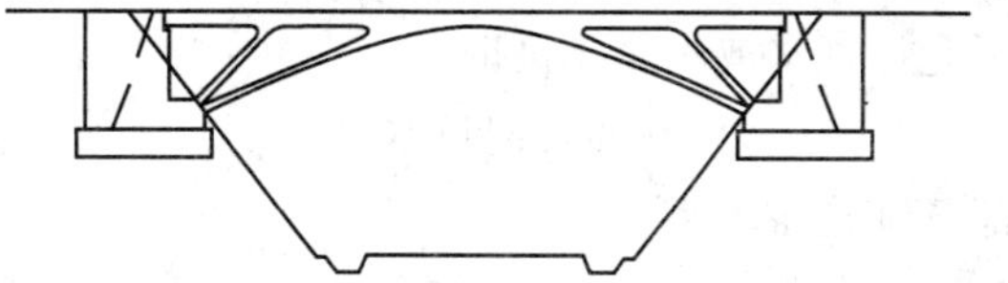

图 1-9　刚架拱小桥

3.按拱圈结构来分，拱式小桥分为板拱、双曲拱、肋拱、刚架拱、桁架拱等。板拱为矩形截面，一般采用石料或混凝土预制块砌筑或用混凝土现浇。双曲拱、肋拱、刚架拱、桁架拱均为钢筋混凝土构件预制安装。

4.按行车道与拱圈的相对位置，拱桥分上承式、中承式和下承式。一般拱式小桥均采用上承式，中承式和下承式较少采用。

5.按桥梁在公路轴线上的位置，可分为直线桥、曲线桥和直曲线桥。桥梁位于直线段的叫直线桥，桥梁位于曲线段的桥梁叫曲线桥。桥梁一部分在直线段，一部分进入曲线段则可称为直曲线桥。随着公路等级的提高，曲线桥梁越来越多，弯、坡、斜桥梁在高等级公路建筑物中占有很大比例。弯石拱桥由于施工简单方便，易于适应线形，造价低，在山区公路上经常使用。

第三节　涵 洞 类 型

(一)按建筑材料分类

1.石涵：包括石盖板涵和石拱涵。石涵造价低、养护费用少，节省钢材和水泥，在产石地区应优先考虑采用石涵。石拱涵是公路上应用最广泛的涵洞形式。

2.混凝土涵：可现场浇筑或预制成拱涵、圆管涵和小跨径盖板涵，这种涵洞节省钢材，便于预制，但损坏后修理和养护较为困难。

3.钢筋混凝土涵：可用于管涵、盖板涵和箱涵。其优点是坚固，经久耐用，养护费用少。钢筋混凝土管涵、盖板涵安装运输便利，但耗费钢材较多，预制工序多，造价较高。

4.其他材料涵洞：有陶瓷管涵、铸铁管涵、波纹管涵、砖涵、石灰三合土拱涵等。

(二)按构造形式分类

1.管涵：受力性能和对地基的适应性能较好，管涵不需墩台，圬工数量少，造价低，适用于有足够填土高度的小跨径暗涵。

2.盖板涵:构造简单,易于维修,有利于在低路堤上修建,一般按明涵设计,在高等级公路上还可以作为被交线通道使用。

3.拱涵:适宜于路线跨越深沟或建高路堤时采用。一般设计为暗涵,在山区和石料丰富地区广泛采用。其承载能力大,砌筑技术容易掌握,造价低,缺点是自重引起的恒载大,对地基承载要求高,施工工序繁多,进度较慢。

4.箱涵:整体性强,适宜于软土地基,但用钢量多,造价高,施工较为困难。

(三)按洞顶填土情况分类

1.明涵:洞顶不填土,适用于低路堤、浅沟渠。盖板涵一般都采用明涵形式。

2.暗涵:洞顶填土大于50cm,适用于高路堤、深沟渠,一般拱涵、管涵都是采用暗涵形式布置。

(四)按水力性能分类

1.无压力式涵洞:进口水流深度小于洞口高度,水流流经全涵保持自由水面,适用于涵前不允许壅水或壅水不高时。

2.半压力式涵洞:进口水流深度大于洞口高度,但水流仅在进口处充满洞口,在涵洞其他部分都是自由水面。

3.有压力式涵洞:涵前壅水较高,全涵充满水流,无自由水面,适用于深沟高路堤。

4.倒虹吸管:路线两侧水深都大于涵洞进出水口高度,进出水口设置竖井,水流充满全涵身,适用于横穿路线的沟渠水面高程基本等于或略高于路基高程的情况。此类涵洞属有压力式,且涵洞中常年有水,易于堵塞和冒水浸泡路基,在选线时应尽可能避免,通常当灌溉渠横跨公路,比路面高,又达不到设渡槽的净空高度时,不得已才采用这类涵洞。

(五)按涵洞与路线的夹角分类

分正交与斜交两种,斜交涵洞又分斜交斜做和斜交正做两种形式。盖板涵、箱涵一般采用斜交斜做。拱涵和圆管涵若与路线斜交,为改善受力和施工方便一般采用斜交正做。斜交涵洞如图1-10所示。

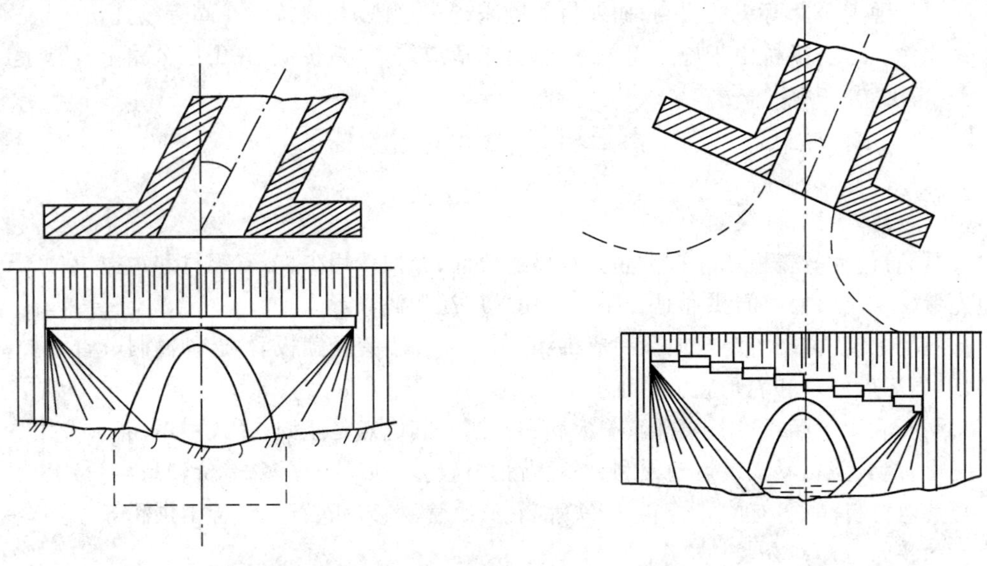

图1-10 斜交涵洞

a)斜交斜做;b)斜交正做

第四节　小桥涵设计的重要性

就个体而言，小桥涵工程数量较小，但对整条公路来说，因其分布全线，工程量占有很大比重。一般平原区每公里有1～3道，山区3～5道，据全国195条三、四级公路资料统计，小桥涵投资占公路总投资的20.56%，其投资额为大、中桥的三倍左右。在高等级公路上，其所占比例更大。可见，小桥涵的设计与布置是否合理，对于整条公路的造价和使用质量都有很大影响。

1.小桥涵是公路的重要组成部分，由于其数量多，形式各种各样，工程量大，在工程造价中占有很大比例，能否精心设计对工程总投资和工程施工进度有重大影响。

2.小桥涵是公路防御洪水的重要结构物，其跨径拟定、结构选择、轴线与水流方向的夹角确定、进出口处理以及台背回填等都与公路整体工程质量及安全运营有着密切关系，不能轻视。

3.公路是一个线形带状结构物，会对农田灌渠造成破坏。因此设计小桥涵合理解决农田灌溉问题，不仅是农业生产的需要，也是公路安全的需要。

4.在高速公路设计中，认真调查布设好小桥涵和通道，不仅关系到工程项目的建设和安全运营，而且涉及保护农民利益问题。如果通道和小桥涵布设不合理，可能对周围群众的生产和生活带来很大影响，从而导致村民阻拦施工，影响到工程项目的顺利实施。

5.跨线小桥是公路景观的重要组成部分，简洁大方、舒展优美的桥型结构将为公路增色为城市添彩，而笨拙、不协调、粗糙的跨线桥则破坏景观，给人造成视角障碍和心理上的不适应。因此在进行跨线小桥设计时一定要精心考虑美观效果，切不可简单套用标准图了事。

6.设计施工好小桥涵是对工程技术人员业务能力、工作水平、敬业精神的一种考评。虽然小桥涵技术不甚复杂，但马虎粗心就会造成质量事故，给国家造成损失，也给自身声誉造成不良影响，因小失大。因此，从事这项工作的工程技术人员必须引起足够的重视。

复习思考题

1.什么叫小桥涵？现行《公路工程技术标准》中对小桥和涵洞是如何界定的？
2.小桥和涵洞有哪些区别？
3.小桥如何分类？各种形式小桥的适用情况如何？
4.涵洞如何分类？什么是明涵？什么是暗涵？
5.箱涵和倒虹吸各适用于什么情况？
6.什么叫斜交涵洞？斜交斜做和斜交正做各有什么优缺点？
7.拱式小桥的拱轴线有哪几种形式？
8.拱式小桥的拱上建筑形式有哪几种？各有什么优缺点？
9.刚架拱小桥和肋拱小桥适用于什么地形地质情况？
10.简述设计好小桥涵的重要意义。

第二章 小桥涵现场调查与资料收集

在公路勘察设计中，小桥和涵洞必须服从路线的走向和要求，为路线服务。外业勘测时，路线组在前，桥涵组在后，路线组在现场打出中桩后，桥涵组即可开展现场调查和资料收集工作。

第一节 小桥勘测及资料收集

小桥勘测的目的在于搜集和初步整理出小桥设计所需的资料，是整个勘测设计过程的前期准备阶段，是为小桥设计以及水力计算提供必须的资料和依据。其主要内容有：拟建桥址处和形态断面处的测量和水文勘测；工程地质和地貌调查；气象尤其是洪水期的暴雨资料收集；建筑材料的供源调查；原有桥涵构造物和水利设施的情况；当地对拟建桥梁的要求等。可归纳为：定桩号、测高程、量夹角、测断面、勾草图、探地质、算流量、找料源、拟结构、定跨径等 10 个步骤。

一、一般小桥的勘测步骤

(一)定桩号、测高程

即确定路线与河沟中心线相交点的桩号和高程，是确定桥梁位置的重要依据。对于直线路段，可由邻近河沟的中桩桩号，测量推算河沟中心桩号。用全站仪放线时，可直接立棱镜测出河中心的坐标，以计算桩号。当路线以曲线跨越河沟，拟设计曲线桥梁时，一般应对曲线跨河路段中桩进行加密，以反映河沟的地形变化。根据计算坐标放出这些加密点，再从离河中心最近处的中桩丈量确定河沟中心桩号。高等级公路通常先测量地形图，纸上定线，然后实地放线、移线。这时的河沟中心桩号在图上即可确定，在现场放线时予以确定和校对。需要说明的是这一桩号仅在勘测阶段使用，是为了调查方便确定的一个参考桩号，桥梁结构、桥长确定以后，施工图中桥梁的桩号是以桥梁中心(桥长一半处)的桩号为准的，二者不一定相等。河沟中心桩号确定后，钉设木桩，用水准仪或全站仪测定该处地面高程，即为测高程。对于农村公路上的独立小桥，首先要根据地形和路线走向确定桥梁轴线，在桥梁轴线两端各设两个控制桩，以固定桥位。测量这四个桩位的坐标和高程，作为桥梁设计和施工的依据。

(二)量夹角

即测定路线轴线前进方向与河沟水流方向之间的夹角，用以确定桥梁的斜度。有精确的大比例尺地形图，采用纸上定线的公路，可以直接在地形图上量出路线与水流方向的夹角。低等级公路现场测定夹角，一般用圆盘做概略测定。立圆盘于河沟中心桩位处，在路线方向前后两中桩立两根花杆。用圆盘的零度方向瞄准路线前进方向，用另外两根花杆立出水流方向，用盘指针指向该方向，读数即为路线前进方向与水流方向的夹角。注意对于河道有弯曲或水涯线不明确的河道，要观察河道走势，判断发洪水时的水流主方向，作为水流方向。高等级公路跨河或跨越被交道路时，夹角要精确测量，此时应采用经纬仪置于交点处，瞄路线前进方向和水流方向(或被交线方向),用测回法测定夹角值。现场记录一定要绘出路线前进方向和水流方向,标上箭头,注明所测角度。并与现场认真核对,以防出现差错,导致设计斜度方向错误。

(三)测断面

对小桥而言是指测定桥位河床断面,通常与中桩组放线配合进行。在跨河沟处,沿公路轴线,测定每一个地形变化点的桩号和高程,有水流时还要测出水边、河中最大水深处的桩号和高程,以便准确绘制桥位断面,供桥跨布置时使用。用全站仪施测时,将全站仪置于河沟视线良好一岸的中桩上,瞄准路线前进方向,并做水平制动,然后沿此方向在各变化点立棱镜测出距离和高程,得到各地形变化点的桩号和高程。无全站仪时,可用经纬仪、花杆、皮尺、水准仪进行测量。将经纬仪置于一岸中桩上,瞄准另一岸中桩得到桥轴线方向,沿此方向立花杆,用钢尺或皮尺丈量距离,计算各变化点桩号,并打上临时桩。然后用水准仪与已知高程点或水准点连测,得到这些点的高程。在图纸上以水平方向为里程,以竖直方向为高程,绘出这些地形变化点,用折线连接起来(通常采用1:200比例尺)即得到桥位断面图。

如果是曲线桥,则要计算加密曲线中桩,然后现场采用目估内插,皮尺丈量的方法确定地形变化点与已知中桩线之间距离,从而推算其桩号,高程则可以用水准仪测得。

当桥轴线左右两侧地形变化较大时,除了测量桥轴线断面以外,还要测定桥梁上、下游边线跨河沟断面,以及各地形变化点处的路线横断面,为拟定桥梁结构,确定基础结构形式和埋深提供详细资料。

(四)勾草图

即勾绘桥位平面简图。野外调查时勾绘的平面图,主要反映河沟走向、路线走向、周围地形地物,以便确定桥梁方案时参考。在桥涵记录本上绘制草图,主要是为了帮助设计者记住地形地貌,回顾有关细节。桥位平面图作为施工图纸中的重要一页必须在文件中反映。因此,在地形测量不够细致,或者图幅反映区域范围不够的情况下,应对桥位地形图进行补充测量,绘制准确的平面图。通常公路路线平面图采用1:2000比例尺。小桥平面图可以直接采用该地形图绘制,但如果地形复杂,或桥梁结构较小,在1:2000平面图上表达不清楚时,应选用大比例尺1:1000或1:500绘制桥位平面图,对桥梁布置和施工提供有效的帮助。

(五)探地质

即勘探、调查、记录桥位的工程地质情况。小桥的工程地质初勘一般与路线初勘合并进行。地质地貌情况调查对象是对小桥及其附属工程有影响的地质现象。调查范围:在沿路线方向为桥址处的河沟床和两岸谷地或阶地,沿河沟方向为桥址上、下游各50~100m。小桥工程地质的勘测,以调查为主,挖钻探为辅。充分利用各种有关地质资料,如附近原有结构物的基础情况、水井井壁的土质情况等。当有岩石外露或有明确参考资料时,通过观察、总结即可进行描述。当地质情况不易判定时,才进行针对性挖(钻)探。

地形和地质条件简单的小桥涵,原则上一座桥梁设置一个勘探点,用以探明基底一定深度的地层及其岩性特征。根据勘探资料,应逐个提供地层的土石分类及基底承载力情况,但在地层结构基本一致的地区的多座小桥,可以仅以一座桥梁地层作代表性勘探。对于地质条件复杂,跨径较大的小桥,勘探点不应少于两个,深度视地层松软程度而定。挖(钻)探应有现场原始记录,必要时可抽取典型土样、水样进行试验或化验。地质条件复杂的一般桥梁,勘测时需有地质说明记录,必要时要绘制桥址的工程地质纵断面图,并另附地质勘探与试验资料,其中包括土石分类情况及承载力数据等。如图2-1所示。在勘测过程中,一般简单地形地质情况下的小桥,直接由桥涵组记录、描述地质情况。而复杂的地质条件,均由设计院的地质钻探队或委托有资质的地质勘探部门完成，由他们钻探、试验、分析、出具地质报告和工程地质适用性评价。

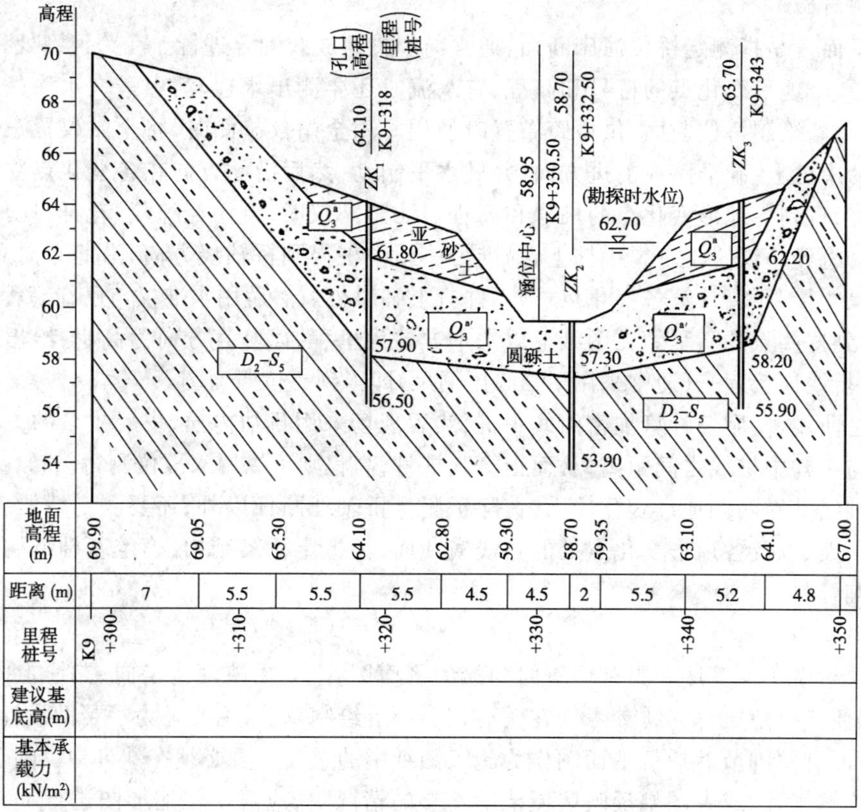

图 2-1　桥址地质断面图

(六)算流量

即计算分析确定桥位断面的洪水流量。确定流量的方法有暴雨洪水法、形态调查法和直接类比法，详细计算方法将在第三章专题介绍。外业阶段重在完成好水文资料的收集工作。应向桥位所在地就近水文站、水利和防洪等部门收集有关水文资料。包括各种频率的年洪峰流量、相应的洪水位高程(包括所依据的水准点位置和高程)；桥位附近的坝、闸等水利工程的坐落位置，修建年月及控制的流域面积和蓄水能力；沿河沟上、下游的河床冲刷或淤积、变迁情况等。如果没有水文资料，则要向当地气象台、气象站、雨量站收集气象资料，包括年、月平均流水量、暴雨密度和持续的时间、气温情况、主导风向和风力等。向测绘部门购买 1∶10000～1∶50000地形图，用以勾绘汇水面积，同时还要详细观察流域的树木，农作物生长情况，正确描述流域的植被情况，为采用径流形成法时的计算参数确定提供依据。

当上、下游有已建桥涵时，可用直接类比法确定桥位流量。对原有小桥的调查内容主要有以下 4 点。

1.原有桥梁的结构形式，主要尺寸，基础的埋置深度，并绘制结构草图。

2.调查修建年月及使用情况，包括损毁和修复情况，原建桥梁使用以来的洪水发生情况，桥涵下的泄洪流量 Q，桥涵前水深 H 和下游河沟水深 h_0，判别与洪水痕迹相应的洪水频率 p，分析桥下水流的流态，了解原桥址河段河床的冲淤变化，桥涵墩台和铺砌等构造物的基础被冲刷、水毁以及防护情况。

3.当原建小桥与拟建小桥之间距离较远时,则需分别勘测二者的汇水面积,河沟长度以及调查地形、地貌、地质等差别情况。

4.当拟建小桥有可利用的原有构造物时,需调查其完好程度,判别可利用部分结构尺寸及承载能力,并提出改善措施。当原有构造物泄洪能力不足,壅水危害上游农田及其他设施时,还需增加有关项目的勘测,以提供改建利用的必要资料。

(七)找料源

即进行料场调查,寻找确定适合的建筑材料,也称作地方材料调查。地方材料调查的主任务是确定砂子、片石、碎石的开采地点、物理力学性质、路用性能、运输路线、运输方式和运输距离。对选定的料场,首先要找当地政府、村民委员会以及环保等部门,确定可否开采使用。还要采集样品、试件进行试验分析,块石一般要做强度试验,砂子要做筛分试验,确定含泥量和细度模数,碎、砾石则要做针、片状颗粒分析和磨耗试验。确定这些材料的分布和使用情况,为桥梁结构的拟定提供依据和参考。调查内容如下。

1.料场位置,支线运输里程,工程数量和运输条件。

2.料场名称,材料质量及等级,开采难易程度及成品率,开采季节及方法(包括自行开采或成品采购两种方式)。

3.料场面积,占用地(m^2)及所属单位,堆放地点及其他注意事项。

4.材料储量,覆盖层和有用层厚度,对于商品料场,要调查其供应量和已供的项目、对本项目的供应能力、价格等。

5.地下水位和洪水时料场可能淹没的情况。

6.运输成本和费用。自采材料,要分析计算。目前工程项目多采用外购形式,则应调查材料出厂价和运费,以确定到场价格,同时要考虑运输路线的通畅情况,是否收费,收费项目、收费额度等因素。

对于桥位附近的料场,可在桥位平面图或工程地质图上圈定,并尽量利用已有勘查、试验等资料。超出图幅之外的料场,可另绘料场示意图。一般采用皮尺和手水平测量,观察岩石露头,清除表土及布置适当数量的坑、槽等简易勘探点。对卵石、砾石、砂和黏土料场,可选取代表性样品进行试验,必要时还要对石料及工程用水进行试验。天然建筑材料取样数量及试验项目见表 2-1。

天然建筑材料取样数量及试验项目　　表 2-1

序号	名　称	取样数量	试验项目
1	石料	不少于两组,每组尺寸为$(20\times20\times5.5)cm^3$三块	单位重,吸水率,抗压强度,抗剪强度,抗冻试验(需要时)
2	砂砾	一般不少于两个,每个砂样不少于60kN,砾、卵石为50~100kN	筛分,单位重,含泥量,云母含量,扁状、针状颗粒含量及其他物质等
3	黏土、扰动土	一般不少于5kN	单位重,液限,塑限,颗粒分析
4	工程用水	不少于15kN,其中5kN需放大理石粉5g,作侵蚀性CO_2试验	水对混凝土的侵蚀性、拌和混凝土的和易性

(八)拟结构

即现场拟定桥跨结构。根据桥位地形、地质、地貌、洪水痕迹、工程材料,以及可能的桥面高程,桥涵调查人员应现场拟定桥跨结构的初步方案。

当河滩较平缓,桥梁高度较小时,一般应选择梁桥方案。梁式小桥应优先考虑普通钢筋混凝土空心板,因为该类桥工艺简单,预制安装比较方便。当高等级公路有多座小桥,距离不是很远,可以集中预制时,也可考虑采用预应力空心板桥。梁式桥的下部结构一般采用桩柱式墩台,地基承载力高,水流冲刷较小时,可考虑采用条形扩大基础、重力式U形桥台。当河床纵坡较大,暴雨季节有漂浮物和滚石时,宜选用重力式桥墩,以增强抗冲击能力。

当小桥跨越被交道路时,为减少占地,减小墩台体积,可考虑采用轻型墩台桥梁或小型现浇连续梁或刚构,增加桥梁的美观和适用性。跨线桥也采用T形梁、Π形梁、双曲拱、刚架拱、肋拱、斜腿刚构等轻型结构。

当小桥较高或跨越深沟时,则应尽量减少跨数,以减少下部工程数量。如果两岸为基岩,当地石料丰富时,可考虑采用拱桥方案,方便施工,降低造价。

如果小桥位于曲线路段,在山岭区若地质较好,一般宜选用弯石拱桥,构造简单,施工方便。当地基持力层较深或路线位于平原区时,视平曲线半径大小,设连续弯板或弯简支梁桥。

当路线与河沟斜交时,若河沟中无水,不存在阻水或冲刷问题。采用斜桥正做比较方便。斜交角度较大,又有水流时,一般应采用斜桥斜做,斜交小桥一般以板桥为主,采用整体现浇或预制安装。

(九)定跨径

确定小桥跨径是与拟定桥跨结构要同时考虑的问题,拟定跨径既要满足排水泄洪要求,同时又要考虑结构受力,并且尽量要套用标准跨径,以方便设计和施工。桥台高度一般以不超过4m为宜,避免引道填土产生过大的土压力和过量的沉降,产生桥台推移或桥头跳车。对于小桥而言,跨径只有8m、10m、13m、16m、20m五种,选择时要合理套用标准图,一般采用等跨径,并且尽量减少孔数,以降低造价。同时要考虑施工的方便。比如有一个30m宽的河沟,有1×30m、3×10m、2×13m、2×16m、4×8m等多种选择。若河沟宽浅,采用梁桥方案,1×30m跨径过大,要采用预应力结构,施工成本大;4×8m墩柱太多,影响排洪又不经济,所以尽量不用这两种方案;而3×10m、2×13m、2×16m这三种方案都基本可行,可结合河床断面及地形情况选定一种。若河沟较深,中间设墩柱较困难时,则应尽量减少孔数,可以考虑1×25m或1×20m、或2×13m拱桥跨过。现场拟定的结构和跨径,仅是一个指导性意见,桥梁方案的最后确定还要在内业设计时详细考虑确定。因为小桥都要服从路线走向,也尽可能要服从路线高程,只有在路线纵坡确定,平面确定后,桥梁方案才能最终确定。外业调查要给内业设计者提供尽可能充足的资料和准确合理的建议。

二、跨线小桥的勘测

1.主体交叉小桥(亦称跨线小桥)和通道的净空确定

外业首先要调查被跨越公路、铁路的等级标准以及今后是否有可能改建提高;若是农村道路,应调查和预测行人及农用车的通行量,丈量原有道路宽度,同时要考虑公路修建后阻断两侧乡村道路所增加的人行和车流量,若是城郊还应调查和预测自行车的通行情况。根据标准跨径确定净宽值,根据路线设计高程(上、下线)和建筑高度要求确定净高值,表2-2中计算公式里表示几何尺寸的符号如图2-2所示。

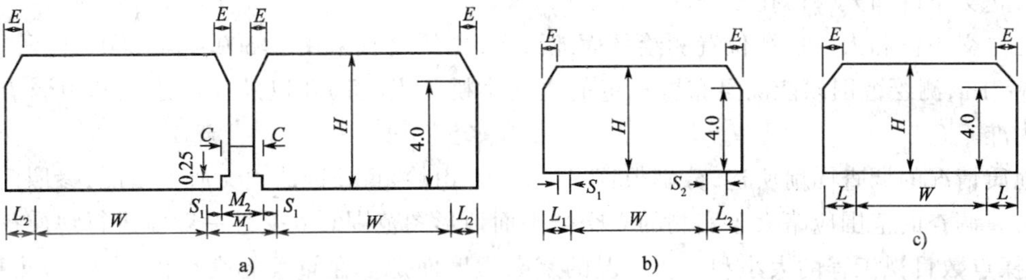

图 2-2　跨线桥的建筑净空(尺寸单位:m)

a)高速公路、一级公路(整体式);b)高速公路、一级公路(分离式);c)二、三、四级公路

跨线桥净空尺寸表　　表 2-2

被跨越的道路等级或类别			地形	净宽 L_0(m)	净高 H(m)	计算公式
高等级公路	高速公路	整体式	平原微丘	11.25 (11.0)	5.0	$L_0 = W + C + S_1 + L_2$
			重丘	11.0 (10.5)		
			山岭	10.5 (9.75)		
				9.75 (9.0)		
		分离式	平原微丘	11.25	5.0	$L_0 = W + L_1 + L_2$
			重丘	11.0 (10.75)		
			山岭	10.5 (10.0)		
				9.75 (9.25)		
	一级公路	整体式	平原微丘	11.0 (10.5)	5.0	$L_0 = W + C + S_1 + L_2$
			山岭重丘	9.75 (9.0)		
		分离式	平原微丘	11.0 (10.75)	5.0	$L_0 = W + L_1 + L_2$
			山岭重丘	9.75 (9.25)		
一般公路	二级公路		平原微丘	11.5	5.0	$L_0 = W + 2L$
			山岭重丘	8.0		
	三级公路		平原微丘	8.0	4.5	
			山岭重丘	7.0		
	四级公路		平原微丘	6.5 (6.0)	4.5	
			山岭重丘	6.0		
乡村道路	人行通道(人孔)			4.0 (2.5)	2.2	
	畜力车及拖拉机通道(机孔)			4.0 (2.5)	2.7	

注:①本表计算公式中符号表示如下:

W—行车道宽度;C—中央分隔墙襟边宽度;S_1—行车道左侧路缘带宽度;

L_1、L_2、L—左侧硬路肩宽度、右侧硬路肩宽度、一般公路时孔内路肩宽度。

②表中高等级公路、一般公路的净宽 L_0,当受地形条件及其他特殊情况限制时,可采用括号内数值。乡村道路中的人孔、机孔(单向行驶时)L_0 可采用括号内数值,以减小工程量。

③当立交小桥和机孔内设置的人行道宽度大于孔内路肩宽度时,L_0 应包括所增加的宽度。自行车道净高一般为 2.5m,人行道与自行车道设在一起时,同按2.5m净高设计。

2.立交小桥和人(机)孔勘测注意事项

在立交小桥和人(机)孔位置测绘平面地形图,比例尺宜采用1:500～1:1000,其等高距可用0.5～1m,测绘范围以能满足布置拟定的立交小桥和人(机)孔以及孔口建筑和附属工程的需要为准。

地质情况的调查同前所述,分别根据平原微丘、山岭、重丘区的立交所处情况,参照前述项目进行。调查的范围应略大于实测的立交址平面地形图范围。立交址一般应进行地质挖(钻)探,勘探点数目视工程的大小和地质情况的复杂程度而定。在布置立交小桥、人(机)孔身、孔口建筑和附属工作范围内,一般分别沿立交的每条路线中线取间距为50～100m的垂直勘探断面。各勘探断面上取2个以上勘探点。挖(钻)探深度应透过最大冻结深度,在立交小桥和人(机)孔基础下,按地基与基础的设计要求确定深度;下穿线若为开挖的土质路堑,挖(钻)探深度应达到下穿线的路基设计高程以下1～2m;若为石质路堑,挖(钻)探深度只要达到路基设计高程下较坚实的岩层即可。

立交小桥和人(机)孔勘测后,可分别沿立交的每条路线中线绘制纵断面图,同时绘制工程地质纵断面图,如图2-1。

当下穿线由于受到上跨线高程和主要构造物的净高 H 限制时,下穿线路基高程必须低于原址地面,即以挖路堑形式通过时,则应考虑设排水管和蒸发池,将通道内积水排往蒸发池中或邻近天然河沟。在城市要考虑设泵站排水。此时水力计算可视下穿线的小桥和人(机)孔址为出水口,调查收集外业资料,确定两侧汇水区的几何参数,运用流形成法或暴雨推理法推求设计流量,作为泵站等排水设施设计的依据。在通道中若水流量不大时,为方便行人,可在通道路面一侧或两侧设排水沟,使水流、行人互不干扰。

注意在勘测中,对立交的孔内、孔口、基础、下穿线路堑边坡等处,应以综合治理原则提出对地表水和地下水系统处理的建议。关于地表水和地下水的具体处理方法,可参考路基的地面与地下排水有关方法。小桥勘测调查记录可参考表2-3。

小桥勘测调查记录表 表2-3

桩号		小桥编号	
地点		路基宽度	
河沟与路线夹角		建设小桥斜度	
桥位平面示意图			
工程地质情况			
工程材料	(材料名称、产地、运距、运输条件、价格等)		
拟定桥梁形式及跨径			

第二节　涵洞调查及资料收集

涵洞调查的目的是为了确定涵洞流量、斜度，拟定涵洞结构形式和跨径，确定合理可行的进、出口方案，使天然沟、渠、路基排水畅通。保证路基安全，是桥涵组的一项重要任务。调查方法、步骤与前节小桥调查基本一致，只是侧重点和测量的断面稍有不同，也分为**定涵位**、**测夹角**、**勾草图**、**量断面**、**探地质**、**拟结构**、**定跨径**等几个步骤，以下分别予以介绍。

(一)确定涵洞位置，测定涵洞中心桩号、高程

桥涵调查组一般由 3 ~ 5 人组成。一人在前，沿中线组所打中桩前进，察看地形，分析判断应设涵洞的位置。一般凡遇沟、灌溉渠必须设涵，无沟的山坡或平原地带，每公里要不少于 3 道，弯道路段，在弯道中间处设涵将内侧边沟水排到外侧，以免急流对路基产生危害。在陡路段的底端，由于坡度变缓，易于产生冲刷，也应设涵将边沟水流排至路基以外。在凹形竖曲线的底部，在有输水管、电信光缆、石油、天然气管道通过的地方均应设置涵洞。简单总结为："见沟就设涵，无沟不少三，弯头陡坡尾，凹形集水点，水渠不能忘，管线须细勘"。

确定涵洞位置后，根据前后中桩的位置桩号，通过皮尺丈量，推算出涵位桩号，用水准仪与前后水准点联测确定涵位中心桩处的地面高程。当采用全站仪放线时，桥涵组可派一人跟随，确定涵位，直接测出涵位桩号和高程。

(二)测量涵洞轴线与路线前进方向夹角

天然沟渠、灌溉渠，各种管线的走向都十分明确，在涵洞中心桩位架设经纬仪，后视路线前进方向，前视沟心方向或管线方向的花杆，即可测定夹角。低等级公路也可采用圆盘或量角板、罗盘仪做简易测量。沟渠与路线斜交时，一般采用斜交涵洞，在条件允许时也可考虑改沟或改渠，采用正交涵洞以减少工程数量。在沟渠与路线基本正交时，也可目测确定。测设方法可灵活掌握，但要保证测量误差在 5°以内，否则会导致排洪不畅，影响路基安全。

(三)勾绘涵位平面草图

首先在记录本上画出路线前进方向和涵洞轴线，标注相交角度。用皮尺丈量或目估绘出涵位附近的地形、地物，特别要标明可能对涵洞布设或进出口有影响的地物，比如民房、池塘、河道等，以方便设计人员在做涵洞设计时确定方案。当涵洞靠近房屋等建筑物时，要详细测量涵址与这些建筑物的水平距离，以便选择合适的进出口方式。当涵洞的出口不畅，需要开挖排水沟时，要现场丈量并标注排水沟的长度，以便精确计算工程数量。对于改渠、改沟的涵洞，需要详细画出原沟渠位置、拟改位置、长度和距离，保证将来施工图设计与真实地形相符。

(四)测量河沟纵断面

测量河沟纵断面主要是为了解涵址附近河沟的纵坡情况，以便于计算流量、水位，以及考虑构造物的纵向布置。河沟纵断面一般沿沟底施测，施测长度为上、下游洞口外 20m，洞身长度可按路基高度和宽度、边坡坡率先估算，尽量考虑大一些。测量方法是从中心桩号处开始，采用皮尺、花杆分左右两侧测量河沟方向线上各地形变化点之间的水平距离和高差，测量与记录方法均与横断面测量一致。需要精确测量时，可以架经纬仪于中心桩位，瞄准河心方向，保证施测方向不发生偏离。当确定流量用形态法时，还需要测河段比降。由于一般洪水位不易测到，所以可用常水位、低水位或沟底平均坡度代替。其施测长度：在平原区，一般上游河沟测量 200m，下游 100m；在山区，上游测量 100m，下游 50m，如有跌水陡坡时，还应将跌水陡坡测出。

对于初次参加涵洞测量的人来说,尤其是要注意测量的方向,河沟的纵断面是指河沟的实际流向,当河沟与路线正交时,河沟方向即为路基横断面方向,当河沟与路线斜交时,河沟方向必然偏离路基横断面方向。如果拟采用改河或改沟方案,则应施测拟改方向的地面线。

按 1∶200 的比例尺,以水平方向为 x 坐标,以高差为 y 坐标,绘制成折线,即为涵洞轴线河沟纵断面,如图 2-3 所示。

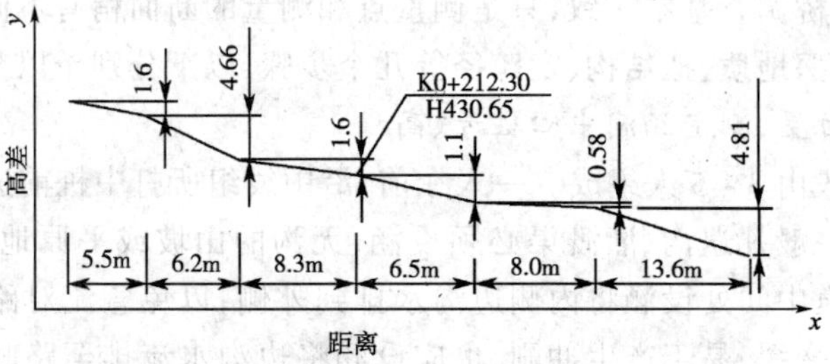

图 2-3　河沟纵断面图

（五）观察、挖探记录涵址地质条件

涵洞地质勘测,以调查为主,挖(钻)探为辅,一般现场观察,搜集利用附近原有构造物,水井井壁土质等情况分析确定。当地质情况不易确定时,才有针对性的进行挖探。地形和地质条件简单的涵洞,原则上一个涵洞设一个探点,用以探明基底一定深度内的地层及其岩石特性,主要分析探明土石分类及基底承载力情况,在地层结构基本一致地区的多座涵洞,可以仅作代表性勘探。

对于地质条件复杂,跨径较大或较长的涵洞,勘探点不应少于两个,深度视地层松软程度而定。对于地质条件复杂的改建涵洞,需查明原构造物基层的稳定情况,如建在软弱地基上的涵洞,应探明涵洞基底不均匀下降的程度。位于陡坡上的涵洞,则应探明变形的趋势等,并提出工程上的处理措施。

特别要注意对常年有水河沟地基的地质调查,不能仅以表面现象作出评价,探明是否有淤泥及软弱层,查清其厚度,才能为工程设计提供可靠依据。

一般调查、分析得到的地质情况,直接填写在涵洞记录本上的地质条件一栏。记录应详实、准确、肯定、简明扼要,使设计人员看后一目了然,快速确定方案。

（六）拟定涵洞结构

根据地形、地质、水文等条件,桥涵组调查人员,一般应在现场拟定涵洞结构方案。拟定方案应根据公路的使用任务、性质和将来的发展需要,符合因地制宜、就地取材、便于施工和养护的原则。新建涵洞以无压力式为主。为了提高宣泄设计流量,在不造成淹没上游农田、村庄的前提下,允许涵前有较大壅水高度时,可采用压力式或半压力式涵洞。

当设计流量在 $10m^3/s$ 左右或路线跨越小型灌渠时,一般宜采用圆管涵。但当路堤高度过低,圆管涵顶填土高度不足时,宜采用盖板涵,先考虑采用暗涵,当盖板涵顶填土高度不足时,再考虑采用明涵。

设计流量在 $20m^3/s$ 以上时,应采用盖板涵或拱涵。当路线位于山区,石料丰富,地质条件较好,路基填土高度比较大时,尽量采用石拱涵,宜就地取材,降低造价。当路基高度较小,只能用明涵通过时,尽量选用盖板涵,以减少建筑高度。

涵洞位置应尽量避免在路基松软、坚硬不均匀或地质条件不良地段设置,当地基过分松软无法避让时,应提出对地基的加固和加强处理措施,也可采用钢筋混凝土箱涵。

当有水渠跨过路基,且渠底高于路面又没有设置渡槽的净空高度时,须设倒虹吸涵洞。

根据河沟陡峻程度和进出口的情况,拟定急流槽、跌水井、消力坎等各种设施,也应按地形情况提出采用八字墙 、一字墙或走廊式洞口方案。

在石料丰富地区,应充分利用石料修建石涵。在产陶、瓷器的地区可选用符合载重条件的陶、瓷管涵,在考虑就地取材的同时,应综合考虑运输条件。

涵洞设计要方便施工,一段路线上不宜采用过多的涵洞类型,应尽可能定型化,便于集中预制,以节省模板和保证质量。

(七)拟定涵洞跨径

按规范规定,不同构造形式涵洞的常用跨径如下(注意涵洞跨径均为净跨径):

1.圆管涵:0.5m、0.75m、1.0m、1.25m、1.5m,其中 0.5m 仅为农用灌溉涵,0.75m、1.0m 两种管涵较为常用,通常选用单孔管涵。

2.盖板涵:0.75m、1.0m、1.25m、1.50m、2.0m、2.5m、3.0m、4.0m,在低等级公路上选用石盖板时,跨径最大为 1.25m,其他均为钢筋混凝土盖板,3.0m、4.0m 盖板涵也可于高等级公路与乡村道路相交的通道。

3.拱涵:1.0m、1.5m、2.0m、2.5m、3.0m、4.0m,在满足泄洪的条件下,尽可能采用单孔拱涵,减少涵墩数量,降低造价。

4.箱涵:2.0m、2.5m、3.0m、4.0m、5.0m。

有水文资料和汇水面积及暴雨资料时,应计算确定孔径。无资料时也可在现场参考旧路涵洞尺寸拟定。当新建公路的等级较高时,选择孔径应稍大于原有涵洞,当原有涵洞有冲刷或淤积时,也应增大跨径。一般二级以上公路,除了细小灌溉渠可采用 0.5m、0.75m 的管涵以外,涵洞跨径不宜小于 1.0m,拟定跨径都要留有一定的安全储备,以防堵塞或暴雨冲毁。

拟定跨径原则上都要选用标准跨径,以便套用标准图,方便设计也方便施工。涵洞调查记录可参考表 2-4。

涵洞调查记录表 表 2-4

<table>
<tr><td>桩号</td><td></td><td>涵洞编号</td><td></td></tr>
<tr><td>地点</td><td></td><td>路基宽度</td><td></td></tr>
<tr><td>河沟与路线夹角</td><td></td><td>涵洞斜度</td><td></td></tr>
<tr><td>涵址平面示意图</td><td colspan="3"></td></tr>
<tr><td>工程地质情况</td><td colspan="3"></td></tr>
</table>

续上表

工程材料	（材料名称、产地、运距、运输条件、价格等）
拟定涵洞形式及跨径	

另附资料：　　　　　　　　　　　　　　　　　　　　　　　　调查________记录________

________年________月________日

复习思考题

1.公路小桥涵设计必须服从路线走向的具体含义是什么？

2.小桥勘测的外业资料包含哪些内容？

3. 小桥外业勘测的十个步骤是什么？

4.如何定桩号、测高程？

5.测定小桥河床断面是指哪个方向？如何施测？

6.如何测定小桥涵的夹角和斜度？在草图上如何标注？如何进行换算？

7.拟定桥跨结构要考虑哪些问题？

8.涵洞外业调查包括哪些内容？与小桥外业调查有什么区别？

9.确定涵洞位置的原则是什么？

10.涵洞的标准跨径有哪些？各适用于哪种构造形式？

11.小桥涵外业调查记录表应主要包含哪几项内容？如果是旧有桥涵加宽改造，还应增加哪些资料？

第三章　小桥涵设计流量计算及孔径确定

在桥涵设计中流量是确定桥涵孔径和结构形式的一个主要依据。公路沿线跨越的小河沟，其汇水面积都比较小，且洪水历时短，沿河沟往往缺少或根本没有水文观测站。因此，大都属无观测资料的情况。按传统的设计方法，通常采用暴雨洪水法、形态调查法、直接类比法、径流形成法等。上述方法是在基于一定的野外调查的前提下使用的。我国幅员辽阔，各地气候、地形、地貌、地质和水利化措施等条件差异很大，且各种流量计算方法因分别有不同的产生背景和制定原理，因而计算结果各不相同，甚至差异较大，在使用时注意各种方法的计算对比，根据地区特点和使用经验，合理选择适合本地区流量计算的公式。

第一节　暴雨洪水法

降雨经植物截流、土壤入渗等损失扣除后，再填满流域坡面的坑洼，出现地面径流，若设计暴雨的频率与设计洪水频率相同，时段平均暴雨强度 i、历时 t 和频率 p 之间的关系，可用下式表示：

$$i = \frac{S_p}{t^n} \tag{3-1}$$

式中：S_p——$t=1$ 小时的暴雨强度称为雨力(mm/h)；

n——降雨递增指数。

坡面出现的径流，从流域各处汇集到流域出口河流断面的过程，称为汇流过程。影响汇流过程的主要因素是流域大小，即流面面积 F(km^2)、主河道长度 L(km)、主河道坡度 I_z、地形汇流时间 τ(h)等流域的其他因素。

一、暴雨推理公式

暴雨推理公式是依据洪峰流量与主要影响因素之间的关系而建立起来的，认为出口断面的最大洪峰流量是一定的。暴雨的流域内经过产流与汇流两过程而形成的。

1.交通部公路科学研究所的推理公式

$$Q_p = 0.278\left(\frac{S_p}{\tau^n} - \mu\right)F \tag{3-2}$$

式中：Q_p——规定频率 p 时的洪峰流量(m^3/s)；

S_p——频率为 p 时的雨力(mm/h)，查各省(自治区)雨力等值线图参看舒国明主编《桥涵水力水文》(第二版)附图 1～附图 3；

μ——损失参数(mm/h)；

n——暴雨递增指数，按各省(自治区)的分区查表 3-1，表中 n_1、n_2、n_3 由 τ 值分查；

τ——汇流时间(h)；

F——汇水区面积(km^2)。

暴雨递减指数 n 值分区　　表 3-1

省名	分区	n_1	n_2	n_3
内蒙古自治区	I	0.62	0.79	0.86
	II	0.60	0.76	0.79
	III	0.59	0.76	0.80
	IV	0.65	0.73	0.75
	V	0.63	0.76	0.81
	VII	0.59	0.71	0.77
	VIII	0.62	0.74	0.82
陕西省	I	0.59	0.71	0.78
	II	0.52	0.75	0.81
	III	0.52	0.72	0.73
福建省	I	0.53	0.65	0.70
	II	0.52	0.69	0.73
	III	0.47	0.65	0.70
	IV	0.48	0.65	0.73
	V	0.51	0.67	0.70
浙江省		0.60	0.65	0.78
		0.49	0.62	0.65
		0.53	0.68	0.73
安徽省	I		0.61	0.69
	II	0.38	0.69	0.69
	III	0.39	0.76	0.77
甘肃省	I	0.69	0.72	0.78
	II	0.61	0.76	0.82
	III	0.62	0.77	0.85
	IV	0.55	0.65	0.82
	V	0.58	0.74	0.85
	VI	0.49	0.59	0.84
	VII	0.53	0.66	0.75
宁夏	I	0.52	0.62	0.81
	II	0.58	0.66	0.75
湖南省	III	0.40～0.50	0.55～0.60	0.70～0.80
	IV	0.40～0.50	0.65～0.70	0.75～0.80
	V	0.40～0.50	0.70～0.75	0.75～0.80
辽宁省	I	0.60～0.66	0.70～0.74	
	II	0.60～0.55	0.70～0.60	
	III	0.55～0.50	0.60～0.55	

省名	分区	n_1	n_2	n_3
四川省	I	0.50	0.60～0.65	
	II	0.45	0.70～0.75	
	III	0.73	0.70～0.75	
青海省	I	0.49	0.75	0.87
	II	0.47	0.76	0.82
	III	0.65	0.78	
吉林省	I	0.56	0.70	0.76
	II	0.56	0.75	0.82
	III	0.60	0.69	0.75
河南省	I	0.55～0.60	0.65～0.70	0.75～0.80
	II	0.50～0.55	0.70～0.75	0.75～0.80
	III	0.45～0.50	0.60～0.65	0.75
广西	I	0.38～0.43	0.65～0.70	0.70～0.73
	II	0.40～0.45	0.70～0.75	0.75～0.85
	III	0.40～0.45	0.60～0.65	0.75～0.85
新疆	I	0.63	0.70	0.84
	II	0.73	0.78	0.85
	III	0.56	0.72	0.88
	IV	0.45	0.64	0.80
	V	0.63	0.77	0.91
	VI	0.62	0.74	0.80
	VII	0.60	0.72	0.86
	VIII	0.60	0.66	0.85
山西省		0.60	0.70	
贵州省		0.47	0.69	0.80
河北省	I	0.40～0.50	0.50～0.60	0.65
	II	0.50～0.55	0.60～0.70	0.70
	III	0.55	0.60	0.60～0.70
	IV	0.30～0.40	0.70～0.75	0.75～0.80
湖南省	I	0.45	0.62～0.63	0.70～0.75
	II	0.30～0.40	0.65～0.70	0.75
云南省	I	0.50～0.55	0.75～0.80	0.75～0.80
	II	0.45～0.55	0.70～0.80	0.75～0.80
	III	0.55	0.60	0.65
	IV	0.45～0.50	0.65～0.75	0.70～0.80

注：n_1——小于 1h 的暴雨递减指数；

n_2——1～6h 的暴雨递减指数；

n_3——6～24h 的暴雨递减指数。

2.确定汇水区几何参数

在上述推理公式的查表和计算系数中，需要确定汇水区几何参数有三个：即汇水区面积 F（km^2）、主河道长度 L(km)、主河道坡度 I_z(‰)。

(1)汇水面积 F

汇水面积 F 是指降水后某区区域的雨水经过地面漫流和径流，最后只能通过某一出水口断面排水（如穿过路线的桥涵）的该区域地面面积，通常以 km^2 计。汇水面积用以下几种方法确定。

①利用已有地形图校核

在已有 1:10000～1:50000 地形图上勾绘汇水区，再经现场校核，一般有足够的准确性。由于各种基本建设设施的迅速发展，原绘制的地形图上的分水岭及水系流向往往与实际情况不尽相符，因此，在利用已有地图时，必须进行现场勘察或访问群众进行校核，否则可能相差较大。

校核的方法重点是首先在图上标明原图出版以来新增添的人工沟渠、水库、堤坎的道路、桥梁位置；标明由于增添了这些基本建设设施后所改变的水流流向，然后再标明漫流归入这些沟渠、水库等的地面范围；最后根据确定的新水系情况勾绘出汇水区来。

在平原区，地形图上等高线稀疏并受到河网化影响，分水岭不易划分，必须通过调查参照图上各村庄或其他明显地物位置，根据村庄地势高于周围田地的特点，勾绘出汇水区，力求与实际相符。

利用地形勾绘汇水区的方法见图 3-1。当汇水区勾绘好之后，可蒙上透明厘米纸，采用不规则边格凑整的方法，按地形图的比例，计算出汇水面积 F 值。

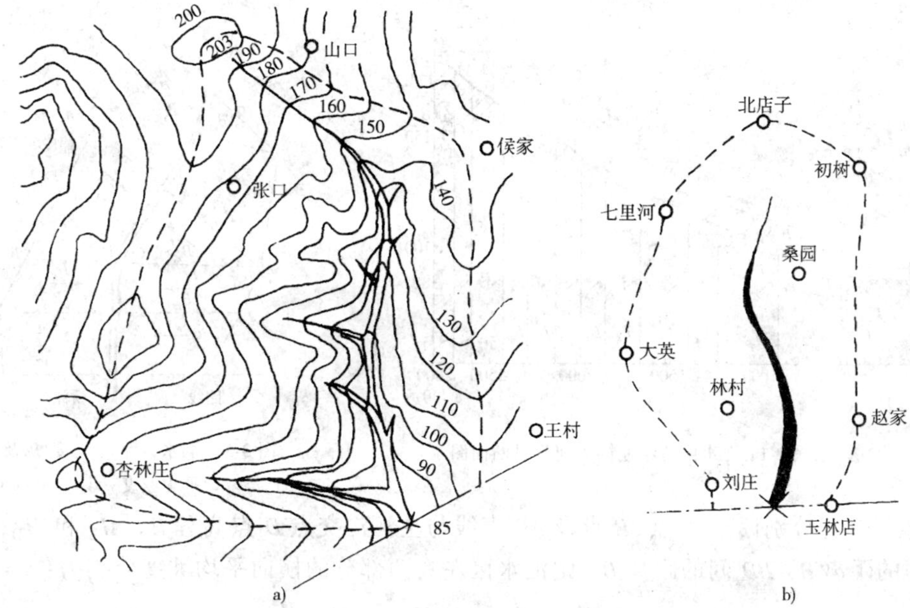

图 3-1 勾绘汇水区

②实测与估测

当没有地形图可利用时，需用地形测量仪器实地测绘，一般有交会法、绕行法和辐射法三种方法。当汇水区甚小时，也可采用实测与估测相结合的方法。估测法是用气压计与坡度手水准，类似以上所述的测量方法。

(2)主河沟长度 L 及平均坡度 I_z

①主河沟长度 L

主河沟长度 L 是指出口断面沿主河沟到河源(分水岭)的平均水平距离(以 m 或 km 计)。

主河沟长度 L 的计算，可根据地形沿河沟的流经方向从出口断面量至河源(分水岭)的长度，再乘以地形图的比例即得。

②主河沟平均坡度 I_z

主河沟平均坡度 I_z 表示长为 L 的河沟坡面的平均比降(以‰表示)，从出口断面至河源依等高线逐一查读河沟各点高程 Z_i，同时量出相邻两点间水平距离 L_i，然后根据作纵断面的等割面积法原理，使 $F_1 = F_2$（图 3-2），切割线 AB 的坡度即为主河沟坡度 I_z，此方法也称加权平均值法。

当无地形图利用时，测量主河沟陡坡转折点及桥涵处沟底高程，二者之差除以该两点之间水平距离求得。

$$I_z = \frac{(Z_0 + Z_1)L_1 + (Z_1 + Z_2)L_2 + k + (Z_{n-1} + Z_n)L_n - 2Z_0L}{L^2} \tag{3-3}$$

式中：$Z_0, Z_1, \cdots, Z_n$——自出口断面起沿流程各特征点（或等高线处）地面高程；

$L_1, L_2, \cdots, L_n$——各特征点（或等高线处）点间的距离。

（3）汇水区平均宽度 B 及横向平均坡度 I_h

当利用地形图勾绘出的汇水范围，并计算出汇水面积 F 之后，可通过汇水面积大约的形心 C，垂直主河沟作一直线，交于汇水区边界的 A、B 两点，量取此两点间的距离，即为汇水区平均宽度 B（以 m 或 km 计），见图 3-3。

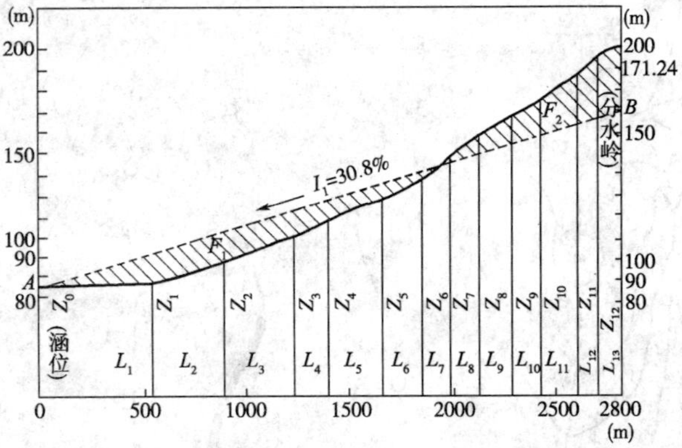

图 3-2　按图 3-1a）汇水区所绘制的主河沟纵断面图

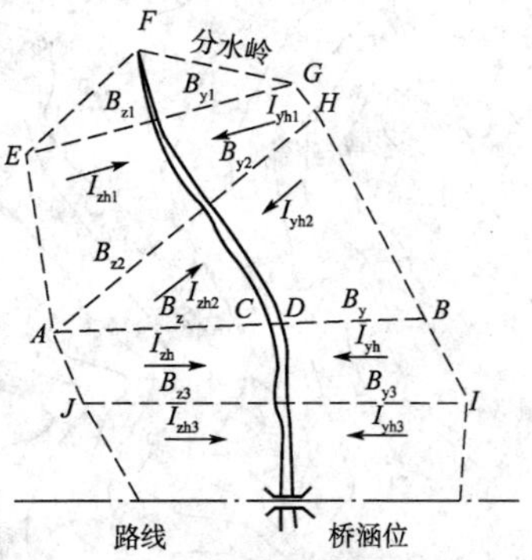

图 3-3　汇水区平均宽度 B 及横向平均坡度 I_h 计算示意

在地形图上分别读出 A 点、B 点及 AB 直线与主河沟交点 D 点高程 H_A、H_B 和 H_D，分别量出 AD 间的距离 B_z，BD 间的距离 B_y，则汇水区左右两部分的横向平均坡度分别为：

$$I_{zh} = \frac{H_A - H_D}{B_z};\qquad I_{yh} = \frac{H_B - H_D}{B_y}$$

全汇水区的横向平均坡度：

$$I_h = \frac{I_{zh} + I_{yh}}{2}$$

3.损失参数 μ 的计算

损失参数计算考虑以下几点：

（1）按照渗产流概念，假使把地面点的损失概化为产流历时的损失等于常数；

（2）分类分区给出各系数和指数值；

（3）以扣损法进行计算。

北方地区：

$$\mu = K_1(S_p)^{\beta_1} \tag{3-4}$$

南方地区：

$$\mu = K_2(S_p)^{\beta_2}F^{-\lambda} \tag{3-5}$$

式中：K_1、K_2——系数，查表 3-2，表中土壤分类见表 3-3；

β_1、β_2、λ——指数，查表 3-2。

损失参数的分区和系数指数值 表 3-2

省名	分区	分区指标 \ 系数、指数	K_1	β_1	K_2	β_2	λ
河北省	I	河北平原区	1.23	0.61			
		冀北山区	0.95	0.60			
	II	冀西北西盆区	1.15	0.58			
		冀北山区	1.12	0.56			
	III	坝上高原区	1.52	0.50			
山西省	I	煤矿塌陷和森林覆盖较好地区	0.85	0.98			
	II	裸露石山区	0.25	0.98			
	III	黄土丘陵区	0.65	0.98			
四川省	I	青衣江区			0.742	0.542	0.222
	II	盆地丘陵区			0.270	0.897	0.272
	III	盆地山区			0.263	0.887	0.281
安徽省	II	根据表 3-3 土壤分类			0.755	0.74	0.0171
	III				0.103	1.21	0.0425
	IV				0.406	1.00	0.1104
	V				0.520	0.94	0
	VI				0.332	1.099	0
宁夏	IV	根据表 3-3 土壤分类	0.93	0.86			
	V		1.98	0.69			
湖南省	I	湘资流域	0.697	0.567			
	II	沅水流域	0.213	0.940			
	III	沣水流域	0.925	0.223			
甘肃省	II	根据表 3-3 土壤分类	0.65	0.82			
	III		0.75	0.84			
	IV		0.75	0.86			
吉林省	II	根据表 3-3 土壤分类	0.12	1.44			
	III		0.13	1.37			
	IV		0.29	1.01			
	V		0.29	1.01			
河南省	I	根据河南省 n 值分区图	0.0023	1.75			
	II		0.057	1.0			
	III		1.0	0.71			
	IV		0.80	0.51			
青海省	I	东部区	0.52	0.774			
	II	内陆区	0.32	0.913			
新疆	I	$50 < F < 200$	0.46	1.09			
	II	$F < 200$	0.68	1.09			

续上表

省名	分区	分区指标 \ 系数、指数	K_1	β_1	K_2	β_2	λ
浙江省	I	浙北地区	0.08	0.15			
	II	浙东南沿海区	0.10~0.11	0.15			
	III	浙西南、西北及东部丘陵区	0.13~0.14	0.15			
	IV	杭嘉湖平原边缘地势平缓区	0.15	0.15			
内蒙古	IV	大兴安岭中段及余脉山区	0.517~0.83	0.40~0.71			
	VI	黄河流域山地丘陵区	1.0	1.05			
福建省		全省通用	0.34	0.93			
贵州省	I	深山区			1.17	1.099	0.437
	II	浅山区			0.51	1.099	0.437
	III	平丘区			0.31	1.099	0.437
广西	I	丘陵区	0.52	0.774			
	II	山区	0.32	0.915			

土壤植被分类 表 3-3

类别	特征
II	黏土、盐碱土地面、土壤贫瘠的岩石地区；植被差、轻微风化的岩石地区
III	植被差的砂质黏土地面；土层较薄的土面山区，植被中等、风化中等的山区
IV	植被差的黏、沙土地面；风化严重土层厚的山区；草灌较厚的山丘区或草地；人工幼林区；水土流失中等的黄土地区
V	植被差的一般沙土地面；土层较厚森林较密的地区；有大面积水土保持措施治理较好的土质
VI	无植被的沙土地面，茂密并有枯枝落叶层的原始森林

4.汇流时间 τ 的计算

汇流时间 τ 是依据以下几点计算。

(1)将汇水区内降雨概化为平均净雨过程，假定同一时间的汇水区内净雨是相同的。

(2)对小流域均按全面汇流计算。因汇水面积小，汇流时间 τ 相应也短，故一般净雨历时 $t_c > \tau$；但只是 τ 时段的部分最大净雨造峰，即 $t_c \leqslant \tau$ 时，则以 τ 取代 t_c。

(3)主要考虑流域与特征、降雨量和地形等因素。

综合以上因素采用以下计算公式：

北方地区：

$$\tau = K_3\left(\frac{L}{\sqrt{I_z}}\right)^{\alpha_1} \tag{3-6}$$

南方地区：

$$\tau = K_4\left(\frac{L}{\sqrt{I_z}}\right)^{\alpha_2} S_p^{-\beta} \tag{3-7}$$

式中：τ——汇流时间(h)；

L——主河沟长度(km)；

I_z——主河沟平均坡度(‰)；

S_p——频率为 p 时的雨力(mm/h)；

K_3、K_4——系数，查表 3-4；

α_1、α_2、β_3——指数，查表 3-4。

汇流时间分区和系数指数值 表 3-4

省名	分区	分区指标 \ 系数、指数	K_3	α_1	K_4	α_2	β_3
河北省	I	河北平原	0.70	0.41			
	II	冀北山区	0.65	0.38			
		冀西北盆地	0.58	0.39			
		冀西山区	0.54	0.40			
	III	坝上高原	0.45	0.18			
山西省		土石山覆盖的林区	0.15	0.42			
		煤矿塌陷漏水区和严重风化区	0.13	0.42			
		黄土丘陵区	0.10	0.42			
四川省		盆地丘陵区 $I_z \leqslant 10‰$			3.67	0.620	0.203
		青衣江区 $I_z > 10‰$			3.67	0.516	0.203
		盆缘山区 $I_z < 15‰$			3.29	0.696	0.239
		西昌区 $I_z \geqslant 15‰$			3.29	0.536	0.239
安徽省	I	$> 15‰$			$F < (90)37.5$ $F > (90)26.3$	0.925	0.725
	II	$10‰ \sim 15‰$			11	0.512	0.395
	III	$5‰ \sim 10‰$			29	0.810	0.544
	IV	$< 5‰$			14.3	0.300	0.330
湖南省	I	湘资水系	5.59	0.380			
	II	沅水系	3.79	0.197			
	III	沣水系	1.57	0.636			
宁夏	I	山区	0.14	0.44			
	II	丘陵区	0.38	0.21			
广西	I	山区	0.56	0.306			
	II	丘陵区	0.42	0.419			
甘肃省	I	平原	0.96	0.71			
	II	丘陵区	0.62	0.71			
	III	山区	0.39	0.71			
吉林省	I		0.000 3 5.0 1.40	1.40 0.84			
	II		0.032	0.84			
	III		0.022	1.45			
河南省	I		0.73	0.32			
	II	根据 n 值分区，查舒国明主编	0.038	0.75			
	III	《桥涵水力水文》(第二版)附图 4	0.63	0.15			
	IV		0.80	0.20			
青海省	I	东部区	0.871	0.75			
	II	内陆区	0.96	0.747			

续上表

省名	分区	分区指标 \ 系数、指数	K_3	α_1	K_4	α_2	β_3
新疆	I	$50 < F < 200$	0.60	0.65			
	II	$F > 200$	0.20	0.65			
浙江省	I	浙北地区			72.0	0.187	0.90
	II	浙东南沿海区			72.0	0.187	0.90
	III	浙西南、西北山区及中部丘陵区			72.0	0.187	0.90
	IV	杭嘉湖平原边缘地势平缓地区			105.0	0.187	0.90
内蒙	I	大兴安岭中段及余脉山地丘陵区	0.334~0.537	0.16			
	II	黄河流域山地丘陵区	0.334~0.537	0.16			
福建省	I	平原区			1.8	0.48	0.51
	II	丘陵区			2.0	0.48	0.51
	III	山区			2.6	0.48	0.51
贵州省	I	平丘区	0.080	0.713			
	II	浅山区	0.193	0.713			
	III	深山区	0.302	0.713			

二、经验公式

经验公式 I：

$$Q_p = \psi(S_p - \mu)^m F^{\lambda_2} \tag{3-8}$$

经验公式 II：

$$Q_p = CS_p{}^{\beta} F^{\lambda_3} \tag{3-9}$$

式中：ψ——地貌系数，查表 3-5；

m、λ_2——指数，查表 3-5；

C、β、λ_3——系数，查表 3-6；

Q_p、μ、S_p、F——意义同前。

经验公式(3-8)各区系数指数 表 3-5

省名	分区	分区指标 \ 系数、指数		Ψ	m	λ_2
四川省	I	盆地丘陵区	$I_z \leqslant 2‰$	0.086	1.18	0.712
			$2‰ < I_z < 10‰$	0.105		0.730
			$I_z \geqslant 10‰$	0.124		0.747
	II	盆地山区，青衣江区	$I_z \leqslant 10‰$	0.102	1.20	0.724
			$10‰ < I_z < 20‰$	0.123		0.745
			$I_z \geqslant 20‰$	0.142		0.788

续上表

<table>
<tr><th>省　名</th><th>分区</th><th>系数、指数 / 分区指标</th><th colspan="2">Ψ</th><th>m</th><th>λ_2</th></tr>
<tr><td rowspan="3">安徽省</td><td>I</td><td>$I_z > 15‰$</td><td>$p = 4\%$
2%
1%</td><td>1.2×10^{-4}
1.4×10^{-4}
1.6×10^{-4}</td><td>2.75</td><td>0.896</td></tr>
<tr><td>II</td><td>$I_z = 5‰ \sim 15‰$</td><td>$p = 4\%$
2%
1%</td><td>4.8×10^{-4}
5.5×10^{-4}
7.0×10^{-4}</td><td>2.75</td><td>1.0</td></tr>
<tr><td>III</td><td>$I_z < 5‰$</td><td>$p = 4\%$
2%
1%</td><td>1.8×10^{-4}
1.9×10^{-4}
2.0×10^{-4}</td><td>2.75</td><td>0.965</td></tr>
<tr><td>宁夏</td><td>I
II
III</td><td>丘陵区
山区
林区</td><td colspan="2">0.308
0.542
0.085</td><td>1.32
1.32
1.32</td><td>0.60
0.60
0.75</td></tr>
<tr><td>甘肃省</td><td>I
II
III</td><td>平原
丘陵
山区</td><td colspan="2">0.08
0.14
0.27</td><td>1.08
1.08
1.08</td><td>0.96
0.96
0.96</td></tr>
<tr><td>吉林省</td><td>I
II
III</td><td>平原
丘陵
山区</td><td colspan="2">0.0076 ~ 5.6
0.0053 ~ 7.0
0.003 ~ 0.68</td><td>1.50
1.50
1.50</td><td>0.80
0.80
0.80</td></tr>
<tr><td>河南省</td><td>I
II
III
IV</td><td>根据河南省 n 值分区图</td><td colspan="2">0.22
0.66
0.76
0.28</td><td>0.98
1.03
1.00
1.07</td><td>0.86
0.65
0.67
0.81</td></tr>
<tr><td>新疆</td><td>I
II</td><td>林区土石山
土石山</td><td colspan="2">0.006 5
0.035</td><td>1.5
1.5</td><td>0.80
0.80</td></tr>
<tr><td rowspan="3">内蒙古</td><td>I</td><td>大青山东端山区</td><td>$p = 4\%$
2%
1%</td><td>8.4
12.3
19.2</td><td>0.41</td><td>0.55</td></tr>
<tr><td>II</td><td>大青山东部和蛮汉山山地丘陵区</td><td>$p = 4\%$
2%
1%</td><td>7.8
11.8
16.5</td><td>0.41</td><td>0.55</td></tr>
<tr><td>III</td><td>大青山西端山区</td><td>$p = 4\%$
2%
1%</td><td>7.4
11.2
15.0</td><td>0.41</td><td>0.55</td></tr>
</table>

续上表

省名	分区	分区指标 \ 系数、指数	Ψ	m	λ_2
福建省	I II III IV	平原区 丘陵区 浅山区 深山区	0.09 0.10 0.16 0.25	1.0	0.96
贵州省	I II III	平原丘陵区 浅山区 深山区	0.022 0.038 0.066	1.085	0.98

经验公式(3-9)各区系数指数 表 3-6

省名	分区	分区指标 \ 系数、指数		C		β	λ_3
山西省	I II III	石山、黄山丘陵植被差 土石山、风化石山植被一般 煤矿漏水区、植被较好地区		0.24～0.20 0.19～0.16 0.15～0.12		1.0	0.78
四川省	I	盆地丘陵区	$I_z \leqslant 10‰$ $I_z > 15‰$	0.125 0.145		1.10	0.723
四川省	II	盆缘山区 青衣江区	$I_z \leqslant 10‰$ $I_z > 10‰$	0.140 0.160		1.14	0.737
安徽省	I	$I_z > 15‰$		$p = 4\%$ 2% 1%	2.92×10^{-4} 3.15×10^{-4} 3.36×10^{-4}	2.414	0.896
安徽省	II	$I_z = 5‰ \sim 15‰$		$p = 4\%$ 2% 1%	1.27×10^{-4} 1.32×10^{-4} 1.50×10^{-4}	2.414	1.0
安徽省	III	$I_z < 5‰$		$p = 4\%$ 2% 1%	2.35×10^{-4} 2.66×10^{-4} 2.75×10^{-4}	2.414	0.965
宁夏	I II III	丘陵区 山区 林区		0.061 0.082 0.013		1.51	0.60 0.60 0.75
甘肃省	I II III	平原区 丘陵区 山区		0.016 0.025 0.05		1.40	0.95

续上表

省名	分区	分区指标（系数、指数）		C	β	λ_3
吉林省	I	松花江、图们江、牡丹江水系	山岭 丘陵 平原	0.075 0.035 0.0135	0.8	1.12
	II	拉林河、饮马河水系	山区 丘陵 平原	0.31 — 0.14～0.618	0.8	1.37
	III	东运河水系	山区 丘陵 平原	— — 0.275	0.80	0.52
河南省	I II III IV	见 n 值分区[参见舒国明主编《桥涵水力水文》(第二版)附图4]		0.18 0.45 0.36 0.48	1.0 1.09 1.07 0.95	0.86 0.65 0.67 0.80
浙江省	I II III	钱塘江流域 浙北地区 其他		0.01 0.02 0.015	1.37	1.11
福建省	I II III IV	平原区 丘陵区 浅山区 深山区		0.030 0.034 0.050 0.071	1.25	0.90
贵州省	I II III	平原丘陵区 浅山区 深山区		0.016 0.030 0.056	1.112	0.985

例 3-1 甘肃省某公路通过黄河支流关川河，其流域面积 $F=89\text{km}^2$，主河沟长 $L=21.32\text{km}$，主河沟平均坡度 $I_z=16‰$，河床为砂砾夹卵石，两岸为粉质亚黏土，地表为黄土，划为III类土，地处丘陵区，现用暴雨推理公式和经验公式分别推求 $Q_{2\%}$。

解：1.用推理公式计算

$$Q_p=0.287\left(\frac{S_p}{\tau^n}-\mu\right)F$$

(1)查舒国明主编《桥涵水力水文》(第二版)附图2暴雨等值线图得 $S_{p=2\%}=45\text{mm/h}$。

(2)汇流时间 τ 值的计算

北方公式：

$$\tau=k_3\left(\frac{L}{\sqrt{I_z}}\right)^{\alpha_1}$$

查表3-4汇流时间分区和系数指数表得：丘陵区 $k_3=0.62$，$\alpha_1=0.71$，则，

$$\tau=0.62\times\left(\frac{21.32}{\sqrt{16}}\right)^{0.71}=2.03\text{h}$$

(3)确定暴雨递减指数 n 值

查舒国明主编《桥涵水力水文》(第二版)附图4知该区属中部干旱黄土区,再查表3-2,当 $\tau=2.03\mathrm{h}$ 时 $n=0.65$。

(4)损失参数 μ 值的确定

北方公式:$\mu=k_1 S_{p=2\%}^{\beta_1}$

查表3-2,Ⅲ类土 $k_1=0.75$,$\beta_1=0.84$ 则 $\mu=18.36\mathrm{mm/h}$。

(5)计算 $Q_{2\%}$

$$Q_{2\%}=0.278\times\left(\frac{45}{2.03^{0.65}}-18.36\right)\times 89=249\mathrm{m^3/s}$$

2.按经验公式Ⅰ推算

查表3-5得 $\psi=0.14$,$m=1.08$,$\lambda_2=0.96$,前已求得 $S_{P=2\%}=45\mathrm{mm/h}$,$\mu=18.36\mathrm{mm/h}$,

$Q_{p=2\%}=\psi(S_P-\mu)^m F^{\lambda_2}=0.14\times(45-18.36)^{1.08}\times 89^{0.96}=361\mathrm{m^3/s}$

3.按经验公式Ⅱ推算

$$Q_{p=2\%}=CS_{P=2\%}^{\beta}F^{\lambda_3}$$

查表3-6得 $C=0.025$,$\beta=1.4$,$\lambda_3=0.95$,则:

$$Q_{p=2\%}=0.025\times 45^{1.4}\times 89^{0.95}=367\mathrm{m^3/s}。$$

第二节　形态调查法

对于缺乏水文观测资料的河沟,形态调查法是桥涵设计中常用的方法之一。通过建立形态断面,并绘制形态断面图,进行洪水调查,确定主河沟的糙率 n,主河沟平均坡度 I_z 等数据,有条件时实测洪水位及流速,进而求得规定频率时的设计流量。

一、形态断面

1.形态断面概念与选择

所谓形态断面是鉴于河道不规则和时有发生变迁的实际情形,在拟建桥位不远处选一个比较容易测定断面形状和能够调查得到历史洪水位的断面,通过计算这个断面的流量来间接推算桥位处流量,将这个规则而又能够得到历史洪水位的断面称为形态断面。形态断面视河沟形态实测其断面,断面形式可分为单式断面和复式断面两种,单式断面一般只有河槽,没有河滩(多为山区深谷河沟中),或只是宽滩,没有河槽(如戈壁滩上河沟中);复式断面可为一槽一滩,(多为河弯处),或一槽二滩(纵向顺直的河沟段,多为平原和微丘区的河沟中)。形态断面应选在有较可靠的洪水调查资料的河段内,尽可能与河沟的流向垂直,且河段顺直、岸坡稳定、河床冲淤变化较小、洪水泛滥较小、河沟纵坡无急剧变化和无局部死水回流及壅水影响的地方。

当用形态调查法推求设计流量时选取可靠的洪水调查点与桥(涵)位有一定距离时,可根据具体情况在洪水调查河段选2~3个形态断面,以便相互推算校核。

2.形态断面图的测绘

形态断面的测绘范围:平原宽滩河段可测至历史最高洪水泛滥线以外50m,山区应测至历史最高洪水位以上2~5m。河槽与河滩的划分应在现场确定。形态断面图的比例水平向一般采取1/200~1/2000,垂直向采用1/20~1/200,形态断面绘制内容有:河床横断面、测时水位、各种特征水位、滩槽分界线、植被和河床地质情况等。

二、洪水调查

洪水调查就是对历史洪水位和多年平均洪水位进行调查。历史洪水位是指历史上特大年洪峰流量时所对应的洪水位；多年平均洪水位是指多年来年洪峰流量的平均值所对应的洪水位。

1.访问调查

在桥涵址附近或洪水调查点的河沟两岸上下游一段范围内通过访问群众，寻找洪水留下的各种痕迹（简称洪痕），加以辨认确定洪水位。首先，对调查收集的资料要仔细分析大致掌握流域内的洪水发生的情况后，以便有目的的进行调查。调查时，应尽量收集水利部门的历史洪水调查资料，对早期的历史洪水，宜访问那些居住久、记忆清、见识广的当地老居民；对近期的历史洪水，宜访问那些熟悉情况的中、青年居民。应联系生活中印象较深的事结合搜集到的民谚、记事碑文、报刊、历史文献中记载的洪水情况等，通过综合分析后确定历史洪水位。

调查时应记录各次洪水发生的时间、大小以及洪水时的雨情、水情与实情，洪水来源、发生原因、涨落幅度、洪水历时及水流方向等，同时也要记录有无漫流、分流、死水以及流域自然条件有无变化和人类活动影响等。

2.洪痕调查

洪痕位置应由目击者亲自指认，同一洪痕需由几个人确认。同一次洪水至少需调查3～5个洪痕。在确定洪痕时，应注意留存在洪痕的标志物有无变动，所反映的洪水位有无受到波浪、飘浮物、水流横向环流引起的水拱、决堤等影响，这些将影响洪痕的可靠程度。

在人烟稀少地区，可结合当地具体情况，根据洪水淤积物，河岸受洪水冲刷的痕迹，洪水对河岸所引起的物理、化学及生物作用的标志，以判断历史洪水位或多年平均洪水位。具体可参见《公路桥涵设计手册—涵洞》（人民交通出版社出版）手册表3-9。

3.其他调查

在洪水调查的同时，还应进行其他特征水位的调查、河床演变调查、既有涉河工程调查和河沟床糙率的确定。

其他特征水位调查，主要是指枯水位、常水位、通航水位和流冰水位的调查。同时还应调查波浪高度，洪水时漂浮物的情况，洪水期水拱的坡度，上游有无分流等。

河床演变调查，主要包括河床的纵向下切和淤积、横向拓宽、河（沟）弯发展、岸壁坍塌、沟槽摆动、河流改道等。通过调查确定河段的稳定度和变形特征，并分析预估演变发展的趋势。

既有涉河工程包括桥位河段上既有桥梁和跨河管缆、河段堤坝、上下游水库、沿河工业、交通、水利、环保等部门的各种涉河工程设施。随着国民经济的发展，涉河工程不断增加，直接影响桥梁布设和设计工作。桥位河段上必须认真进行既有涉河工程调查，特别时对这些工程的水文资料和防洪标准的调查。

河沟床糙率 n 是形态调查计算流量的重要参数之一。河槽与河滩糙率确定是否准确，直接影响计算成果的准确性，同时也影响到桥梁建筑高度和基础深度。桥位附近如有水文站，勘测时即使遇上洪水，可以进行水文观测，取得实测资料后用曼宁公式反求糙率。在无实测资料可查表3-7、表3-8和表3-9。

山区河沟粗糙系数表 表 3-7

类别	河 槽 特 征	n	$m=\frac{1}{n}$	y
1	在陡壁上开凿出来的十分平整的人工引水河槽	0.020	50	1/6
2	同上类型,但只是将表面进行一般的整理	0.022	45.5	1/6
3	源于山区河流的天然河槽,但坡度不大,并处于十分良好的状况下,清洁、顺直的土质(黏土、砂、小砾石)河槽,纵坡 $I_z=0.0005\sim0.0008$	0.025	40	1/6
4	同样情况下,小卵石、砾石河槽,纵坡 $I_z=0.0008\sim0.0010$	0.030	33	1/5
5	河槽形状和表面状况良好的周期性河槽(较大的和较小的),与上类一样,为小卵石、砾石河槽,但带有比较大的小卵石,纵坡 $I_z=0.001\sim0.003$	0.035	30	1/5
6	在良好条件下,周期和局部性流水的土质河槽(干沟);山区河流的下游规则,整治良好的小卵石河槽,纵坡 $I_z=0.003\sim0.007$	0.040	25	1/5
7	颇为堵塞、弯曲和局部植物丛生、水流不平稳的石质河槽(较大和中等河流);河底为大卵石覆盖或有植被覆盖的周期性(暴雨和春汛)流水的河槽,纵坡 $I_z=0.007\sim0.015$	0.050	20	1/4
8	非常堵塞和弯曲的周期性流水的河槽,水流表面不平稳的山区型(中游)的卵石或巨石河槽,其纵坡 $I_z=0.015\sim0.09$	0.065	15	1/4
9	山区河流(中游和上游)与周期性流水的山区型巨石河槽,水流湍急有泡沫(水花向上喷溅),其纵坡 $I_z=0.05\sim0.09$	0.080	12.5	1/3
10	山区瀑布型河槽(多半在上游区段),河床弯曲并有大漂石,跌水现象明显,水花四溅,以致使水失去透明性而变成白色,水流的声音盖过其他声音,其纵坡 $I_z=0.09\sim0.20$	0.100	10	1/3
11	特征与土类相同的山区河流,但具有更强的阻力	0.140	7.5	1/3
12	山区河流具有极限最高阻力	0.200	5	1/2

平原河沟粗糙系数表 表 3-8

类别	河 槽 特 征	n	$m=\frac{1}{n}$	y
1	渠化河流的顺直区段,具有薄层的淤泥而较密实的土壤	0.020	50	1/6
2	渠化河流的弯曲区段,具有薄层的淤泥而较密实的土壤	0.022	45.5	1/6
3	在十分良好状况下的天然土质河槽,清洁、顺直、水流平稳	0.025	40	1/6
4	同上类条件下的小卵石与砾石河槽	0.030	33	1/5
5	在河槽与水流处于十分良好的状况下,经常流水的中等和较大的河流	0.035	30	1/5
6	一般条件下比较清洁的经常流水的河槽,其流向具有不规则的弯曲;或流向虽顺直,但河底不规则,有浅滩、深坑或零星孤石,而无茂密杂草的平坦河滩	0.040	25	1/5
7	颇为堵塞、弯曲和部分长有植物、水流不平稳的多石的大、中河流的河槽;覆以正常数量植物(草、灌木丛),稍加整治的较大和中等河流的河滩	0.050	20	1/4
8	十分堵和弯曲的周期性流水的河槽,比较堵塞、不平坦、缺乏整治的河滩(深坑、灌木丛、树木、存在回水),平原河流的多石滩区段	0.065	15	1/4
9	具有很深的深坑、植物丛生的河槽土河滩(水流很慢)	0.080	12.5	1/3
10	同上类,但具有很不规则的斜流和回水等现象	0.100	10	1/3
11	沼泽性河流(芦丛、草丘,在很多地方不流动等)具有很大死水区域的、多树林的、有很深的深坑以及湖泊的河滩等	0.140	7.5	1/3
12	同上类型,满布树木堵塞河滩	0.200	5	1/2

泥石流沟粗糙系数表 表 3-9

类别	沟槽特征	m_c 值		坡度 I_z
		极限值	平均值	
1	沟槽中堆积有难以滚动的棱角石或稍能滚动的大石块。沟漕被树木严重阻塞，无水生植物。沟底以阶梯式急剧降落	3.9～4.9	4.5	0.375～0.174
2	不平整的泥石流沟槽，沟底无急剧突起，沟床内均堆积大小不等的石块，沟槽被树木阻塞，沟槽内两侧有草木植被，沟床不平整，有洼坑，沟底呈阶梯式降落	4.5～7.9	5.5	0.199～0.067
3	较弱的泥石流沟槽，但有大的阻力，沟槽由滚动的砾石和卵石组成。常因有稠密的灌木丛而严重阻塞，沟槽凹凸不平	5.4～7.0	6.6	0.187～0.116
4	山区中下游的泥石流沟槽，沟槽经过光滑的岩面，有时经过具有大小不断的阶梯跌水的沟床；在开阔河段有树枝、矿石停积阻塞，无水生植物	7.7～10.0	8.8	0.220～0.112
5	山区或近山区的河槽，由砾石、卵石等中小粒径和能完全滚动的物质所组成，河槽阻塞轻微，河岸有草木及木本植物，河底降落较均匀	9.8～17.5	12.9	0.090～0.022

三、洪水比降的确定

洪水比降是指某次洪水时中泓线(洪水时河床断面最大水深点的连线)上的水面纵坡。

为了确定洪水比降，需测绘洪痕分布河段平面图和河床纵断面图。先将调查所得各洪痕点点绘在上述河段平面图(或桥位地形图)上，再依据平面图上的等高线、洪水泛滥线勾绘中泓轴线。最后从洪痕点作洪水中泓轴线的垂线。其垂足高程就是洪痕点的高程。以展直的洪水中泓轴线为横坐标，水位为纵坐标，绘制出洪水比降图。(同一年代的各洪水水位点绘成一直线)常水位和河底纵坡均应绘制于图上，以供确定洪水比降之参考。在顺直河段，不同水位的水面纵坡基本一致。若无洪水水面纵坡资料，可用河底纵坡代之，进行流速流量的计算。

四、形态断面洪峰流量计算

1.流速的确定

(1)用均匀流公式算

$$v = m_z H_p^{\frac{2}{3}} I_z^{\frac{1}{2}} \tag{3-10}$$

式中：m_z——主河沟粗糙系数，按表 3-10 采用；

I_z——河沟的洪水比降，也可用主河沟平均坡度代替(‰)，计算中以小数计；

H_p——平均水深(m)，近似为，三角断面 $H_p = 0.5H$，梯形断面 $H_p = 0.6H$，矩形断面 $H_p = H$；

H——多年平均洪水位时的最大水深(m)。

主河沟粗糙系数 m_z 表 3-10

河沟类型	m_z	河沟类型	m_z
平坦土质河床	25	杂草丛生河床	15
弯曲或生长杂草河床	20	阻塞的河沟、巨大的顽石	10

(2)用流速仪、浮标法确定流速

(3)按沉积物粒径或土的类属特征估算流速

①山区河沟中，在形态断面附近平时高出常水位浅滩上，找 3～5 个最大石块(注意鉴别确

认是洪水时从上游被水冲下来的,而不是河岸受到冲刷后坍塌或从山坡滚下来的),全断面平均流速估算公式(不适用于泥石流河流)为:

$$v = 5.5\sqrt{D} \tag{3-11}$$

式中:D——最大石块的平均直径(m)。

②平原区河沟中,可按河床土的类属特征,参考表 3-11。

平原区平均流速(按河床土确定) 表 3-11

<table>
<tr><th colspan="4">河床土的特征</th><th rowspan="2">平均流速(m/s)</th></tr>
<tr><th>序号</th><th colspan="2">类　　属</th><th>冲刷程度</th></tr>
<tr><td>1</td><td colspan="2">淤泥、细砂</td><td>弱</td><td>1.3</td></tr>
<tr><td>2</td><td colspan="2">粗砂或有淤泥隔离的黏土</td><td>中等</td><td>1.6</td></tr>
<tr><td>3</td><td colspan="2">带卵石的粗砂、黏土</td><td>中等</td><td>1.8</td></tr>
<tr><td>4</td><td colspan="2">砾石(粒径 2~20mm)</td><td>强</td><td>2.0</td></tr>
<tr><td>5</td><td colspan="2">卵石(粒径 20~60mm)</td><td>强</td><td>3.0</td></tr>
<tr><td>6</td><td colspan="2">圆石(粒径 60~200mm)</td><td>强</td><td>4.0</td></tr>
<tr><td rowspan="3">7</td><td rowspan="3">松散或中等密实的土,在深水部分冲刷较强烈,冲刷深度至不冲刷层</td><td rowspan="3">当冲刷宽度占河槽整个宽度(%)</td><td>20%</td><td>1.8</td></tr>
<tr><td>30%</td><td>2.0</td></tr>
<tr><td>40%</td><td>2.3</td></tr>
</table>

2.形态断面处历史洪峰流量 Q 的计算

(1)单式断面

$$Q = vA \tag{3-12}$$

式中:v——全断面平均流速(m^3/s);

A——江水面积(km^2)。

(2)复式断面,则应分别计算河槽、河滩流量,最后计算总的流量。复式断面的水力因素和计算公式见表 3-12。

全断面流量:

$$Q = Q_c + Q_{t1} + Q_{t2} \tag{3-13}$$

式中:Q_c——河槽流量(m^3/s);

Q_{t1}——左河滩流量(m^3/s);

Q_{t2}——右河滩流量 (m^3/s)。

复式断面水力计算公式 表 3-12

水力因素	河槽	左河滩	右河滩	全断面
过水断面(m^2)	A_c	A_{t1}	A_{t2}	$A = A_c + A_{t1} + A_{t2}$
湿周(m)	x_c	x_{t1}	x_{t2}	$x = x_c + x_{t1} + x_{t2}$
水力半径(m)	$R_c = A_c/x_c$	$R_{t1} = A_{t1}/x_{t1}$	$R_{t2} = A_{t2}/x_{t2}$	$R = A/x$
水面宽度(m)	B_c	B_{t1}	B_{t2}	$B = B_c + B_{t1} + B_{t2}$
平均水深(m)	$\overline{h}_c = A_c/B_c$	$\overline{h}_{t1} = A_{t1}/B_{t1}$	$\overline{h}_{t2} = A_{t2}/B_{t2}$	$\overline{h} = A/B$
流速(m/s)	$V_c \approx \frac{1}{n_c} R_c^{2/3} \cdot i^{1/2}$	$V_{t1} = \frac{1}{n_{t1}} R_{t1}^{2/3} \cdot i^{1/2}$	$V_{t2} = \frac{1}{n_{t2}} R_{t2}^{2/3} \cdot i^{1/2}$	$V = \frac{1}{n_Z} R^{2/3} \cdot i^{1/2}$
或近似地	$V_c = \frac{1}{n_c} \overline{h}_c^{2/3} \cdot i^{1/2}$	$V_{t1} \approx \frac{1}{n_{t1}} \overline{h}_{t1}^{2/3} \cdot i^{1/2}$	$V_{t2} \approx \frac{1}{n_{t2}} \overline{h}_{t2}^{2/3} \cdot i^{1/2}$	$V = \frac{1}{n_Z} \overline{h}^{2/3} \cdot i^{1/2}$
流量(m^3/s)	$Q_c = V_c \cdot A_c$	$Q_{t1} = V_{t1} \cdot A_{t1}$	$Q_{t2} = V_{t2} \cdot A_{t2}$	$Q = Q_c + Q_{t1} + Q_{t2}$

例 3-2 某山区天然河沟，形态断面如图 3-4，经洪水调查得某一历史洪水位高程为 179.30m，形态调查得洪水水面比降 $i = 0.6‰$，河沟纵坡 I 与洪水比降基本相同。河沟床土质为中砂，河岸为黏土，河沟较顺直，形态断面附近沿程各断面变化不大。试按均匀流公式计算此形态断面处的历史洪峰流量 Q，并计算相应的全断面平均流速 v。

解： 1）当 $I = i = 0.6‰ = 0.0006$，系顺直的土质河槽，由表 3-7 查得粗糙系数 $m = 40$，指数 $y = \frac{1}{6}$。

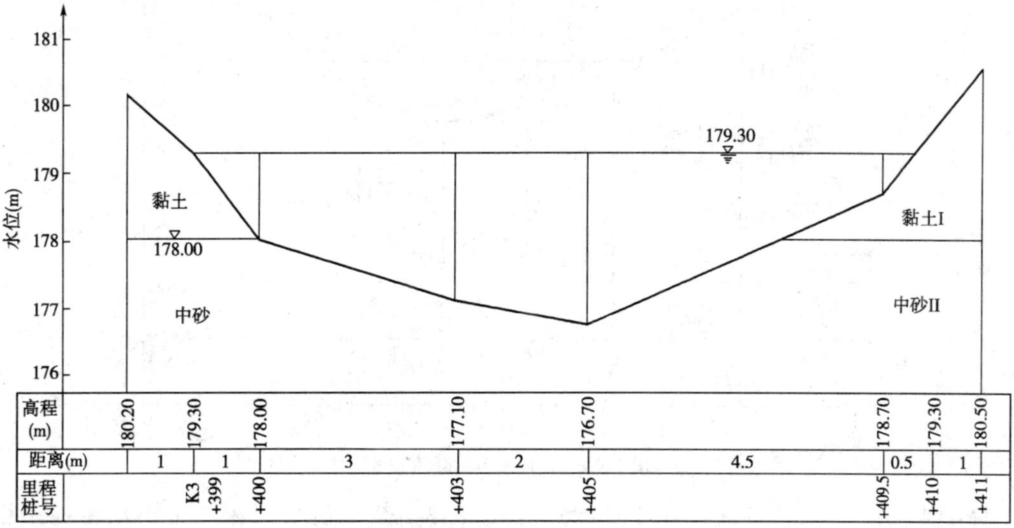

图 3-4 水文断面图（例 3-2）

2）据实测河沟断面计算见表 3-13。

例 3-2 复式断面水力计算公式 表 3-13

桩号	床面高程(m)	水深(m)	平均水深(m)	高程差 Δh(m)	间距 L(m)	过水面积 A(m^2)	湿周 $\chi = \sqrt{L^2 + \Delta h^2}$(m)
K3 + 399	179.3	0					
			0.65	1.3	1	0.65	1.64
+ 400	178.00	1.3					
			1.75	0.9	3	5.25	3.13
+ 403	177.10	2.2					
			2.40	0.4	2	4.8	2.04
+ 405	176.70	2.6					
			1.60	2.0	4.5	7.2	4.92
+ 409	178.7	0.6					
			0.30	0.6	0.5	0.15	0.78
+ 410	179.3	0					
				Σ	11	18.05	12.51

3）计算历史洪峰流量 Q 及全断面平均流速 v。

水力半径即平均水深：

$$H_p = \frac{A}{\chi} = \frac{18.05}{12.51} = 1.44\text{m}$$

全断面平均流速：

$$v = mH_p^{2/3} i^{1/2} = 40 \times 1.44^{2/3} \times 0.0006^{1/2} = 1.24\text{m/s}$$

历史洪峰流量：

$$Q=vA=1.24\times18.05=22.4\mathrm{m^3/s}。$$

例 3-3 有一小河沟，其形态断面如图 3-5 所示，主河沟平均坡度 I_z 为 4%，河床杂草丛生，经调查得到多年平均洪水位高程为 112.10m，求多年平均洪峰流量 Q。

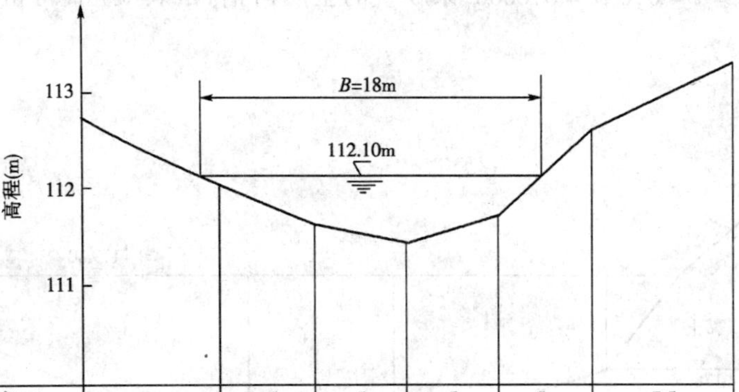

距离(m)	7.5		5	5	5	5	7.5	
里程桩号	K6 +296.5	+304		+314		+324		
高程(m)	112.70	112.00	111.60	111.40	111.70	112.60		113.30

图 3-5 三角形河沟断面(例 3-3)

解：因系小河沟，可按式(3-10)计算流速，查表 3-7 杂草丛生河床的主河沟粗糙率系数 $m_z=1/n_z=15$。当水位高程为 112.10m 时，$H=0.7\mathrm{m}$，由图可知，水面宽度 $B=18\mathrm{m}$，三角形河沟的平均水深：

$$H_p=0.5H=0.5\times0.7=0.35\mathrm{m}$$

过水面积：

$$A=0.5BH=0.5\times18\times0.7=6.3\mathrm{m^2}$$

全断面流速：

$$v=15\times0.35^{2/3}\times0.04^{1/2}=1.48\mathrm{m/s}$$

多年平均洪峰流量：

$$Q=vA=1.48\times6.3=9.3\mathrm{m^3/s}$$

五、推算形态断面周期流量

由于调查洪水的频率通常与桥涵的设计洪水频率不相同，因此，尚需将上述计算的洪峰流量(即历史洪峰流量或多年平均洪峰流量)Q 换算为设计频率的流量 Q_p。

1.按小流域流量变差系数换算

(1)通过调查获得多年平均洪水位，根据已算出的多年洪峰流量 Q。可按下式推算小桥涵的规定频率 p 时的形态断面的周期流量 Q_p。

$$Q_p=(1+\phi_p C_v)Q \tag{3-14}$$

式中：Q_p——与拟建小桥涵规定设计频率 p 相应时在形态断面处的周期流量($\mathrm{m^3/s}$)；

ϕ_p——离均系数，与频率 p 及偏差系数 C_s 有关(C_s 又与 C_v 具有函数关系)；

C_v——流量变差系数，确定方法见后述；当无资料时查表 3-14 确定；

K_p——规定频率 p 时的流量模比系数，$K_p = 1 + \phi_p C_v$。

(2)通过调查获得某一历史洪水位(或其他洪水位)，并知其频率为 n，且在计算出洪峰流量 Q 后，可按下式推求小桥涵与规定频率 p 相应在形态断面处的周期流量 Q_p。

$$Q_p = \frac{K_p}{K_n} Q \tag{3-15}$$

式中：K_n——历史洪水位(或其他洪水位)已知频率 n 时的流量模比系数，确定方法见后述；

其他符号意义同前。

(3) C_v、C_s 及 K 值的确定

①影响变差系数 C_v、偏差系数 C_s 的因素有降雨、地形、地貌及河沟形状、汇水面积，按概率与数理统计理论的要求，需要具有相当长期的水文资料才能确定。如 C_v 一般要求有 20 年以上的实测资料，而 C_s 则需要 100 年以上的实测资料，所以目前常按经验的间接的方法来确定。

我国有关科研单位提出小流域(汇水面积 $F \leqslant 30\text{km}^2$)流量按土的吸水类属分别确定变差系数 C_v 的平均值见表 3-14。

小流域流量变差系数 C_v 的平均值 表 3-14

<table>
<tr><th>土的吸水类属</th><th>$\frac{\text{流量变差系数 } C_v}{\text{日雨量变差系数 } C_v'}$的平均值</th><th>全国 C_v'平均值</th><th>流量变差系数 C_v 的平均值及其变幅</th></tr>
<tr><td>I</td><td>1.00</td><td rowspan="6">全国 40 余站 $C_v' = 0.3 \sim 0.6$，而记录最长的北京、上海、天津三站的历时 10 ~ 1 440min 的 C_v' 为 $0.3 \sim 0.6$，平均 $C_v' = 0.45$</td><td>0.45(0.30 ~ 0.60)</td></tr>
<tr><td>II</td><td>1.25</td><td>0.56(0.38 ~ 0.75)</td></tr>
<tr><td>III</td><td>1.40</td><td>0.63(0.42 ~ 0.84)</td></tr>
<tr><td>IV</td><td>1.60</td><td>0.72(0.48 ~ 0.96)</td></tr>
<tr><td>V</td><td>2.50</td><td>1.12(0.75 ~ 1.50)</td></tr>
<tr><td>VI</td><td>3.50</td><td>1.57(1.05 ~ 2.10)</td></tr>
</table>

②若当地有暴雨强度变差系数 C'_v 的资料，可按表 3-15 查得土的吸水类属，再根据表 3-14 查出 C_v/C'_v 的平均值，求得当地流量变差系数 C_v。若无 C'_v 资料时，则可根据不同土的吸水类属查表 3-14 中的 C_v 的平均值(或在变幅内取值)，但仅作参考用。

③当由表 3-14 选定变差系数 C_v 后，可根据频率 p(或 n)，查表 3-16 确定流量模比系数 K_p(或 K_n)。由于 C_s 与 C_v 存在函数关系，由该表确定偏差系数 C_s。

④当 C_v 值有当地实测资料时，可直接查表 3-16 求得 C_s 及 K 值。

2.按周期换算系数换算

由于小流域洪水频率的确定是近似值，因此也可用简单的换算系数推求规定频率的设计流量 Q_p，周期换算系数 M 列于表 3-17。

$$Q_p = M_p \cdot Q_n \tag{3-16}$$

式中：Q_p——拟建小桥涵规定频率为 p 时的设计流量(m^3/s)；

Q_n——水文断面处某一历史洪峰流量或多年平均洪峰流量(m^3/s)；

M_p——令已知频率为 n 的周期换算系数 $M_n = 1$ 时，查表 3-17 得的规定频率为 p 时的周期换算系数。

土的吸水类属 表 3-15

类别	名　称	含砂率(%)
I	无缝岩石、沥青、混凝土面、冻土、沼泽土、冰沼土、水稻土	0 ~ 5
II	黏土、盐土、碱土、龟裂土、山地草甸土	5 ~ 15
III	壤土(亚黏土)、红壤、黄壤、灰化土、灰钙土、漠钙土、紫色土	15 ~ 35
IV	黑钙土、黄土、栗钙土、黑色森林土、棕色森林土(棕壤)、褐色土、生草砂壤土、冲积性土壤	35 ~ 65
V	砂壤土(亚黏土)、生草的砂	65 ~ 85
VI	砂	85 ~ 100

注:①表中所指含砂率的砂粒径 0.05 ~ 3mm;

②土取样位置在地下 0.2 ~ 0.5m;

③取样质量为 200g。

流量模比系数 K 值 表 3-16

C_v	频率 p						C_s	C_v	频率 p						C_s
	1/300	1/100	1/50	1/25	1/10	1/5			1/300	1/100	1/50	1/25	1/10	1/5	
0.11	1.37	1.30	1.26	1.20	1.15	1.09	0.6	0.85	5.09	4.06	3.47	2.70	2.11	1.52	2.0
0.13	1.46	1.37	1.31	1.24	1.17	1.10	0.7	0.92	5.42	4.36	3.70	2.84	2.19	1.55	2.1
0.15	1.54	1.43	1.37	1.28	1.20	1.12	0.8	0.99	5.85	4.66	3.94	2.99	2.27	1.57	2.2
0.17	1.63	1.50	1.43	1.32	1.23	1.13	0.9	1.06	6.19	4.98	4.18	3.13	2.35	1.59	2.3
0.20	1.76	1.60	1.51	1.38	1.27	1.15	1.0	1.12	6.58	5.24	4.39	3.28	2.40	1.61	2.4
0.22	1.86	1.68	1.57	1.42	1.29	1.16	1.1	1.20	7.00	5.60	4.67	3.41	2.49	1.64	2.5
0.29	2.17	1.91	1.76	1.55	1.39	1.21	1.2	1.27	7.48	5.91	4.92	3.55	2.56	1.65	2.6
0.36	2.49	2.16	1.96	1.69	1.48	1.26	1.3	1.34	7.97	6.24	5.18	3.69	2.62	1.66	2.7
0.45	2.92	2.48	2.23	1.95	1.61	1.32	1.4	1.41	8.47	6.57	5.44	3.84	2.69	1.66	2.8
0.50	3.17	2.67	2.37	1.98	1.67	1.35	1.5	1.48	8.99	6.90	5.71	3.99	2.76	1.67	2.9
0.56	3.47	2.89	2.55	2.19	1.75	1.38	1.6	1.57	9.50	7.33	6.00	4.25	2.83	1.66	3.0
0.63	3.83	3.16	2.77	2.35	1.83	1.41	1.7	1.69	10.30	7.90	6.24	4.40	2.86	1.65	3.2
0.72	4.34	3.53	3.05	2.45	1.95	1.46	1.8	1.83	11.61	8.59	7.02	4.64	3.43	1.64	3.4
0.78	4.67	3.77	3.25	2.55	2.02	1.49	1.9	1.98	12.96	9.36	7.57	4.90	3.59	1.61	3.6

注:本表可以内插。

例 3-4 (接例 3-3)该汇水区以红壤为主,现根据计算出的多年平均洪峰流量,推求小桥规定设计洪水频率 $p = 1/25$ 时形态断面处的设计流量。

解:由例 3-3 得 $Q = 9.3\text{m}^3/\text{s}$,规定频率 $p = 1/25$ 汇水区为红壤,查表 3-15 得知属 III 类土。查表 3-14 得 $C_v = 0.63$,再查表 3-16 得 $K_{p=1/25} = 2.35$;$Q_{p=1/25} = Q \cdot K_{p=1/25} = 9.3 \times 2.35 = 21.9\text{m}^3/\text{s}$

例 3-5 (接例 3-2)此次历史洪水调查是 25 年一遇,汇水区表土为黄土,求拟建小桥规定设计频率为 1/50时的周期流量。

解:由例 3-2 计算得 $Q_{p=1/25} = 22.4\text{m}^3/\text{s}$,频率 $p_1 = 1/25$,规定频率 $p = 1/50$,查表 3-15 得知属 IV 类土,查表 3-14 得 $C_v = 0.72$;查表 3-16 得 $K_{p=1/25} = 2.45$,$K_{p=1/50} = 3.05$,则:

$$Q_{p=1/50} = \frac{K_{p=1/50}}{K_{p=1/25}} \times Q_{p=1/25} = \frac{3.05}{2.45} \times 22.4 = 27.9\text{m}^3/\text{s}$$

例 3-6 形态调查中,已知四川省某河形态断面处 5 年一遇的洪峰流量为 $30\text{m}^3/\text{s}$,求该处规定设计频率为 1/50的周期流量。

解：当 $Q_n = 30m^3/s$，频率 $n = 1/5$，规定设定频率 $p = 1/50$，查表 3-17 得周期换算系数 $M_n = M_{1/5} = 1$对应的 $M_p = M_{1/50} = 2.64$，$Q_p = Q_n \cdot M_p = 30 \times 2.64 = 79m^3/s$。

周期换算系数 M

表 3-17

编制单位	频率 p						
	1/300	1/100	1/50	1/25	1/20	1/10	1/5
第二铁路设计院 $F \leqslant 30km^2$（西南地区用）	1.00	0.80	0.67	0.50	0.45	0.33	0.25
	1.25	1.00	0.83	0.62	0.57	0.42	0.32
	1.50	1.20	1.00	0.75	0.68	0.50	0.38
	2.00	1.60	1.33	1.00	0.91	0.67	0.51
	2.21	1.76	1.47	1.10	1.00	0.74	0.56
	3.00	2.40	2.00	1.50	1.36	1.00	0.76
	3.95	3.16	2.64	1.97	1.79	1.32	1.00
第三铁路设计院 $F \leqslant 30km^2$（华北辽宁地区用）		1.00	0.80	0.60	0.50	0.30	
		1.25	1.00	0.75	0.63	0.38	
		1.67	1.33	1.00	0.83	0.50	
		2.00	1.60	1.20	1.00	0.60	
		3.33	2.66	2.00	1.66	1.00	

第三节　直接类比法

在原有小桥涵附近修建桥涵时，可通过对原有小桥涵的泄流等情况调查，经过计算，推求出原有小桥涵在历史洪水情况下通过的洪峰流量，并换算为原有桥涵处的天然流量，进而推算出原有桥涵处拟建小桥涵规定频率 p 的洪峰流量，最后根据原有小桥涵和拟建小桥涵两者之间的相互位置，推算出拟建桥涵位置的设计流量。此种流量推算方法称之为直接类比法。

一、原有小桥涵的水力图式

1.小桥的两种水力图式

桥头路堤及墩台对水流的横向束挟，使桥前产生壅水，入口处形成水面降落，其水力图式与宽顶堰相似。

(1)临界水深 h_k 和原有小桥下游天然水深 h_t

①临界水深 h_k

$$h_k = \frac{{v_y}^2}{g} \tag{3-17}$$

式中：v_y——桥下允许流速，根据河床土的种类或铺砌加固类型，可查表 3-18（m/s）；

g——重力加速度，取 $9.81m/s^2$。

②天然水深 h_t

天然水深 h_t 可直接调查原小桥通过某一历史洪峰流量时小桥下游的洪水位获得。也可对原桥桥前的某一历史洪水位调查，获得小桥桥前水深 H。根据桥前上游的河床土的种类，查表 3-18 近似获得流速 v_0，以公式(3-18)计算桥前水头高度 H_0，然后以公式(3-19)计算桥下

天然水深 h_t。

石质土的允许(不冲刷)平均流速表 表 3-18a)

序号	土的名称	水流平均深度(m)			
		0.4	1.0	2.0	3.0
		平均流速(m/s)			
1	砾岩,泥灰岩,页岩	2.0	2.5	3.0	3.5
2	多孔的石灰岩、紧密的砾岩,成层的石灰岩、石灰质砂岩、白云石质石灰岩	3.0	3.5	4.0	4.5
3	白云石质砂岩、紧密不分层的石灰岩、硅质石灰岩、大理石	4.0	5.0	6.0	6.5
4	花岗岩、辉绿岩、玄武岩、安山岩、石英岩、斑岩	15.0	18.0	20.0	22.0

非黏性土的允许(不冲刷)平均流速 表 3-18b)

序号	土及其特征		土的颗粒尺寸(mm)	水流平均深度(m)					
	名称	形状		0.4	1.0	2.0	3.0	5.0	10及以上
				平均流速(m/s)					
1	2	3	4	5	6	7	8	9	10
1	粉砂及淤泥	粉砂及淤泥带细砂,沃土	0.005~0.05	0.15~0.20	0.20~0.30	0.25~0.40	0.30~0.45	0.40~0.55	0.45~0.65
2	砂,小颗粒	细砂带中等尺寸的砂粒	0.05~0.25	0.20~0.35	0.30~0.45	0.40~0.55	0.45~0.60	0.65~0.70	0.65~0.80
3	砂,中颗粒	细砂带黏土,中等尺寸的砂带大的砂粒	0.25~1.00	0.35~0.50	0.45~0.60	0.55~0.70	0.60~0.75	0.70~0.85	0.80~0.95
4	砂,大颗粒	大砂夹杂着砾,中等颗粒砂带黏土	1.00~2.50	0.50~0.65	0.60~0.75	0.70~0.80	0.75~0.90	0.85~1.00	0.95~1.20
5	砾,小颗粒	细砂带着中等尺寸的砾石	2.50~5.00	0.65~0.80	0.75~0.85	0.80~1.00	0.90~1.10	1.00~1.20	1.20~1.50
6	砾,中颗粒	大砾带砂带小砾	5.00~10.00	0.80~0.90	0.85~1.05	1.00~1.15	1.10~1.30	1.20~1.45	1.50~1.75
7	砾,大颗粒	小卵石带砂带砾	10.0~15.0	0.90~1.10	1.05~1.20	1.15~1.35	1.30~1.50	1.45~1.65	1.75~2.00
8	卵石,小颗粒	中等尺寸卵石带砂带砾	15.0~25.0	1.10~1.25	1.20~1.45	1.35~1.65	1.50~1.85	1.65~2.00	2.00~2.30
9	卵石,中颗粒	大卵石夹杂着砾	25.0~40.0	1.25~1.50	1.45~1.85	1.65~2.10	1.85~2.30	2.00~2.45	2.30~2.70
10	卵石,大颗粒	小鹅卵石带卵石带砾	40.0~75.0	1.50~2.00	1.85~2.40	2.10~2.75	2.30~3.10	2.45~3.30	2.70~3.60
11	鹅卵石,小个	中等尺寸鹅卵石带卵石	75.0~100	2.00~2.45	2.40~2.80	2.75~3.20	3.10~3.50	3.30~3.80	3.60~4.20

续上表

序号	土及其特征		土的颗粒尺寸(mm)	水流平均深度(m) / 平均流速(m/s)					
	名称	形状		0.4	1.0	2.0	3.0	5.0	10及以上
1	2	3	4	5	6	7	8	9	10
12	鹅卵石,中等	中等尺寸鹅卵石夹杂着大个的鹅卵石,大鹅卵石带着小的夹杂物	100~150	2.45~3.00	2.80~3.35	3.20~3.75	3.50~4.10	3.80~4.40	4.20~4.50
13	鹅卵石,大个	大鹅卵石带小漂圆石带卵石	150~200	3.00~3.50	3.35~3.80	3.75~4.30	4.10~4.65	4.40~5.00	4.50~5.40
14	漂圆石,小个	中等漂圆石带卵石	200~300	3.50~3.85	3.80~4.35	4.30~4.70	4.65~4.90	5.00~5.50	5.40~5.90
15	漂圆石,中等	漂圆石夹杂着鹅卵石	300~400	—	4.35~4.75	4.70~4.95	4.90~5.30	5.50~5.60	5.90~6.00
16	漂圆石,特大		400~500及以上的	—	—	4.95~5.35	5.30~5.50	5.60~6.00	6.00~6.20

黏性土的允许(不冲刷)平均流速 表3-18c)

序号	土的名称	颗粒成分(%)		土的特征 / 水流平均深度(m) / 平均流速(m/s)															
				不密结的土(孔隙系数1.20~0.9),土的集料重度在12kN/m³以下				中等密结的土(孔隙系数0.9~0.6),土的集料重度12~16.6kN/m³				密结的土(孔隙系数0.6~0.3),土的集料重度16.6~20.4kN/m³				极密结的土(孔隙系数0.3~0.2),土的集料重度20.4~21.4kN/m³			
		小于0.005(mm)	0.005~0.050(mm)	0.4	1.0	2.0	3.0	0.4	1.0	2.0	3.0	0.4	1.0	2.0	3.0	0.4	1.0	2.0	3.0
1	2	3	4	5	6	7	8	9	10	11	12	13	14	15	16	17	18	19	20
1	黏土	30~50	70~50	0.35	0.40	0.45	0.50	0.70	0.85	0.95	1.10	1.00	1.20	1.40	1.50	1.40	1.70	1.90	2.10
2	重砂质黏土	20~30	80~70																
3	硗瘠的砂质黏土	10~20	90~80	0.35	0.40	0.45	0.50	0.65	0.80	0.90	1.00	0.95	1.20	1.40	1.50	1.40	1.70	1.90	2.10
4	新沉淀的黄土性土	—	—	—	—	—	—	0.60	0.70	0.80	0.85	0.80	1.00	1.20	1.30	1.10	1.30	1.50	1.70
5	砂质土	5~10	20~40	根据砂粒大小采用表3-18a)数值															

人工加固工程的允许(不冲刷)平均流速表 表3-18d)

序号	加固工程种类	水流平均深度(m) / 平均流速(m/s)			
		0.4	1.0	2.0	3.0
1	平铺草皮(在坚实基底上)	0.9	1.2	1.3	1.4
	叠铺草皮	1.5	1.8	2.0	2.2
2	用大圆石或片石堆积,当石块平均尺寸为 20~30cm	3.3	3.6	4.0	4.3
	30~40cm	—	4.1	4.3	4.6
	40~50cm及以上	—	—	4.6	4.9

续上表

序号	加固工程种类	水流平均深度(m)			
		0.4	1.0	2.0	3.0
		平均流速(m/s)			
3	在篱格内堆两层大石块,当石块平均尺寸为{20~30cm 30~40cm 40~50cm及以上	4.0 — —	4.5 5.0 —	4.9 5.4 5.7	5.3 5.7 5.9
4	青苔上单层铺砌(青苔层厚度不小于5cm): 1) 用15cm大小的圆石(或片石) 2) 用20cm大小的圆石(或片石) 3) 用25cm大小的圆石(或片石)	2.0 2.5 3.0	2.5 3.0 3.5	3.0 3.5 4.0	3.5 4.0 4.5
5	碎石(或砾石)上的单层铺砌(碎石层厚度不小于10cm): 1) 用15cm大小的片石(或圆石) 2) 用20cm大小的片石(或圆石) 3) 用25cm大小的片石(或圆石)	2.5 3.0 3.5	3.0 3.5 4.0	3.5 4.0 4.5	4.0 4.5 5.0
6	单层细面粗凿石料铺砌在碎石(或砾石)上(碎石层厚度不小于10cm): 1) 用20cm大小的石块 2) 用25cm大小的石块 3) 用30cm大小的石块	3.5 4.0 4.0	4.5 4.5 5.0	5.0 5.5 6.0	5.5 5.5 6.0
7	铺在碎石(或砾石)上的双层片石(或圆石): 下层用15cm石块,上层用20cm石块(碎石层厚度不小于10cm)	3.5	4.5	5.0	5.5
8	铺在坚实基底上的枯枝铺面及枯枝铺垫(临时性加固工程用): 1)铺面厚度 $\delta=20\sim25$cm	—	2.0	2.5	—
	2)铺面为其他厚度时	按上值乘以系数 $0.2\sqrt{\delta}$			
9	柴排: 1)厚度 $\delta=50$cm 时	2.5	3.0	3.5	—
	2)其他厚度时	按上值乘以系数 $0.2\sqrt{\delta}$			
10	石笼(尺寸不小于0.5m×0.5m×1.0m者)	4.0 及以下	5.0 及以下	5.5 及以下	6.0 及以下
11	在碎石层上M5水泥砂浆砌双层片石,其石块尺寸不小于20cm	5.0	6.0	7.5	—
12	M5水泥砂浆砌石灰岩片石的圬工(石料极限强度不小于10MPa)	3.0	3.5	4.0	4.5
13	M5水泥砂浆砌坚硬的粗凿片石圬工(石料极限强度不小于30MPa)	6.5	8.0	10.0	12.0
14	C20混凝土护面加固 C15混凝土护面加固 C10混凝土护面加固	6.5 6.0 5.0	8.0 7.0 6.0	9.0 8.0 7.0	10.0 9.0 7.5
15	混凝土水槽表面光滑者: 1)C20混凝土 2)C15混凝土 3)C10混凝土	13.0 12.0 10.0	16.0 14.0 12.0	19.0 16.0 13.0	20.0 18.0 15.0
16	木料光面铺底,基层稳固及水流顺木纹者	8.0	10.0	12.0	14.0

注:①表列流速数值(以上四表)可不用内插,当水深在表列数值时,则流速应采取与实际水深最接近时的数值;
②当水深大于3.0m(在缺少特别观测与计算的情况下)时,容许流速采用水深为3.0m时的数值。

$$H_0 = H + \frac{v_0^2}{2g} \tag{3-18}$$

$$h_t = H_0 - \frac{v_y^2}{2g\phi^2} \tag{3-19}$$

式中：H——小桥桥前水深(m)；

H_0——包括桥前行近流速 v_0 在内的水头高度(m)；

ϕ——流速系数，查表 3-19。

桥梁的 ε、M、ϕ 值 表 3-19

桥 台 形 式	挤压系数 ε	流量系数 M	流速系数 ϕ
单孔桥锥坡填土	0.90	1.55	0.90
单孔桥有八字墙	0.85	1.46	0.90
多孔桥或无锥坡或无桥台伸出锥坡以外	0.80	1.37	0.85
拱脚淹没的拱桥	0.75	1.29	0.80

(2)自由出流和非自由出流的水力图式及判定条件

①小桥下游天然水深 $h_t \leqslant 1.3h_k$ 时，水面二次跌落，桥下为自由出流，水力图式如图 3-6a)所示，此时桥下水深为临界水深 h_k。

②小桥下游水深 $h_t > 1.3h_k$ 时，进桥水流不能推开下流水面顶托的影响，流速有所降低而成淹没式出流，水力图式如图 3-6b)所示，此时水面仅一次跌落，桥下水深为天然水深 h_t。

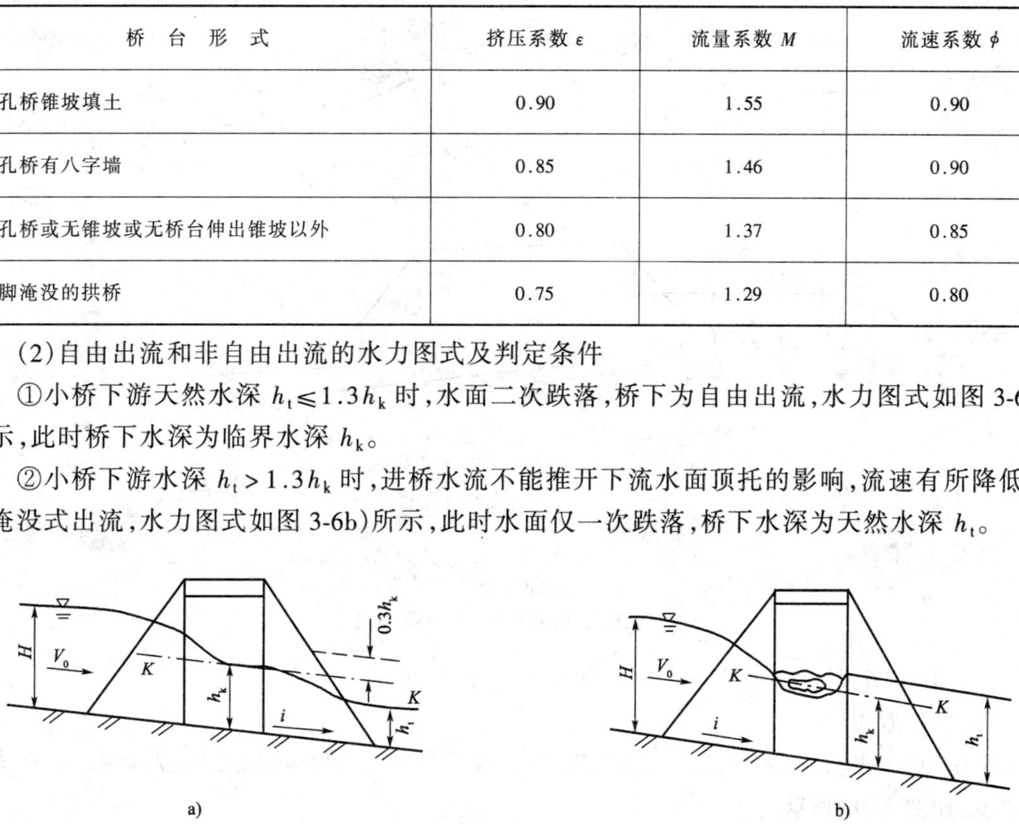

图 3-6 小桥水力图式

a)自由出流；b)非自由出流

2.涵洞的三种水力图式

按涵洞进水口建筑形式以及涵前水深的不同，可分为无压力式、半压力式、压力式三种水力图式，如图 3-7 所示。

(1)无压力式

这种水流状态的特征是水流在进口处受侧向束挟，水面急剧下降，而进入涵洞后不远处形成收缩断面，水流流经全涵均保持自由液面，下游水面不影响水流出口，如图 3-7a)所示。

无压力式涵洞的判定条件是：$H \leqslant 1.2h_d$，普通进水口(如端墙式、八字式、平头式、锥坡式等)；$H \leqslant 1.4h_d$，流线型进水口(如喇叭形、升高管节式等)。

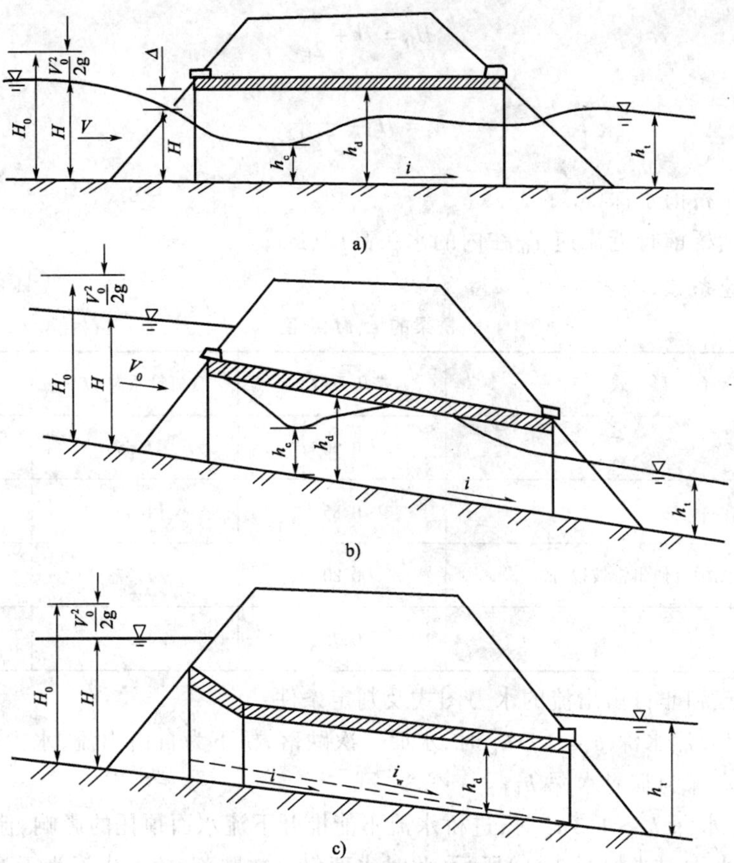

图 3-7　涵洞三种水力图式

a)无压力式；b)半压力式；c)压力式

其中 H 为涵前水深(m)；h_d 为涵洞洞身净高(m)。

(2)半压力式

半压力式水流状态的特征是水流充满进口，呈有压状态，但其余部分仍为自由液面，呈无压状态，如图 3-7b)所示。

半压力式涵洞的判定条件是：$H > 1.2h_d$，普通进水口，且出水口不被淹没。

(3)压力式

压力式水流状态的特征是全涵内充满水流，无自由液面，涵顶呈有压状态，如图 3-7c)所示。

压力式涵洞的判定条件是：进出水口全被淹没(如果是普通进水口，且涵身长度较短时)；当出水口不被淹没时，$H > 1.4H_d$，流线型进水口，且涵底坡度 $i < i_w$，其中摩阻坡度 i_w 按式(3-20)计算：

$$i_w = \frac{Q^2}{A^2 C^2 R} \tag{3-20}$$

式中：i_w——摩阻坡度(恰好克服水流阻力所需要的坡度)，式中以小数计；

Q——通过涵洞的某一历史洪峰流量或多年平均洪峰流量，当计算时，可对涵洞下游进行洪水调查，并按形态调查法求得；

A——涵洞断面全面积(m^2)；

R——涵身断面水力半径(m)；

C——谢才系数，$C=\frac{1}{n}R^{1/6}$，其中 n 为糙率。

二、通过原有小桥涵的洪峰流量

1.原有小桥的洪峰流量计算

(1)按自由出流式(即 $1.3h_k \geqslant h_t$)计算

通过小桥的某一历史洪峰流量或多年平均洪峰流量：

$$Q = MBH_0^{3/2} \tag{3-21}$$

式中：B——小桥的净跨径(m)；

H_0——桥前包括行近流速水头在内的水头高度(m)；

M——流量系数，查表 3-19。

(2)按非自由出流式(即 $1.3h_k < h_t$)计算

通过小桥的某一历史洪峰流量或多年平均洪峰流量：

$$Q = \varepsilon v_y h_t B \tag{3-22}$$

式中：ε——抗压系数，查表 3-19；

v_y——桥下允许流速，查表 3-18(m/s)；

h_t——原小桥下游的天然水深，可调查得到或按式(3-19)计算确定(m)。

2.原有涵洞的洪峰流量计算

当已知原有涵洞的水力图式，可按以下方法分别计算某一历史洪峰流量或多年平均洪峰流量。

(1)无压式涵洞

盖板涵及箱涵：
$$Q = 1.575BH^{3/2} \tag{3-23}$$

石拱涵：
$$Q = 1.422BH^{3/2} \tag{3-24}$$

式中：B——涵洞净跨径(m)；

H——涵前水深(m)。

(2)半压式涵洞

$$Q = \varepsilon \cdot \phi \cdot A_k \sqrt{2g(H-h_k)} \tag{3-25}$$

式中：Q——通过涵洞的洪峰流量(m^3/s)；

h_k——涵洞进水口附近的临界水深，$h_k = 0.6h_d$(m)；

A_k——临界断面过水面积(m^2)；

ϕ——流速系数；不抬高洞口时 $\phi = 0.85$，当为抬高洞口时 $\phi = 0.95$；

ε——涵洞的压缩系数，$\varepsilon = 1/\sqrt{\alpha}$；其中 α 为流速分布系数，对于无升高管节时取 $\alpha = 1.1$，则 $\varepsilon = 0.96$，其他涵洞取 $\alpha = 1$，则 $\varepsilon = 1$。

无压式及半压式涵洞计算，可按涵洞的形式，敷设坡度 i 和涵洞水深，查相应的涵洞水力计算用表，如《公路桥涵设计手册—涵洞》(人民交通出版社出版)表 5-9 ~ 表 5-20 或涵洞标准图的水利资料表获得宣泄流量和流速等数值。

(3)压力式

根据已调查的涵前水深 H 和下游出口河槽天然水深 h_t 按下式计算：

$$Q = A\sqrt{2g(H-h_t)\frac{1}{1+\xi+\frac{2gL}{C^2R}}} \tag{3-26}$$

式中：H——涵前水深(m)；

h_t——涵后水深，调查得来，或按式 3-19 确定(m)；

L——涵洞长度(m)；

R——水力半径，为涵洞断面积 A 与湿周 χ 之比(m)；

ξ——涵洞进水口摩阻系数，见表 3-20；

C——谢才系数，$C=\frac{1}{n}R^{1/6}$。

桥涵进水口摩阻系数值 表 3-20

上游洞口建筑形式	ξ
没有洞口建筑的涵洞和没有锥坡的桥梁	0.45
有扩张式斜翼墙的洞口建筑的涵洞	0.25
有锥形洞口建筑的涵洞	0.10
有锥形护坡的小桥	0.15

三、原有小桥涵处拟建小桥涵规定频率 p 的流量推算

1.原有小桥涵处通过的洪峰流量 Q 换算为天然洪峰流量 Q_n

按前述方法所求得流量为原有小桥涵通过的历史洪峰流量或多年平均洪峰流量。由于桥涵挤束河道的影响，造成桥涵前积水现象，使得实际通过桥涵下的流量比天然洪峰流量 Q_n 小。故需进行折算。但山区、重丘地区河沟陡峻、河床狭小、水面比降大，其积水作用小，可不考虑折算。一般只对平原区宽浅河床的流量进行折算。

$$Q_n = S\cdot Q \tag{3-27}$$

式中：S——积水折减系数，见表 3-21；

Q_n——某一历史洪水位(或多年平均洪水位)时原有小桥涵处的通过流量(m^3/s)；

Q——某一历史洪水位(或多年平均洪水位)时原有小桥涵处天然的洪峰流量(m^3/s)。

2.原有小桥涵处拟建小桥涵规定频率 p 的周期流量推算

按上述方法算出了某一历史洪水位或多年平均洪水位所对应的原有小桥涵处天然洪峰流量 Q_n 后，即可按本章第二节形态调查法中“按桥涵规定设计频率推算形态断面处的周期流量”的方法，在确定了该洪水的频率 n 之后，根据拟建小桥涵处的规定频率 p，利用式(3-15)推求原有小桥涵处规定频率 p 时的周期流量 Q_p。

天然流量计算用的积水折减系数 S 表 3-21

H	$\frac{B}{H\cdot i}$ \ $Q^{\frac{3}{2}}\cdot F$	2	5	10	15	20	30	50	100	200	500	1000
1.25	10	1.31	1.15	1.12								
	15	1.48	1.21	1.19								
	20	1.60	1.32	1.23	1.11							
	25	1.78	1.40	1.35	1.17	1.13						
	30	2.09	1.60	1.45	1.25	1.20	1.10					
	40	2.30	1.73	1.56	1.32	1.26	1.17					
	50	2.50	1.85	1.83	1.40	1.31	1.23	1.18				
	70	3.18	2.40	2.10	1.60	1.49	1.32	1.22	1.15			
	100		2.63	2.60	1.86	1.70	1.56	1.37	1.21	1.12		
	150		3.19	3.01	2.30	2.10	1.83	1.60	1.37	1.18		
	200				2.60	2.38	2.03	1.79	1.50	1.30		
	250				2.98	2.65	2.30	2.01	1.62	1.40	1.18	
	300				3.25	3.00	2.54	2.10	1.71	1.43	1.24	
	400							2.43	1.92	1.58	1.31	
	500							2.72	2.11	1.71	1.39	
1.50	10	1.69	1.33	1.16								
	15	1.96	1.52	1.30	1.21	1.18						
	20	2.27	1.70	1.39	1.27	1.20	1.12					
	25	2.47	1.84	1.53	1.37	1.33	1.24	1.21				
	30	2.81	2.02	1.66	1.48	1.39	1.27	1.22				
	40	3.26	2.32	1.85	1.65	1.52	1.37	1.24				
	50		2.58	1.98	1.74	1.59	1.43	1.33				
	70		3.26	2.46	2.12	1.94	1.71	1.50				
	100			3.06	2.10	2.33	2.02	1.73	1.43	1.24		
	150				3.30	2.94	2.47	2.02	1.64	1.39	1.24	
	200					3.30	2.87	2.42	1.93	1.59	1.28	
	250							2.72	2.08	1.67	1.35	
	300								2.20	1.90	1.50	
	400								2.50	2.06	1.64	
1.75	10	2.27	1.64	1.34	1.22	1.15	1.10					
	15	2.50	1.88	1.56	1.41	1.32	1.22	1.12				
	20	3.08	2.00	1.74	1.56	1.45	1.32	1.22				
	25	3.23	2.35	1.92	1.71	1.58	1.43	1.27				
	30		2.72	2.06	1.81	1.67	1.49	1.35				
	40		3.30	2.42	2.06	1.87	1.67	1.50	1.33	1.23		
	50			2.84	2.38	2.10	1.85	1.63	1.52	1.28		
	70				2.70	2.49	2.20	1.92	1.61	1.36	1.14	
	100					2.94	2.47	2.12	1.76	1.43	1.23	
	150						2.54	2.28	1.96	1.69	1.39	
	200								2.76	2.13	1.52	

H	$\frac{B}{H\cdot i}$ \ $Q^{\frac{3}{2}}\cdot F$	2	5	10	15	20	30	50	100	200	500	1000
2.0	10	2.82	1.93	1.52	1.37	1.28	1.21					
	15		2.44	1.89	1.67	1.52	1.36	1.22				
	20		2.67	2.13	1.90	1.76	1.56	1.39				
	25		3.30	2.47	2.12	1.92	1.70	1.49	1.20			
	30				2.38	2.13	1.89	1.63	1.36	1.16		
	40				3.62	2.38	2.12	1.82	1.47	1.21		
	50				3.23	2.87	2.46	2.04	1.67	1.35	1.10	
	70						2.94	2.42	1.92	1.56	1.24	
	100							2.05	2.11	1.79	1.43	
	150								2.73	2.17	1.63	
2.5	10		3.18	2.32	2.00	1.82	1.60	1.41				
	15					2.13	1.90	1.65	1.35	1.11		
	20					2.70	2.25	1.98	1.56	1.22		
	25						2.35	2.02	1.70	1.43	1.11	
	30						3.13	2.50	1.92	1.52	1.20	
	40							2.81	2.15	1.72	1.32	1.16
	50								2.59	1.94	1.56	1.22
	70								3.10	2.40	1.70	1.30
3.0	10	2.60	1.92	1.50	1.32	1.20						
	15					3.00	2.68	2.06	1.83	1.50	1.10	
	20							2.18	1.93	1.16	1.27	
	25							2.90	2.30	1.90	1.33	
	30								2.65	2.10	1.55	1.20
3.5	10						3.10	2.60	2.00	1.60	1.14	
	15							2.70	2.28	1.80	1.40	1.13
4.0	10								2.38	1.93	1.41	
	15								2.90	2.22	1.58	

注：①表中符号意义：

Q——原小桥涵通过某一历史洪峰流量或多年平均流量(m^3/s)；

F——原小桥涵位上游的汇水面积(km^2)；

H——洪峰时原小桥涵前的水深(m)；

B——原小桥涵相应于洪峰水深时的水面宽度(m)；

i——原小桥涵处纵向平均坡度(‰)。

②表中所缺数值可以内插计算。

四、算　例

例 3-7　四川某微丘地区拟建一公路小桥，其下游不远原有一座单孔净跨 5.4m 的钢筋混凝土板式桥，两桥台具有八字翼墙。桥下河底加固采用碎石垫层上厚 20cm 的片石单层铺砌，纵向坡底 i = 200‰，桥头路基高 3.4m，经调查知约 10 年一遇的某次历史洪水位离路基边缘尚有 1m，洪水时估计桥下平均水深为 2m，桥前积水面宽度 B 约 25m。此桥汇水面积 $F = 6km^2$，河床土质为大砾石带砂和小砾石。现按拟建小桥的规定频率 $p = 1/50$，用直接类比法计算原有小桥涵的周期流量 Q_p。

解：1)判定水力图式

根据桥下平均水深为 2m 以及桥下铺砌，查表 3-18d)得 $v_y = 4m/s$。桥下临界水深为：

$$h_k = \frac{v_y^2}{g} = \frac{4^2}{9.81} = 1.63 \text{ m}$$

桥前水深 $H = 3.4 - 1.0 = 2.4m$，根据河床土质为大砾石带砂和小砾石，查表 3-18a)取行近流速 $v_0 = 1.1m/s$，查表 3-19 得 $\phi = 0.9$。桥下游天然水深 h_t 为：

$$H_o = H + \frac{v_0^2}{2g} = 2.4 + \frac{1.1^2}{2 \times 9.81} = 2.46 \text{ m}$$

$$h_t = H_0 - \frac{v_y^2}{2g\phi} = 2.46 - \frac{4^2}{2 \times 9.81 \times 0.9^2} = 1.45 \text{ m}$$

$h_t < 1.3h_k$，属自由出流。

2)求通过原有小桥的历史洪峰流量 Q

查表 3-19 得流量系数 $M = 1.46$，小桥净跨径 $B = 5.4m$，则以下式计算 Q：

$$Q = MBH_0^{\frac{3}{2}} = 1.46 \times 5.4 \times 2.46^{\frac{3}{2}} = 30.4 \text{ m}^3/\text{s}$$

3)折算原有小桥处天然洪峰流量 Q_n

由于　　$Q^{\frac{3}{2}} \cdot F = 30.4^{\frac{3}{2}} \times 6 \approx 1000$

$$\frac{B}{H \cdot i} = \frac{25}{2.4 \times 0.2} \approx 52$$

查表 3-21 得　　$S = 1.22$

所以　　$Q_n = S \cdot Q = 1.22 \times 30.4 = 37.1 \text{ m}^3/\text{s}$

4)推求原有小桥处拟建小桥规定频率 $p = 1/50$ 的周期流量 Q_p

频率 $n = 1/10$时 $M_n = 1$，频率 $p = 1/50$时，查表 3-17 得 $M_p = M_{p=1/50} = 2.00$，以式(3-16)计算周期流量 Q_p：

$$Q_p = M_p Q_n = 2 \times 37.1 = 74.2 \text{ m}^3/\text{s}$$

第四节　孔径的确定

孔径是指桥涵下过水净空的大小，它是桥涵设计的基本尺寸。小桥涵与大中桥的孔径计算有所不同。大中桥允许河床发生一定的冲刷，一般采用天然河槽平均流速作为设计流速。小桥涵一般不允许桥下和涵内的河底发生冲刷，但允许有较大的壅水高度，通常都采用人工加固河床的方法来提高河床的容许(不冲刷)流速，以达到适当缩减孔径的目的。

小桥涵孔径应根据设计流量、河床地质、河床及进出口加固形式所允许的平均流速等条件确定。孔径计算的任务是：在足以渲泄设计洪水流量并保证桥梁前壅水不致过多，桥涵下流速不致冲刷河床或结构物的条件下，通过水力计算确定合理经济的桥涵孔径尺寸。

一、小桥孔径计算

1.小桥孔径计算的特点

与涵洞相比，小桥孔径计算有如下特点：

(1)小桥的跨径与台高之间无一定比例关系，因而小桥孔径计算主要是解决跨径问题，通常是在一定桥梁高度限制的情况下，用增大跨径的办法来加大过水面积，以达到渲泄设计流量的目的。

(2)小桥沿水流方向的长度(即桥台宽度)较小，因此桥身断面的过水阻力较小，在水力计算时可不计沿程阻力。

(3)通常小桥孔径比涵洞孔径大得多，为减少工程数量一般很少采用加固河床的办法来提高允许流速，增加泄水能力。即使采用河床加固，允许流速也不宜太大。因此小桥水力计算时采用的河床允许不冲刷流速一般都较低，并且允许不冲刷流速是小桥孔径计算的重要控制条件。

(4)由于小桥孔径较大，桥上一般无填土路基，水流都不会淹没整个桥孔，桥下要有一定的净空高度，计算时均按水力学中的宽顶堰计算。

2.小桥孔径计算程序

(1)拟建桥位处主河沟天然水深 h_t 及天然流速 v_t 的确定。

①应收集的资料。

为了确定 h_t 及 v_t，应收集的资料包括：拟建桥位处天然设计洪峰流量 Q_p，形态断面的几何形状实测资料，主河沟粗糙系数 m(或粗糙率 n)，附近河床的纵坡 i 等。

②以均匀流公式计算 h_t 及 v_t

先假定不同水位的天然水深 h_t，即可实测河床断面上求出过水面积 A 及湿周 χ，按谢才—满宁公式计算出相应的流速和流量。如求得的流量与已知的设计流量 Q_p 相差不超过 ±10%，则所假定的 h_t 及 v_t 即可作为以后的孔径计算的依据，否则应重新计算。

(2)桥下临界水深 h_k 的确定。

①桥下水流平均临界水深 h_{kj} 的确定。

首先根据桥下河床土质或拟建桥涵的加固类型，通过设计流量的天然平均水深 h_t，从表3-18中选取允许(不冲刷)平均流速 v_y，在计算孔径时，必须使桥下临界流速 v_k 不大于 v_y，选定 v_y 之后，可假定 $v_k = v_y$，则桥下任意形状断面的平均临界水深 h_{kj} 可由式(3-28)计算。

$$h_{kj} = \frac{{v_k}^2}{g} \approx \frac{{v_y}^2}{g} = 0.102{v_y}^2 \tag{3-28}$$

②矩形、梯形桥孔断面的 h_k

对于矩形桥孔断面(计算图式判别时可不考虑多孔小桥的桥墩阻水面积)，由于实际水面宽度 B 等于临界水深 h_k 时的水面 B_k，所以 $h_k = h_{kj}$。对于宽而浅的梯形桥孔断面 $h_k = h_{kj}$，但对于狭而深的梯形桥孔断面(即宽深比小于 10 的断面见图 3-8)，h_k 可由已知的 h_{kj} 及式(3-29)计算：

$$h_k = \frac{B_k - \sqrt{B_k^2 - 4mB_k h_{kj}}}{2m} \tag{3-29}$$

式中：m——梯形桥孔断面的边坡系数，即锥形护坡沿桥跨方向的坡比，一般取 $m=1$；

B_k——通过天然洪峰流量 Q_p，水深为 h_k 时对应的水面宽度，见图 3-8(m)，由于水流通过小桥以自由出流图式为多数，因此 B_k 值可先按式(3-30)和式(3-31)计算。

(3)小桥计算图式判别

小桥计算图式及判别条件为：当 $1.3h_k \geq h_t$ 时，桥下水流为自由流出；当 $1.3h_k < h_t$ 时，则为非自由流出。

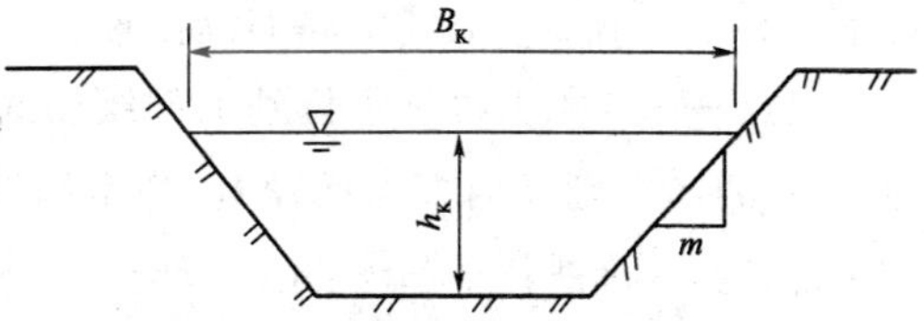

图 3-8　梯形断面中 h_k、B_K 示意图

(4)小桥孔径长度 L 的确定

①自由流出时

由流量基本公式，当通过设计流量时桥下临界断面处：

$$Q_p = Av_y$$

而

$$A = h_{kj}B_k$$

由式(3-28)知：

$$h_{kj} = \frac{v_k^2}{g}$$

故

$$Q_p = B_k \cdot \frac{v_y^3}{g}$$

考虑水流流入桥孔时受侧向收缩的影响，自由流出时临界断面水面计算宽度公式为：

$$B_k = \frac{g \cdot Q_P}{\varepsilon v_k^3} \tag{3-30}$$

式中：v_k——桥下临界流速，由表 3-18 查得(m/s)；

Q_p——设计流量(m^3/s)；

ε——侧向抗压系数，由表 3-19 确定；

其他符号意义同前。

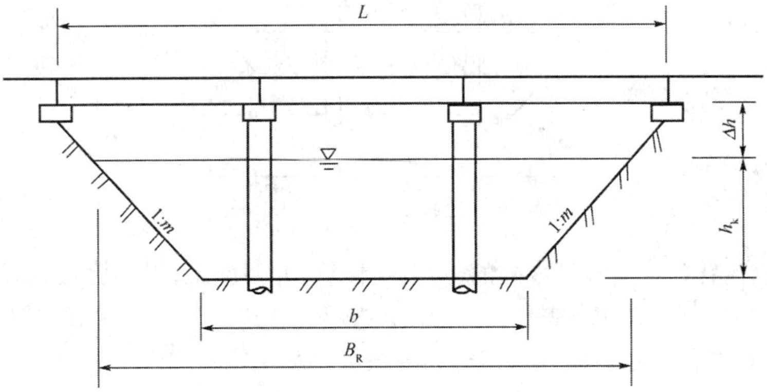

图 3-9　梯形桥孔断面(自由出流)

当为多孔桥时应考虑桥墩的阻水宽度：

$$B_k = \frac{g \cdot Q_p}{\varepsilon \cdot v_k^3} + Nd \tag{3-31}$$

式中：d——单个中墩在水面线上顺桥跨方向的宽度(m)；

N——桥墩个数。

当桥孔断面为矩形时，桥跨长度等于 B_k，即：

$$L = B_k \tag{3-32}$$

当桥孔断面为梯形时（图 3-9），桥孔长度可按式（3-33）计算：

$$L = B_k + 2m \cdot \Delta h \tag{3-33}$$

式中：Δh——小桥上部结构底面高出设计水位的高度，$\Delta h = H - h_k + \Delta_1$（m）；

Δ_1——自积水时壅水位到上部结构底面的净高，一般不通航时 $\Delta_1 = 0.5$m，有流水的河沟 $\Delta_1 = 0.75$m；通航时按通航净宽、净空高度计；

H——桥前背水高度（m）。

②非自由流出时

此时桥下水深即为河槽的天然水深，则过水面的平均宽度：

$$B_0 = \frac{Q_p}{\varepsilon \cdot h_t \cdot v_y} + N \cdot d_1 \tag{3-34}$$

式中：d_1——中墩沿 B_0 时的宽度；

其他符号意义同前。

当单孔时，以下式计算 B_0：

$$B_0 = \frac{Q_p}{\varepsilon \cdot h_t v_y} \tag{3-35}$$

当桥孔断面为矩形时：

$$L = B_0 \tag{3-36}$$

当桥孔断面为梯形时，如图 3-10 所示桥跨长度为：

$$L = B_0 + m \cdot h_t + 2m \cdot \Delta h = B_0 + m(h_t + 2\Delta h) \tag{3-37}$$

式中：$\Delta h = H - h_t + \Delta_1$。

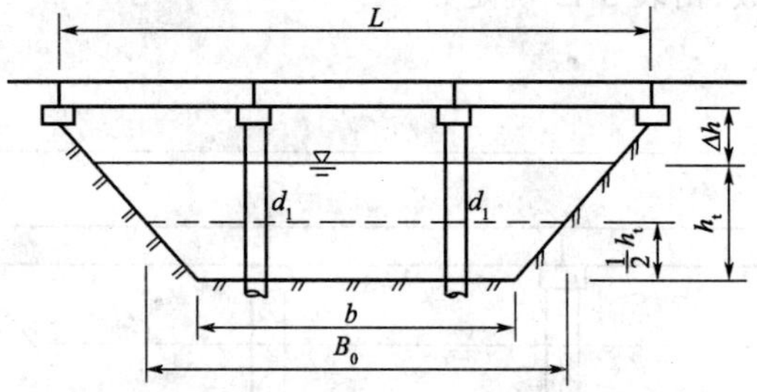

图 3-10　梯形桥孔断面（非自由出流）

按上述计算的孔径值通常是零碎的，为简化计算，方便施工，人们已按孔径的一定间距做了定型化设计，并绘成（标准图）表供设计、施工选用。若选用的标准跨径与计算的孔径 L 相差不超过 10%，不必复核水力图式，否则，应复核水力图式。

（5）桥前背水高度 H 的确定

①自由出流

根据桥前断面与桥下断面的能量方程可导得桥前背水高度的计算式，即：

$$H = h_k + \frac{v_k^2}{2g\phi^2} - \frac{v_0^2}{2g} = h_k - \frac{h_{kj}}{2\phi^2} - \frac{v^2}{2g} \tag{3-38}$$

式中：ϕ——桥下水流的流速系数，根据不同的桥台形状，查表 3-19；

v_k、h_k、h_{kj}——以最后选定的孔径所确定的桥下的临界流速、临界水深和平均临界水深；

v_0——行近流速（水深为 H 的桥前流速），当 $v_0 \leqslant 1\text{m/s}$ 时，式中$\frac{v_0^2}{2g}$可略去不计，当 $v_0 >$ 1m/s 时，v_0 可随 H 而变，式(3-38)可用渐进法求得；

其他符号意义同前。

②非自由出流

$$H = h_k + \frac{v_y^2}{2g\phi^2} - \frac{v_0^2}{2g} \tag{3-39}$$

式中：v_y——根据最后选定的孔径计算的桥下流速(m/s)。

(6)桥头路堤及桥面最低高程的确定

小桥孔径计算除了解决桥跨长度外，还应考虑建桥压缩河床后引起桥前壅水对路堤和桥面高度的影响，因此还需要桥头路堤及桥面最低高程进行验算。如图 3-11 所示。

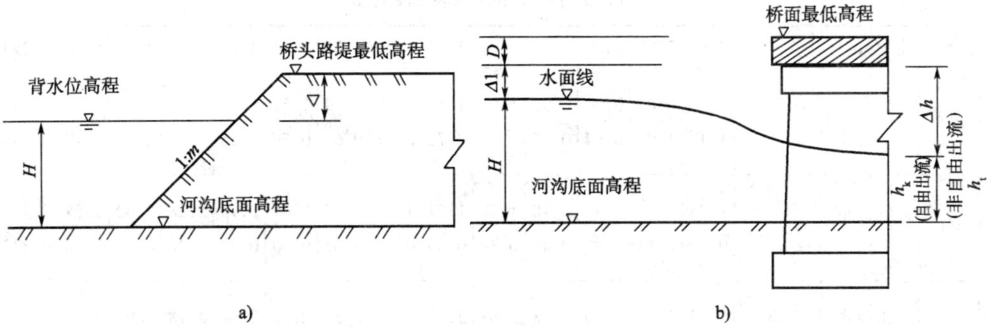

图 3-11 桥头路堤及桥面最低高程

a)桥头路堤最低高程；b)桥面最低高程

桥头路堤最低高程 = 河床最低高程 + 背水高度 $H + \Delta$；

桥面最低高程 = 桥前河沟底面高程 + 背水高度 $H + J + D$。

式中：Δ——安全值，一般取 $\Delta = 0.5\text{m}$；

J——桥下净空高度，一般为 0.5 m，有流冰的河流在最高流冰面加 0.75m(m)；

D——桥梁上部建筑的高度(m)。

3.表解法速算孔径

应用上述公式求解较为繁琐，为了简化运算，加快设计工作速度，生产单位已将小桥孔径计算编制成图表以供设计使用，虽然计算结果与公式计算略有差异，但已能满足实用的精度。现将表解法介绍如下。

(1)根据河床土的性质或加固类型，按表 3-18 确定允许不冲刷流速 v_y。

(2)先按照自由流出计算，由 v_y 查表 3-22，即可求得孔径系数、桥下平均临界水深 h_{kj}和桥前水深 H。

(3)用试算法或公式法，求桥下游天然水深 h_t，并判断水力图式。如为非自由流出，则应重新按非自由流出查表 3-23 求解；如为自由流出，以上计算有效。

(4)计算桥跨长度

自由流出：　L = 孔径系数 × $Q_p + Nd$

非自由流出：　L = 孔径系数 × $\mu_1 Q_p + Nd$

其中 μ_1 为桥台形状系数，八字墙 $\mu_1 = 1.06$，锥坡填土 $\mu_1 = 0.94$。

(5)验算桥头路堤及桥面最低高程

自由出流式的小桥孔径计算 表 3-22

允许流速(m/s)		2.00	2.25	2.50	2.75	3.00	3.25	3.50	3.75	4.00	4.25	4.50	4.75	5.00	5.25	5.50
桥下临界水深(m)		0.41	0.52	0.64	0.77	0.92	1.08	1.25	1.44	1.63	1.84	2.07	2.30	2.55	2.82	3.09
桥前水深(m)	桥台伸出锥坡之外	0.69	0.88	1.09	1.30	1.56	1.83	2.11	2.43	2.75	3.11	3.50	3.89	4.31	4.76	5.23
	锥坡填土八字翼墙	0.65	0.84	1.04	1.25	1.49	1.75	2.02	2.33	2.64	2.98	3.35	3.72	4.12	4.56	5.00
孔径系数 μ	桥台伸出锥坡之外	1.53	1.08	0.79	0.59	0.45	0.36	0.29	0.23	0.19	0.16	0.13	0.11	0.098	0.085	0.074
	八字翼墙	1.44	1.02	0.74	0.56	0.42	0.34	0.27	0.22	0.18	0.15	0.12	0.10	0.092	0.080	0.070
	锥坡填土	1.36	0.96	0.70	0.53	0.40	0.32	0.26	0.20	0.17	0.14	0.12	0.098	0.087	0.070	0.066

注:本表适用于河槽断面为矩形或宽的梯形。

非自由出流式的小桥孔径计算 表 3-23

允许流速(m/s)			2.00	2.25	2.50	2.75	3.00	3.25	3.50	3.75	4.00	4.25	4.50	4.75	5.00	5.25	5.50
桥下水深(m)	0.5	桥前水深 H(m)	0.75	0.82	0.90	0.98	1.07	1.17	1.28	1.39	1.51	1.64	1.78	1.92	2.08	2.34	2.41
		孔径系数 μ	1.17	1.05	0.94	0.85	0.78	0.72	0.67	0.63	0.59	0.55	0.52	0.50	0.47	0.45	0.43
	1.0	桥前水深 H(m)	1.25	1.32	1.40	1.48	1.57	1.67	1.78	1.89	2.01	2.14	2.28	2.42	2.58	2.74	2.91
		孔径系数 μ	0.59	0.53	0.47	0.43	0.39	0.36	0.34	0.32	0.30	0.28	0.26	0.25	0.24	0.23	0.21
	1.5	桥前水深 H(m)	1.75	1.82	1.90	1.98	2.07	2.17	2.28	2.39	2.51	2.64	2.78	2.92	3.08	3.24	3.41
		孔径系数 μ	0.39	0.35	0.31	0.28	0.26	0.24	0.23	0.21	0.20	0.19	0.17	0.16	0.16	0.15	0.14
	2.0	桥前水深 H(m)	2.25	2.32	2.40	2.48	2.57	2.67	2.78	2.89	3.01	3.14	3.28	3.42	3.58	3.74	3.91
		孔径系数 μ	0.29	0.26	0.24	0.21	0.20	0.18	0.17	0.16	0.15	0.14	0.13	0.13	0.12	0.11	0.11
	2.5	桥前水深 H(m)	2.75	2.82	2.90	2.98	3.09	3.19	3.28	3.39	3.51	3.64	3.78	3.92	4.08	4.24	4.41
		孔径系数 μ	0.23	0.21	0.19	0.17	0.16	0.15	0.13	0.12	0.12	0.11	0.10	0.10	0.09	0.09	0.09
	3.0	桥前水深 H(m)	3.25	3.32	3.40	3.48	3.57	3.67	3.78	3.89	4.01	4.14	4.28	4.42	4.58	4.74	4.91
		孔径系数 μ	0.19	0.17	0.16	0.14	0.13	0.12	0.11	0.11	0.10	0.09	0.09	0.08	0.08	0.08	0.07
	3.5	桥前水深 H(m)	3.75	3.82	3.90	3.98	4.07	4.17	4.28	4.39	4.51	4.64	4.78	4.92	5.08	5.24	5.41
		孔径系数 μ	0.16	0.15	0.13	0.12	0.11	0.10	0.10	0.08	0.08	0.08	0.17	0.07	0.07	0.06	0.06
	4.0	桥前水深 H(m)	4.25	4.32	4.40	4.43	4.57	4.67	4.78	4.89	5.01	5.14	5.28	5.42	5.58	5.74	5.91
		孔径系数 μ	0.14	0.13	0.12	0.11	0.10	0.09	0.08	0.08	0.07	0.07	0.07	0.06	0.06	0.06	0.05

注:本表桥前水深桥台形状为八字墙。

4.算例

例 3-8 丘陵区某桥址河沟横断面如图3-12,实测得如下资料:主河沟平均纵坡 $i=15‰$,河床粗糙系数 $m=20$,河床最底点高程为 100.00m,计算得知桥中心桩路线设计高程为 102.95m,设计流量 $Q_p=22.0m^3/s$,过水面积 $A=14.4m^2$,水力半径 $R=0.486m$,现拟建一座钢筋混凝土板桥,河床采用厚25cm的片石单层铺砌,桥台采用八字翼墙,试确定其孔径、桥头路堤及桥面最低高程。

解：(1)确定天然水深 h_t 及天然流速 v_t

用试算法：假定水深 $h=1.2\text{m}$ 时算得 $A=14.4\ \text{m}^2$

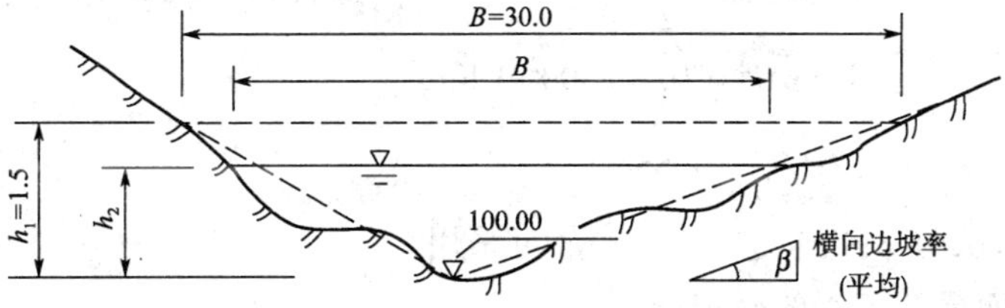

图 3-12 河沟横断面(尺寸单位：m)

湿周 $\chi=29.36\text{m}$，水力半径 $R=0.486\text{m}$，则：

$$v=mR^{2/3}\times i^{1/2}=20\times 0.486^{2/3}\times 0.015^{\ 1/2}=1.51\text{m/s}$$

$$Q=V\cdot A=1.51\times 14.4=21.74\text{m}^3/\text{s}$$

试算的 Q 与设计流量 Q_p 相比之差小于 10%，所以确定：

$$h_t=1.2(\text{m}),v_t=1.51\text{m/s}$$

(2)确定桥下临界水深 h_k

当天然水深 $h_t=1.2\text{m}$ 时，由河沟横断面图可得对应的水面宽度 $B=24\text{m}$，则天然平均水深：

$$\overline{h}=\frac{A}{B}=\frac{14.4}{24}=0.6\text{m}$$

查表 3-18d)得 $v_y=3.5\text{m/s}$，取 $v_k=v_y$，平均临界水深 h_{kj} 由下式计算：

$$h_{kj}=0.102v_y^{\ 2}=0.102\times 3.5^2=1.25\text{m}$$

采用矩形桥孔断面： $h_k=h_{kj}=1.25\text{m}$

(3)判定水力图式

$$1.3h_k=1.3\times 1.25=1.63\text{m}>h_t=1.2\text{m}$$

所以桥下水流为自由出流。

(4)小桥孔径长度 L 确定

查表 3-19 得 $\varepsilon=0.85$，采用单孔

$$L=\frac{Q_p\cdot g}{\varepsilon\cdot v_k^{\ 3}}=\frac{22\times 9.81}{0.85\times 3.5^3}=5.92\text{m}$$

现选用 $1\times 6.00\text{m}$ 钢筋混凝土板式桥，建筑高度 $D=0.28\text{m}$。

净跨径为 5.40m 与计算出的 $L=5.92\text{m}$ 相比孔径未超过 10%，故不再复核水力图式。

(5)确定桥前背水高度 H

查表 3-19 得 $\phi=0.90$，先假定行近流速 $v_0=v_t=1.51\text{m/s}$，则以式(3-38)第一次试算：

$$H=h_k+\frac{h_{kj}}{2\phi^2}-\frac{v_0^{\ 2}}{2g}=1.25+\frac{1.25}{2\times 0.9^2}-\frac{1.51^2}{2\times 9.81}=1.9\text{m}$$

当取 $h_t=H=1.9\text{m}$ 时，由于 $\alpha=\dfrac{B}{2H}=10$，得：

$$A=\frac{1}{2}HB=\frac{1}{2}H\cdot 2\alpha H=\alpha H^2=10\times 1.9^2=36.1\text{m}^2$$

$$v_0=\frac{Q_p}{A}=\frac{22}{36.1}=0.61\text{m/s}$$

与假设的 $v_0 = 1.51\ m/s$ 相差太大。

第二次试算：假定 $v_0 = 0.61\ m/s$

$$H = 1.25 + \frac{1.25}{2 \times 0.9^2} - \frac{0.61^2}{2 \times 9.81} = 2.00m$$

$$A = \alpha H^2 = 10 \times 2.00^2 = 40m^2$$

$$v_0 = \frac{22}{40} = 0.55m/s$$

与假设的 $v_0 = 0.61$ 相差未超过 10%，故可采用。

(6)路堤及桥面最低高程的确定

桥头路堤最低高程 = 桥前河沟底面高程 + $H + \Delta$

$= 100.00 + 2.00 + 0.50 = 102.50m$

桥面最低高程 = 桥前河沟底面高程 + $H + \Delta_1 + D$

$= 100.00 + 2.00 + 0.50 + 0.28 = 102.78m$

计算得到的桥头路堤最底高程及桥面最底高程均小于路基设计高程 102.95m，说明满足设计要求。

二、涵洞孔径计算

1.涵洞孔径计算的特点

与小桥相比涵洞孔径计算有如下的特点。

(1)涵洞洞身随路基填土高度的增加而增长，洞身断面的尺寸对工程数量影响较大，因此计算涵洞孔径时还要求跨径与台高应有一定的比例关系，其经济比例通常为 1:1 ~ 1:1.5。为此，涵洞孔径计算除解决跨径尺寸外，同时还应从经济出发确定涵洞的台高。

(2)涵洞孔径小，孔道长，涵底具有一定纵向排水坡度，水流经过涵洞时所受阻力较大，计算涵洞孔径要考虑洞身过水阻力的影响。

(3)涵洞孔径较小，通常采用人工加固河床的措施来提高流速，以缩小孔径。由于河床加固后允许流速一般都较高，如果计算孔径时仍按允许不冲刷流速控制，则涵洞孔径只要很小就能满足设计流量的宣泄，但由于涵洞前水深较高因此就要采用窄而高的洞身断面尺寸，或因过高的积水使涵洞和路堤安全受到威胁。这是既不经济又不安全的。因此控制涵前水深和满足孔径断面一定的高宽比例则是涵洞孔径计算的重要控制条件。

(4)为提高泄水能力，最大限度地缩小孔径，降低工程造价，在涵洞孔径计算中可考虑水流充满洞身触及洞顶的情况。

2.水力图式

水流通过涵洞可分为无压力式、半压力式、压力式三种水力计算图式。另外，当路基顶面高程低于横穿沟底的水面高程时，也可设倒虹吸管涵洞。关于无压力式、半压力式、压力式涵洞和倒虹吸管涵洞水流的外观描述和适用性见表 3-24。

一般新建涵洞以采用无压力式涵洞为主。为提高宣泄设计流量，在不造成淹没上游农田、村庄的前提下，允许涵前较大壅水高度时，可采用压力式、半压力式涵洞。压力式涵洞在设计施工中必须保证涵身不漏水，即不能让水渗入路基，影响路基强度和稳定性。压力式涵洞进口采用升高式，可提高设计流量，当设计流量在 10 m^3/s 左右时，一般采用圆管涵或盖板涵。当涵顶填土不足时，可采用盖板明涵。当设计流量更大且路堤较高时，宜采用拱涵。在地基软弱的情况下，可采用钢筋混凝土箱涵。

不同水力性质涵洞的分类　　表 3-24

水力性质	外观描述	适用性
无压力式	进口水流深度小于洞口高度，水流受侧向束挟，进口后不远处形成收缩断面。下游水面不影响水流出口，水流流经全涵保持自由水面	要求涵顶高出水面，涵前不允许壅水或壅水不高时
半压力式	水流充满进口，呈有压状态，使进口不远的收缩断面及以后的其余部分均为自由表面，呈无压状态	全涵净高相等，涵前允许一定的壅高，且略高于涵洞进口净高
压力式	涵前壅水较高，全涵内充满水流，无自由表面。一般出口被下游水面淹没，但升高式(或流线型)进水口，且涵底纵坡小于摩阻坡度时，出口不被下游水面淹没	深沟高路堤，不危害上游农田、房屋前提下，涵前允许较大壅水
倒虹吸管	进出水口设置竖井，水流充满全部涵身	横穿路线的沟渠水面高程高于或接近路基高程，以致无法设置其他涵洞或渡槽

3.孔径计算

(1)无压力式涵洞孔径计算

无压力式涵洞的水面曲线如图 3-7a)所示。当底坡为临界坡度 i_k 时，涵内水深为临界水深 h_k；当涵底坡度为陡坡，即 $i > i_k$ 时，涵内形成急流的均匀流，正常水深 $h_0 < h_k$；当涵低坡度为缓坡 i，即 $i < i_k$ 时，涵内水深较大，涵洞的净高也较大，所以不经济，很少采用。

①规定和基本计算公式

无压力式涵洞进水口处，涵内的最高流水面与涵洞顶之间要保持一个最小净空高度 Δ，见表 3-25。

无压力式涵洞净空高度 Δ　　表 3-25

涵洞类型 / 净空高度 Δ / 涵洞进口净高(或内径)h'_d(m)	圆管涵	拱涵	矩形涵
<3	$\geqslant h/4$	$\geqslant h/4$	$\geqslant h/6$
≥3	≥0.75	≥0.75	≥0.5

从涵前水深 H 至进水口水深 H' 的降落系数取 0.87，则：

$$H = \frac{H'}{0.87} = \frac{h'_d - \Delta}{0.87} \tag{3-40}$$

式中：h'_d——涵洞进水口净高，无升高管节时与涵高 h_d 相同(m)。

无压力式涵洞基本公式为：

$$Q = \varepsilon \cdot \phi \cdot A_k \cdot \sqrt{2g(H_0 - h_k)} \tag{3-41}$$

$$v_k = \frac{Q}{\varepsilon \cdot A_k} \tag{3-42}$$

$$H_0 = h_k + \frac{v_k^3}{2g\phi^2} \tag{3-43}$$

$$H = H_0 - \frac{v_0^2}{2g} \tag{3-44}$$

式中：Q——过涵流量，应大于或等于设计流量 Q_P；

h_k——涵洞内进水口附近的临界断面水深，无压力式时，涵内收缩断面水深 $h_c = 0.9h_k$(m)；

v_k、A_k—— 分别为临界断面的流速(m/s)、过水断面面积(m^2)；

v_0、H_0——分别为涵前行近流速和包括$\frac{v_0^2}{2g}$项在内的涵前总水头(m)；

ϕ——流速系数，矩形涵 $\phi = 0.95$；拱涵圆管涵 $\phi = 0.85$；

ε——涵洞侧向压缩系数，$\varepsilon = 1/\sqrt{\alpha}$，其中 α 为流速分布系数，对于无升高管节的拱涵取 $\alpha = 1.1$，则 $\varepsilon = 0.96$，其他涵取 $\alpha = 1$，则 $\varepsilon = 1$。

根据上述基本公式，对通常采用的定型涵洞选定有关数据，可求得各类涵洞孔径计算的简化公式。

对于盖板涵及箱涵，由公式(3-23) $Q = 1.575BH^{\frac{3}{2}}$得：

$$B = \frac{Q}{1.575H^{\frac{3}{2}}} \quad (\text{m}) \tag{3-45}$$

对于石拱涵，由公式(3-24) $Q = 1.422BH^{\frac{3}{2}}$得：

$$B = \frac{Q}{1.422H^{\frac{3}{2}}} \quad (\text{m}) \tag{3-46}$$

对于圆管涵，有：

$$Q = 1.69d^{\frac{5}{2}} \quad (\text{m}^3/\text{s}) \tag{3-47}$$

$$d = \left(\frac{Q}{1.69}\right)^{\frac{2}{5}} \quad (\text{m}) \tag{3-48}$$

以上式中：H——涵前水深(m)；

B——涵洞净宽，即净跨径(m)。

②编表查表的说明

实际工作中为了设计方便，对通常采用的定型涵洞利用上述的简化公式编制出各类涵洞的泄水能力及水力计算表。具体可查《公路桥涵设计手册—涵洞》(人民交通出版社出版)中各有关表格，本章节录的表 3-26 表 3-27 表 3-28 供练习用。

③算例

例3-9 拟建一无压力式钢筋混凝土盖板涵，进水口不升高。已知所需通过的设计流量 $Q_p = 5.0\text{m}^3/\text{s}$，根据确定的路堤设计高程以及上游允许壅水情况，推算出涵前允许最大水深 $H_{允} = 1.5\text{m}$，行进流速 v_0 引起的$\frac{v_0^2}{2g}$项略去不计；采用浆砌片石铺砌涵底，$n = 0.016$，允许流速 $v_y = 6.0\text{m/s}$，试查表选择涵洞的孔径和水力计算。

解：1)选择涵洞的孔径

从技术和经济角度，主要是在满足所需通过的设计流量的前提下，选择孔径小但满足涵前最大水深在允许范围内的涵洞。

查表 3-26 假定选择标准垮径 $L = 2.00\text{m}$，净高 $h_d = 1.8\text{m}$，可通过的流量 $Q = 5.01\text{m}^3/\text{s}$，大

于 $Q_p = 5.0\text{m}^3/\text{s}$，但涵前水深 $H = 1.72$ 大于 $H_{允} = 1.5\text{m}$，将会造成上游壅水过高淹没影响。

再选择 $L = 2.50\text{m}$，净高 $h_d = 1.50$（内插）时，可通过流量 $Q_p = 5.18\text{m}^3/\text{s}$，涵前水深 $H = 1.44\text{m}$ 小于 $H_{允} = 1.5\text{m}$ 能满足需求。

2)查表水力计算

继续查表 3-26 内插可得进口水深 $H' = 1.25\text{m}$，临界水深 $h_k = 0.93\text{m}$，收缩断面水深 $h_c = 0.84\text{m}$，临界流速 $v_k = 2.94\text{m/s}$，收缩断面流速 $v_c = 3.27\text{m/s}$，临界坡度 $i_k = 6.1‰$，当流速为 $v_{max} = 6.0\text{m/s}$ 时的最大坡度 $i_{max} = 44.8‰$。

3)流速和涵底铺砌坡度控制

从查表知最大流速为收缩断面流速 $v_c = 3.27\text{m/s} < v_y = 6.0\text{m/s}$，同时可见涵底铺砌坡度 i 设计时应控制的范围为：$i_k = 6.1‰ < i < i_{max} = 44.8‰$

钢筋混凝土盖板涵泄水能力及水力计算表　　表 3-26

形式	标准跨径 L(m)	净跨径 L_0 (m)	净高 h_d(m)	进水口净高 h'_d (m)	泄水能力 Q (m^3/s)	水深(m) 涵前水深 H	水深(m) 进水口水深 H'	水深(m) 临界水深 h_k	水深(m) 收缩断面水深 h_c	流速(m/s) 临界流速 v_k	流速(m/s) 收缩断面流速 v_c	涵洞纵坡 临界坡度 i_k	涵洞纵坡 当流速 v_{max} = 45m/s 时的最大坡度 i	涵洞纵坡 当流速 v_{max} = 60m/s 时的最大坡度 i
进水口不升高式	1.50	1.10	0.80	0.80	1.17	0.77	0.67	0.49	0.44	2.16	2.40	7.2	56.3	
			1.00	1.00	1.63	0.96	0.83	0.62	0.55	2.39	2.66	7.6	42.5	
			1.20	1.20	2.14	1.15	1.00	0.74	0.67	2.63	2.93	8.2	34.5	
			1.40	1.40	2.70	1.34	1.17	0.80	0.78	2.85	3.17	8.9	29.0	
			1.60	1.60	3.30	1.53	1.33	0.99	0.89	3.03	3.37	9.4	25.6	
			1.80	1.80	3.94	1.72	1.50	1.11	1.00	3.22	3.58	10.1	23.1	
	2.00	1.40	1.00	1.00	2.07	0.96	0.83	0.62	0.55	2.39	2.66	6.4	38.0	
			1.20	1.20	2.72	1.15	1.00	0.74	0.67	2.63	2.93	6.9	30.2	
			1.40	1.40	3.44	1.34	1.17	0.86	0.78	2.85	3.17	7.4	24.9	
			1.60	1.60	4.20	1.53	1.33	0.99	0.89	3.03	3.37	7.7	21.6	
			1.80	1.80	5.01	1.72	1.50	1.11	1.00	3.22	3.58	8.2	19.3	
			2.00	2.00	5.87	1.92	1.67	1.23	1.11	3.41	3.79	8.7	17.6	
	2.50	1.90	1.20	1.20	3.70	1.15	1.00	0.74	0.67	2.63	2.93	5.7		62.0
			1.40	1.40	4.66	1.34	1.17	0.86	0.78	2.85	3.17	6.0		48.8
			1.60	1.60	5.70	1.53	1.33	0.99	0.80	3.03	3.37	6.2		40.8
			1.80	1.80	6.81	1.72	1.50	1.11	1.00	3.22	3.58	6.5		35.0
			2.00	2.00	7.97	1.92	1.67	1.23	1.11	3.41	3.79	6.8		31.0
			2.20	2.20	9.19	2.11	1.83	1.36	1.22	3.56	3.95	7.0		27.8
			2.40	2.40	10.47	2.30	2.00	1.48	1.33	3.72	4.14	7.3		25.4
			2.60	2.60	11.81	2.49	2.17	1.60	1.44	3.88	4.31	7.7		23.4
	3.00	2.40	1.40	1.40	5.89	1.34	1.17	0.86	0.78	2.85	3.17	5.2		44.8
			1.60	1.60	7.20	1.53	1.33	0.99	0.89	3.03	3.37	5.3		37.0
			1.80	1.80	8.59	1.72	1.50	1.11	1.00	3.22	3.58	5.5		31.3
			2.00	2.00	10.07	1.92	1.67	1.23	1.11	3.41	3.79	5.8		27.4
			2.20	2.20	11.61	2.11	1.83	1.36	1.22	3.56	3.95	5.9		24.3
			2.40	2.40	13.23	2.30	2.00	1.48	1.33	3.72	4.14	6.1		22.0
			2.60	2.60	14.92	2.49	2.17	1.60	1.44	3.88	4.31	6.4		20.1
			2.80	2.80	16.67	2.68	2.33	1.73	1.55	4.02	4.47	6.6		18.6
			3.00	3.00	18.48	2.87	2.50	1.85	1.66	4.16	4.62	6.8		17.5
	4.00	3.40	2.00	2.00	14.26	1.92	1.67	1.23	1.11	3.41	3.79	4.7		23.5
			2.20	2.20	16.45	2.11	1.83	1.35	1.22	3.56	3.95	4.7		20.5
			2.40	2.40	18.74	2.30	2.00	1.48	1.33	3.72	4.14	4.8		18.3
			2.60	2.60	21.13	2.49	2.17	1.60	1.44	3.88	4.31	5.0		16.5
			2.80	2.80	23.61	2.68	2.33	1.73	1.55	4.02	4.47	5.1		15.1
			3.00	3.00	26.18	2.87	2.50	1.85	1.66	4.16	4.62	5.2		14.0
			3.20	3.20	28.91	3.07	2.67	1.97	1.78	4.32	4.80	5.4		13.0
			3.40	3.40	31.59	3.26	2.83	2.10	1.89	4.42	4.92	5.4		12.2

续上表

形式	标准跨径 L(m)	净跨径 L_0 (m)	净高 h_d(m)	进水口净高 h'_d (m)	泄水能力 Q (m^3/s)	水深(m) 涵前水深 H	进水口水深 H'	临界水深 h_k	收缩断面水深 h_c	流速(m/s) 临界流速 v_k	收缩断面流速 v_c	涵洞纵坡 临界坡度 i_k	当流速 v_{max} = 45m/s 时的最大坡度 i	当流速 v_{max} = 60m/s 时的最大坡度 i
进水口升高式	1.50	1.10	0.80	1.10	1.83	1.04	0.90	0.67	0.60	2.49	2.76	7.8	38.8	
			1.00	1.40	2.56	1.30	1.13	0.83	0.75	2.81	3.12	8.8	30.1	
			1.20	1.70	3.37	1.55	1.35	1.00	0.90	3.06	3.40	9.5	25.3	
			1.40	1.90	4.25	1.81	1.58	1.17	1.05	3.30	3.67	10.3	22.2	
			1.60	2.20	5.18	2.07	1.80	1.33	1.20	3.55	3.93	11.4	20.2	
			1.80	2.50	6.19	2.33	2.03	1.50	1.35	3.75	4.17	12.1	18.7	
	2.00	1.40	1.00	1.40	3.26	1.30	1.13	0.83	0.75	2.81	3.12	7.4	26.3	
			1.20	1.70	4.29	1.55	1.35	1.00	0.90	3.06	3.40	7.8	21.4	
			1.40	1.90	5.41	1.81	1.58	1.17	1.05	3.30	3.67	8.4	18.5	
			1.60	2.20	6.59	2.07	1.80	1.33	1.20	3.55	3.93	9.1	16.5	
			1.80	2.50	7.88	2.33	2.03	1.50	1.35	3.75	4.17	9.7	15.1	
			2.00	2.70	9.23	2.59	2.25	1.67	1.50	3.95	4.39	10.3	14.0	
	2.50	1.90	1.20	1.70	5.82	1.55	1.35	1.00	0.90	3.06	3.40	6.3		40.1
			1.40	1.90	7.34	1.81	1.58	1.17	1.05	3.30	3.67	6.6		33.2
			1.60	2.20	8.94	2.07	1.80	1.33	1.20	3.55	3.93	7.1		28.5
			1.80	2.50	10.69	2.33	2.03	1.50	1.35	3.75	4.17	7.4		25.0
			2.00	2.70	12.53	2.59	2.25	1.67	1.50	3.95	4.39	7.8		22.6
			2.20	3.00	14.45	2.85	2.48	1.83	1.65	4.15	4.62	8.2		20.8
			2.40	3.30	16.47	3.11	2.71	2.00	1.80	4.33	4.81	8.6		19.4
			2.60	3.50	18.57	3.37	2.93	2.17	1.95	4.50	5.00	9.0		18.2
	3.00	2.40	1.40	1.9	9.27	1.81	1.58	1.17	3.30	3.67	3.67	5.6		29.5
			1.60	2.20	11.30	2.07	1.80	1.33	3.55	3.93	3.93	6.0		25.0
			1.80	2.50	13.51	2.33	2.03	1.50	3.75	4.17	4.17	6.2		21.6
			2.00	2.70	15.82	2.59	2.25	1.67	3.95	4.39	4.39	6.4		19.3
			2.20	3.00	18.25	2.85	2.48	1.83	4.15	4.62	4.62	6.8		17.5
			2.40	3.30	20.80	3.11	2.71	2.00	4.33	4.81	4.81	7.0		16.2
			2.6	3.50	23.46	3.37	2.93	2.17	4.50	5.00	5.00	7.3		15.1
			2.8	3.70	26.21	3.63	3.16	2.33	4.69	5.21	5.21	7.7		14.2
			3.0	3.90	29.07	3.89	3.38	2.50	4.84	5.38	5.38	7.9		13.5
	4.00	3.40	2.0	2.70	22.41	2.59	2.25	1.67	1.50	3.39	4.39	5.0		15.8
			2.2	3.00	25.85	2.85	2.48	1.83	1.65	4.15	4.62	5.2		14.1
			2.4	3.30	29.47	3.11	2.71	2.00	1.80	4.33	4.81	5.4		12.8
			2.6	3.50	33.24	3.37	2.93	2.17	1.95	4.50	5.00	5.5		11.8
			2.8	3.70	37.13	3.63	3.16	2.33	2.10	4.69	5.21	5.8		10.9
			3.0	3.90	41.18	3.89	3.38	2.50	2.25	4.84	5.38	5.9		10.3
			3.2	4.20	45.36	4.15	3.61	2.67	2.40	5.00	5.55	6.1		9.7
			3.4	4.40	49.68	4.40	3.83	2.83	2.55	5.16	5.74	6.3		9.2

注:①表中所列泄水能力是单孔涵洞的泄水能力,双孔涵洞的泄水能力为单孔涵洞的2倍;

②进水口水面降落系数取0.87;流速分布系数 $a=1$;

③涵洞出口断面最大允许流速:当 $L_0 \leqslant 1.5$m时,$v_{max}=4.5$m/s;$L_0>1.5$m时,$v_{max}=6.0$m/s。

圆管涵泄水能力及水力计算表 表 3-27

形式	管径 d(m)	进水口净高 h'_d (m)	泄水能力 Q (m^3/s)	水深(m)					流速		涵洞纵坡	
				涵前总水头 H_0	进水口水深 H'	临界水深 h_k	收缩断面水深 h_c	当流速 $v_{max}=6.0$m/s 时出口断面水深 h	临界流速 v_k	收缩断面流速 v_c	临界坡度 i_k	当流速 $v_{max}=6.0$m/s 时的最大坡度 i
进水口不升高式	1.50	1.50	2.00	1.19	1.04	0.72	0.65	0.38	2.39	2.77	3.7	46.5
		1.50	2.20	1.24	1.08	0.77	0.69	0.39	2.44	2.79	3.7	44.4
		1.50	2.40	1.28	1.12	0.81	0.73	0.42	2.49	2.80	3.8	40.6
进水口升高式	0.50(农用灌溉)	0.60	0.20	0.52	0.45	0.31	0.27	0.11	1.61	1.87	6.0	229.2
		0.78	0.30	0.67	0.58	0.37	0.33	0.16	1.86	2.20	7.3	157.0
	0.75	0.95	0.60	0.81	0.71	0.48	0.43	0.21	2.03	2.33	5.3	102.4
		0.03	0.70	0.88	0.77	0.52	0.47	0.24	0.17	2.41	5.9	88.9
		1.16	0.83	1.00	0.87	0.56	0.50	0.27	2.29	2.66	6.5	78.9
	1.00	1.10	1.00	0.94	0.82	0.58	0.52	0.27	2.14	2.44	4.5	72.9
		1.23	1.20	1.05	0.92	0.63	0.57	0.31	2.33	2.62	4.8	62.3
		1.36	1.40	1.17	1.02	0.68	0.61	0.34	2.48	2.82	5.3	57.3
		1.47	1.60	1.27	1.10	0.73	0.66	0.38	2.58	2.94	5.6	50.1
		1.54	1.70	1.32	1.15	0.75	0.68	0.39	2.64	3.01	5.8	48.4
	1.25	1.30	1.60	1.11	0.97	0.70	0.63	0.34	2.28	2.62	4.0	54.2
		1.40	1.80	1.21	1.05	0.73	0.65	0.38	2.47	2.81	4.4	47.6
		1.59	2.20	1.37	1.19	0.81	0.73	0.44	2.63	3.02	4.7	41.4
		1.78	2.60	1.53	1.33	0.88	0.79	0.49	2.85	3.23	5.2	35.9
		1.94	2.97	1.67	1.45	0.93	0.84	0.54	2.95	3.42	5.4	32.8
	1.50	1.56	2.60	1.35	1.17	0.84	0.76	0.45	2.58	2.89	3.9	37.3
		1.74	3.00	1.49	1.30	0.90	0.81	0.50	2.75	3.11	4.1	64.3
		1.90	3.40	1.63	1.42	0.96	0.86	0.56	2.88	3.31	4.2	30.2
		2.02	3.80	1.74	1.51	1.02	0.92	0.59	2.99	3.41	4.5	28.2
		2.15	4.20	1.85	1.61	1.07	0.96	0.63	3.13	3.55	4.9	26.2
		2.32	4.68	2.000	1.74	1.12	1.01	0.69	3.23	3.75	5.1	24.3

注:①表中所列泄水能力是单孔涵洞的泄水能力,双孔涵洞的泄水能力为单孔涵洞的 2 倍;

②当涵前行进流速 $v_0>1$m/s 时,表中圆管涵涵前水深 H 应减去动能项,即 $H=H_0+\frac{v_0^2}{2g}$, v_0 用试算法确定,当 $v_0\leq$ 1m/s 时,$\frac{v_0^2}{2g}$项略去不计,即 $H=H_0$。

拱涵泄水能力及水力计算表$\left(\frac{f_0}{l_0}=\frac{1}{3}\right)$ 表 3-28

形式	净跨径 L_0(m)	墩台高度 h_1 (m)	涵洞净高 h_d (m)	泄水能力 Q(m³/s)	水深(m) 涵前水深 H	进水口水深 H'	临界水深 h_k	收缩断面水深 h_c	流速(m/s) 临界流速 v_k	收缩断面流速 v_c	砖拱涵纵坡(‰) 临界坡度 i_k	当流速 v_{max} 时的最大坡度 i	石拱涵纵坡(‰) 临界坡度 i_k	当流速 v_{max} 时的最大坡度 i
进水口不升高式	2.50	1.00	1.83	6.77	1.58	1.37	0.93	0.84	3.03	2.37	6.1	45.4	8.5	62.8
		1.20	2.03	7.91	1.75	1.52	1.03	0.93	3.20	3.55	6.3	39.1	8.7	54.1
		1.40	2.23	9.10	1.92	1.67	1.14	1.02	3.33	3.70	6.4	34.3	8.8	47.5
		1.60	2.43	10.35	2.09	1.82	1.24	1.11	3.48	3.87	6.6	30.7	9.1	42.4
		1.80	2.63	11.66	2.27	1.97	1.34	1.21	3.63	4.03	6.8	27.7	9.4	38.4
		2.00	2.82	13.01	2.44	2.12	1.44	1.30	3.77	4.18	7.0	25.4	9.7	35.2
		2.20	3.03	14.48	2.62	2.28	1.55	1.39	3.89	4.33	7.1	23.4	9.9	32.4
		2.40	3.23	16.43	2.85	2.48	1.68	1.52	4.08	4.53	7.5	21.3	10.4	29.5
		2.60	3.43	18.46	3.08	2.68	1.82	1.64	4.23	4.70	7.7	16.7	10.7	27.2
	3.00	1.40	2.40	12.20	2.07	1.80	1.22	1.10	3.47	3.86	5.9	28.7	8.2	39.8
		1.60	2.60	13.75	2.24	1.95	1.32	1.19	3.62	4.02	6.1	25.8	8.4	35.7
		1.80	2.80	15.37	2.41	2.10	1.43	1.28	3.73	4.15	6.2	23.4	8.5	32.4
		2.00	3.00	17.04	2.59	2.25	1.53	1.38	3.87	4.30	6.3	21.5	8.7	29.7
		2.20	3.20	19.37	2.82	2.45	1.66	1.50	4.05	4.50	6.5	19.4	9.0	26.9
		2.40	2.40	21.79	3.05	2.65	1.80	1.62	4.20	4.67	6.7	17.7	9.2	24.6
		2.60	3.60	24.30	3.28	2.85	1.94	1.74	4.35	4.83	6.8	16.4	9.5	22.7
		2.80	3.80	26.90	2.51	3.05	2.07	1.86	4.51	5.01	7.1	15.3	9.8	21.7
		3.00	4.00	29.59	3.74	3.25	2.21	1.99	4.65	5.17	7.3	14.4	10.1	19.9
	4.00	1.40	2.73	19.76	2.36	2.05	1.39	1.25	3.70	4.11	5.1	20.5	7.1	28.4
		1.60	2.93	21.97	3.53	2.20	1.49	1.35	3.84	4.27	5.3	19.4	7.3	26.8
		1.80	3.13	24.72	2.74	2.38	1.62	1.46	3.97	4.42	5.3	17.4	7.4	24.1
		2.00	3.33	27.90	2.97	2.58	1.75	1.58	4.15	4.61	5.5	15.7	7.6	21.7
		2.20	3.53	31.21	3.20	2.78	1.89	1.70	4.30	4.78	5.6	14.3	7.7	19.8
		2.40	3.73	34.64	3.43	2.98	2.02	1.82	4.47	4.96	5.7	13.2	7.9	18.2
		2.60	2.93	38.18	3.66	3.18	2.16	1.94	4.60	5.11	5.8	12.2	8.0	16.9
		2.80	2.13	41.84	3.89	3.38	2.30	2.07	4.74	5.26	5.9	11.4	8.2	15.6
		3.00	4.33	45.61	4.11	3.58	2.43	2.19	4.89	5.43	6.1	10.8	8.4	14.9
		3.20	4.53	49.48	4.34	2.78	2.57	2.31	5.01	5.57	6.2	10.2	8.6	14.1
		3.40	4.73	53.46	4.27	3.98	2.70	2.43	5.16	5.73	6.4	9.7	8.9	13.4
		3.60	4.93	57.54	4.80	4.18	2.84	2.56	5.28	5.86	6.5	9.3	9.0	12.8

压力式圆管涵泄水能力及水力计算表 表 3-29

管径 d (m)	泄水能力 Q (m^3/s)	水深(m)				流速(m/s)		涵洞纵坡 i			当 i_k 时及出水口 v_k 时的最小长度 L_{min}(m)
		涵前总水头 H_0	临界水深 h_k	收缩断面水深 h_c	当流速 $v_{max}=6.0m/s$ 时出口断面水深 h	临界流速 v_k	收缩断面流速 v_c	临界坡度 i_k	收缩断面水深时的坡度 i_c	当流速 $v_{max}=6.0m/s$ 时的最大坡度 i	
0.50（农用灌溉）	0.30	0.73	0.37	0.30	0.15	1.94	2.42	8.0	14.0	179.0	
	0.40	1.09	0.43	0.30	0.19	2.28	3.29	11.1	25.6	135.0	
	0.60	2.02	0.49	0.30	0.26	3.09	4.94	24.2	57.5	96.1	
	0.73	2.84	0.49	0.30	0.30	3.74	6.00	35.5	84.4	84.4	
0.75	0.80	1.06	0.55	0.45	0.26	2.29	2.93	6.5	11.8	81.6	
	1.00	1.40	0.62	0.45	0.30	2.57	3.66	8.1	18.4	68.6	
	1.20	1.82	0.66	0.45	0.35	3.13	4.40	10.7	26.5	60.1	
	1.40	2.31	0.77	0.45	0.40	3.55	5.13	14.3	36.0	55.6	
	1.60	2.87	0.72	0.45	0.44	3.58	5.86	17.1	47.1	50.5	
	1.64	2.99	0.74	0.45	0.45	3.64	6.00	20.2	49.4	49.4	
1.00	1.60	1.37	0.73	0.60	0.38	2.58	3.30	5.6	10.1	50.1	
	2.00	1.80	0.81	0.60	0.44	2.93	4.12	7.1	15.8	43.4	
	2.40	2.32	0.87	0.60	0.51	3.30	4.94	9.3	22.8	38.4	
	2.80	2.95	0.92	0.60	0.58	3.72	5.77	12.3	31.1	35.1	
	2.92	3.14	0.93	0.60	0.60	3.86	6.00	13.4	33.8	33.8	
1.25	2.80	1.71	0.91	0.75	0.51	2.89	3.69	5.2	9.5	34.1	
	3.20	2.04	0.97	0.75	0.56	3.09	4.22	5.9	12.3	31.7	
	3.60	2.34	1.02	0.75	0.61	3.33	2.75	6.9	15.6	29.3	
	4.00	2.71	1.08	0.75	0.68	3.55	5.27	7.9	19.3	27.9	
	4.40	3.12	1.11	0.75	0.73	3.81	5.80	9.3	23.3	26.1	
	4.57	3.29	1.13	0.75	0.75	3.93	6.00	10.0	25.2	25.2	
1.50	4.40	2.05	1.10	0.9	0.66	3.15	4.03	4.9	8.8	25.1	
	4.80	2.27	1.14	0.9	0.71	3.28	0.40	5.2	10.5	23.9	
	5.20	2.50	1.19	0.9	0.74	3.45	0.76	5.8	12.3	22.9	
	5.60	2.76	1.22	0.9	0.80	3.64	5.13	6.4	14.3	22.0	
	6.00	3.03	1.26	0.9	0.84	3.77	5.49	6.9	16.4	21.3	
	6.40	3.32	1.29	0.9	0.88	3.95	5.86	7.7	18.7	20.0	
	6.56	3.44	1.31	0.9	0.90	4.01	6.00	8.0	19.6	19.6	

注：①表中所列泄水能力是单孔涵洞的泄水能力，双孔涵洞的泄水能力为单孔涵洞的 2 倍；

②当涵前行进流速 $v_0>1m/s$ 时，表中圆管涵前水深 H 应减去动能项，即 $H=H_0-\frac{v_0^2}{2g}$，v_0 用试算法确定，当 $v_0\leqslant 1m/s$ 时，$\frac{v_0^2}{2g}$ 项略去不计，即 $H=H_0$。

例 3-10 已知设计流量 $Q_p = 2.4m^3/s$，涵前允许最大水深 $H = 1.5m$，拟建进水口升高的无压力式圆管涵，试查表选择圆管涵的管径，并进行水力计算。

解：1)选择圆管涵直径

查表 3-27，选择管径 $d = 1.25m$ 圆管涵，(经内插)当进水口净高 $h'_d = 1.68m$ 时，可通过流量 $Q = 2.4m^3/s$ 涵前总水头 $H_0 = 1.45m < H_{允} = 1.5m$(涵前总水头中还包括行近流速在内的动能项，即 $H_0 = H + \frac{\alpha v_0^2}{2g}$)。

2)查表进行水力计算

继续查表 3-27，可得进水口水深 $H' = 1.26m$，临界水深 $h_k = 0.85m$，收缩断面水深 $h_c = 0.76m$，当 $v_{max} = 6.0m/s$ 时出口断面水深 $h = 0.85m$，临界流速 $v_k = 2.74m/s$，收缩断面流速 $v_c = 3.13m/s$，临界坡度 $i_k = 5.0‰$，当 $v_{max} = 6.0m/s$ 时，最大纵坡 $i_{max} = 38.7‰$

3)涵底铺砌坡度 i 控制

$$i_k = 5‰ < i < i_{max} = 38.7‰$$

(2)半压力式涵洞

当路基较高，上游较高的壅水水位不致使附近农田、房屋遭受严重影响时，可以采用半压力式涵洞。半压力式涵洞水流的水面曲线，如图 3-7b)所示。

基本计算公式

$$Q = v_c \cdot A_c = \phi \cdot A_c \cdot \sqrt{2g(H_0 - h_c)} \tag{3-49}$$

$$H_0 = h_c + \frac{v_c}{2g\phi^2} \tag{3-50}$$

式中：h_c——收缩断面水深，当进水口不升高时：$h_c = 0.6h_d$(h_d 为涵身净高)；进水口升高时：$h_c = 0.6h'_d$(h'_d 为进水口净高)(m)；

A_c——涵洞进口附近收缩断面面积(m^2)；

H_0——涵前总水头，$H_0 = H + \frac{\alpha {v_0}^2}{2g}$(m/s)；当 $v_0 \leqslant 1$ 时，$\frac{\alpha {v_0}^2}{2g}$略去不计，$H_0 = H$($H$ 为涵前水深)(m)。

其他符号意义同前。

其后节目录表 3-29 是《公路桥涵设计手册—涵洞》(人民交通出版社出版)中半压力式圆管涵泻水能力及水利计算表，供练习用。

(3)压力式涵洞

压力式涵洞的水流图式如图 3-7c)所示。涵洞的进出口及全部长度内都充满水流可按水力学中的短管计算。

基本计算公式

$$Q = \phi \cdot A\sqrt{2g(H_1 - h_d)} \tag{3-51}$$

$$v = \phi \cdot \sqrt{2g(H_1 - h_d)} \tag{3-52}$$

式中：ϕ——流速系数，流线型洞口 $\phi = 0.95$；

A——涵洞洞身断面的全部面积(m^2)；

h_d——涵洞洞身净高(m)；

H_1——从假想的摩阻坡度线起算的涵前水深 $H_1 = H - L(i_w - i)$。一般情况下 $H_1 \approx H$，

其中 H 为涵前水深(m);

i_w——涵洞的摩阻坡度,由式(3-20)计算;

i——涵底实际坡度;

L——涵洞长度(m)。

i 不应大于按式(3-20)算出的摩阻坡度 i_w,否则将成为半压力式涵。

压力式涵洞由于洞内流速高、压力大,涵前积水较深,因而水流对涵洞和路基的破坏性较大,一般采用较少。

(4)倒虹吸管涵洞

当路基通过平原区,填土高度不能满足设置涵洞的要求时,或在浅路堑处,可以考虑采用倒虹吸管。

公路上常采用的是竖井式倒虹吸管涵洞,如图 3-13 所示。涵身断面一般有方形和圆形两种,前者常用于钢筋混凝土方涵或浆砌条石盖板涵,后者常用于钢筋混凝土管或混凝土管涵。除了钢筋混凝土方涵及管涵适用于较高水头外,混凝土管、浆砌条石盖板涵仅适用于 3m 以下水头。

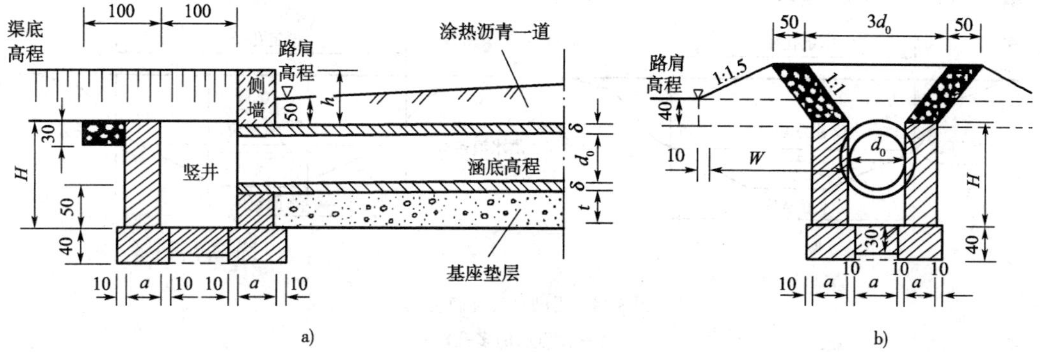

图 3-13　倒虹吸圆管涵及洞口(尺寸单位:cm)

倒虹吸管涵孔径计算的基本公式如下:

断面为圆形时

$$d=\sqrt{\frac{Q_p}{3.48\mu\cdot\sqrt{z}}} \tag{3-53}$$

断面为方形时

$$b=\sqrt{\frac{Q_p}{4.43\mu\cdot\sqrt{z}}} \tag{3-54}$$

式中:Q_p——设计流量(m^3/s);

d——倒虹吸管净管径(m);

b——正方形断面的净孔径(m);

z——上下流水面的水位差(m);

μ——水头损失系数,包括沿程摩擦损失、进出口和转弯的局部损失,$\mu=\frac{1}{\sqrt{\sum_{i=1}^{n}\xi_i}}$,$\xi_i$ 为各项阻力系数,具体确定见《公路桥涵设计手册—涵洞》(人民交通出版社出版)

手册有关章节。

三、现场确定小桥涵孔径的经验方法

由于小桥涵在公路工程项目中数量很多，逐一进行流量分析和孔径计算十分繁琐，费时费力，而通常每个项目总是工期很紧，任务很重。所以在不违反规范规定的情况下，可以在现场用经验方法快速拟定孔径，为正式设计提供参考。

(一)根据洪水痕迹确定跨径

当公路跨越常年流水的小河沟时，其洪水痕迹往往清晰可辨。洪水位以下草木稀少，岩土裸露，而洪水位以上通常植被良好，在新近刚发生过洪水时，还能看到漂浮物悬挂在两岸，据此即可判断洪水位。对于一些痕迹不明显或流域较大的河流，可以通过走访当地村民确定历史最高洪水位。确定了最高水位后，即可现场确定孔径和桥涵顶面高程。一般要求桥梁上部结构底面高出最高水位不少于 0.5m，若采用拱式桥，拱顶底面高出最高水位不少于 $f_0/3$。用桥梁高度和断面形状以及洪水位来综合考虑布置桥孔。若河床宽度较小时，桥梁可一孔跨过，则孔径略大于最高水位的水面宽度即可；若河面较宽或断面形式宜布成多孔桥涵时，则两岸桥台前缘间距应大于高水位时的水面宽度，以保证补充由于桥墩所占的过水面积，见图 3-14 所示。

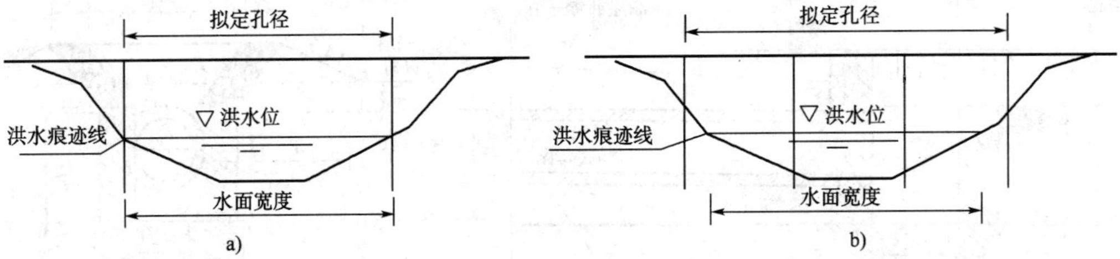

图 3-14　用洪水痕迹确定孔径

a)一孔跨过；b)多孔跨过

(二)参照旧有桥涵拟定小桥涵孔径

新建公路的桥涵跨径可参照附近同一河沟上原有公路或铁路桥涵的孔径来拟定。在现场除对拟设桥涵位置的地形、地质、地貌、水流情况进行调查外，还要对原有桥涵的结构和使用情况做详细调查，综合分析拟定出新建桥涵的孔径。

(1)当新旧桥涵相距不远，中间无支流支沟汇入，新建桥涵的设计洪水频率与旧有桥涵设计洪水频率相同时，可拟定新桥涵跨径与原有桥涵跨径相同。新建桥涵设计标准提高时应增大跨径。

(2)当原有桥涵在使用中发生壅水、路基遭受浸泡、桥洞淤积或冲刷严重时，说明旧桥涵跨径过小，泄洪能力不足，新建桥涵应增大跨径。

(3)旧桥涵位于上游，中间有支流汇入时，新建桥涵孔径应适当增加。

(4)旧桥涵位于下游，中间有支流汇入时，新建桥涵孔径可保持不变或适当减小。

(5)新建公路线位抬高，桥面高于原有桥涵时，考虑桥型美观协调，孔径也要相应增大。

(6)新建桥涵尽可能选用标准跨径，以方便设计和施工，因此参照旧有桥涵拟定孔径时，应在原有桥涵孔径的基础上增加一到两级或减少一级。

旧路改建时，如果公路轴线不发生较大偏移，则应尽可能利用旧有桥涵，经调查认为旧有桥涵孔径、承载能力满足要求时，只将其加宽(小桥)或加长(涵洞)。如果原有桥涵发生淤积或冲刷，排水不畅，则应增大跨径拆除重建。

（三）根据河沟形态拟定孔径

（1）当路线跨越宽浅的平原小河时，若洪水涨落幅度不大、水位比较稳定时，可以适当压缩河床断面，以减小桥梁长度降低工程造价。台后路基做浆砌防护。如图3-15所示。

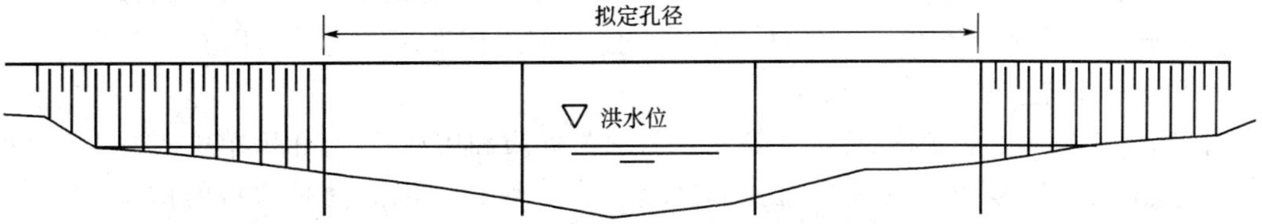

图3-15　压缩河床布置桥孔

（2）当路线跨越V形深谷或U形小河沟时，则无论河沟内是否有水，水位高低，则应尽可能一孔跨过，减少或避免布设高桥墩，降低工程造价。如图3-16所示。

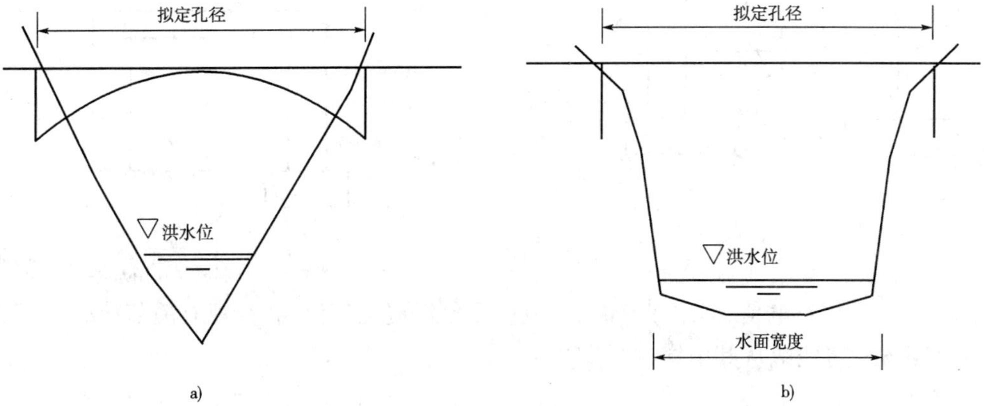

图3-16　跨越沟谷

a)V形深谷；b)U形河沟

（3）在平坦地段布设涵洞时，宜适当增大孔径，以防水流不畅，发生淤积。在陡坡山沟上布设涵洞时，由于纵坡大、流速快、泄洪能力强，孔径可适当减小，但涵底必置于岩石上或进行铺砌，防止产生冲刷破坏。

（4）路线跨越山区河沟时往往两岸基岩外露，而河床中间为较厚砂砾石覆盖层，选定桥位时，宜适当增大跨径使两岸桥台置于基岩上，增加安全稳定性，同时可以减少开挖量降低工程造价。如图3-17所示。

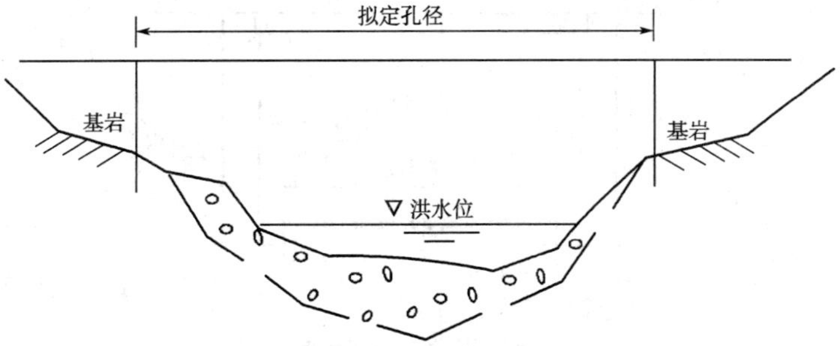

图3-17　选基岩布置桥孔

(四)跨越管道线缆的涵洞孔径拟定

公路路线有时会遇到天然气、供水管道或者电力、电信的光缆、电缆,这些埋在地下的设施与人民群众的生活密切相关。如果直接埋在路基中必然造成维修养护不便,也给公路运营带来安全隐患,所以必须以涵洞形式跨越。

(1)对天然气、煤气这类易燃易爆的特殊管道,施工中不能扰动碰撞,因此拟定涵洞孔径时要在其基础两侧应留有不小于1.0m的安全距离,并参照标准跨径尽量选用大一点的孔径,确保施工和运营安全。如图3-18所示。

(2)路线跨越供水管道时,先要查清供水管道的性质和用途,并与相关单位沟通协商,埋设套管或建涵洞跨越,要以方便使用维护和路基稳定为原则。涵洞跨越农村的供水PVC管线时,应布设孔径不小于1m的涵洞,将原有PVC输水管埋于涵底土层中,既方便维修更换,又要保证冬季防冻。如图3-19所示。

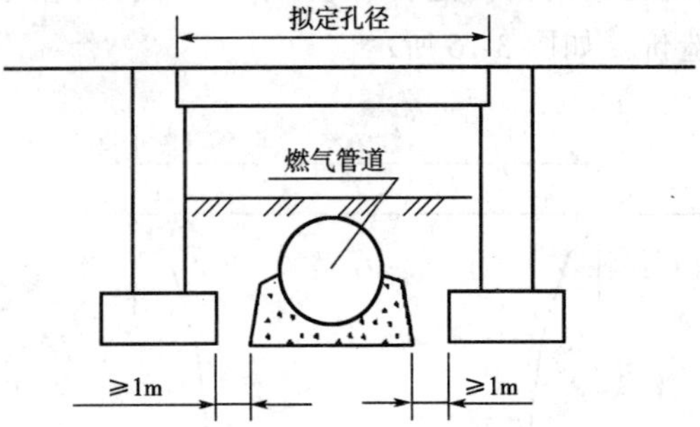

图3-18 涵洞跨越燃气管道

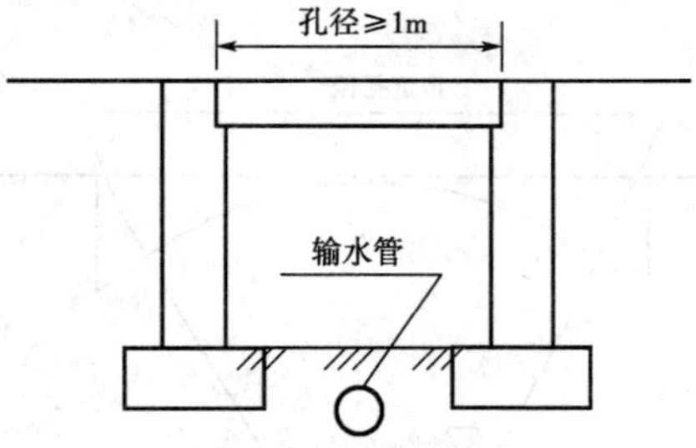

图3-19 涵洞跨越饮用水管

(3)路线跨越电力、电信、网络线路时,一般应布设混凝土管涵,孔径视有关部门要求而定,尽量不小于0.5m,将线缆从其中穿过。

(五)通道小桥涵孔径拟定

高等级公路跨越三、四级公路或农村道路时,要布设通道,这些通道视跨径大小可按照小桥或涵洞来设计。其跨径的拟定主要取决于被交道路的等级、宽度、性质和通行要求,相关内容已在第二章有详细论述。拟定孔径必须满足被交道路建筑净空的要求,一般四级公路平原微丘区净宽度不小于6.5m,山路重丘区不小于6.0m,乡村道路不小于4.0m(畜力车及拖拉机通道)或2.0m(人行通道)。

当孔洞中不仅过车、过人还要过水时,应在通道内道路两侧或一侧布设边沟。边沟的尺寸视水位量大小而定。如图3-20所示。

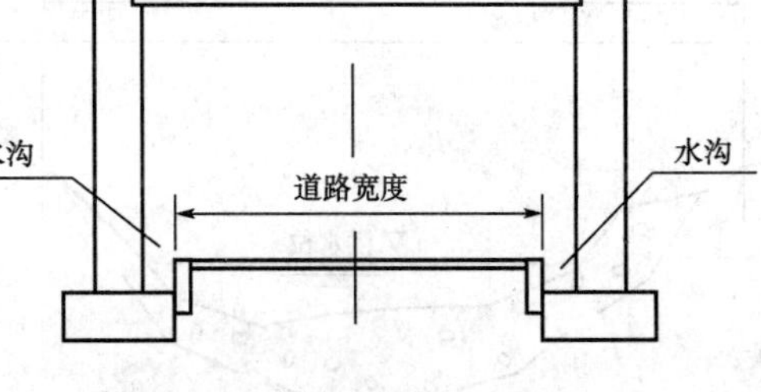

图3-20 过人过水通道

复习思考题

1.在缺少观测资料的情况下,小桥涵设计流量的确定方法有哪些?

2.暴雨洪水法的推算原理是什么?

3.什么叫形态调查法?什么叫形态断面?

4.什么叫洪水比降?在野外调查时如何确定洪水比降?

5.直接类比法的推算原理是什么?用直接类比法计算确定新建桥涵设计流量要经过哪些步骤?

6.简述确定小桥孔径的方法步骤。

7.简述确定涵洞孔径的方法步骤。

8.小桥的孔径确定与涵洞孔径的确定有哪些区别?

9.如何在外业勘测中快速拟定小桥涵结构和孔径?

10.参照原有桥涵孔径拟定新建桥涵孔径时,应注意哪些问题?

第四章　小桥涵位置确定及选型

小桥涵位置选择恰当与否，直接关系到路基的稳定、桥涵的使用功能以及工程造价的高低，因而选择好小桥涵的位置，是小桥涵设计的重要步骤。小桥涵择位时应遵循以下原则：

(1)应根据沿线地形、地质、水文等条件，结合全线排水系统，适应农田灌溉，经济合理地布设小桥涵，达到规范规定设计洪水频率的排水能力。

(2)小桥涵位置应符合沿线线形布设要求，当不受线形布设限制时，宜将小桥涵位置选择在地形有利、地质条件良好、地基承载力高、河床稳定的河(沟)段上。

(3)在每个汇水区或每条排水河沟，都应设置小桥涵，如图 4-1 所示。当地形条件许可，技术、经济合理，可并沟设涵，但山区并沟应慎重考虑。

(4)当小桥涵距下游汇入河道较近，应考虑下游河道的设计水位及冲淤变化对桥涵净高和基础埋深的影响。

(5)在山口冲积扇地区，应分散设置小桥涵，不宜强行改沟引至低洼处。两冲积扇间洼地，也应布设小桥涵。

(6)在漫流无明显沟槽地带，宜采取分片泄洪，在主要水流处布设小桥涵，但不宜过分集中布设。

(7)在农灌区应与农田排灌系统相配合。当需局部改变原有排灌系统时，不应降低原有排灌功能。

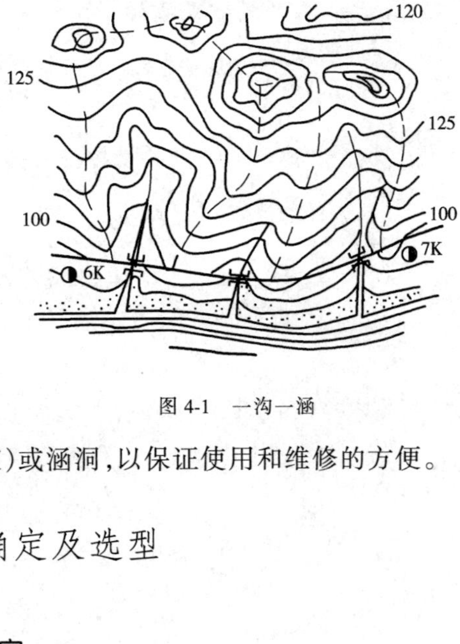

图 4-1　一沟一涵

(8)高等级公路跨越普通公路、农村道路以及供水、供电、石油、天然气、电信管道时，要布设小桥(通道)或涵洞，以保证使用和维修的方便。

第一节　小桥桥址确定及选型

一、小桥桥址确定

小桥定位主要是确定小桥的中心桩号、桥轴线方向及跨河沟时路中线的位置，也就是本书第二章所叙述小桥勘测 10 个步骤中的“定桩号、测高程”。即确定路线与河沟中心线相交点的桩号和高程，它是确定小桥位置的重要依据。在高等级公路和二级公路上，小桥涵必须服从路线走向。在低等级公路上，由于小桥工程数量较涵洞大，择位时可以允许路线稍有摆动。因此，在确定小桥位置时，应结合路线经过河流的水文、地形、地质、土壤等条件与路线布置综合考虑。在测设中，通常是桥涵组与选线组人员协同选定桥位。在不过分增加土石方数量和路线长度，不降低路线标准情况下，适当考虑和照顾小桥位的需要，选择有利的跨河桥位。

择位时要综合考虑以下条件。

(1)桥梁轴线应尽可能与洪水主流方向正交。否则应使墩台轴线与水流方向平行，以减小水流对墩台的冲刷。不能正交时，斜交角应大于 45°。如图 4-2 所示。

(2)桥位最好选在河道顺直、水流平稳河段，以减少水流对墩台的冲刷，也可减少墩台基础及河岸防护加固工程数量。当路线遇河湾时，应择位于河湾的上游，如图 4-3 桥位 I 所示。万一必须在河湾下游跨河时，桥位应远离河湾，其距离应在 1～1.5倍水面宽度范围以外，如图 4-3 桥位 III 所示。桥位避免设在河湾上，即图 4-3 中桥位 II 应避免采用。

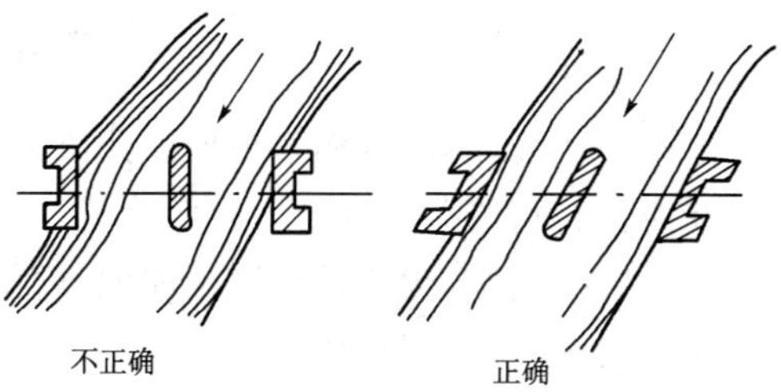

图 4-2　斜交桥位

(3)桥位应布设在地质良好、承载力大的河段，尽可能避免通过淤泥沉积地段。桥位若处于断层地带，要分析断层的性质，如为非活动断层，宜将墩台设置在同一层上。桥位应尽量避免选择在有溶洞、滑坡和泥石流的地段，否则应采取工程防护措施，确保岸坡安全。

(4)桥位宜选择在河流狭窄、河滩较窄较高、岔流少的河段跨河，这样可缩短桥长，减少工程数量。在河流有沙洲、河叉汇合口等水流紊乱的河段，应避免设桥。当路线必须通过两河沟或支流汇合口时，应从其汇合处下游离汇合口 1.5～2.0 倍河宽范围以外通过，如图 4-4 所示。

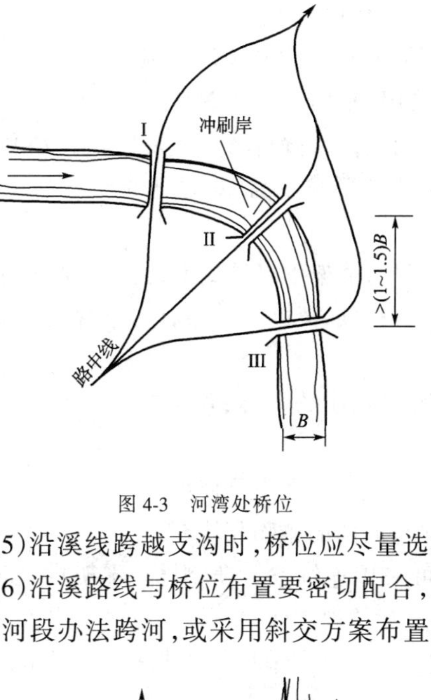

图 4-3　河湾处桥位

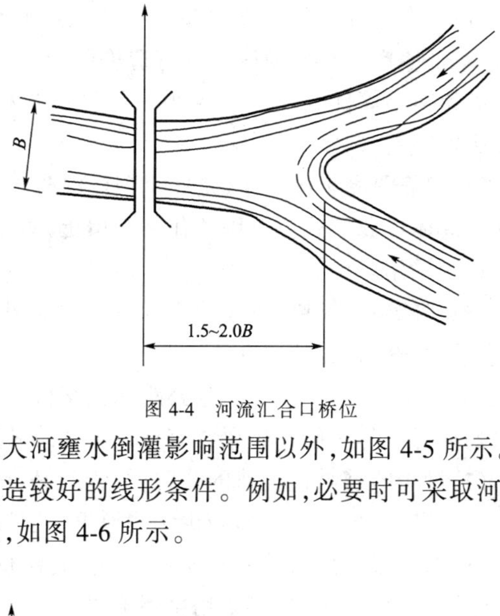

图 4-4　河流汇合口桥位

(5)沿溪线跨越支沟时，桥位应尽量选在受大河壅水倒灌影响范围以外，如图 4-5 所示。

(6)沿溪路线与桥位布置要密切配合，以创造较好的线形条件。例如，必要时可采取河湾、“S”形河段办法跨河，或采用斜交方案布置桥位，如图 4-6 所示。

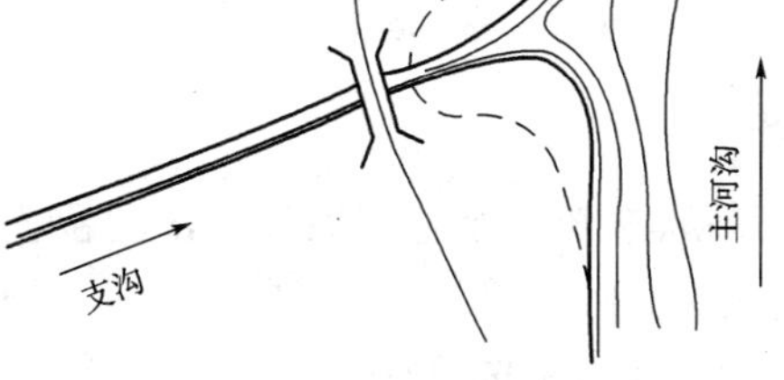

图 4-5　支沟入口处桥位

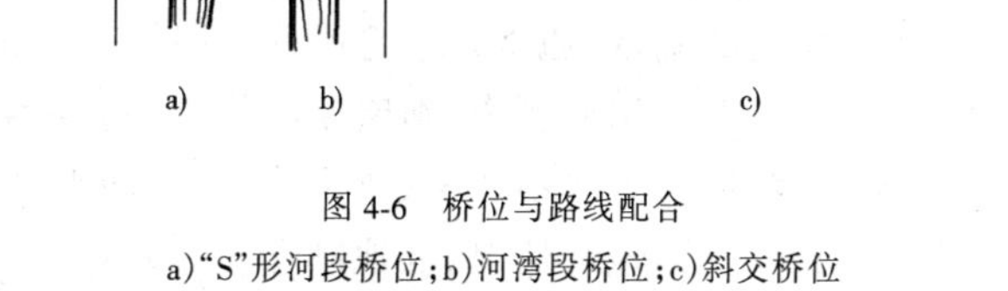

图 4-6　桥位与路线配合

a)“S”形河段桥位；b)河湾段桥位；c)斜交桥位

二、小桥类型选择

采用小桥或涵洞，主要是根据设计流量、路堤的填土高度、沟谷的深浅及河床纵坡、地基情况以及建筑材料等条件确定。一般跨越常年流量较小、路堤高度能满足壅水高度要求的小河沟，宜采用涵洞。当沟槽设计流量较大、桥位处于陡岩深谷或冲积堆上、河道漂浮物较多或有泥石流运动时，宜采用小桥。

小桥类型的选择是桥梁设计中的一项重要内容，应与孔径选定综合起来考虑。一般先根据水力计算需要或现场洪水调查或被交线情况确定桥下净空（立交桥），初步确定孔径后再进行桥式选择，有时也可在选定桥式后再调整孔跨。

桥型选择的一般原则

(1)桥型选择应在保证运营安全的前提下，尽量就地取材，节约木材、钢材、水泥和投资。在一段线路内，尽量减少小桥的类型，以便于施工和养护。

(2)小桥一般采用钢筋混凝土简支板桥、T形截面梁桥或预应力混凝土空心板桥。由于T形梁桥构造复杂，小桥多采用简支实心或空心板桥。在高等级公路上结构物较多，便于集中预制时，也可采用先张法预应力混凝土结构的板式桥。小桥的标准跨径有6.0m、8.0m、10.0m、13.0m、16.0m，采用标准化跨径的桥涵宜采用装配式结构，机械化和工厂化施工。

(3)石拱桥及混凝土拱桥在有可能就地取材时采用，是山区公路最常采用的一种结构形式，适用于盛产石料的地区。具有造价低，易施工，结构坚固，寿命长，自重及超载潜力大，可避免制梁和架梁等优点。但10~20 m跨度的拱桥施工工艺要求较高，对地基的要求也较高，应综合比较决定取舍。

(4)钢筋混凝土箱形桥（是一个钢筋混凝土箱形框架，框架下设混凝土明挖基础，框架两侧用片石砌体或翼墙式挡土墙挡住路基填土）对地基要求较低，梁的高度小，但造价高，一般用在软土地段采用。

(5)基础施工简单、桥头路基填土较低的小桥，可采用小跨多孔；填土较高或跨越深沟小桥，宜采用较大跨径的单孔。

(6)位于市区的小桥、高速公路的立交桥或风景区的小桥，在满足使用、设计、施工、经济等要求的前提下尽可能使桥梁具有优美的建筑外形，并与周围的景物相协调。

(7)对于跨越高速公路的公路桥、人行桥，一般可采用连续梁、T形刚构、刚架拱、双曲拱桥等结构形式，要尽可能地减少结构厚度，达到轻巧美观的视觉效果。

(8)高等级公路跨越农村道路时，一般要布设通道，通道多采用简支板桥，位于山区的通道，当建筑高度较大时，可采用拱桥形式。

第二节　涵洞位置确定及选型

一、涵洞位置的确定

涵洞位置的确定，通常是沿着已确定路线方向前后移动，选择一个合理而又经济的位置。这个任务一般在涵洞勘测中“确定涵洞位置，测定涵洞中心桩号、高程”这一步骤完成，并可如前述“见沟就设涵，无沟不少三，弯头陡坡尾，凹形集水点，水渠不能忘，管线需细勘”。具体涵位确定要根据不同地形情况，因地制宜。

选择涵洞位置时要注意以下介绍的几点。

1.平原区涵位

(1)平原区应根据农田灌溉所需的天然河沟和人工渠道位置,按天然排水系统设置涵洞,避免因改沟合并占用农田和破坏既有的耕地和排水系统。

(2)路线通过较长的低洼地带及泥沼地带时,可根据水流分布及洼地积水情况,在地面具有天然纵坡的地方设置涵洞,以防止排水不畅及较长期积水。

(3)沟心设涵。平原地区涵位通常设于河沟中心,一般与路线方向正交,并使其进水口对准上游沟心。

(4)适当改沟。在河沟十分弯曲地段,为使水流畅通,条件许可的情况下,可采用截弯取直或改沟合并的办法设正交涵。如图4-7所示。移位后的涵洞,上游应有1~1.5倍河沟宽度的直沟段长度。

2.山岭及丘陵区涵位

(1)顺沟设涵。山区河沟坡陡水急、洪水猛、历时短,冲刷及水毁比较严重,因此,涵位布置应尽量符合流水方向,一般每沟设一涵,顺沟设置,不强求正交。

(2)设置截水沟的地段,在截水沟排水出口处应设置涵洞。如图4-8所示。

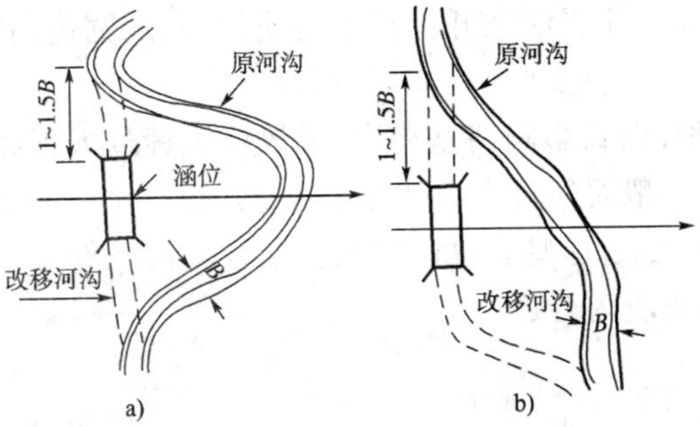

图4-7 平原区改沟设涵

a)截弯取直;b)改沟设涵

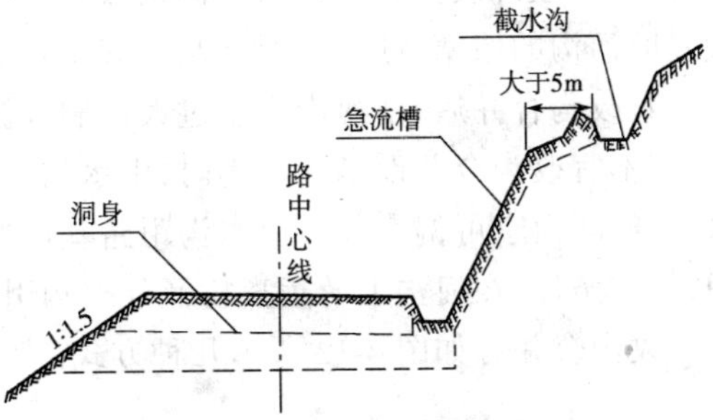

图4-8 截水沟急流槽处设涵洞

(3)路线的转角较大(大于90°),曲线半径又比较小,进入弯道前的纵坡大于4%,坡长在200m内又无别的排水涵洞,在弯道起(止)点附近应设置涵洞。如图4-9所示。

(4)由路线的陡坡段过渡到缓坡段,在此200m内又无其他涵洞,在变坡点附近应设置涵洞。

(5)当沟底坡度较陡,路基填土较高,路基填土为亚黏土等不透水土壤,地形条件许可的情况下,可考虑将涵洞设在沟坡上。如图4-10所示,但应注意出水洞口不应冲刷农田和路基边坡。如果用开山碎石填筑路基,汇水面积又小,三级以下的公路可修建渗水路堤。

(6)山岭区选线一般首先考虑沿溪路线,沿溪路线就是指距坡脚水流有一定距离的路线。这类路线所跨越的河沟,其汇水面积大多都大于1.0km^2,路基排水可通过设在河沟上的桥涵来解决。在这种情况下,小桥涵设置的特点是:上游洞口考虑流向,下游洞口应不危及

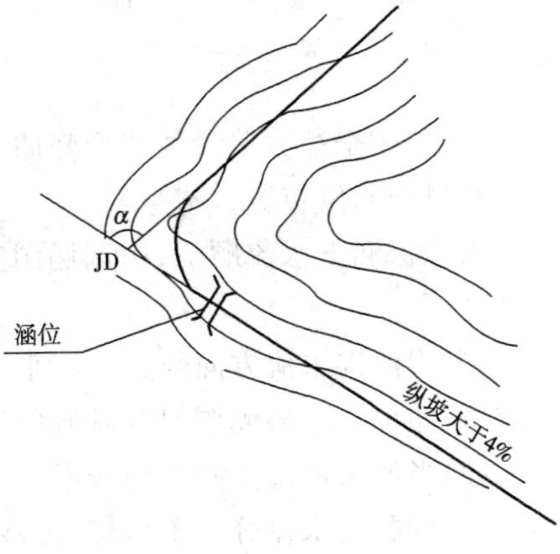

图4-9 弯道起(止)点附近设涵洞

农田和村镇,涵底高程和净高应考虑沿河水位涨落的影响及河沟的冲刷情况。

(7)路线跨越丘陵地区的山脊线,在变坡点的凹形竖曲线处可以开挖排水沟,不设涵洞,如图 4-11 所示。对于排水沟较长又为岩石地质的时候,是否需要设置涵洞,应通过经济比较加以确定。

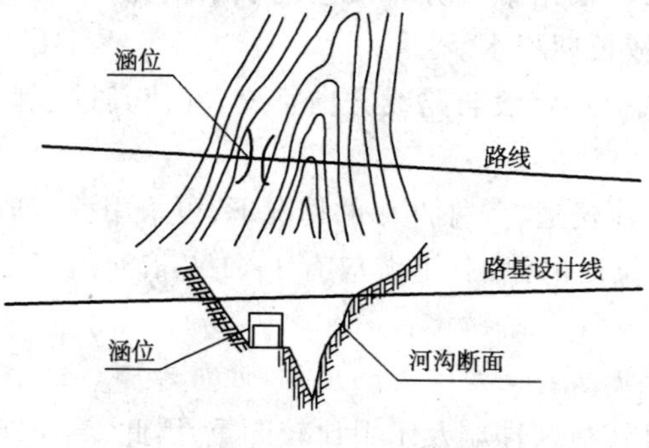

图 4-10 涵洞设置在沟坡上的情况

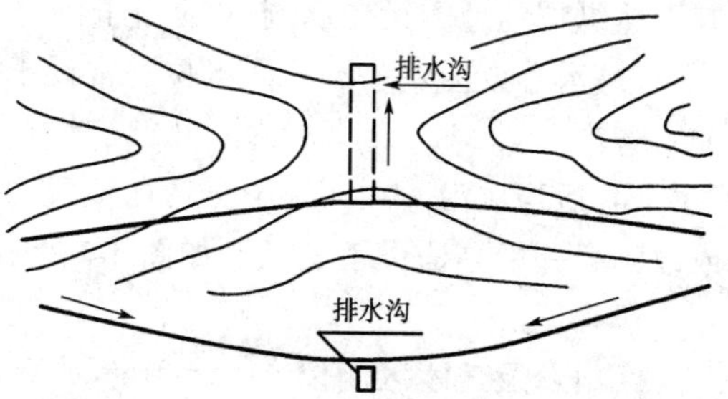

图 4-11 用排水沟代替涵

(8)改沟合并。当两条溪沟相距很近(一般山区在 100m 以下;丘陵区在 200m 以下),汇水区面积又很小(一般在 0.03 ~ 0.05 km^2 以下),河沟纵坡小于 3%,且水流速度不大,含砂量较小时,经过经济改沟合并以减少涵洞数量。改沟合并要注意开挖排水沟或加深、加宽边沟;并做好旧河沟的堵塞、截水墙及路基加固工程。

若改沟合并后,使河沟产生过大冲刷或淤积,以致影响路基稳定,或改沟工程过大不经济时,都不宜改沟合并设涵。改沟时,引水沟断面一般要经过水力计算来决定。由于水沟易于淤塞,一般断面宁可偏大些。引水沟距路基边坡应尽量远些。改沟方式应结合改沟条件灵活处理,如有条件,在河沟上游远离桥涵处挖沟引水则更为合适。

改沟合并有如图 4-12 所示几种方式。

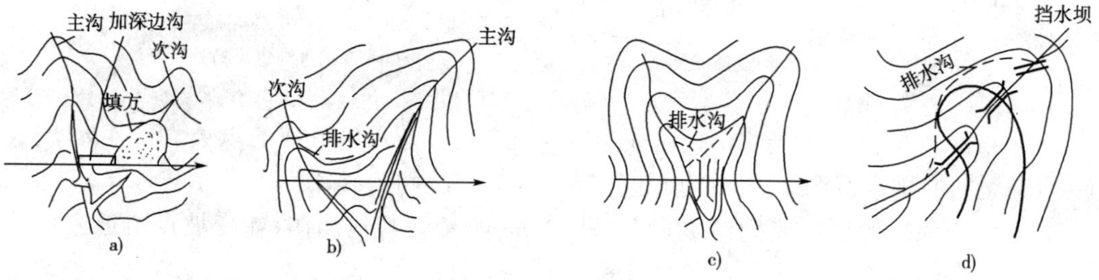

图 4-12 改沟合并

(9)位于全挖方路段的凹形竖曲线,需在沟底部设涵,并设排水沟将水流排到天然河沟。

3.斜交涵位布置

为确保涵下水流顺畅,山区涵洞宜顺沟设置斜交涵位,不宜强求正交,下述条件宜布置斜交涵。

(1)当河沟水流方向与路线不垂直时,为了使水流畅通,避免形成较严重的涡流现象,减轻对农田、路堤和小桥涵洞口及基础的冲刷,宜斜交布置。

(2)当河沟水流方向与路线不垂直,需设多孔涵洞时,为了避免因采用正交涵洞水流方向不顺,孔(洞)内水流分布不均匀,泥沙沉积,淤塞部分孔(洞)口和孔(洞)身,可采用斜交布置。

(3)当深窄河沟两岸横向坡度较大,河沟水流与路线不垂直时,为了避免采用正交桥涵引起改沟土石方及防护工程量大，此时宜将涵洞斜交布置。

(4)设置斜交小桥涵时，应先实测出河沟水流与路线的夹角，然后根据标准图中常用的夹角 α(75°、60°、45°)，相近地选用。

(5)当实地水流方向与路线夹角小于45°很多时，一般不宜采用45°以下夹角的斜交小桥涵。可在河沟上下游分别采取改沟、加设导流和调治构造物等方法，增大水流方向与路线的夹角。

二、涵洞类型的选择

涵洞类型的选择也应符合因地制宜、就地取材和便于施工、养护的原则，涵洞的类型与公路的等级、性质以及使用年限相适应，以满足其功能要求。

1.石拱涵

这是山区公路最常用的一种结构形式，特别是位于陡坡山沟的涵洞，通常采用石拱涵，构造如图4-13所示。其优点是：可就地取材，造价低，易施工，结构坚固寿命长，自重及超载潜力大；适用于盛产石料的地区；可用于流量大于 $10m^3/s$，跨径大于2m，路堤高度在2.5m以上，地基条件良好的河沟；适应填土高度一般可达30m。缺点是：建筑高度大，难于预制施工，难修复，需劳力多，工期长，对地基要求高。

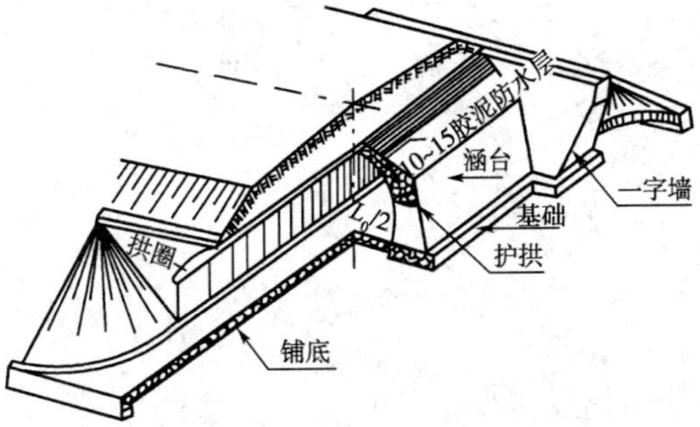

图4-13　石拱涵

2.钢筋混凝土盖板涵

这类涵洞的优点是建筑高度较小，可预制拼装，施工简便，对基础要求不高，易于修复。构造如图4-14所示，适用于缺乏石料地区，流量大、填土高度受限制及高等级公路。其缺点是钢材用量大，造价高。这类小桥涵通常可预制或现场浇制，预制拼装可节约模板，缩短工期，不受气候影响，适用于桥涵多而集中并有运输吊装条件的公路；现场浇筑整体性好，适用于小桥涵工程分散、改建旧路中的单个桥涵及高等级公路的跨线通道。

3.钢筋混凝土箱涵

箱涵是一种闭合式的钢筋混凝土薄壁结构，其主要特点是整体性能好，对地基适应性强，这类涵洞适用于较软弱的地基。但因用钢量多，造价高，一般多用现场浇筑施工，施工难度较大，一般少用。构造如图4-15所示。

4.钢筋混凝土圆管涵

这类小桥涵的优点是力学性能好、构造简单、工程量小、工期短、施工方便，适用于石料缺乏地区，可用于孔径为0.5~1.5m、流量为10 m^3/s 以下的小型涵洞。构造如图4-16所示，一般采用单孔较为经济，其缺点是清淤困难，对于非常年流水的自然沟坡，使用管涵内径不宜小于1.0m，以方便清淤；其适应的填土高度可达15m。

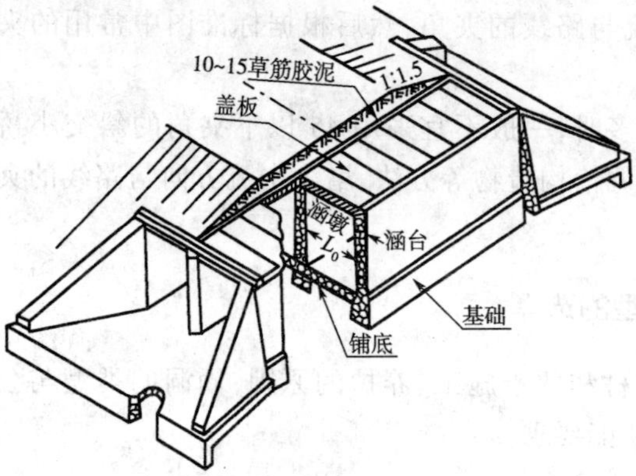

图 4-14　钢筋混凝土盖板涵

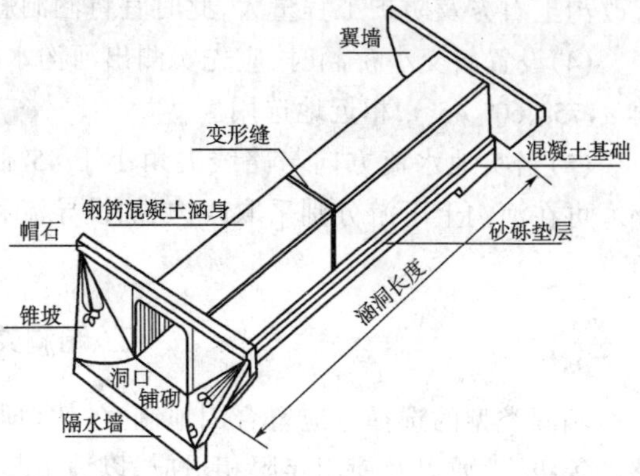

图 4-15　钢筋混凝土箱涵

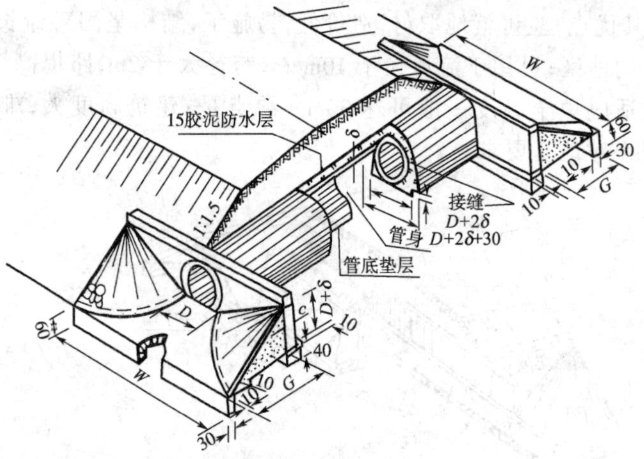

图 4-16　圆管涵(尺寸单位:cm)

5.倒虹吸管涵

倒虹吸管涵是为灌溉渠而设置的一种过水建筑物。当遇不深的路堑,挖方高度又不能满足设置渡槽的净空要求时,通常采用倒虹吸管涵。一般只用于灌溉渠道,不用于排洪河沟。其组成主要有进口段、水平段和出口段三部分组成。如图 4-17 所示。

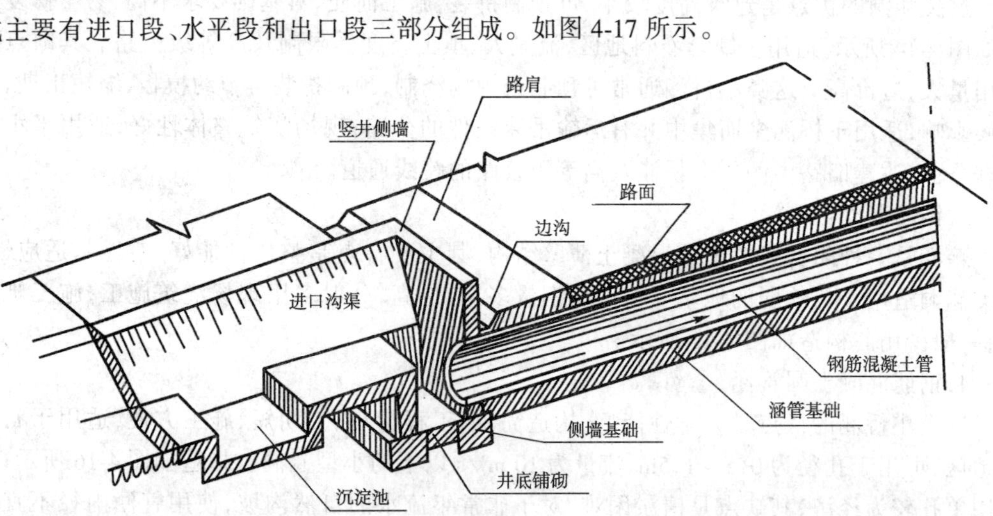

图 4-17　倒虹吸管涵的组成

倒虹吸管涵按建筑材料不同分为铸铁倒虹吸管涵和钢筋混凝土倒虹吸管涵两种;按结构形式不同可有直井式、斜井式和斜管式三种,其结构如图 4-18 所示。

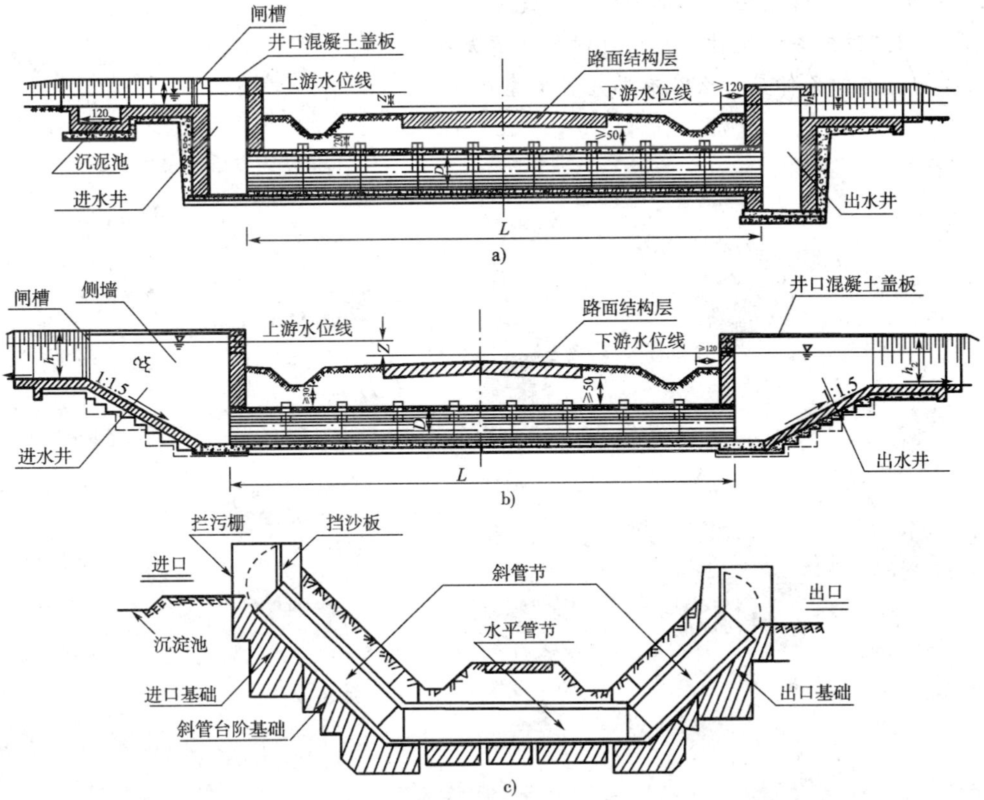

图 4-18 倒虹吸管涵结构类型

a)直井式;b) 斜井式;c)斜管式

(1)铸铁倒虹吸管涵

铸铁倒虹吸管涵具有管路接头少、防漏性能较好、造价低、施工简便等优点。但因孔径较小,通过流量少(一般通过流量 0.016 ~ 0.260m³/s),故不能满足较大灌溉渠道的要求。

(2)钢筋混凝土倒虹吸管涵

钢筋混凝土倒虹吸管涵具有通过流量大、接头少、整体性好、渗漏病害较少等优点,但施工较复杂、造价较高、维修困难,尤其养护不便,仅在通过流量较大的干、支渠上不得已时采用。路基填土较低且流量很小的沟渠,应改用低填土的盖板涵。若灌溉高度位于路肩与路基高程之间时,可采用直径为 0.15 ~ 0.40m 的水平铸铁管,铸铁管的规格和防漏措施与铸铁倒虹吸管要求相同。

复习思考题

1.小桥涵位置选择应遵循哪些原则?

2.小桥择位要考虑哪些条件?

3.桥型选择的一般原则是什么?

4.斜交涵洞布置应注意哪些问题?

5.石拱涵由哪些部分组成?其优缺点是什么?

6.钢筋混凝土盖板涵由哪几部分组成？有哪些优缺点？
7.钢筋混凝土箱涵由哪几部分组成？其受力特点是什么？
8.钢筋混凝土圆管涵由哪几部分组成？适用于什么情况？
9.设置倒虹吸的条件是什么？设计时要注意哪些问题？
10.改沟合并的条件是什么？有哪几种类型？

第五章　公路小桥涵标准图释义与套用

桥涵设计应根据公路的等级、功能、通行能力及抗洪防灾要求，结合当地水文、地质、灌溉、环境等条件进行综合设计。设计时除应符合《公路桥涵设计通用规范》(JTG D60—2004)外，结构设计尚应符合现行有关国家标准的规定。公路桥涵结构应按承载能力极限状态和正常使用极限状态进行设计，同时满足构造和工艺方面的要求。桥涵跨径小于或等于50m时，宜采用标准化跨径。小桥涵标准化跨径规定为：0.75m、1.0m、1.25m、1.5m、2.0m、2.5m、3.0m、4.0m、5.0m、8.0m、10m、13m、16m、20m。

小桥涵设计通常采用套用标准图的方法，本节主要介绍公路桥涵标准图的概念、功能及一般套用方法。

第一节　桥涵标准图类目功能与内容简介

公路的桥涵构造物数量很多，为了减少计算和绘图工作量，便于统一加工制造、互换使用和养护抢修，加快设计进度，提高设计质量，降低工程造价，对各种桥涵，分不同类型、不同要求和不同条件，按相应规范和其他有关规定进行设计，并将这些设计汇编成图册，供具体设计时选用。这种图册就叫桥涵标准图。

一、桥涵标准图类目

公路的标准设计分为标准图、全路通用图、院(局、项目)通用图和参考图四类。

(一)标准图

是交通部批准的法定性设计文件。对统一性强，涉及面广，影响重大，技术上成熟，经济上合理，质量优良的公路建筑物、设备和产品等编制标准图。

(二)全路通用图

是在全路大量重复使用的设计文件。其质量应符合标准图的基本要求，但适用范围受到某些条件(如造价、材料等)的限制。

(三)院(局、项目)通用图

是各设计院(建设公司、项目办)根据生产需要编制的在本单位或本项目通用的设计文件。

(四)参考图

是有重复使用的价值但暂时不宜编制标准图或通用图的设计文件；供技术人员在设计时参考。

二、标准图的主要内容

小于或等于5m桥涵构造物，为了简化设计程序，可参阅《公路小桥涵手册》这本工具书设计。同时也可参阅交通部颁布的相应的公路桥涵标准图。

《公路小桥涵手册》这本书介绍了小桥涵的构造、外业勘测、流量及水力计算、桥式及孔径选择等方法，并提供小桥涵常用结构形式的标准设计图、洞身及洞口建筑的工程数量图表。可供从事公路工程设计和施工的技术人员及有关院校师生使用参考。

对于大于5m的桥涵构造物，其标准设计图分为上部结构和下部结构设计图。

(一)上部结构标准图主要内容

(1)设计说明。包括设计依据、技术标准、主要材料、设计要点及施工要点。

(2)一孔上部构造主要材料表。包括一孔本册所含各种跨径钢筋(或预应力)混凝土梁(板)桥钢筋、混凝土总表，护栏、桥面伸缩缝及桥面连续钢材表，一孔上部构造钢筋混凝土材料总表等。

(3)上部构造总体布置图。

(4)对于梁桥，则有预制梁(板)一般构造，包括边板、中板或内梁、外梁横断面钢筋布置图，以及铰缝构造图。

(5)梁桥桥面细部构造图及工程数量表。

(6)对于拱桥上部结构，则有拱圈的构造图，拱腹、拱背坐标表，拱上结构构造图，护拱、防水层及排水设施的构造图。

(7)拱桥上部结构对应桥宽的工程数量表。

(二)下部结构标准图主要内容

(1)指出该标准图为哪些上部结构的标准图配套使用。

(2)目录。明确列出标准图中所包含的下部结构所适用上部结构的桥面净宽、标准跨径等，以方便查阅使用。

(3)设计说明。包括设计依据、技术标准、主要材料、设计要点及施工要点。

(4)下部结构的标准图列出尺寸表、一般构造图、钢筋构造图、钢筋尺寸及数量表、材料数量表。

(5)本设计图的注解。

三、桥涵设计图常用图例、符号及单位规定

(一)常用符号

桥涵设计图中常用符号见表5-1。

常用符号表 表5-1

名称	符号	名称	符号	名称	符号	名称	符号
交点	JD	超高值	h_c	设计高程	D.E.L	R235(I级钢筋)	ϕ
转点	ZD	流速、计算行车速度	υ	改线、移线、差错改正	G	HRB335(II级钢筋)	ϕ
导线点	DD	高程	E_L	历年最高洪水位	G	HRB400(III级钢筋)	Φ
变坡点	SJD	水准点	B.M	多年平均洪水位	PW	KL400(IV级钢筋)	Φ^R
公里标	K	用地界	YDJ	历史最高流冰水位	BW	填高	T
转角	Δ	流量	Q	普通水位	TW	挖深	W
左转角	Δ_L	设计水位	SW	测量时水位	LW		
右转角	Δ_R	通航水位	HW	地下水位	DW		

(二)材料断面符号

桥涵设计图除应标明图形和尺寸外，还应按规定的图例符号注明涵洞的各部分的材料组

成和结构。桥涵设计图中常用材料图例如图 5-1 所示，对于一些量大并通用的材料图例可不示出。

材料名称	断面代号	材料名称	断面代号
细粒式沥青混凝土	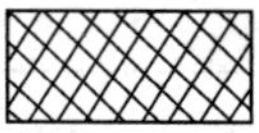	沥青表面处治	
中粒式沥青混凝土	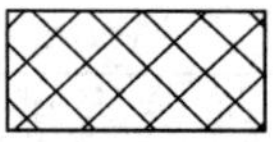	水泥混凝土	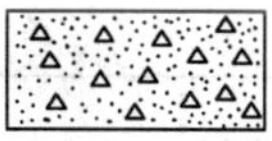
粗粒式沥青混凝土	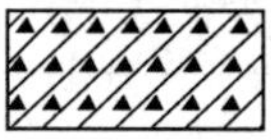	钢筋混凝土	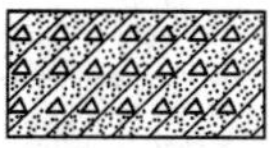
沥青碎石	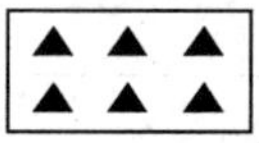	水泥稳定土	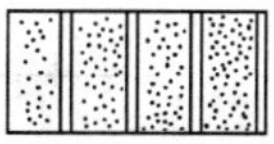
沥青贯入碎砾石	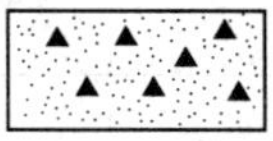	水泥稳定砂砾	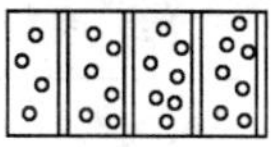
干砌片石	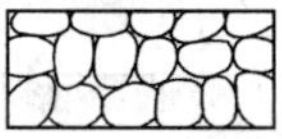	泥结碎石砾石	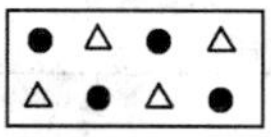
浆砌片石	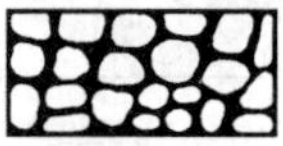	泥灰结碎砾石	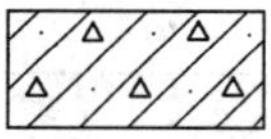
浆砌块石	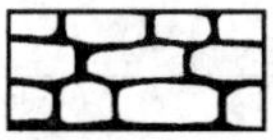	级配碎砾石	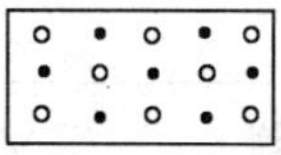
木材 横	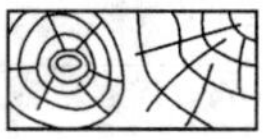	填隙碎石	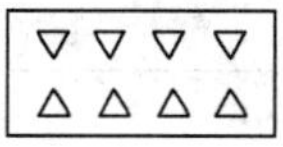
木材 纵		天然砂砾	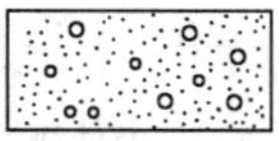
水泥稳定碎砾石	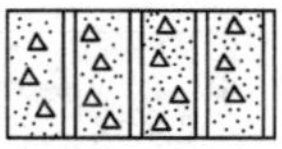	金属	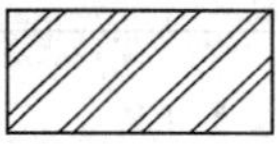
石灰土	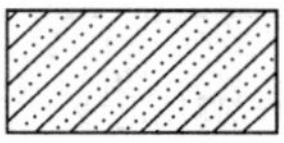	橡胶	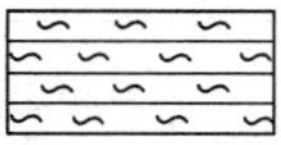
石灰粉煤灰	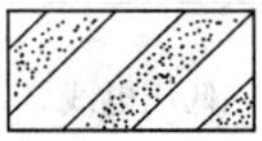	自然土壤	
石灰粉煤灰土	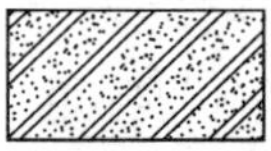	夯实土壤	
石灰粉煤灰砂砾	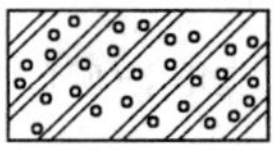	石灰粉煤灰碎砾石	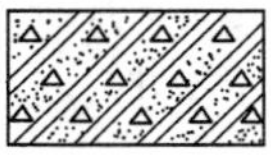

图 5-1　道路工程材料断面符号

(三)常用图例

在道路设计图中的常用桥涵图例如图 5-2 所示。

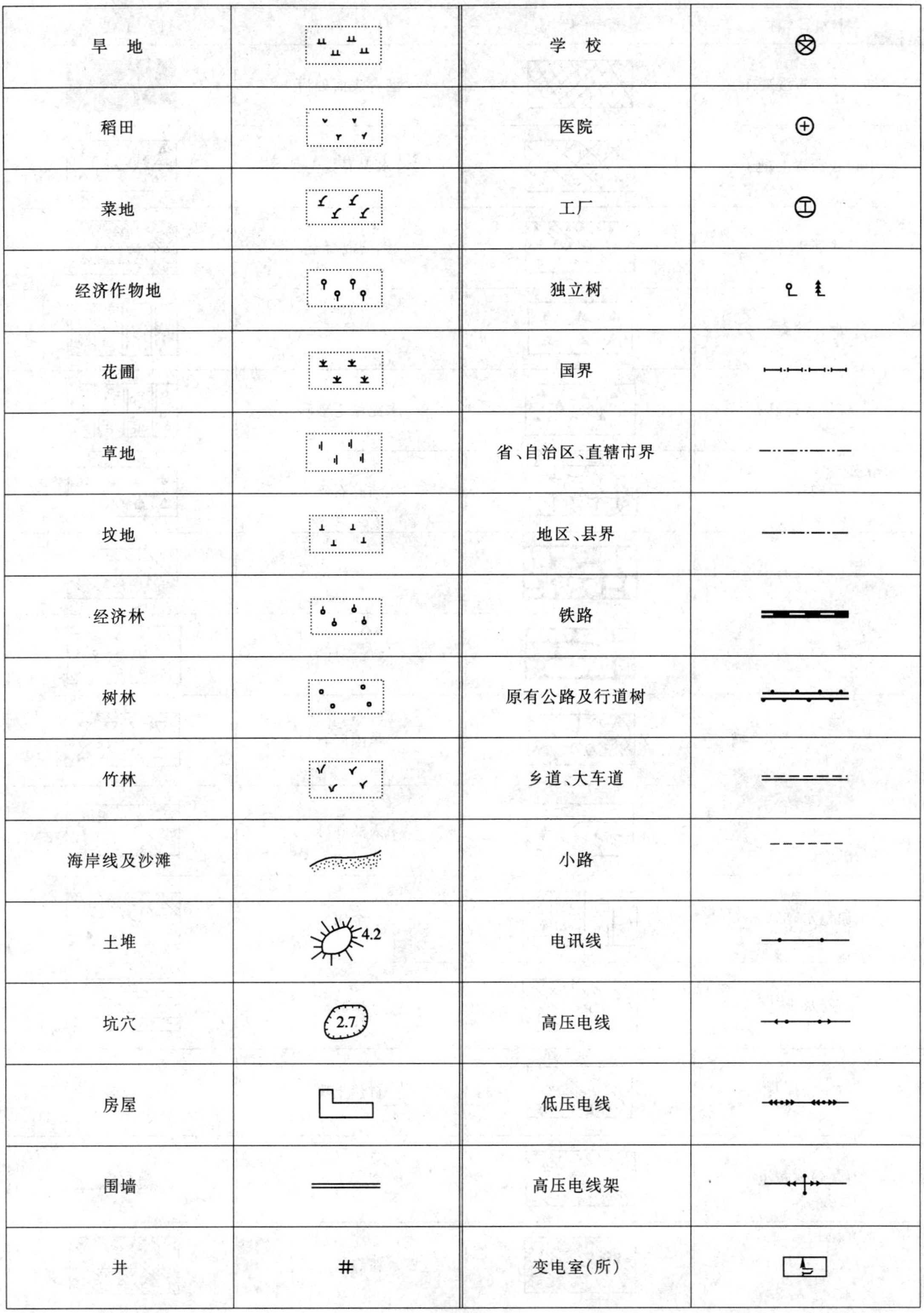

图 5-2

地面管道		平面上涵洞或通道	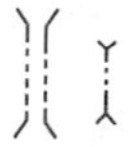
地下管道		平面上桥梁 （大中桥按实际长度绘）	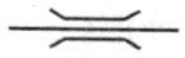
河流		平面上互通式立交 （按采用形式绘）	
池塘		排水沟	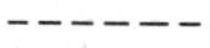
鱼塘		急流槽	
水库		挡土墙	
堤	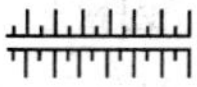	国家水准点	 BM146/33.265
排水边沟		公路水准点	 BM6/34.573
用地界线		导线点（三角点）	▽
建筑红线			

图 5-2　常用图例

第二节　小桥标准图套用的一般方法

小桥设计，在完成外业勘测任务后，根据水文统计资料确定桥位断面的设计流量和设计水位，推算出桥孔的最小长度和桥面中心最低高程、桥下中心流水面的高程。当确定桥孔长度时，首先应满足排洪和输沙的要求，保证设计洪水及所夹带的泥沙能从桥下顺利通过，并综合考虑桥孔长度、桥前壅水和桥下冲刷的相互影响。然后进行桥式选择，桥式选择是桥梁设计中的一项重要任务，应与孔径选定综合起来考虑。桥式选择在保证运营安全的前提下，尽量就地取材，节约木材、钢材、水泥及其他投资。在一段线路内，尽量减少小桥的类型，以便于施工和养护。孔径选择一般为标准跨径，桥式选择时要考虑有标准图可直接套用的结构形式。

当使用标准图时，应领会标准图说明所提出的标准图的使用场合、设计荷载、建筑材料、设计要求和施工要求等内容，根据选定的小桥上部结构和下部结构的类型，选用适宜的标准图以供套用。

一、上部结构标准图的套用

小桥上部结构的设计，可依据已确定的桥式、跨径、斜交角度、荷载、桥面净宽等选择相应的标准图。使用前应详细阅读标准图说明,确定设计依据、技术指标、材料选用、设计计算要点及施工要点与已确定的设计条件是否相适应,据此决定能否套用,还需作那些补充计算或验算。若为拱桥,要注意拱轴线形式、拱轴系数、拱圈厚度等参数的选用。

套用标准设计图时,承重构件及桥面系的各部分构造图,可直接参照标准图所给的图纸绘图,如无特殊原因,结构尺寸可用标准图所提供的尺寸。标准图还提供一孔上部构造的主要材料表,中板(梁)、边板(梁)钢筋表及桥面、护栏伸缩缝材料数量表等供设计时采用。

上部结构设计还包括桥墩处连续及支座构造。拟定桥型,套用标准图进行上部结构设计的方法步骤。

(1)绘制桥位河床断面图,标示断面地质构造。

(2)标出设计水位和最大冲刷线。

(3)根据路线设计成果,绘出桥面设计高程线,检查其是否满足水文计算要求(其高程应大于或等于设计水位+安全高度+上部结构厚度)。

(4)根据断面和高度,选定桥跨结构,套用标准图尺寸,绘制桥梁总体布置图,计算控制桩号和高程。

(5)根据桥宽、荷载等级、跨径、斜度等参数,选用标准图上对应数据,绘制上部结构的中板(梁)、边板(梁)一般构造图和钢筋构造图。有特殊需要时要对边板(梁)作特殊设计,如调整翼缘宽度、加密或减少横向钢筋等。采用拱桥方案时,要依据桥宽、人行道及栏杆的形式确定帽石及人行道挑出宽度,从而确定主拱圈的宽度。

(6)对应控制参数,查表计算工程数量。

二、桥墩标准图的套用

桥墩设计时,先按设计资料拟定桥墩各部的尺寸,然后计算其所受荷载,考虑最不利荷载组合情况验算各部分的应力、偏心和稳定性。如果有一项不符合要求,就需修正尺寸重新验算,直到符合要求为止。所以桥墩的设计计算是很费工的,任务紧时也难以提高质量和速度。为此交通部规划设计院对常用的各类桥墩编制了成套的标准设计图,供设计和施工人员按设计条件套用,以便多、快、好省地完成桥梁设计和施工任务。

用图前要先仔细阅读该图的设计说明书,明确该图可与哪些标准设计的梁(板)配合使用,墩高的设计范围和基底应力的设计范围等,熟悉该图的设计原则,该图设计中已考虑了哪些荷载和通过哪些验算等,据此决定该图是否能在已定的设计条件下套用和还需作哪些补充检算。

以下介绍桥墩标准图套用的一般步骤。

(1)根据总体布置图确定的桥面高程及上部结构所采用的建筑高度(桥面至墩台垫石顶面)确定支座高程,根据支座的类型、尺寸(一般标准图会提供)确定墩台支承垫石面高程,如图5-3所示。

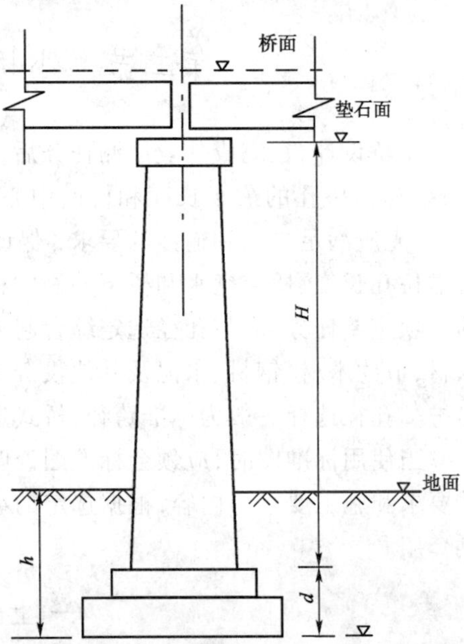

图5-3 桥墩各部分高程

(2)根据梁(板)的跨径 L 及支座构造,按规范要求(或有关标准图)选定墩帽形式、尺寸及墩帽厚度,并确定墩身顶部高程。

(3)根据桥墩处水文地质资料及埋置深度的构造要求，拟定基底高程。为了便于套用，拟定基底高程时还应使墩身顶至基底的距离(即墩身高 H 加基础厚度 d)凑成符合标准图中所选定的模数。

(4)非岩石地基的墩身和基础要根据地基容许承载力的强度条件，选用合适的基础和墩身底部尺寸。通常桩基础需要通过承载力计算来确定。岩石地基上的基础及墩身尺寸的选定相对比较简单，通常可选用扩大基础或条形浅基础。桩基可以到达基岩，弱风化层较浅时，可按嵌岩桩进行布设，桩长根据持力层高程确定。

(5)根据设计流速从标准图中查得桥墩设计流水压力的容许水深，当容许水深大于设计频率水位的实际水深时，上述选定的桥墩尺寸在计及流水压力时没有问题，即可以选用，否则，应重新选择桥墩墩身高度。若桥墩位于地震区，还应检查所选尺寸是否符合标准图中所列的适用范围，如不符，还需另行设计。

(6)按选定的桥墩尺寸参照标准图绘制所设计结构图，并从有关材料表中查得其工程数量。拟建桥墩尺寸与标准图不一致时，要自行计算工程数量。

三、桥台标准图的套用

如前所述，桥台所受荷载繁多，最不利荷载组合也比较多，桥台细部构造又较复杂、琐碎，所以桥台的设计很费工时。因此，交通部规划设计院对常用的各类桥台编制了成套的标准图，使用较为方便。

应用桥台标准图进行设计时，首先应对它们有个全面了解，然后根据结构类型、跨度、路堤高度和水文地质等资料，选用合理的桥台形式和相应的标准图。

以下介绍桥台标准图套用的一般步骤。

1.确定填土高

路肩至河床铺砌面或一般冲刷线的高度为填土高。通常根据所设计的桥台标准图采用的填土高进行凑整，以便套用。

2.确定基础底部位置及假设地面至基底的总深度

根据桥台处的地质、水文等资料，按《公路桥涵地基与基础设计规范》对埋深的要求和考虑桥台基底应力和地基承载力的相应关系拟定合适的基底位置；为便于套用标准图，拟定的基底位置至路肩的高度应是0.5m的整倍数，拟定了基底位置，就可算得假设地面至基底的总深度。

3.选定基础尺寸(同时选定台身入土深度及台身底面高程)

根据桥跨跨度 L、桥跨在直线或曲线上、地基土是岩石或非岩石、填土高、假设地面至基底总深度等条件，可在标准图中查得在不同基底应力的基础尺寸表。

然后按基底最大压应力 σ_{max}应小于或等于地基容许承载力$[\sigma]$的原则从标准图中选定合适的基础尺寸和层数。

4.按桥跨资料及确定的填土高计算桥台长度，或直接由有关标准图中查出。

5.推求前墙、侧墙的高度及其余尺寸，也可直接从有关标准图中查出。由于编制标准设计图时，对台身的应力偏心均已验算，直接套用标准图所定的台身尺寸不需再验算。

6.一般标准图中已考虑了地震力和主力组合的验算，并列出了台身及基础适用的填土高和地震设计烈度的范围，当建于地震区桥台符合标准图所列的适用范围时，也可直接套用而不需另行验算；否则，则要进行该项验算。

7.按水力计算的要求并参考标准图中锥形护坡和河床加固的设计图来确定锥形护坡和河床铺砌的种类和厚度。

8.按确定的桥台尺寸参照标准图绘制桥台总图及各部分构造图,并根据选用的填土高、基础尺寸及设计资料在有关标准图提供的材料用量表中查得其主要的工程数量。如不是标准尺寸,设计图可参照标准图,但尺寸按设计数据标出,其工程量则需用公式或设计软件计算得出。

第三节　涵洞标准图套用的一般方法

涵洞结构小,数量多,设计工作量较大,在公路设计文件中一般要求对每道涵洞绘一纵断面图,叫涵洞布置图,如图5-4所示。对于斜涵还要求绘出平面图。涵洞布置图中应示出设涵处原地面线及涵洞纵向布置设计线,并注明地质土壤及各部分尺寸和高程以及该涵位处有关的路基设计资料(包括路基宽度、加宽值、超高、路基边坡)。每张布置图上,要包含立面、平面、洞身断面和洞口构造三视图,标注涵顶、涵底、进出口高程,涵长,中心桩号,与水流夹角,并附文字说明及工程数量表。比例尺为1:50~1:200,通常多用1:200。如图5-4所示。

由于具体涵洞所属工程的情况不同,因而各阶段对涵洞设计要求也不同。

一、初步设计阶段

按1996年交通部颁发《公路工程基本建设项目设计文件编制办法》规定,在初步设计阶段涵洞设计应完成的主要成果是涵洞表。表中应列出中心桩号、结构类型、交角、填土高度、孔数及孔径、长度、进出口形式、设计流量及主要工程、材料数量等。

二、施工图设计阶段

在施工图设计阶段主要完成涵洞工程数量表和涵洞设计图。

1.涵洞工程数量表:列出中心桩号、交角、孔数及孔径、涵长、结构类型、进出口形式,采用标准图编号、工程及材料数量(包括交通工程及沿线设施通过明涵的预埋件)等。

2.涵洞设计图

(1)布置图:绘出设置涵洞处原地面线及涵洞纵向布置,斜涵尚应绘出平面和进出口的立面,示出地基土质情况,各部尺寸和高程。比例尺用1:50~1:200。

(2)结构设计图:采用标准图设计,一般在布置图内注明标准图的名称及编号,不再绘设计图。但如结构复杂的钢筋布置图需绘出、特殊设计的(包括进出口式样特殊或铺砌复杂的),应绘设计图。比例尺用1:50~1:200。

三、涵洞设计标准图一般套用方法

涵洞在实际设计工作,也是套用标准图。涵洞标准图的套用方法相对小桥标准图要简单,一般经过下列步骤。

1.利用勘测所得地形、地质、水文资料,选用适宜的流量计算法(如径流形成法、形态调查法、直接类比法、暴雨推理法)计算出涵址处的设计流量。

2.根据路线的设计高程、设计流量等确定涵洞的水力计算图式。根据水力计算图式套用孔径计算公式计算出孔径大小,也可用表解法速算孔径。在桥涵勘测时,也可以依据现场观测及经验拟定孔径。

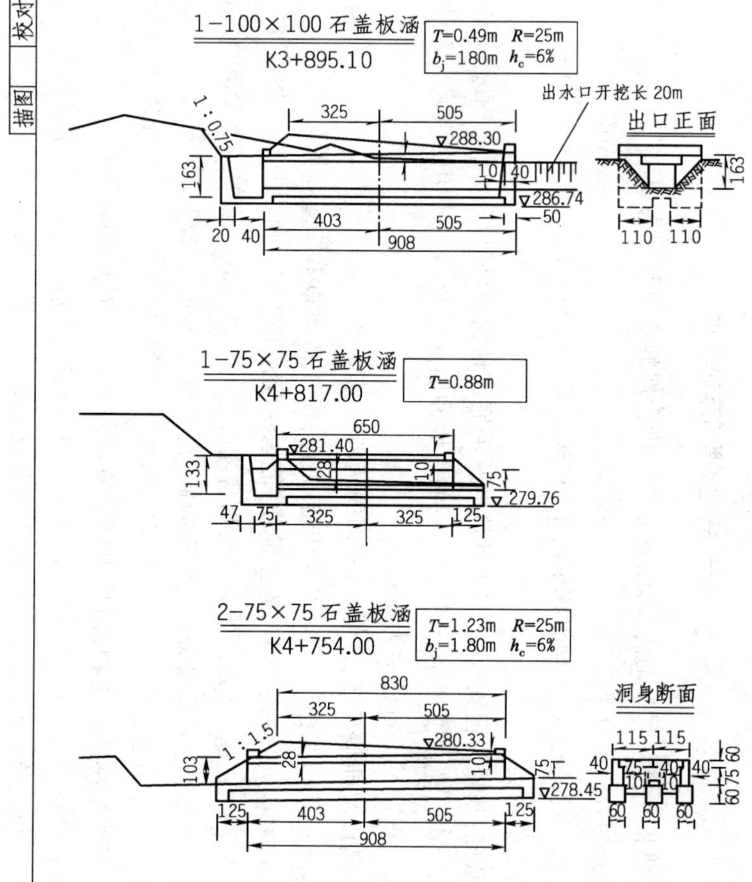

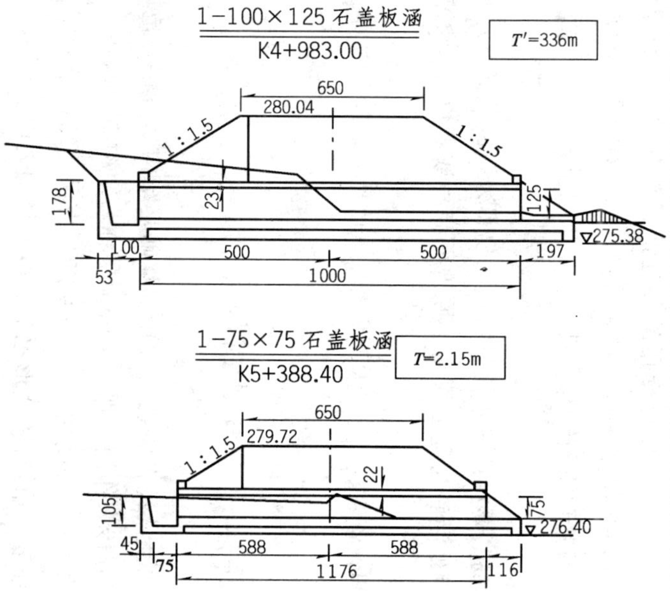

工程数量表

(单位: m³)

序号	工程细目 / 桩号	M2.5 浆砌粗料石 帽子石	M2.5 浆砌粗料石 盖板石	M2.5 浆砌粗料石 台墙	M2.5 浆砌粗料石 台基	M2.5 浆砌片石 铺底	M2.5 浆砌片石 八字墙	M2.5 浆砌片石 跌水井	M2.5 浆砌片石 一侧字墙墙	挖基 土	挖基 石
11	K3+895.10	0.33	4.20	8.55	6.54	2.18		3.60	1.50	20.2	13.4
14	K4+817.00	0.22	2.09	4.68	4.08	1.02	2.92	2.62		20.5	9
15	K4+754.00	0.35	5.85	9.60	9.84	1.18	6.96			10.5	8
16	K4+983.00	0.26	4.51	15.68	10.08	3.06	2.51	4.03		17.9	3.1
17	K5+388.40	0.22	2.98	8.47	6.07	1.04	2.09	2.09		14.0	1.2

(设计单位)	×× 公路 ×× 段		设计		复核		审核		图号		日期	

图 5-4 涵洞布置图示例

3.参照以上计算孔径,选择与其最接近的涵洞标准孔径,根据桥涵类型、地质资料、当地气象资料确定基础埋置深度,然后计算出涵台或涵墩的高度。

4.涵洞的标准跨径、涵墩、台的高度均可选取标准图尺寸。选用时注意标准图封面所注跨径、斜交角、荷载、桥面净宽、墩高、台高必须符合所设计的涵洞。

5.涵洞的上部结构可直接套标准图,墩台的高度可套用最接近计算高度的墩台标准图。如果墩、台设计时标准图册中无接近计算高度的图可套用,那么图式可套用标准图,但尺寸必须根据实际高度计算确定以后标注,工程数量要重新计算。其中圬工工程量按体积计算,在设计手册中可见简化计算公式。

6.涵洞布设的原则是"进口顺、出口畅",要保证使水流"进得去,出得来",因此涵洞进水口处高程必须低于或等于原地面高程,出口处涵底高程必须高于原地面高程或者设计开挖排水沟将水流排向天然河沟。

7.套用标准图时,依据流量或现场调查资料,孔径宜大不宜小,同时要考虑施工和养护的方便。

第四节　小桥涵地基与基础的设计

任何土木建筑结构物都建造在一定的地层(岩层或土层)上,基础是结构物直接与地层接触的最下部分,在基础底面下,承受由基础传来作用的那一部分地层称为结构物的地基。

地基与基础受到各种作用后,其本身将产生附加的应力和变形。为保证结构物的正常使用和安全,地基与基础必须具有足够的强度和稳定性,变形也应在容许范围之内。

一、基础类型的选择

在进行小桥涵地基与基础的设计,首先要正确合理的选择基础类型。

1.按基础埋置深度分类

天然地基上的基础,由于埋置深度的不同,基础的结构和计算原理也有所不同,因此分为浅基础和深基础两类。

(1)浅基础:基础的埋置深度 h(无冲刷时从河底或地面至基础底面距离;有冲刷时从最大冲刷线包括河床自然演变冲刷、设计洪水位的一般冲刷深度及构造物阻水引起局部冲刷深度至基础底面距离)小于 5m 的称为浅基础。

天然地基浅基础是经济、方便、最常用的基础类型。

天然地基浅基础,根据受力条件及构造可分为刚性基础和柔性基础两大类。

刚性基础的特点是稳定性好,施工简便,能承受较大的作用。所以只要地基基础强度能满足要求,它是桥涵、房屋、公共设施等结构物首先考虑的基础形式。它的缺点是自重大,并且在持力层为软弱土时,由于基础面积受一定限制,需要对地基进行处理或加固后才能采用,否则会因所受的作用压力超过地基强度而影响结构物的正常使用。因此,对于作用大、上部结构对差异变形量较为敏感的结构物,当持力层土质较差又较厚时,刚性基础作为浅基础是不适宜的。刚性基础的材料都是有较好的抗压性能,但抗拉、抗剪强度不高。设计时必须保证发生在基础内的拉应力和剪应力不超过相应材料的强度设计值。设计墩、台身边缘处的垂线与基础边缘连线间的夹角为 α,如图 5-5b)所示。既能保证基础安全,又能充分发挥材料强度的最大夹角 α_{max}称为材料的刚性角。刚性基础常用的材料有如下三种。

①石料基础:一般采用水泥砂浆砌片石,石料的强度等级不应小于 MU30,砌筑砂浆强度等级不应小于 M5。因浆砌片石水泥用量较少,故在盛产石料地区,一般的永久性涵洞较多采用浆砌片石。浆砌片石花费劳力较多,砌体整体性稍差。

②砖基础:在缺乏石料地区,可用砖砌筑基础。因砖的强度与耐久性均较差,据某地区的经验,如将基础四周面层用渗透沥青的砖砌筑,则对抗冻、抗盐碱的侵蚀有较好的效果。

③混凝土基础:这是修筑基础最常用的材料,混凝土的整体性好,便于机械化施工。涵洞基础混凝土的最低强度等级应为 C15。为了节约水泥,混凝土中可掺入含量不多于 25%的片石,片石的强度等级不低于 25,且不低于混凝土强度等级。还可用混凝土预制块来砌筑。

一月份平均气温低于 -10℃的地区,所用砖石及混凝土材料,除气候干旱地区的不受冰冻部位以外,还应符合抗冻性指标。

工程上的柔性基础在作用下应考虑其变形的,基础承受较大挠曲时,可采用钢筋混凝土。混凝土的强度等级应在 C15 以上。由于钢筋混凝土的强度较高,因而能够在较小的埋置深度内取得较大的支承面积(即采用较大的襟边)。除了钢筋混凝土基础,如图 5-5a)所示外,我们也将涵管置于天然土层或天然砂砾石垫层上也称为柔性基础。

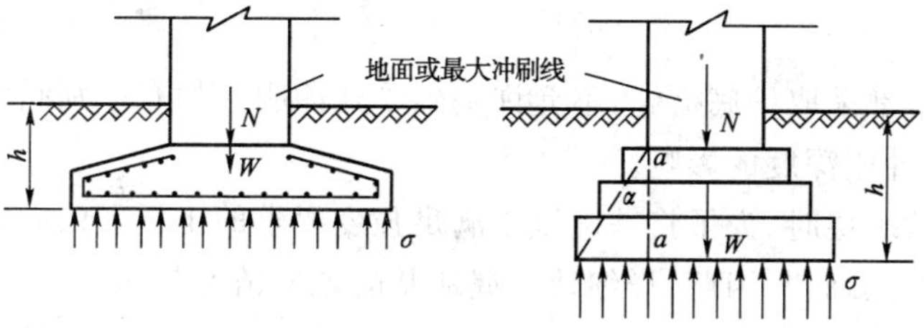

图 5-5 柔性基础和刚性基础

(2)深基础

天然地基上的浅基础一般造价低、施工简单,因此在公路桥梁工程中应尽量优先采用。但当上部荷载较大,而适合于作为持力层的土层又埋藏较深,用天然浅基础或仅作简单的地基加固仍不能满足结构对地基强度、变形和稳定性方面的要求时,往往需要采用深基础,深基础中桩基础在小桥中也常采用,而其他形式的深基础较少采用。

根据桩基础的功能和受力条件,桩可分为抗压桩、抗拔桩和横向受荷的抗弯桩。在抗压桩中,按桩把外荷传给地基的方式又可分为摩擦桩、端承桩、摩擦端承桩或端承摩擦桩。摩擦桩是指软土层较厚,桩只打入一定深度而未达到硬土层的桩,桩上作用主要靠桩侧与土之间的摩阻力来支承。采用摩擦桩的建筑物有可能产生较大沉降。端承桩又称柱桩,是指桩穿过软弱土层支承于硬土层或岩层上的桩,因桩周软土的摩阻力很小,以及桩的竖向变形很小,桩侧摩阻力不能充分发挥出来,计算时可以忽略其作用,桩上的作用主要靠桩尖端阻力来承受。但实际工程中,最常见的桩是摩擦端承桩或端承摩擦桩,或叫半支承半摩擦桩,它既有桩身摩阻力,又有桩尖端阻力。两者比较,以谁为主,取决于地基土的分层及其物理力学性质,桩的尺寸和施工方法以及总作用的大小等因素。抗拔桩是指在受荷过程中以抗拔的拉力为控制作用的桩。受横向作用的抗弯桩,是指受荷过程以横向作用为控制作用的桩。

2.按构造形式划分

根据上部构造的要求以及地基情况的不同,涵洞基础的构造形式可分为整体式和非整体式(分离式)基础。

(1)整体式基础：一般为矩形基础，其尺寸通常是由上部结构的大小而定，而不受地基承载力控制。

当地基土质不均匀时，为防止不均匀沉降和局部破坏，或因涵洞跨径较小基础相距甚近，和为了施工上的便利，往往将涵台下基础联合成整体式基础。

(2)非整体式(分离式)基础：它是单独修筑在各涵台下相互独立的基础，在跨径较大及地基强度较高时采用。

二、小桥涵基础设计的一般要求

小桥涵基础埋深与大中桥有别，对于大中桥是依据冲刷深度和地基承载力确定的，而对于小桥涵则常常是根据冰冻深度、地基承载力等要求确定的。当地基承载力足够时可依冰冻深度来确定埋深。

直接设置在天然地基上的桥涵墩台基础埋置深度，应符合下列要求：

1.除岩石、砾石及粗砂地基外，一般应在冰冻线以下不小于0.25m。

2.设置在岩石上的基础，应清除风化层，但如风化层较厚，清凿有困难时，亦可将基础设置在风化层中。

3.涵洞洞底一般都采取护底措施，不允许基础受到冲刷。如有个别涵洞，因其他因素不宜做护底时，则应考虑冲刷深度的影响。

4.当基底下有软土层时，为了将基础置于满足强度要求的土层上或需要人工加固地基时，往往需将基础做较深的埋置，因此，详细地掌握地基的地质情况是非常必要的。

5.当涵洞位于陡坡上时，基础应作成台阶状。阶高与阶长之比不宜小于1:2，以免造成台阶过于短高，在转折处可能产生裂缝。

6.在无冲刷处，桥涵基地，除岩石地基外，一般应设在天然地面或河底以下至少1m。如河床有铺砌层时，一般宜设在铺砌层底面以下1m。

7.刚性基础在扩大时，其台阶的挑出长度应与台阶高保持一定的比例，习惯上是用 α 角来控制，如图5-5b)所示。在圬工内的刚性角 α，因所用材料不同而异，一般是按35°来控制。但采用适当构造及计算的混凝土或钢筋混凝土基座，则不受此限制。

8.当基底应力偏大时，最简单的方法是加宽基础。由于刚性基础受到刚性角的控制，所以为了用刚性基础则往往要加深基础，于是又增加了自重作用。因而，也可以从改善上部结构的设计和基础处理来综合考虑。如利用局部挖空、使用轻质材料回填台背减小土压力、减轻上部作用、调整自重分布以减小荷载偏心；还可调整拱桥的矢跨比以减小作用等。

三、基础的埋置深度

小桥涵基础埋深取决于三个方面因素，其一是冲刷深度，其二是冰冻深度，其三是基底土质。当小桥涵不做铺底时应以冲刷深度和基底土质来确定埋深。

(一)以冰冻深度来确定基础埋置深度

在季冻区，为防止桥涵基底因冻胀隆起而致使整个小桥涵破坏，在设计时常取拟建小桥涵位置所处地区的冰冻深作为确定埋置深度的控制依据。对于小桥涵的基础必须使基础底面埋置到冰冻线以下不得少于0.25m，且在任何情况下基础总埋深均不小于1m。

基础埋深一般指最低处的埋深，整个涵长范围内各节段的埋深可以有所不同。

（二）以冲刷深度来确定基础埋置深度

对于没有铺底的小桥一般常以冲刷深度结合基地土质来确定埋置深度。在确定桥梁墩台基础埋置深度时，应根据桥位河段具体情况，取河床自然演变冲刷、一般冲刷和局部冲刷的不利组合，作为确定基础埋深的依据。

以下介绍墩台基底最小埋置深度。

（1）非岩石河床墩台基地埋深安全值，可按表5-2确定。

基底埋深安全值 表5-2

桥梁类别	总冲刷深度(m)				
	0	5	10	15	20
一般桥梁	1.5	2.0	2.5	3.0	3.5
特殊大桥	2.0	2.5	3.0	3.5	4.0

（2）岩石河床墩台基底最小埋置深度可按《公路工程水文勘测设计规范》(JTG C30—2002)岩石地基桥墩冲刷及基底埋深参考数据表确定。

（3）位于河槽的桥台，当其最大冲刷深度小于桥墩总冲刷深度时，桥台基底的埋深应与桥墩基底高程相同；当桥台位于河滩时，对河槽不稳定河流，桥台基底高程应与桥墩相同；在稳定河流上，桥台基底高程可按照桥台冲刷计算结果确定。

（4）桥台锥体护坡基脚埋置深度应考虑冲刷的影响，当位于稳定、次稳定河段的河滩上，基脚底面应在一般冲刷线以下至少0.50m，当桥台位于不稳定河流的河滩上，基脚底面应在一般冲刷线以下至少1m。

（三）以基底土质确定埋置深度

以基底土质确定埋置深度主要考虑地基土质的承载力，对盖板涵地基承载力要求一般为0.2～0.3MPa；对于拱涵地基承载力要求一般不小于0.5MPa。在一般情况下，基底的埋置深度不得小于1m，当小桥涵以常规的埋置深度而确定的基底高程位置的地基承载力小于相应的允许承载力时，有时为了减少基础埋深通常采用地基加固的措施来提高地基承载力。

四、小桥涵基础套用标准图设计方法简介

基础设计除应掌握有关该桥涵所需的资料，包括结构形式、跨径、荷载及国家颁发的设计、施工技术规范外，应注意地质、水文资料的收集和分析，重视土质、建筑材料的调查和实验，在此基础上选择适宜的基础形式，然后套用相应的标准图。

小桥涵常用的基础主要有刚性扩大基础和桩基础。以下主要介绍这两种桥涵基础的套用标准图的设计方法。

（一）刚性扩大基础

1.当采用的桥涵结构形式及桥涵位地质土质情况适合选用刚性扩大基础，并且采用刚性扩大基础比较经济合理时，优先选用刚性扩大基础。

2.根据基底土质、冲刷深度及冰冻深度等条件确定基础埋置深度。地基土质如果满足标准图中对地基土应力的容许应力的要求，可根据标准图所给桥梁墩台的高度选择接近的墩台高度 H，以此套用标准图中提供的基础厚度、剖面尺寸及平面尺寸。基础材料采用标准图规定的强度等级，其工程数量直接采用标准图中工程数量表提供的数量。

3.基础地基土质如果不满足标准图中对地基土应力的容许应力的要求，在经济技术合理的情况下可采用适宜的地基加固方法提高承载力。

4.标准图中提供的桥涵墩台的高度和基础尺寸如果与实际情况相差比较大,可选用大一级的墩台高度和基础尺寸,也可以自拟桥涵墩台的高度,设计图采用标准图,但尺寸要计算后标注,基础尺寸要满足刚性角及现行规范的要求,同时进行必要的验算。

(二)桩基础

1.当小桥上部结构形式及地基土质情况适合采用桩基础时,首先选择适宜的桩基础的类型。

2.根据所选择的桩基础形式查阅可与桥梁上部结构配套的下部结构的标准图,一般桩基础的墩台形式多为柱式墩台。

3.根据桥梁的跨径、斜交角、荷载等级及桥面净宽等情况确定小桥采用双柱或三柱式墩台,墩台设计可直接套用标准图。在一般情况下,可直接采用标准图中提供的桩基础布置方式和尺寸,而桩基础的埋深(即桩长)和配筋则需根据荷载、地质土质、冲刷深度设计计算。标准图的"设计要点"中提出了桩基的设计计算方法和注意事项,若采用标准图中的墩台形式则需采用此设计方法来设计计算桩基础。

4.钻孔桩的入土深度应从地面或局部冲刷线以下计算,以确保桩基的入土深度。当局部冲刷深度大于5m时,应另行验算。

5.桩基础的各部分(如承台、横系梁)构造、设计计算等均要符合现行《公路桥涵地基与基础设计规范》的规定。

复习思考题

1.什么叫标准图?分为哪些种类?

2.公路桥涵标准图包含哪些内容?

3.套用桥梁标准图要考虑哪些条件和因素?

4.套用标准图进行桥梁总体布置图设计的方法步骤?

5.套用桥墩标准图的一般步骤?

6.套用桥台标准图的方法步骤?

7.如何利用标准图拟定墩台高度?

8.如何查标准图计算桥梁工程数量?

9.涵洞布置图包括哪些内容?

10.套用涵洞布置图要注意哪些条件?

11.小桥涵的地基与基础有哪些常用形式?

12.确定基础的埋置深度要考虑哪些因素?

13.桩基础的桩长如何确定?

14.小桥涵地基承载力不足时,应采取哪些措施?

第六章　涵洞进出口处理与引泄水

涵洞是路基下的横向排水孔道，由洞身和洞口建筑两部分组成，如图 6-1 所示。附属工程有：锥体、河床加固铺砌、路堤护坡、改沟渠道及护砌、路基边坡检查台阶等。洞口建筑由进水口、出水口和河床加固三部分组成。涵洞详细构造见《公路桥涵设计手册—涵洞》（人民交通出版社出版）。

涵洞进出水口应与洞身、路基衔接平顺，并起到调节水流和形成良好流态（流线）的作用，同时使洞身、进出水口（包括基础）、两侧路基以及上下游附近河床免受冲刷。另外，进出水口形式，还直接影响着涵洞的宣泄能力和河床加固类型的选用。

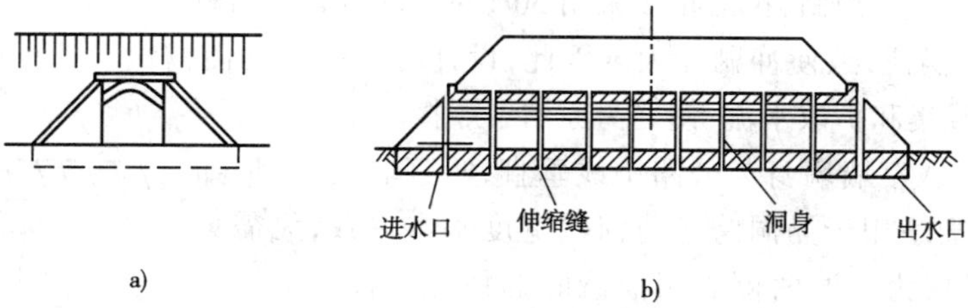

图 6-1　涵洞构造图

第一节　常用涵洞进出口类型及适用情况

涵洞洞口形式多样、构造多变、十分灵活。如何根据涵洞类型、河沟水流特性、地形及路基断面形式因地制宜地选择好洞口形式，做好进出口处理，对于确保涵洞及路基的稳定、水流畅通有着重要意义。本节主要阐述各类洞口的构造形式、特点及应用情况。

涵洞进出水口类型有八字式、端墙式、锥坡式、直墙式、扭坡式、平头式、走廊式及流线型等，其中常用的有八字式、端墙式、锥坡式、平头式和走廊式。

一、常用正交洞口类型及适用性

1.八字式洞口

八字式洞口由敞开斜置的八字墙构成，如图 6-2 所示。

八字式洞口为重力式墙式结构，其特点是构造简单，建筑结构较美观，施工简单，造价较低。八字式常用于河沟平坦顺直，无明显沟槽，且沟底高差变化不大的情况；当墙身较高时（一般大于 5m），圬工体积增加较大，则使用不够经济。八字墙墙身砌筑对石料的形状和规格要求较高，一般需要用块片石搭配料石砌筑。

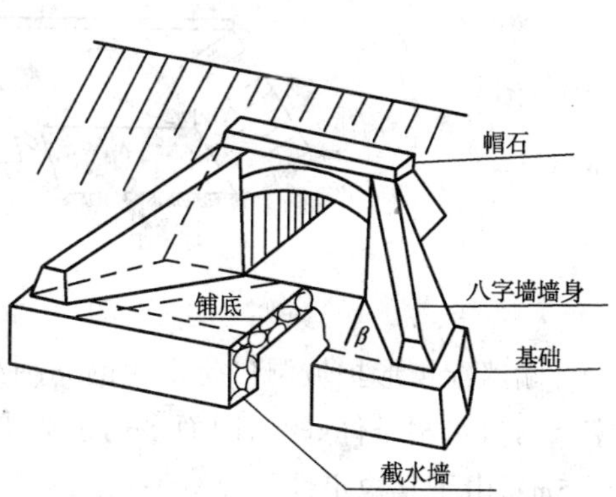

图 6-2　八字式洞口

有时为缩短翼墙长度，减少墙身数量并使涵洞与沟槽顺接，可将翼墙末端做成矮墙嵌入式八字墙，如图 6-3 所示。

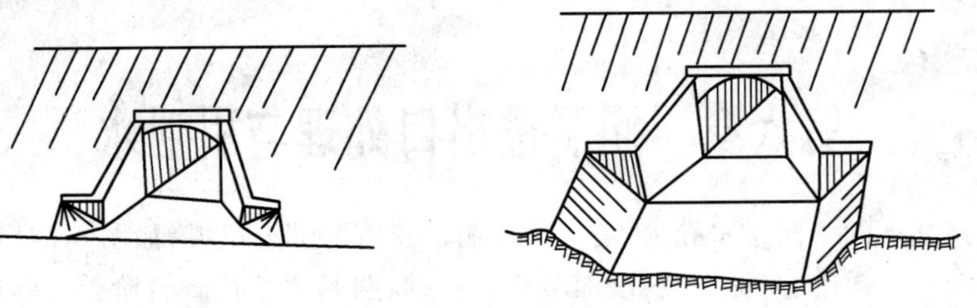

a)　　　　b)

图 6-3　嵌入式八字墙

a)接小锥坡；b)接水渠

八字墙墙身与路中线垂直方向的夹角叫扩散角，如图 6-2 中的 β 按水力条件考虑，经过试验，进口水流扩散角以 13°为宜，出口扩散角不宜大于 10°。但为便于集纳水流和减小出口翼墙末端的单宽流量，减少冲刷，扩散角多采用 30°，并且左右翼墙对称。经验表明扩散角过大则靠近翼墙处易产生涡流，致使冲刷加大。因此，设计时应按不同河沟地形情况因地制宜灵活设置，以利于合理收集和扩散水流，使之与原沟渠顺接。

当 $\beta = 0°$时，八字墙墙身与公路中线垂直，叫直墙式洞口，如图 6-4 所示。主要适用于涵洞跨径与河沟宽度基本一致，无需集纳和扩散水流或仅为疏通两侧农田灌溉时的情况。直墙式洞口翼墙短且洞口铺砌少，较为经济。

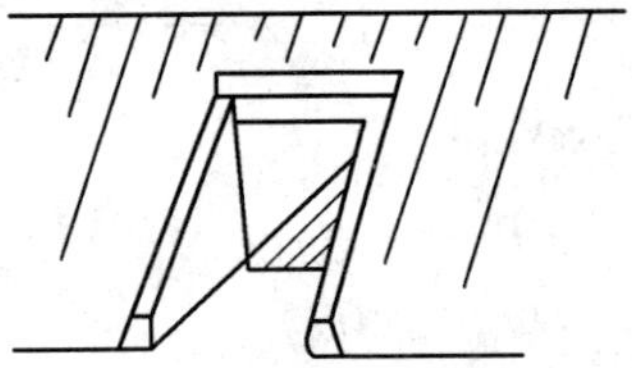

图 6-4　直墙式洞口

2. 端墙式洞口

在涵台两端修一垂直于台身并与台身同高的矮墙叫端墙（又叫一字墙）。在端墙外侧，可用砌石椭圆锥坡或砌石护坡或挡土墙与天然沟槽和路基相连接，即构成各种形式的端墙式洞口，如图 6-5 所示。图 6-5a）、b）仅在沟床稳定、土质坚实的情况下采用；图 6-5c）所示的沟底设置小锥坡构成图 6-5d）。图 6-5e）仅在洞口路基边坡设有直立式挡墙时才采用。

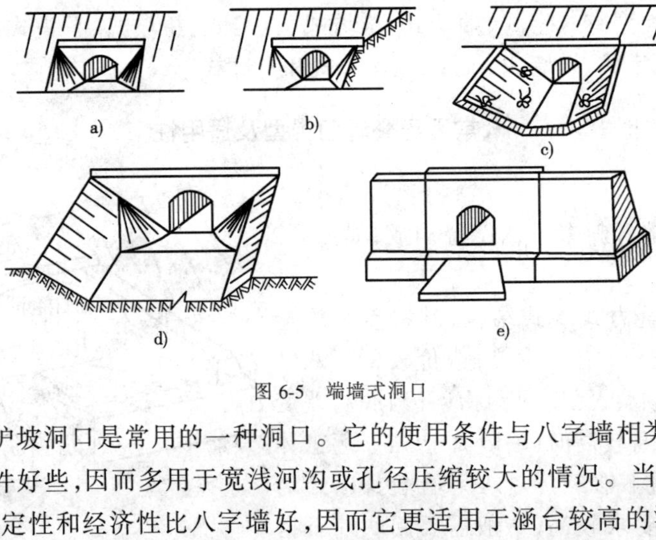

a)　　b)　　c)

d)　　e)

图 6-5　端墙式洞口

端墙配锥形护坡洞口是常用的一种洞口。它的使用条件与八字墙相类似。但由于它比八字墙洞口水利条件好些，因而多用于宽浅河沟或孔径压缩较大的情况。当墙高较高时（一般大于 5m），由于其稳定性和经济性比八字墙好，因而它更适用于涵台较高的涵洞。此外，由于锥坡的表面坡度可以随路基边坡坡度变化，因而能适应各种不同路基边坡的情况，灵活性比八字墙好。

3.跌水井洞口

当河沟纵坡度大于50%或路基纵断面设计不能满足涵洞建筑高度要求、涵洞进口开挖大以及天然沟槽与洞口高差较大时,为使沟槽或路基边沟与涵洞进口连接,常采用跌水井洞口。其形式可有边沟跌水井洞口与一字墙跌水井洞口,如图6-6、图6-7所示。前者主要适用于内侧有挖方边沟涵洞的进水口,后者适用于一般陡坡沟槽跌水。

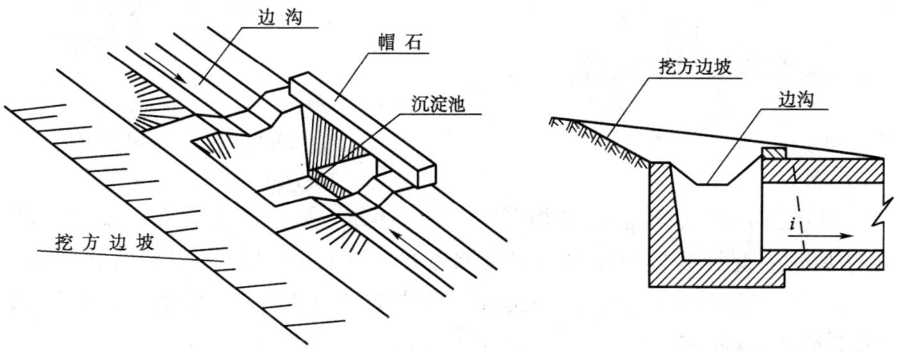

a) b)

图6-6 边沟跌水井洞口

a)立体图;b)纵剖面图

4.扭坡式洞口

为使洞口与人工灌溉渠道水流顺畅,避免产生过大的水头损失或减少冲刷或淤积,用一段变边坡的过渡段设于洞口与渠道之间,即构成扭坡式洞口,如图6-8所示。

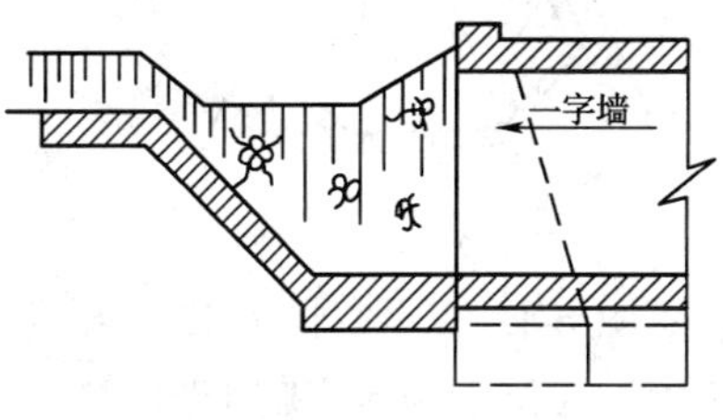

图6-7 一字墙跌水井洞口

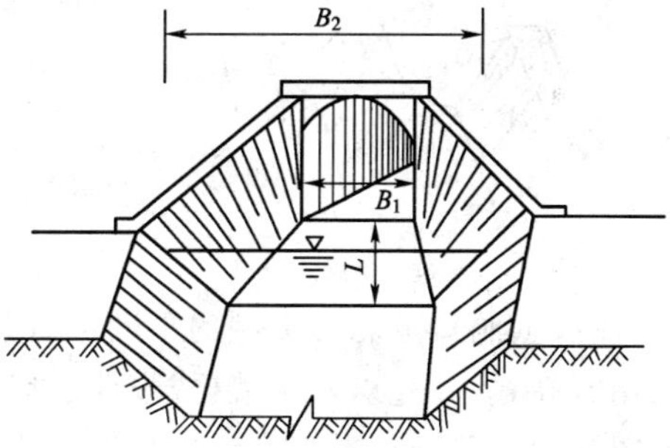

图6-8 扭坡式洞口

扭坡式洞口过渡段的长度直接影响洞口水流的出流,如过渡段过短,使扩散角过小,则易引起主流脱离边墙而产生回流,致使水流过度集中,使下游渠道产生冲刷。进口收缩过渡段长度一般为渠道水深的4~6倍,出口扩散段长度可用以下经验公式(6-1)计算:

$$L = \eta \cdot (B_2 - B_1) \tag{6-1}$$

式中:L——进出口扭坡过渡段长度(m);

B_1——洞内的水面宽度(m);

B_2——进出口处明渠水面宽度(m);

η——系数,对进口收缩段 $\eta = 1.5 \sim 2.5$,对出口扩散段 $\eta = 2.5 \sim 3.0$。

5.平头式(领圈式)洞口

平头式洞口建筑如图6-9所示,常用于钢筋混凝土管涵,因需制作特殊的洞口管节模板,费用较高，仅适用于大批预制。平头式洞口节省材料45%～85%，但水利条件差，比八字墙洞口宣泄能力减小8%～10%。因此，除有条件大批量使用外，一般很少采用。平头式斜洞口形式如图6-10所示。

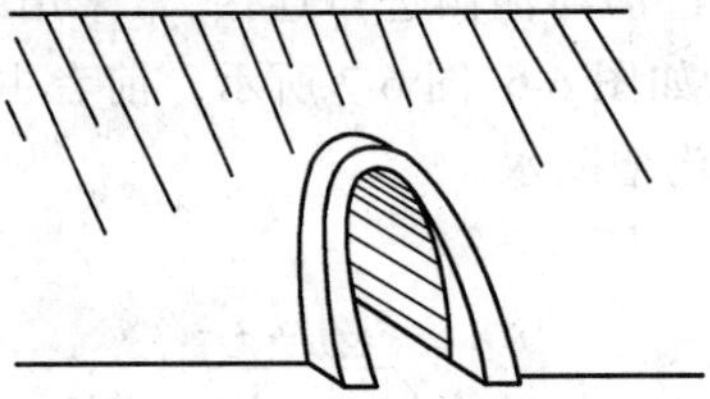

图6-9　平头式洞口

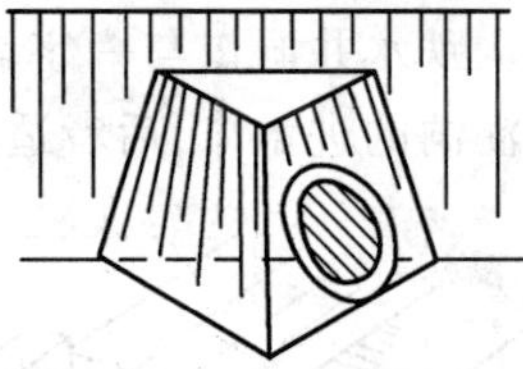

图6-10　平头式斜洞口

6.走廊式洞口

走廊式洞口建筑由两个前后高度相等的平行墙构成，平行墙的端部在平面上做成圆曲线形，如图6-11所示。此种洞口的进水口将壅水水位跌水由洞口改变至翼墙圆曲线的开始处，因而可降低无压力式洞口的计算高度或提高涵洞中的计算水深，从而提高了涵洞的宣泄能力。这种洞口施工复杂，目前较少采用。

7.流线型洞口

流线型洞口，主要是指将涵洞进口端节在立面上升高形成流线型，有时平面也做成流线型，使沿涵长方向的涵洞净空符合水流进洞逐渐收缩的实际情况，如图6-12所示。

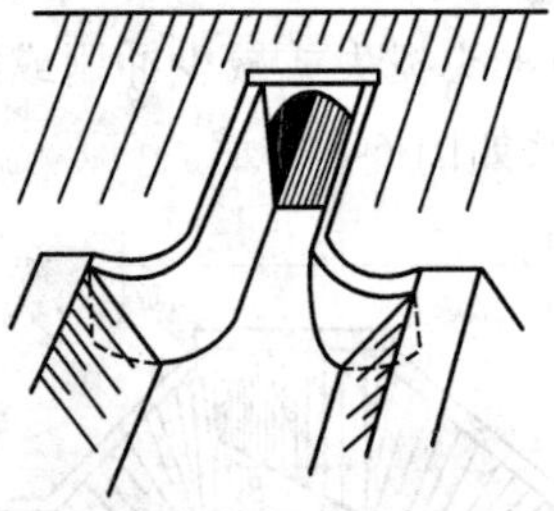

图6-11　走廊式洞口

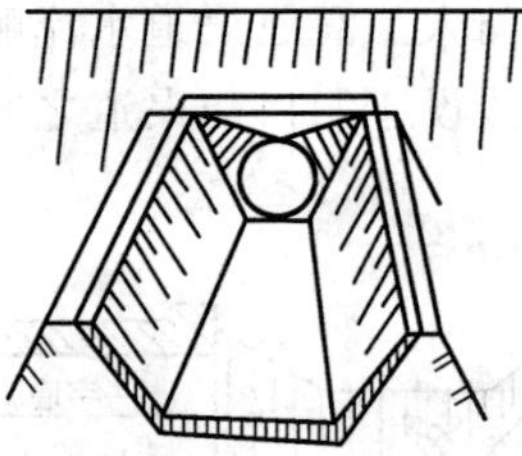

图6-12　流线型洞口

常用流线型洞口随涵洞类型的不同可有各种形式，如图6-13所示。图6-13a)为盖板涵或箱涵，采用升高式，并配以八字墙(或设曲线墙)。对于拱涵，为便于施工，采用进口加高节段的方式，如图6-13b)所示。喇叭式洞口是由一块斜顶板 a、两块侧墙 b 及两块曲线三角板组成，如图6-13c)、d)所示，适用于可大量预制装配的圆管涵洞。

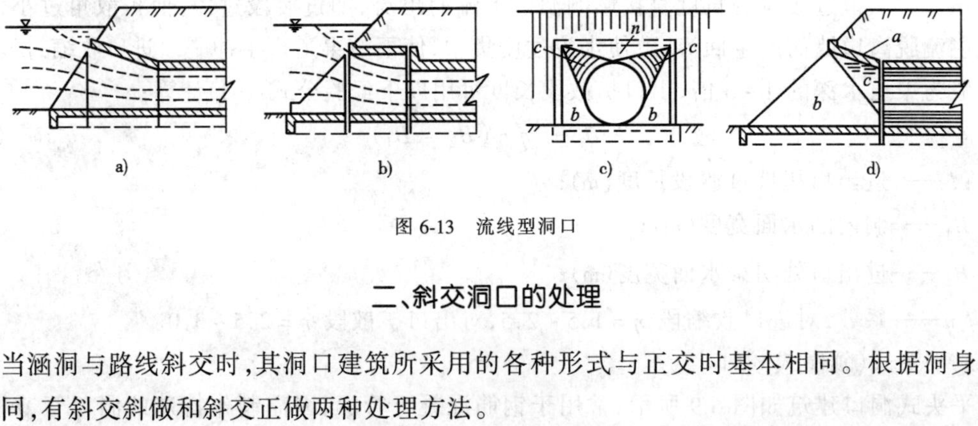

图6-13　流线型洞口

二、斜交洞口的处理

当涵洞与路线斜交时，其洞口建筑所采用的各种形式与正交时基本相同。根据洞身的构造不同，有斜交斜做和斜交正做两种处理方法。

1.斜交斜做,如图 6-14a)、b)所示

为求外形美观及适应水流条件,可使涵洞洞身端部与路线平行,此种做法称为斜交斜做。对于盖板涵和箱涵,运用斜交斜做比较普遍。在这种情况下,除洞口建筑外,还需对盖板或箱涵涵身的两端另行设计,以适应斜边的需要。

斜交斜做的洞口形式多为八字墙式、端墙式洞口。以八字墙为例,如图 6-15 所示,斜做洞口的翼墙斜度 β_1、β_2 应根据地形和水流条件确定,图中的 θ 角为水流扩散角,即沿涵轴线方向翼墙向外侧的张角;φ 角为涵轴线方向的垂线与路中线的夹角(即涵洞的斜度)。当 $\theta < \varphi$ 时叫“反翼墙”,此时 $\beta_2 = \varphi - \theta$;当 $\theta > \varphi$ 时叫“正翼墙”,此时 $\beta_1 = \theta + \varphi$。根据分析,在正翼墙情况下,当 β_1 愈大,翼墙的工程数量亦愈大,因此应尽量使 β_1 不超过 60°为宜;在反翼墙情况下,当 $\beta_2 = 0°$,即 $\varphi - \theta = 0°$时,翼墙的工程数量最小,最经济。

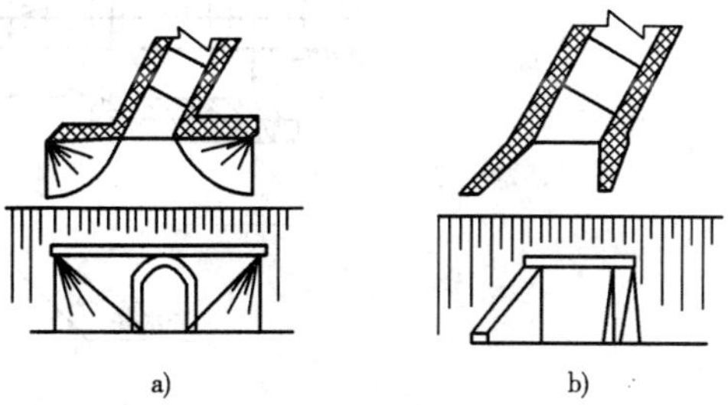

图 6-14 斜交斜做洞口

a)端墙式;b)八字墙式

2.斜交正做,如图 6-16 所示

在圆管涵或拱涵中,为避免两端圆管或拱的施工困难,可采用斜交正做法处理洞口。即涵身部分与正交完全相同,而洞口的端墙高度予以调整,一般将端墙设计成斜坡形或阶梯形。为使水流顺畅,宜配合路堤边坡对洞口建筑另行设计。

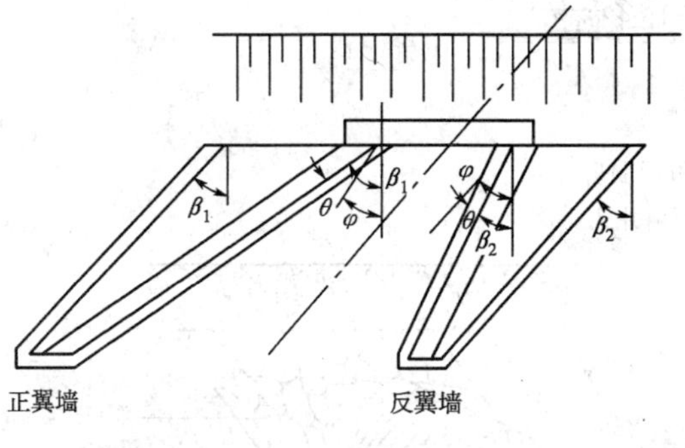

图 6-15 斜交斜做洞口

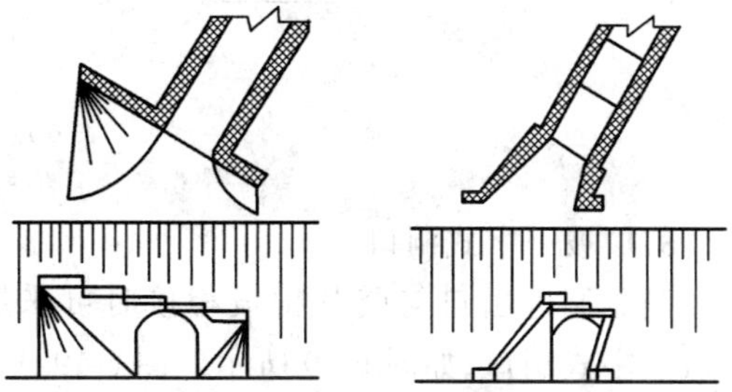

图 6-16 斜交正做洞口

三、特殊的涵洞洞口

1.倒虹吸洞口

倒虹吸涵洞洞口由进水沟渠、沉淀池、进出水井及基础组成,如图 6-17 所示,出水口洞口与进水口洞口相同,仅不需设沉淀池。进出水井是沟渠与圆管转向的连接构造,通过进出水井形成落水高差,构成倒虹吸。按其构造不同可有直井式和斜井式两种,如图 6-17 所示。按其施工方法不同可有现浇(或砌筑)式和装配预制式两种。

倒虹吸沉淀池由浆砌块、片石构成,进出水井可用混凝土现浇或预制。基础用现浇混凝土和砂砾垫层构成,混凝土厚度一般为 20cm,砂砾垫层一般为 15cm。

2.波纹管涵洞口

波纹管涵洞口可用延伸波纹管形式构成,在波纹管与路基边坡连接处用块片石或混凝土块铺砌,如图 6-18 所示。对于进口为边坡时可将延长部分沿边坡坡度切除并根据进口沟渠情

况作一字墙、八字墙、跌水井等设施连接。

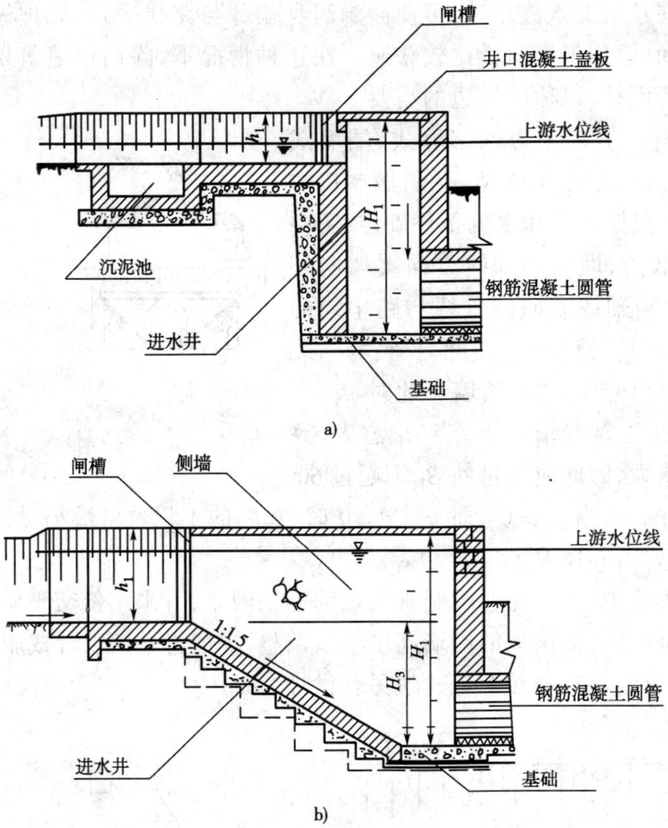

图 6-17 倒虹吸洞口

a)直井式;b)斜井式

3.护坡一字式洞口

当涵洞进出口与路基护坡相接时可采用护坡一字式洞口,如图 6-19 所示。图 6-19a)为涵端设一字墙直接与护坡相接;图 6-19b)为涵台延长后与护坡相接。这种洞口构造简单,圬工砌体省,仅适用于盖板涵的进出口。

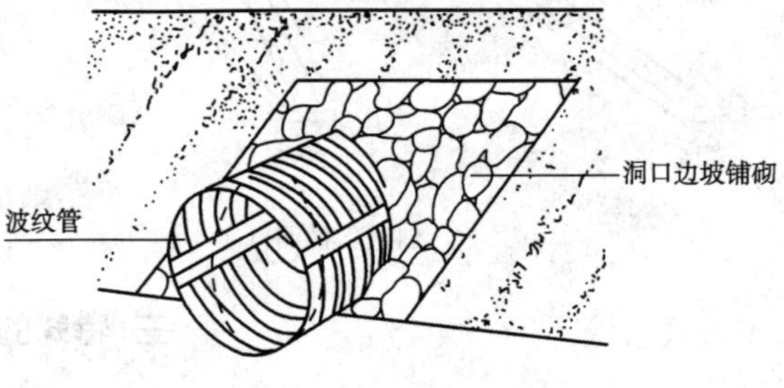

图 6-18 波纹管涵洞口

4.圆形聚水池一字式洞口

这类洞口多用于浅挖方地段,沟口宽阔平坦,集水范围较广或成梯田之山沟。其作用同跌水井洞口,由于集水井为圆形,故形状较美观;

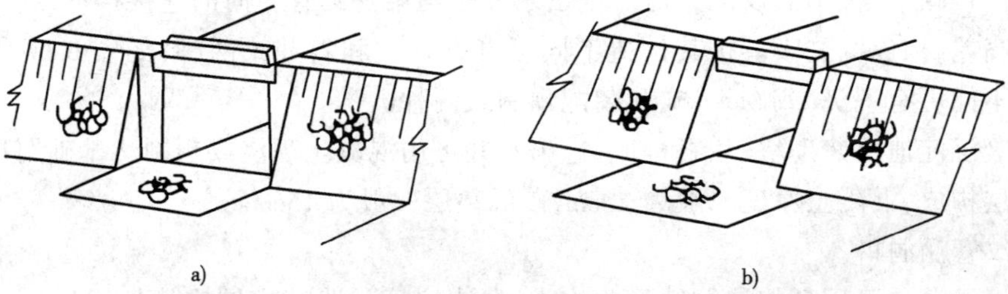

图 6-19 护坡一字式洞口

a)用一字墙连接;b)延长涵台直接相连

集水性能较好;但施工工艺较复杂,如图6-20所示。

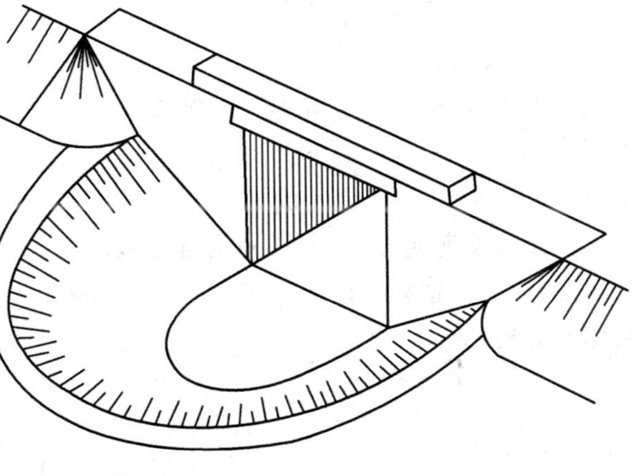

图 6-20　带圆形聚水池一字式洞口

5.上挡墙接跌水井洞口

当涵洞进口为挖方并设有上挡墙时可采用这种洞口。上挡墙开口后设置端墙与急流槽相连接,挡墙上设置平台,其宽度视进口沟槽情况而异,如图 6-21 所示。

6.带沉淀池的八字式洞口

当涵洞进口沉积物较多时可在进口前设置沉淀池,与八字墙洞口相接即构成带沉淀池的八字式洞口,如图 6-22 所示。沉淀池深度一般不小于 50cm,视沉积物多少而定,沉淀池也可与一字锥坡洞口相接。

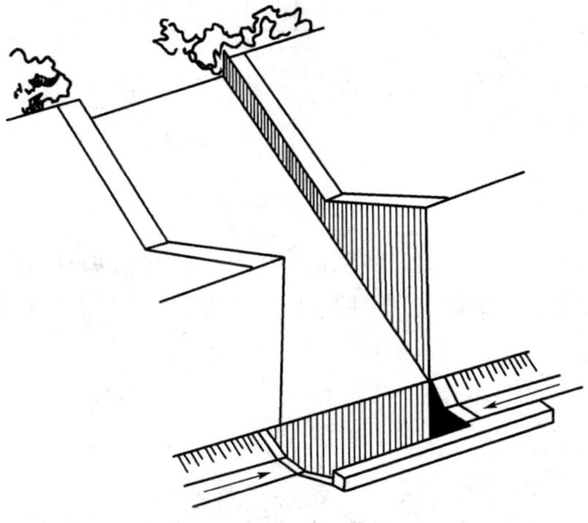

图 6-21　上挡墙接水井洞口

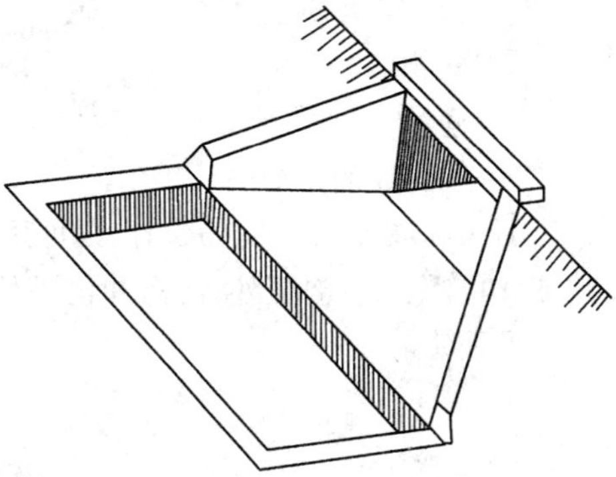

图 6-22　带沉淀池的八字式洞口

第二节　涵洞进出口加固与泄水处理

进出水口沟床加固处理是与涵洞本身设置的坡度和涵洞上下游河沟的纵向坡度有关,凡涵洞设置坡度小于临界坡度,上下游河沟纵向坡度也较小时,称为缓坡涵洞;凡涵洞设置坡度大于临界坡度,或涵洞设置为临界坡度而上下游河沟纵坡却大于临界坡度时,一般称为陡坡涵洞。不同坡度时的涵洞进出水口沟床加固处理方法是不同的。

一、进水洞口沟床加固与防护

1.加固措施

根据进口处河沟的纵坡不同,通常可采用如下加固措施。

(1)缓坡沟床加固

在沟床纵坡小于10%、河沟顺直、纵坡平缓的情况下,仅对进口采用干砌片石铺砌加固。铺砌形式如图6-23a)所示。铺砌长度通常采用1.0m。当流速较慢,为减少铺砌数量,也可采用U形铺砌形式,如图6-23b)所示。这种处理形式多用于较大的多孔涵洞中,以节约更多的圬工体积,并同样可收到良好的防护效果。

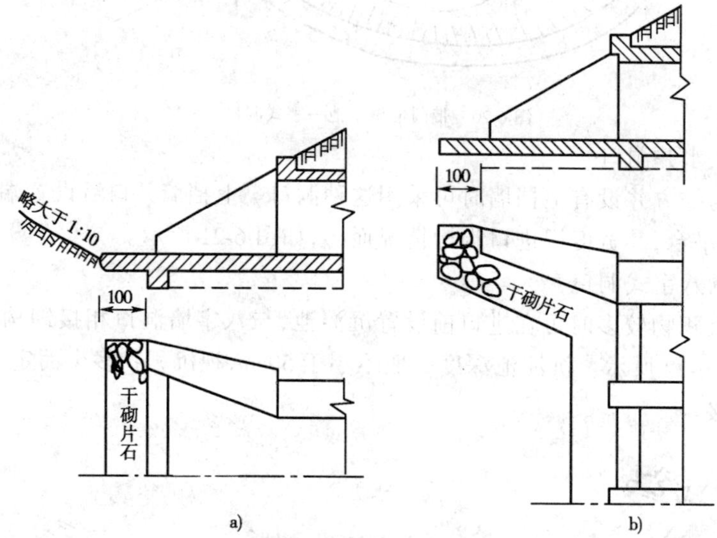

图6-23 平缓沟床进口铺砌(尺寸单位:cm)

a)整体铺砌;b)局部铺砌

(2)一般陡坡沟床加固

当河沟纵坡为10%~40%时,则可采用图6-24所示的加固形式。沟槽开挖的边坡率采用1:4~1:10。除岩石沟槽外,河沟和沟槽侧坡以及路基边沟均需用人工铺砌加固,加固类型依水流速度而定。

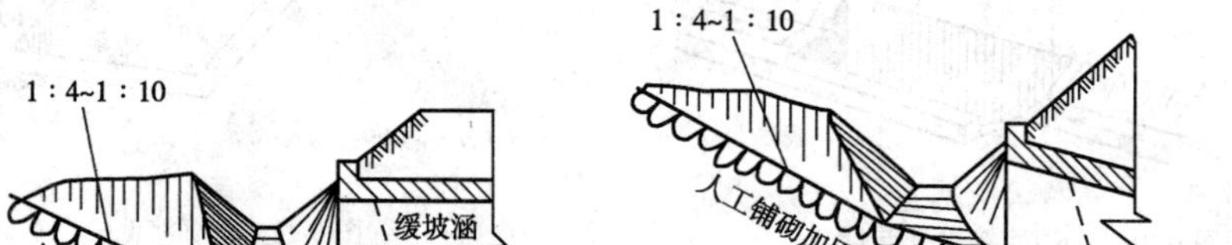

图6-24 进水口沟底及沟槽加固

a)缓坡涵;b)陡坡涵

图6-24a)所示为缓坡涵进口的加固形式。由于涵前沟底纵坡较陡,洞身纵坡平缓,水流在进口处急流突然变缓易产生水跃,因而在进口段设置缓坡段,其长度约为L_0~$2L_0$(L_0为涵洞孔径)。

图 6-24b)所示为陡坡涵进口加固形式。由于洞内纵坡较大,水流呈急流状态,涵底坡度与涵前沟底纵坡基本平顺衔接,因而可不设缓坡段。

(3)陡坡沟床加固

当涵前河沟纵坡大于 50%时,水流流速很大,进口则需设跌水井与天然河沟连接,以削减水能,减缓流速,上游沟槽开挖坡度可根据河沟土质情况确定,一般采用 1∶1 ~ 1∶2 为加固河槽,跌水井与河槽连接处可采用吊沟或 U 形断面急流槽形式,如图 6-25、图 6-26 所示。吊沟一般做成梯形断面。在非岩石土沟槽时沟底应进行铺砌加固。U 形断面急流槽槽底宽度应与涵洞孔径相等,两侧边墙厚一般可采用 40cm。为确保急流槽稳定,槽底应每隔 150 ~ 200cm 设一道防滑墙。有时为减缓槽内流速,还可在槽底增设人工加糙措施,加糙类型如图 6-27 所示。

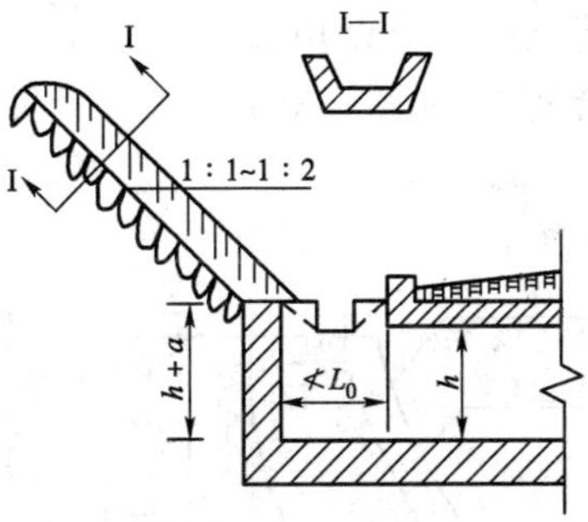

图 6-25　梯形吊沟

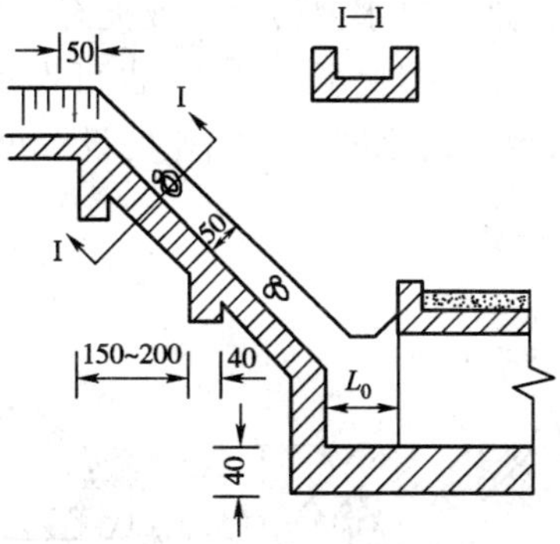

图 6-26　U 形急流槽(尺寸单位:cm)

(4)沟床特殊加固及防护措施

实际设计中,在选择进口加固措施时,为使水流顺畅,经济实用,还应注意以下情况。

①岩石挖方跌水井

当进水口为岩石沟槽时,可视地形情况直接在石方上开挖跌水井,如图 6-28 所示。上游沟槽开挖坡度一般为 1∶0.2。当涵洞孔径较小,$L_0 = 0.75$m 时,为减少石方开挖数量,在水流较小时,可不另开挖沟槽,使水流直接从边坡流入涵洞。

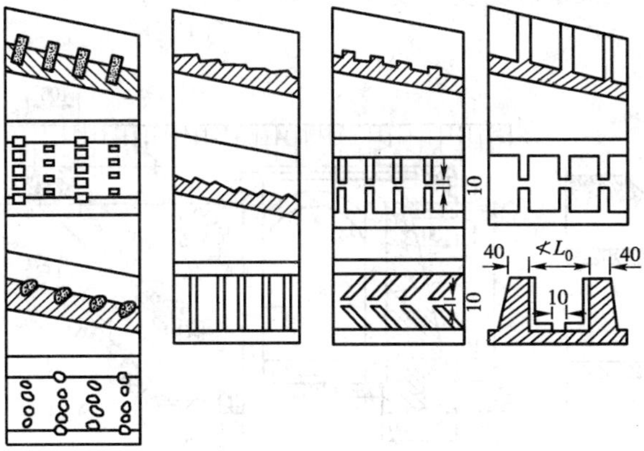

图 6-27　人工加糙图式(尺寸单位:cm)

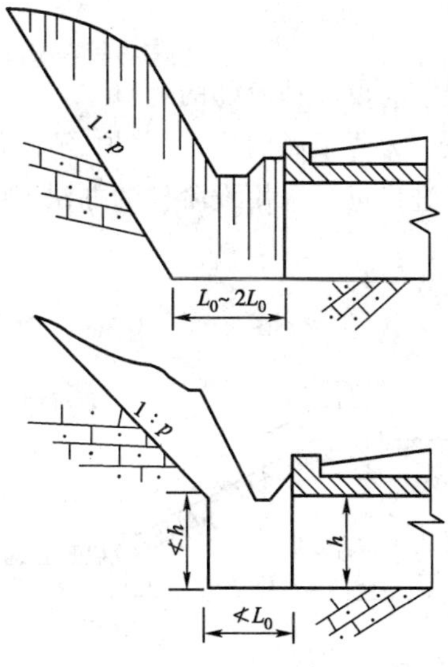

图 6-28　岩石跌水井

②小型挡石坝

上游河沟水流带有较多砾石或石块时，为防止阻塞洞口，可在进口设置小挡石坝，其布置如图 6-29 所示。

③进口边沟加固

当涵洞进口设有跌水井，且挖方边沟为土质或土夹石的平缓山坡且洞口平坦时，可对边沟进行加固，并将沟底加宽与跌水井顺接，同时对边坡进行砌石加固，其加固形式如图 6-30 所示。

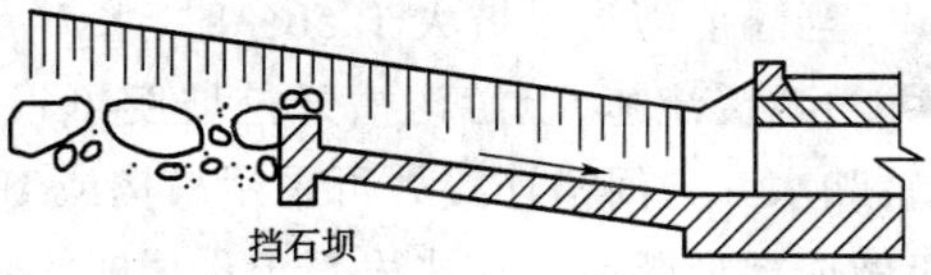

图 6-29　小挡石坝

④进口挡槛消能设施

当洞口进水口水流为急流或夹有石块、杂物时，可在洞口设挡槛，以消能或拦截杂物，挡槛中应留泄水口。挡槛可设一道，也可设多道，视具体情况而定。设挡槛时涵洞净高应适当提高，确保必要的过水断面。挡槛的设置可与急流槽配合使用，如图 6-31 所示。

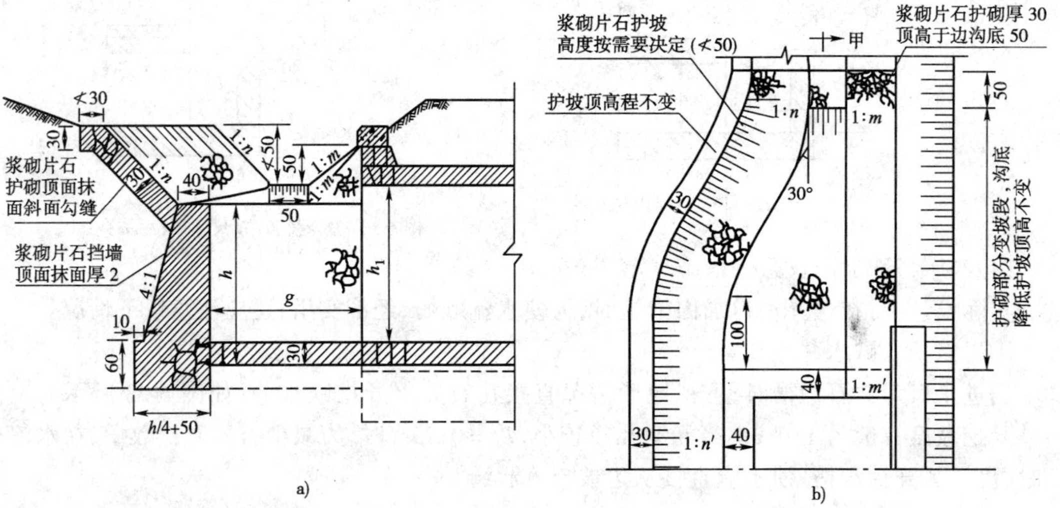

图 6-30　进口边沟加固（尺寸单位：cm）

a）纵剖面图；b）半平面图

⑤设养护阶梯的进口

为便于涵洞检查、养护、清除沉积物，可视具体情况及需要设置养护阶梯。有时人行通道的进口也可采用设阶梯的办法，如图 6-32 所示。

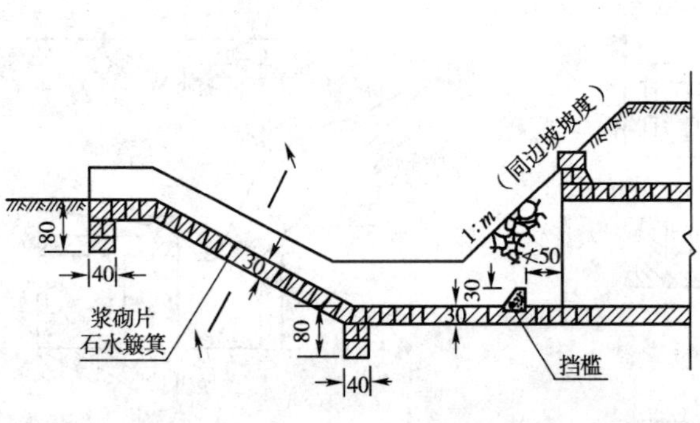

图 6-31　设挡槛的进口（尺寸单位：cm）

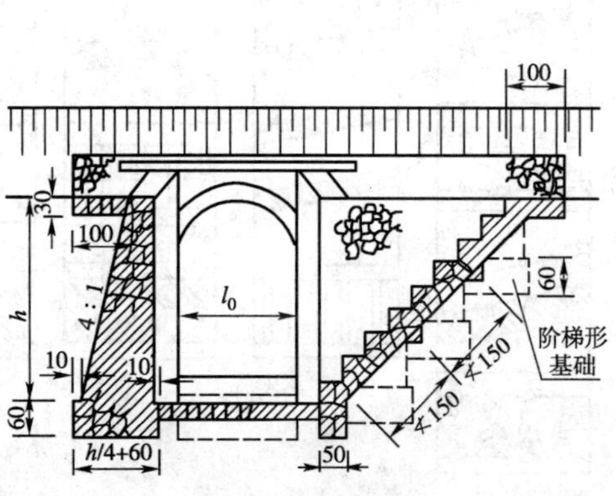

图 6-32　设置养护阶梯的进口（尺寸单位：cm）

⑥设挡水墙的进口

设有跌水井的涵洞洞口，若水流落差很大，为防止水流冲刷路基，可在洞口上方设挡水墙，如图6-33所示。

挡水墙的长度及高度视水流大小及落差高度而定。当挡水墙断面较大时，墙下的涵身及一字墙应对其承受能力进行断面核算。

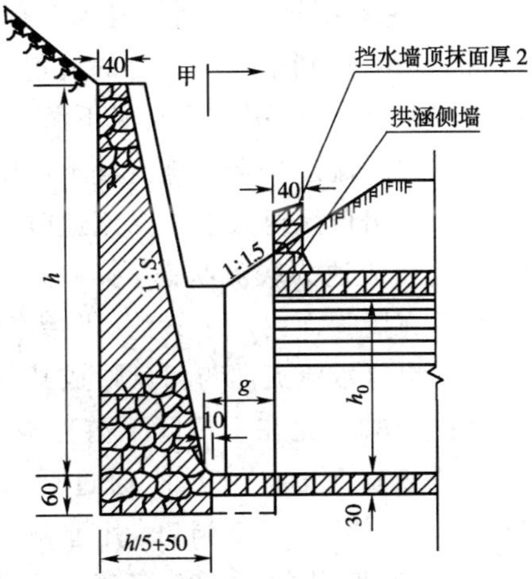

图6-33 设挡水墙的进口（尺寸单位：cm）

⑦设有拦砂墙的进口

当涵洞上游有较大数量流砂或泥石流冲入涵洞时，可采用拦砂墙防护措施，如图6-34所示。拦砂墙可有拱形墙和直墙两种形式，墙上应按50cm间距梅花形布设泄水孔。

2.注意问题

(1)在设置各类型进水口加固设施时，应特别注意使水流顺畅。上游沟槽特别弯曲时，应对沟槽适当改沟，不宜片面追求缩短进口设施，强迫水流拐弯。

(2)进水口新开引水河沟应力求较短，禁止上游开挖出现积水坑。与原河沟衔接务必顺直。当上游河槽为透水性较强的砂石土质时，不宜采取直接改沟的措施，防止水流窜入老沟，冲毁路基。

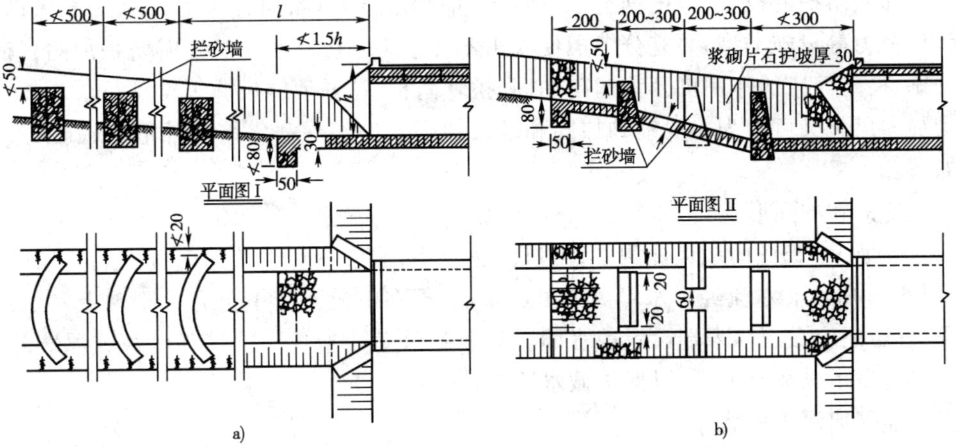

图6-34 设有拦砂墙的进口（尺寸单位：cm）

a)拱形墙式；b)直墙式

(3)陡坡涵洞进口，可视具体情况设置踏步，以便养护人员上下。

(4)为确保水流顺畅地流入涵洞避免水流从涵洞侧面绕行或涵底下渗流，涵洞上游铺砌加固与洞口的衔接处应严密、顺畅，确保工程质量。在非岩石的河沟衔接处一般应有不小于0.6~1.0m深的截水墙，并在无明显河沟或河沟弯曲处设置小型的导流设施。

(5)考虑不均匀沉降的影响，进水口建筑物与涵洞端墙连接处须留伸缩缝。对于急流槽及较长的加固设施，应按5~10m设置一道伸缩缝，缝宽2cm，并以沥青砂浆填实。

(6)铺砌结构一般用干砌片石、浆砌片石，必要时可用低等级的混凝土浇筑。

二、出水口沟床加固与防护

小桥涵孔径通常对天然河床都有较大的压缩，上游形成较高的壅水位，因而水流经过桥涵下时的流速，特别是在出口时的流速，都比天然流速大。流速增大将导致桥涵下游产生不利的局部冲刷，据分析，引起小桥涵下游产生局部冲刷的原因主要有三个，以下分别介绍。

(1)实际流速大于土壤允许不冲刷流速，产生不利的局部冲刷。

(2)当出口流速大于临界流速时，水流将处于急流状态。如果下游沟槽的坡度小于临界坡度，则天然流速为缓流状态，水流由洞内的急流变为缓流，在出口形成水跃，使水流紊动性增大，水流在竖直面内产生旋流，仍会产生冲刷。

(3)出口水流流向与河床形成某一交角时，出水水流对河岸产生淘刷作用，形成不利冲刷。

由于冲刷，先在小桥涵下游冲成一个深坑，如图6-35所示。在洪水通过后，使坑内的边坡逐渐伸展，直至洞口，引起洞口破坏。根据我国铁路部门对600多座山区涵洞调查，涵洞水毁大部分都是由于出水口处理不当所致，而其中下游水毁较上游多3~4倍。因此，对小桥涵下游沟床进行加固防护，不仅利于小桥涵的稳定，而且通过对沟槽进行简单的加固可以使允许流速增大，孔径适当缩小，减少桥涵的造价，在经济上也有较好的效果。

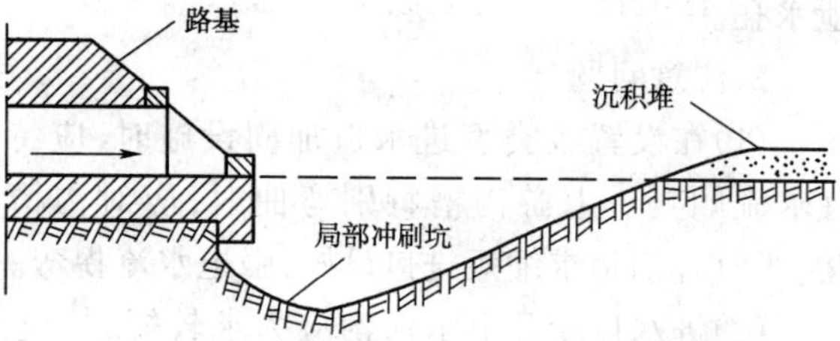

图6-35　涵洞下游冲刷

出水口加固防护的设置，应根据地形、地质条件和水流特性，通过水力计算慎重选择洞口扩散、缓流、消力等设施类型，并充分考虑使农田不受水害。公路小桥涵下游防护加固，就其抵挡水流冲刷、稳定河床的作用可分为铺砌加固、挑坎防护、特殊消能设施等类型。

铺砌加固措施又可分为一般铺砌加固和延长铺砌加固加深截水墙两种形式，其采取的方式介绍如下。

1.一般的铺砌加固形式

在洞身纵坡 $i<15\%$ 的缓坡涵洞中，出口流速较小，通常只对下游河床做一般的加固铺砌即可，如图6-36所示。水流经出水口翼墙虽已扩散，但在下游河床中仍有冲刷现象发生，故为防止冲刷，一般还应在洞口末端设置截水墙。其埋置深度 a 应大于或等于洞身或翼墙基础深度。截水墙外做干砌片石加固，以保护截水墙。

2.延长铺砌加深截水墙

当天然沟床纵坡较陡，水流流速较大时，则应采用铺砌的石块或混凝土块来抵抗高速的水流，用深埋的截水墙保护平砌的加固层，使端部不因淘空而水毁。其加固形式如图6-37所示。

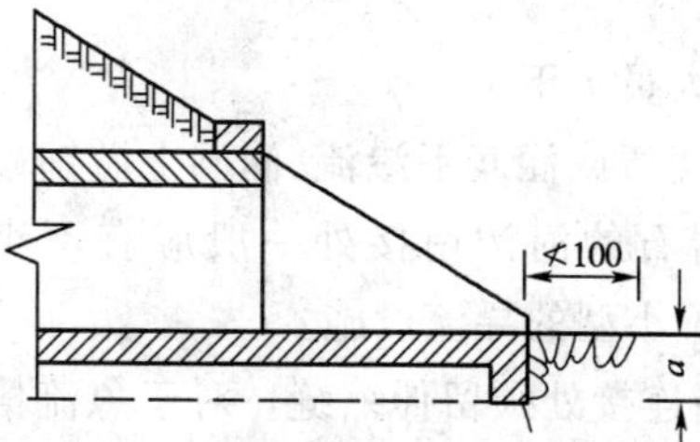

图6-36　出口的一般铺砌形式(尺寸单位:cm)

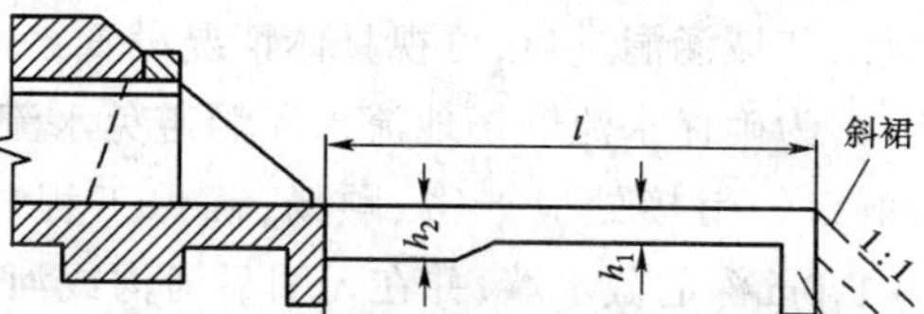

图6-37　延长铺砌加深截水墙

(1)延长铺砌长度的确定

影响铺砌加固长度的因素较多,用水力公式计算比较复杂,一般当孔径较小且河床纵坡不大时,铺砌长度可取孔径的1~3倍。当孔径较大时,铺砌长度 l 与河床土质、单宽流量 q 及下游水流状态有关,可参照表6-1所列公式进行计算。

表6-1

土的种类	铺砌加固长度 l(m)	
	下游水深未淹没出口	下游水深淹没出口
亚黏土和亚砂土	$2.5q^{0.7}$	$1.7q^{0.7}$
重亚黏土和密实的亚黏土	$2.5q^{0.7}$	$1.4q^{0.7}$
卵石、砾石	$1.7q^{0.7}$	$1.1q^{0.7}$
大卵石	$1.1q^{0.7}$	$0.7q^{0.7}$

注:表中的单宽流量 $q = Q/B$(以 m^3/s 计),式中 Q 可取涵洞的通过设计流量,B 为通过此流量时对应的水面宽度。

(2)铺砌厚度的确定(图6-37)

①加固厚度 h_2

由于水流在桥涵出口处产生扩散,水深急剧下降,水流与一般等流速情况不同,此时加固工程要受到自下而上的静水压力,根据桥涵出水口水深的差值,就可决定这项压力。此时压力应小于加固工程的重力,否则加固工程会因上浮而破坏。因此,出口加固铺砌的厚度应加厚,其值按式(6-2)计算:

$$h_2 = \frac{\rho_1}{\rho_2 - \rho_1}(h_{Lj} - h) \tag{6-2}$$

式中:ρ_1——水的密度,取1000kg/m³;

ρ_2——加固石块或混凝土的密度,取2650kg/m³;

h——加固工程上的平均水深;

h_{Lj}——洞内临界水深(m)。

局部加厚 h_2 的长度约为加固全长的30%,且不应小于1.5m。

②加固厚度 h_1

加固厚度 h_1 应根据小桥涵下扩散水流的设计流速(也可近似用出口处流速)及加固类型确定。通常采用单层片石铺砌,厚度为20~30cm,下设10cm碎石垫层。

(3)截水墙及其埋置深度 t

加固工程末端的截水墙有垂裙(亦称隔水墙、拦水墙)及斜裙(亦称斜坡、防淘斜坡)两种。

①垂裙。其结构尺寸按挡土墙原理确定,并用水泥砂浆砌筑以保安全。

②斜裙。通常用干砌片石砌筑,斜坡坡度不大于1:1。由于水流顺斜坡流下时,其最大流速位于水底,因而使斜裙的冲刷深度比垂裙大。当斜坡坡度为1:2时,冲刷深度将增大10%~40%,因此一般用垂裙比斜裙有利。

为防止加固末端的淘刷,无论垂裙或斜裙都应有一定的埋置深度 t,其值必须大于加工工程末端的冲刷深度 Δ,并由下式确定:

$$t = \frac{4}{3}\Delta \tag{6-3}$$

当冲刷深度 Δ 很大时可用下式确定：

$$t = \Delta + 0.5 \tag{6-4}$$

垂裙埋置深度与出口流速有关，也可参考表 6-2 确定。

垂裙埋置深度表 表 6-2

出口流速(m/s)	1.0	2.0	3.0	4.0	5.0	6.0
垂裙埋置深度(m)	0.50	0.90	1.32	1.70	2.00	2.20

垂裙厚度可参考表 6-3 确定。

垂裙厚度表 表 6-3

垂裙埋置深度(m)	<1.2	1.2~1.5	1.5~1.8	1.8~2.1	≥2.2
垂裙厚度(m)	0.4	0.5	0.6	0.7	0.8

(4)铺砌种类

延长铺砌的种类根据出口流速参考表 6-4 确定。

延长铺砌种类 表 6-4

出口流速(m/s)	≤1.0	1.0~2.0	2.0~6.0	>6.0
铺砌种类	无铺砌	干砌片石	浆砌片石	混凝土铺砌

在自由流出口涵洞的下游，为变冲为淤，减少工程数量，可在出水口设置一级、二级或三级挑坎防护。挑坎由上坎、平台、下坎及截水墙四部分组成，如图 6-38 所示。

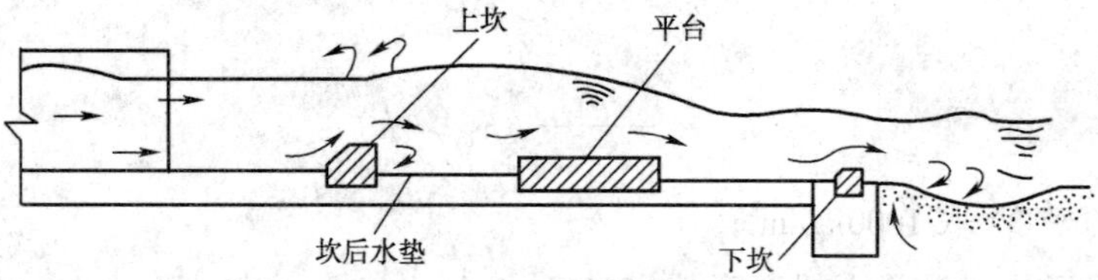

图 6-38 挑坎对水流的作用

在出口八字墙或锥坡范围内设置挑坎后，水流出桥涵后即被大坎上挑，从而抬高了水位，增加了表层流速，大大减小了底部流速，消弱了水流的扩散能力和扩散方向上的漩涡，上坎后，平台及下坎有保持出水口水位、削减水流冲刷能量和缩短出水口水跃长度的作用。随后小坎又再次把冲刷位置挑离铺砌层末端，减少了冲刷。同时，由于小坎后的回流反而使铺砌层末端变冲刷为淤积。实践证明，出口挑坎是一种经济实用的防冲刷防护措施。挑坎对水流的作用如图 6-38 所示。

挑坎的一般布置如图 6-39 所示。

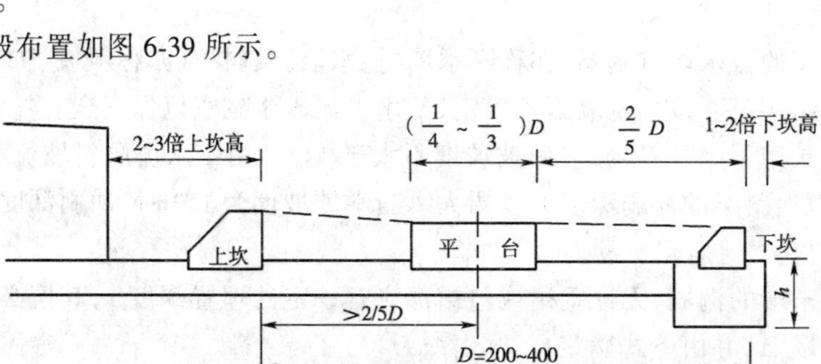

图 6-39 挑坎的一般布置(尺寸单位：cm)

挑坎的形式通常根据八字墙铺砌长度确定，见表 6-5。

挑坎形式选用　　表 6-5

八字墙铺砌长度(m)	>4	2~4	<2
挑坎形式	三级挑坎	二级或三级挑坎	一级或二级挑坎

上下坎间距 D 值的大小与上游铺砌长度有关，铺砌越长，D 值也就越小。一般 D 值为 2.0~4.0m。挑坎的一般尺寸如图 6-40 所示。出口天然水深为 1.5~2.5m 时，上坎高一般采用 20cm。

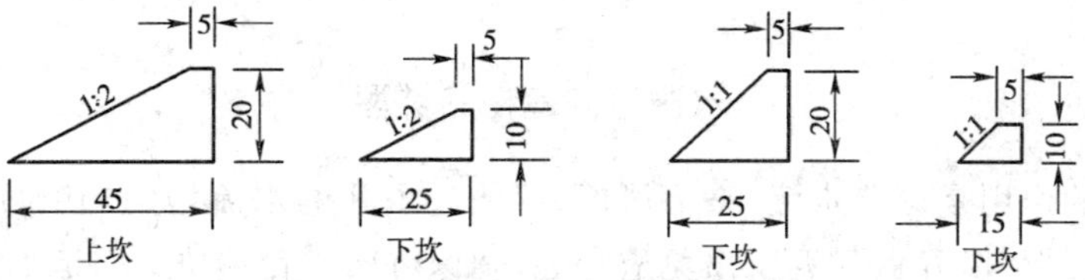

图 6-40　挑坎的一般尺寸(尺寸单位：cm)

3. 特殊加固、消能设施

当天然沟床纵坡大于 15% 时，须设置陡坡涵。陡坡涵出水口布设与天然河沟衔接的好坏，是防止冲刷病害的关键。陡坡涵的洞口末端应视河床的地质、地形和水力条件，采用特殊的加固措施，包括出口阶梯急流槽(等截面和变截面)、导流槽、跌水(单级或多级)、消力池、消力槛、人工加糙等消能措施。

一般河沟若落差较大，多采用急流槽；若落差小，多采用跌水；消力池(或缓流井)、消力槛能在较短的距离内集中消耗能量和减缓流速。沿程在一段距离内设置人工加糙措施，可增加水流阻力，达到逐渐减耗能量和降低流速的目的。

以上消能设施可以单独使用，也可联合使用。图 6-41 所示为几种不同加固设施的布置形

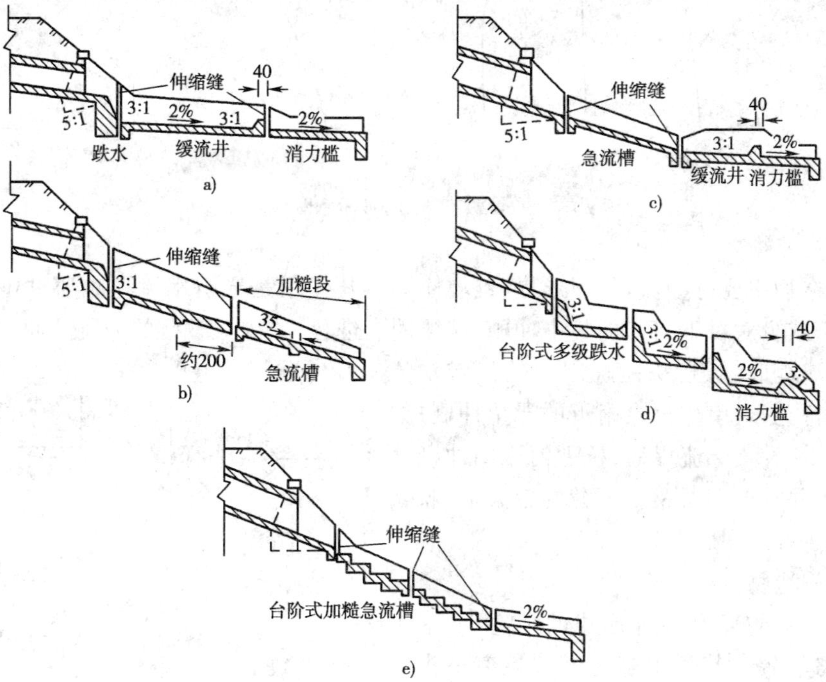

图 6-41　出口特殊加固措施(尺寸单位：cm)

式,可供设计参考。

图 6-41a)所示为设有跌水、缓流井、消力槛的出口布置;图 6-41b)所示为设有跌水、缓流井、急流槽的出口布置;图 6-41c)所示为设有急流槽、缓流井、消力槛的出口布置;图 6-41d)所示为设有多级跌水、消力槛的出口布置;图 6-41e)所示为设有台阶式加糙急流槽的出口布置。以上各种出口布置均按敞开角为 30°扩大八字翼墙与涵身进行衔接。

第三节 调治构造物(集流引水沟槽的布设)

一、调治构造物的类型

调治构造物的作用是调节水流、整治河道,使通过桥孔的水流均匀顺畅、防止桥位附近河床和河岸的不利变形,以确保附近农田免遭水害,确保桥梁墩台和桥头引道的正常运用。合理布设调治构造物,是桥位勘测设计中的重要组成部分,它与桥孔设计有着相辅相成的作用。

调治构造物按其对水流的作用,可分为三类,如图 6-42 所示。

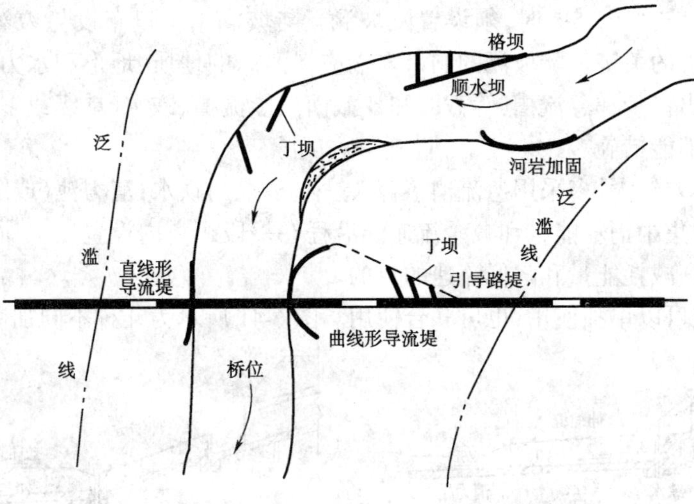

图 6-42 调治构造物示意图

1.导流构造物

这类构造物主要有导流堤、梨形堤、锥坡体等。其作用是导引水流平顺通过桥孔,提高桥孔泄洪能力,减少对桥下河床的集中冲刷,减缓冲刷进程,减少对墩台的冲刷威胁,如图 6-43a)所示。无导流堤时,被桥头路堤阻断的河滩水流将斜向流入桥孔,可引起桥台附近的严重冲刷;如图 6-43b)所示,设置导流堤后,桥下河床的冲刷分布趋于均匀,并扩散到桥梁上下游的较大范围,减缓了冲刷的进程。

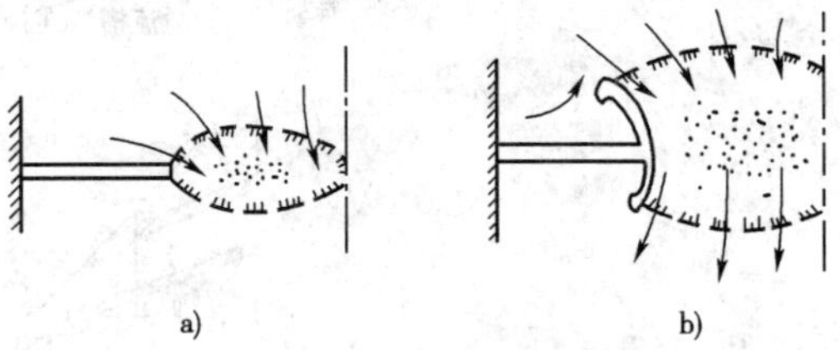

a) b)

图 6-43 导流构造物

a)无导流堤;b)有导流堤

2.挑流构造物

这类构造物主要有各种形式的坝,主要有丁坝、顺坝和格坝等。其作用是将水流挑离桥头引道或河岸、束水归槽、形成新的整治岸线、改善水流条件、保护路基及河岸。

3.底流调治构造物

这类构造物主要有拦砂横坝、挑坎、顺水坝和浅坝(坝顶略高于床面或与床面平齐)等。其作用是拦砂、导流护岸。

导流堤的设计洪水频率一般应与桥梁的设计洪水频率相同,其他类型调治构造物的设计洪水频率标准,视工程重要性而定。

调治构造物基础埋置深度的安全值 K 的确定如下。

①位于河槽内的调治构造物

河床土质为细颗粒的次稳定和不稳定河段时,$K=1\sim2\text{m}$;稳定河段时,$K=1\text{m}$。

②位于河滩内的调治构造物,$K=0.5\text{m}$。

各种调治构造物既可单独设置,也可联合设置。在河流的滩地上,还可采用植树造林等生物措施来配合或替代工程调治构造物。

二、调治构造物布设

1.导流堤

(1)平面形状:导流堤的组成有上游坝、下游坝两部分,如图6-44a)1、2所示;上游坝的端部称为坝端,如图6-44a)3所示;导流堤与桥梁连接处,称为坝根,如图6-44a)4所示;导流堤的平面形状有曲线形[图6-44a)5所示]、直线形[图6-44a)6],图6-44a)7为引道。曲线形导流堤还可有梨形堤[图6-44b)]及长堤[图6-44c)],又称为封闭式导流堤。

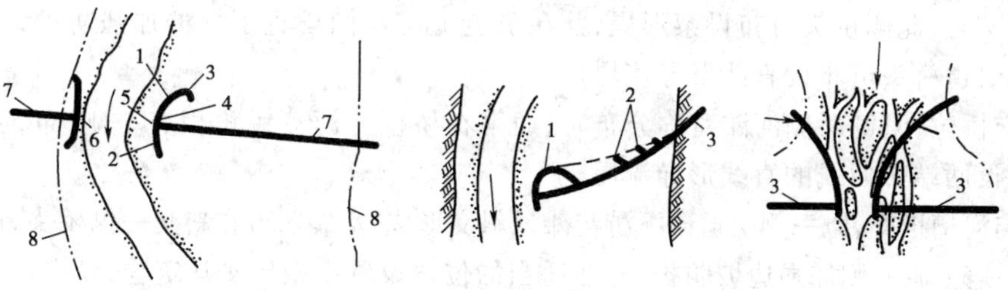

图6-44 导流堤

a)导流堤的形状和组成;b)梨形堤;c)长堤

1-上游坝;2-下游坝;3-坝端;4-坝根;5-曲线形导流堤;6-直线形导流堤;7-河滩路堤;8-洪水泛滥边界

曲线形导流堤的合理平面形状,应能引导被阻断的河滩水流垂直地流入桥孔,并使桥下断面中沿宽度方向的流量分布较均匀,使桥下河床的冲刷比较均匀,并使导流堤附近的冲刷也较缓和。一般认为:上游坝的形状,其近坝端处曲率应大,近坝根处曲率应小,曲率变化近似于椭圆曲线;下游坝的形状可接近于直线,其轴线与水流方向的交角以小于5°~6°为宜,相当于水流压缩后的扩散角;曲线形上游坝与直线形下游坝之间可用圆弧段和直线段组成,如图6-45

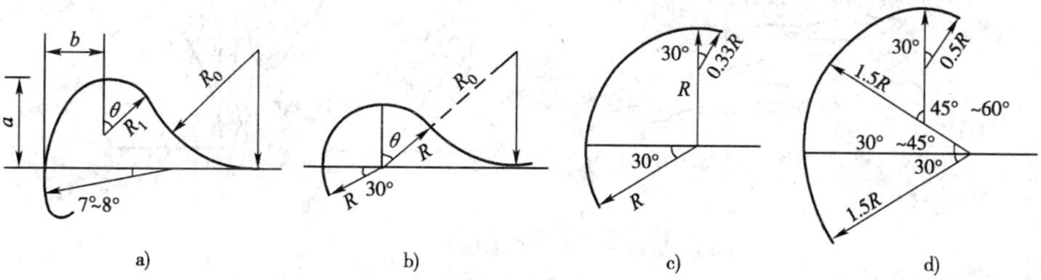

图6-45 曲线形导流堤的平面形状

a)、b)梨形堤;c)非通航河道导流堤;d)通航河道导流堤所示。图 6-45a)、图 6-45b)的梨形堤中，一般 $\theta = 45° \sim 60°$，$R_1 = bR_0$，其中 R_0、R_1 的取值见有关设计规范。图 6-45c)为非通航河道导流堤的平面形状，图 6-45d)为通航河道导流堤的平面形状，其中 R 的取值见有关设计规范。

2.导流堤类型选择及布设

(1)《公路工程水文勘测设计规范》(JTG C30—2002)中规定，当单侧河滩的河道，桥梁引道阻断的流量占设计总流量 15%，或双侧河滩，以中泓线将设计总流量分为两部分，桥梁的一侧引道阻断的流量占该侧流量 15%时，可考虑设置导流堤，小于上述数值，但阻断流量的天然平均流速大于 1.0m/s 时，可考虑修建梨形堤；小于 5%时，可不设置导流堤。

(2)当河槽两侧有对称河滩分布时，可在两侧桥头布设对称的曲线形导流堤，以使桥下滩地冲刷后扩展至全桥，与河槽连成一片，促使桥下水深均匀化。

(3)当河槽两侧河滩不均匀分布时，两侧导流堤应呈口朝上游的喇叭形，大滩一侧布设曲线导流堤，小滩一侧布设两端带曲线的直线形导流堤，如图 6-46a)所示，图中 1、2 为修建导流堤的位置。

(4)河湾建桥时，凹岸一侧布设直线形导流堤，凸岸一侧布设曲线形导流堤。

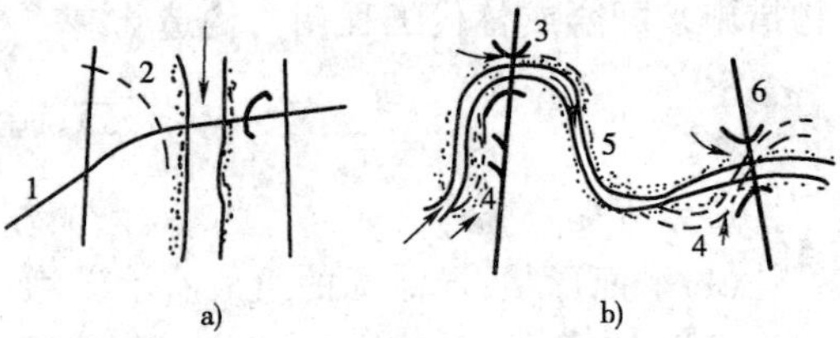

图 6-46 直线形导流堤

(5)当河滩阻断流量小于总流量的 15%，或双侧河滩阻断流量小于总流量的 25%时，可设置梨形堤；当桥与河槽正交，但一侧引道伸向上游与滩地斜交时，此侧桥头可布设梨形堤，并在引道上游一侧设置丁坝群加强防护，与滩地正交的另一侧引道桥头可布设直线形导流堤。

(6)斜交桥位，河槽两侧河滩对称分布时，通常在桥位与河流锐角相交一侧，布设梨形堤，另一侧则布设两端带曲线的直线形导流堤。

(7)桥与河槽正交，但一侧引道向下游与滩地斜交形成“水袋”，可在斜交一侧桥头，设曲线形导流堤，对引道上游一侧加强边坡防护，并在适当的位置设置小型排水建筑物，以排除“水袋”积水，正交一侧桥头可设置直线形导流堤，如图 6-46b)所示，图中 3、4、5、6 为修建导流堤的位置。

(8)变迁性河段、冲击漫流性河段、洪水含砂量大足以形成泥流的河段，宜布设长堤，如图 6-44c)所示。为平顺地压缩水流，通常有直线和曲线组合型、椭圆形和圆弧曲线型等；长堤堤身与集中股流的交角应小，一般小于 20° ~ 30°，上游坝端必须嵌入稳定河岸；堤身受集中股流顶冲处或穿过旧河汊的部位，应加强防护，必要时可设置短丁坝挑流。

当河滩阻断流量较小且流速不太大时，可在滩地一侧设梨形堤，如图 6-47a)所示；在变迁性河段上，当岸坎不漫溢洪水并具有合适地形条件时，可布设梨形堤与长堤组合导流构造，如图 6-47b)所示。

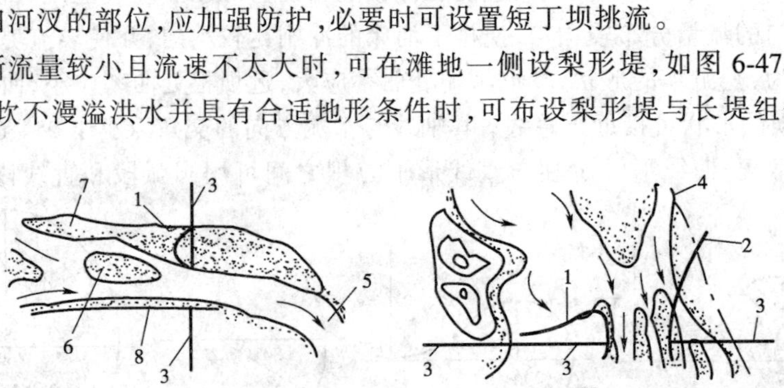

图 6-47 梨形导流堤及梨形堤与长堤组合导流堤

a)梨形堤；b)梨形堤与长堤组合

1-梨形堤；2-长堤；3-引道；4-泛滥线；5-河湾；6-新滩；7-老滩；8-河岸

(9)在一河多桥河段上，为避免水流直冲两桥间的路基，可结合水流和地形条件布设分水堤，分别向两桥导流。分水堤由直线和圆弧组成，堤端部位置应视集中股流的摆动趋势而定，或设在两桥间地势较高处。如图 6-48 所示。

(10)当河滩阻断流量小于总流量的 5%时，只需加固桥头锥坡体；当桥下冲刷前河滩平均流量小于 1m/s 且在地形上也无必要修建导流堤时，可不设导流堤。

导流堤应设置成不漫水，其平面形状和尺寸应通过计算拟定，并结合上、下游导流堤的经验及桥位河段的水文、地形、工程地质、流向、流速和股流位置等情况作必要的调整。导流堤的设计频率与桥梁的设计频率相同。

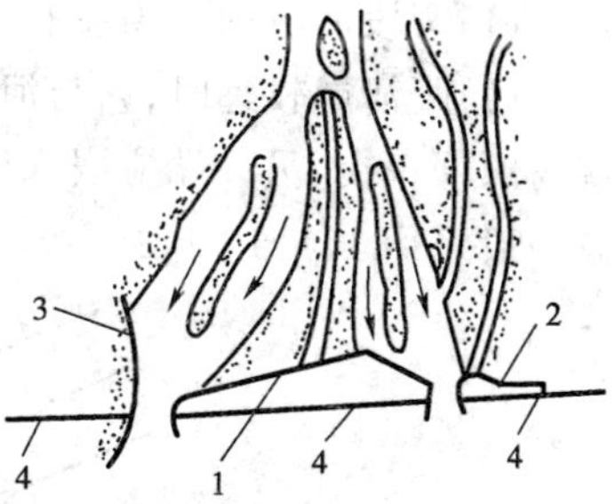

图 6-48　分水堤

1-分水堤；2-梨形堤；3-封闭堤；4-引道

2.丁坝

丁坝常设置于桥头引道的一侧或河岸边上，如图 6-49 所示，其作用在于将水流挑离桥头引道或河岸，束水归槽，并使泥砂在丁坝后淤积，形成新的水边线（导治线），以达到改变水流流向，改善流动条件，保护路基或河岸的目的。

(1)丁坝类型

①非淹没式：如图 6-49a)所示，一般做成下挑式，$\alpha = 60° \sim 75°$。在平原区或半山前区的宽滩地段，水流易于摆动，流速较小，也可成上挑式，以促使淤积形成新岸。在凸岸且流速较小时，也可布置成正交丁坝，$\alpha = 90°$。

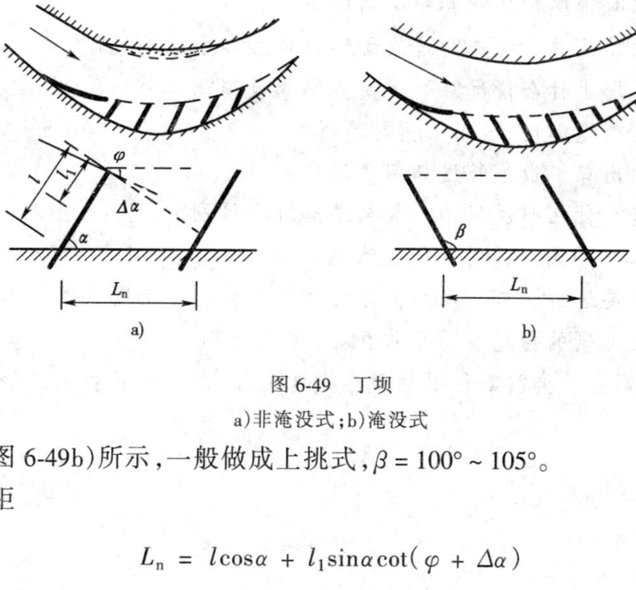

图 6-49　丁坝

a)非淹没式；b)淹没式

②淹没式：如图 6-49b)所示，一般做成上挑式，$\beta = 100° \sim 105°$。

(2)丁坝的间距

$$L_n = l\cos\alpha + l_1\sin\alpha\cot(\varphi + \Delta\alpha) \tag{6-5}$$

式中：L_n——丁坝间距(m)；

l——丁坝的长度(m)；

l_1——丁坝有效长度，一般取 $l_1 = \frac{2}{3}l$(m)；

α——丁坝与河岸的夹角(°)；

φ——水流动力轴线与河岸的夹角(°)；

$\Delta\alpha$——水流经坝顶后射入坝格的扩散角，一般取 $\Delta\alpha = 5° \sim 15°$，直线河段 $\Delta\alpha = 7.5°$。

调治构造物基础埋置深度安全值 K 可按以下情况参考选用：当调治构造物位于河槽内，

对于稳定河段，K 取 1m；对于河床土质为细颗粒的次稳定和不稳定河段，K 取 1～2 m；对于位于河槽内的调治构造物，K 取 0.5m。

3.顺坝

又称顺水坝。其作用是保护河岸，常与水流平行，且多为淹没式。其坝顶与中水位齐平，纵坡与中水位的水面比降一致。上游坝根嵌入河岸，下游开口以便宣泄坝后水流。

(1)弯段河流的顺坝应有足够的长度，并随水流趋势弯曲。

(2)距河岸较远时，它与河岸间应设格坝，如图 6-50 所示，以促进坝后淤积护岸。格坝一端与顺坝正交，另一端应嵌入河岸。格坝间距一般为 20～30m，断面为梯形，顶宽 1.5～2m，边坡一般采用 1:1.5～1:2。

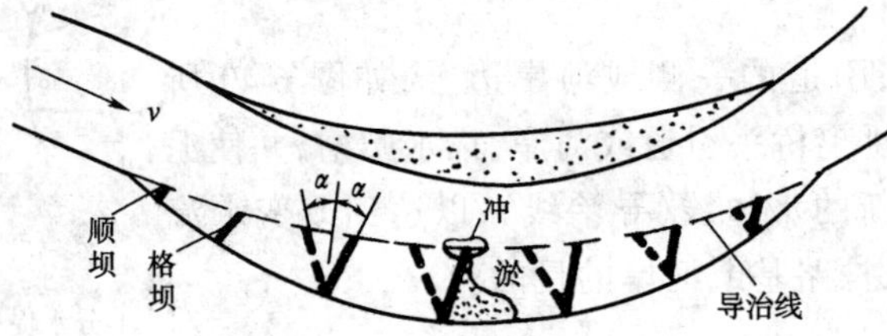

图 6-50　各种坝示意图

复习思考题

1.涵洞的进出口有哪些形式？其中常用的有哪几种？

2.八字式洞口由哪几部分组成？适用于哪种地形和水流情况？

3.端墙式洞口适用于什么情况？需要哪些附属设施？

4.跌水井洞口的构造如何，适用于何种情况？

5.扭坡式洞口的出口扩散段长度如何确定？

6.什么叫正翼墙？什么叫反翼墙？其构造有什么区别？

7.特殊洞口有哪些形式？适用于什么情况？

8.在什么情况下要进行进口沟床加固与防御？加固措施有哪些？

9.防止涵洞出口冲刷的措施有哪几种？

10.调治构造有哪些种类？其作用及工作原理是什么？

第七章　小桥涵工程数量计算

第一节　小桥工程数量计算

我国工程项目的设计程序一般采用三阶段设计，即工程可行性研究、初步设计和施工图设计。对于技术简单、方案明确的小桥可采用一阶段设计，即一阶段施工图设计，以扩大的初步设计来包含两阶段设计内容。在施工图设计中，每座小桥都需计算工程量，以便编制概预算和工程量清单文件。

一、桥涵工程数量计算一般要求

(一)工程数量单位

小桥涵工程数量通常用圬工体积和圬工表面积来表示，它是编制概(预)算和施工组织计划的依据。

工程数量是按工程各部分分别进行计算的。各部分的工程名称应采用有关规定、规程和规范采用的统一名称，并与概(预)算定额的项目一致。工程数量及材料数量所用单位及小数位数应按表7-1规定采用。

工程数量取用位数　　表7-1

工程材料项目	单位	取用位数		单位	总表取用位数
		明细表	部分汇总表		
混凝土、圬工	m^3	小数后两位	小数后一位	m^3	整数位
石方、土方	m^3	整数位	整数位	m^3	
钢筋长度	m	小数后两位	小数后一位	m	
钢筋质量	kg	小数后一位	整数位	t	
型钢、铁件等质量	kg	小数后一位	整数位	t	
预应力筋长度	m	小数后一位	整数位	m	
预应力筋质量	kg	小数后一位	整数位	t	
木材	m^3	小数后两位	小数后一位	m^3	
模板	m^2	小数后一位	整数位	m^2	
防水层	m^2	整数位	整数位	m^2	
勾缝面积	m^2	整数位	整数位	m^2	
石灰土、砂	m^3	整数位	整数位	m^3	
生石灰	t	小数后两位	小数后一位	t	
石油沥青	t	小数后两位	小数后一位	t	

(二)工程细目

根据公路工程施工图设计及预算的要求,石拱桥(涵)及钢筋混凝土板涵的工程细目如下。

(1)石拱桥(涵)

①浆(干)砌块(片)石拱圈;

②浆(干)砌块(片)石台身;

③浆(干)砌块(片)石台基;

④浆(干)砌块(片)石墩身;

⑤浆(干)砌块(片)石墩基;

⑥浆砌片石护拱;

⑦浆砌块(片)石洞身铺砌;

⑧浆砌块(片)石洞口;

⑨浆砌粗料帽石;

⑩浆砌粗料栏杆;

⑪挖基土(石)方;

⑫拱上及台背填料。

(2)钢筋混凝土板涵

①钢筋混凝土盖板;

②浆砌块(片)石台身(或混凝土台身);

③浆砌块(片)石台基(或混凝土台基);

④混凝土台帽;

⑤混凝土支撑梁;

⑥浆砌块(片)石洞身铺砌;

⑦浆砌块(片)石(或混凝土)洞口;

⑧钢筋混凝土栏杆(或石砌栏杆);

⑨挖基土石方。

二、小桥工程数量计算

小桥设计图是表达设计意图、付诸施工的基本依据。它反映一座桥的总体规划和结构的各部尺寸,务须完整、明确和准确。在施工设计中,每座小桥都需计算工程数量,以便施工备料和编制概算。我国《公路桥涵设计通用规范》(JTG D60—2004)规定:当标准设计或新建桥涵在50m及以下时,宜采用标准化跨径。当套用标准设计时,桥跨和墩台的工程数量只需查阅所采用的标准设计相应部分即可得出。现分项简单介绍如下。

(一)桥跨的工程数量

通常可根据标准跨径、设计荷载、建筑材料设计要求及施工方法等选用相应的标准设计图,在套用标准设计图时,桥跨的工程数量直接可从标准设计图所提供工程数量表查阅采用。

(二)墩台的工程数量

小桥下部结构的设计,主要是桥梁墩、台及基础等的设计,同样采用套用标准设计图的方法设计。根据设计墩、台处的地质、水文资料、建筑材料供应及桥面高程,确定墩台各部分尺寸及所用材料,遵照适用、经济、安全的原则,尽量使墩台各部分尺寸和相应标准图相同,此时工程数量的计算则可参照标准图所提供的工程数量如墩台各部分尺寸不同,则套用比设计墩台身高略大的标准设计图采用，但此时由于尺寸不完全相同，工程数量要通过计算取得。计算时根据墩台及基础的几何形状，采用体积计算公式算出，钢筋等偏安全采用标准设计，可查阅相应工程数量即可。

第二节　涵洞工程数量计算

一般涵洞设计，选用标准跨径后，其细部尺寸及工程数量均可套用相应的标准图。使用时应注意以下几点。

(1)计算荷载应与标准图一致，不能大于标准图的规定。

(2)混凝土强度等级、石料强度等级、地基承载力等不能低于标准图的要求，否则应进行强度验算。

(3)当设计的涵洞墙身高与标准图不一致时，应选用标准图上大一级墙身所对应的各部分尺寸。

(4)当有些工程数量无法从标准图上查得时，应通过计算确定，计算公式可从相应的桥涵设计规范查得。

一、涵洞长度计算

(一)正交涵洞长度计算

涵洞上游半部和下游半部的长度并不相同，必须分别进行计算，由图 7-1 可得：

$$L_1 = B_1 + (H - a - iL_1)m + c$$

则：

$$L_1 = \frac{B_1 + (H - a)m + c}{1 + im} \tag{7-1}$$

同理得：

$$L_2 = \frac{B_2 + (H - b)m + c}{1 - im} \tag{7-2}$$

式中：L_1、L_2——涵洞上、下游半部长度；

B_1、B_2——上、下游路基长度；

a、b——进、出水口帽石顶面至基础顶面的高度；

c——帽石宽度；

H——路基边缘至涵底中心的距离。

(二)斜交涵洞长度计算

1.斜交斜做(洞口与路线平行)

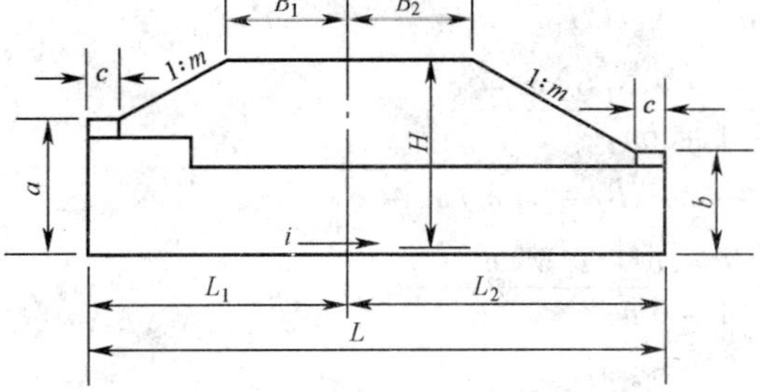

图 7-1　正交涵洞长度计算

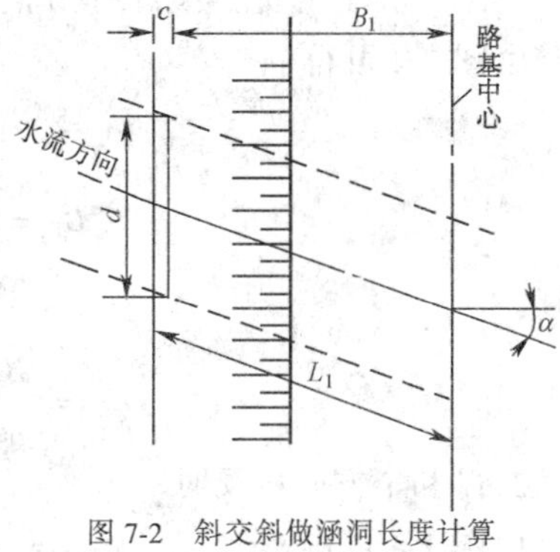

图 7-2　斜交斜做涵洞长度计算

由图 7-2 可得：

$$L_1\cos\alpha = B_1 + (H - a - iL_1)m + c$$

则
$$L_1 = \frac{B_1 + (H - a)m + c}{\cos\alpha + im} \tag{7-3}$$

同理得
$$L_2 = \frac{B_2 + (H - b)m + c}{\cos\alpha - im} \tag{7-4}$$

式中：α——涵洞斜度；

其余符号意义同前。

2.斜交正做(洞口与洞身垂直)

由图 7-3 可得：

$$L_1 = A_1 + A_2 + \frac{B_1}{\cos\alpha} = c + \frac{d}{2}\tan\alpha + (H - a - iL)\frac{m}{\cos\alpha} + \frac{B_1}{\cos\alpha}$$

则
$$L_1 = \frac{B_1 + (H - a)m + \frac{d}{2}\sin\alpha + c\cos\alpha}{\cos\alpha + im} \tag{7-5}$$

同理得
$$L_2 = \frac{B_2 + (H - b)m + \frac{d}{2}\sin\alpha + c\cos\alpha}{\cos\alpha - im} \tag{7-6}$$

式中：d——帽石长度；

其他符号意义见图 7-3。

(三)路基有超高加宽时正交涵洞的长度计算

1. i_1 和 i 方向一致时

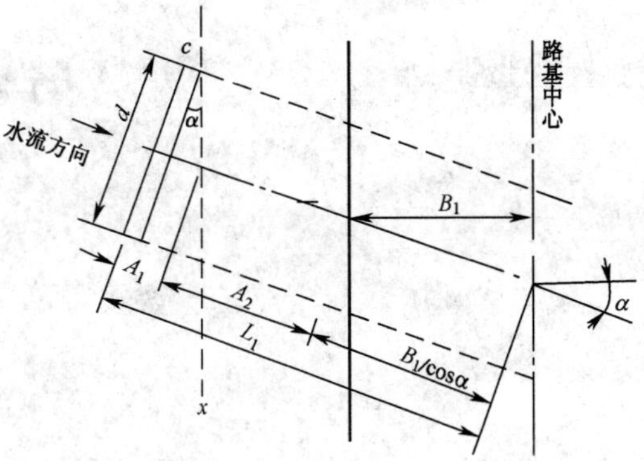

图 7-3 斜交正做涵洞长度计算

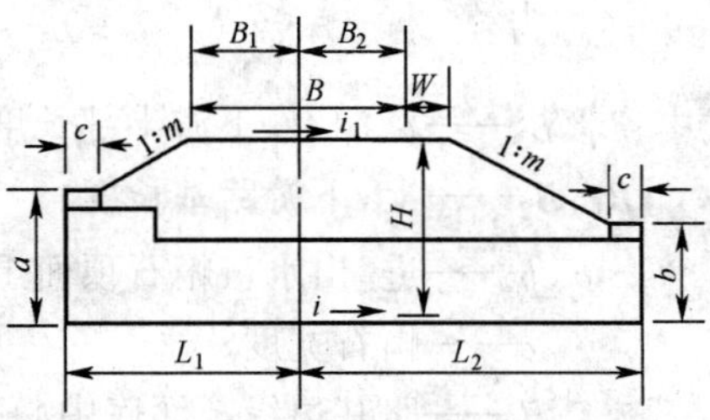

图 7-4 涵洞底坡与超高方向一致涵洞长度计算

由图 7-4 可得：

$$L_1 = B_1 + (H - a - iL_1 + i_1B)m + c$$

则
$$L_1 = \frac{B_1 + (H - a + i_1B)m + c}{1 + im} \tag{7-7}$$

$$L_2 = B_2 + W + (H - b + iL_2 - i_1W)m + c$$

则
$$L_2 = \frac{B_2 + W + (H - b - i_1W)m + c}{1 - im} \tag{7-8}$$

2. i_1 和 i 方向相反时

由图 7-5 可得：

$$L_1 = B_1 + W + (H - a - iL_1 + i_1W)m + c$$

则 $$L_1 = \frac{B_1 + W + (H - a + i_1 W)m + c}{1 + im} \tag{7-9}$$

$$L_2 = B_2 + (H - b + iL_2 - i_1 B)m + c$$

则 $$L_2 = \frac{B_2 + (H - b - i_1 B)m + c}{1 - im} \tag{7-10}$$

（四）涵洞与路线斜交，考虑路基纵坡影响时涵洞长度计算

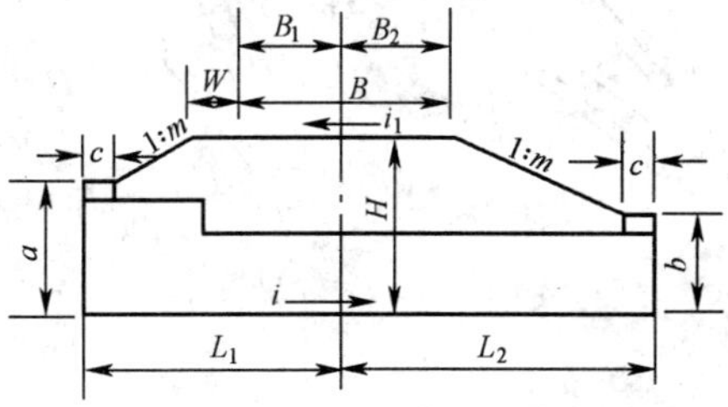

图 7-5　涵洞底坡与超高方向相反涵洞长度计算

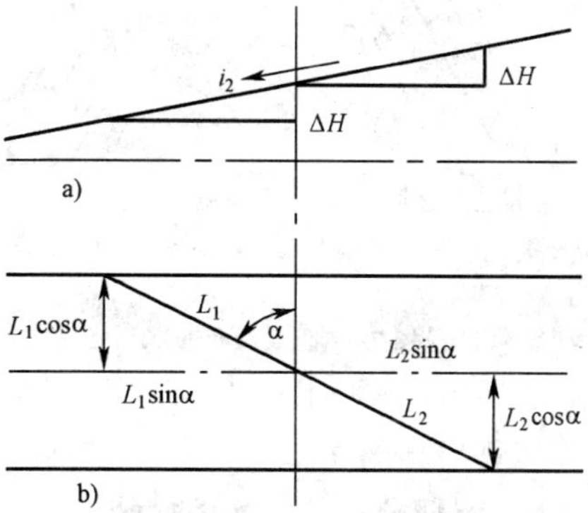

图 7-6　考虑纵坡影响的斜交斜做涵洞长度计算
a)路基纵断面；b)涵洞平面布置

由图 7-6 可得：

$$\Delta H = L_1 i_2 \sin\alpha$$

由式(7-3)可得：

$$L_1 = \frac{B_1 + (H - a - L_1 i_2 \sin\alpha)m + c}{\cos\alpha \pm im}$$

或 $$(\cos\alpha \pm im)L_1 + L_1 i_2 m \sin\alpha = B_1 + (H - a)m + c$$

则 $$L_1 = \frac{B_1 + (H - a)m + c}{\cos\alpha \pm im + i_2 m \sin\alpha} \tag{7-11}$$

由式(7-4)可得

$$L_2 = \frac{B_2 + (H - b + L_2 i_2 \sin\alpha)m + c}{\cos\alpha \pm im}$$

或 $$(\cos\alpha \pm im)L_2 - L_2 i_2 m \sin\alpha = B_2 + (H - b)m + c$$

则 $$L_2 = \frac{B_2 + (H - b)m + c}{\cos\alpha \pm im - i_2 m \sin\alpha} \tag{7-12}$$

二、洞口建筑工程数量计算

（一）八字翼墙

1.八字翼墙的布置形式

(1)涵洞与路线正交时，八字翼墙布置成对称的正翼墙，即沿洞口向外扩散相同的 β 角等于水流出入的扩散角 θ，如图 7-7 所示。

(2)涵底与路线斜交时，八字翼墙一般采用斜布置(也有采用正布置)。斜布置的翼墙角度应根据斜度大小、地形和水文情况确定，如图 7-8 所示。θ 角为水流扩散角，β 为翼墙相外张

角，α为涵底的斜度，则 $\beta_1=\theta+\alpha$，β_1 是正值，翼墙是正翼墙；$\beta_2=\theta-\alpha$，是负值，翼墙是反翼墙；当 $\beta_2=0$ 时，$\theta=\alpha$，这时翼墙最为经济。

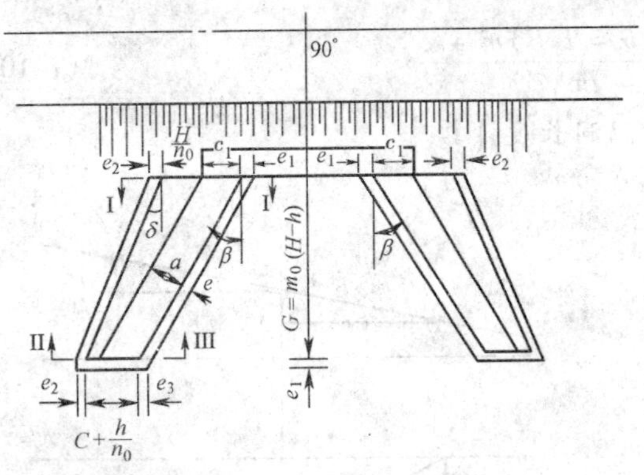

图 7-7　正交涵洞的八字墙

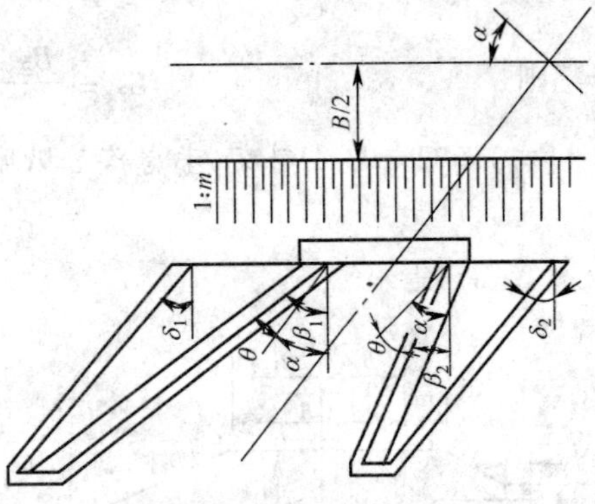

图 7-8　斜交斜做的八字墙

2.翼墙的体积计算

(1)墙身体积

单个翼墙外形如图 7-9 所示，其体积为：

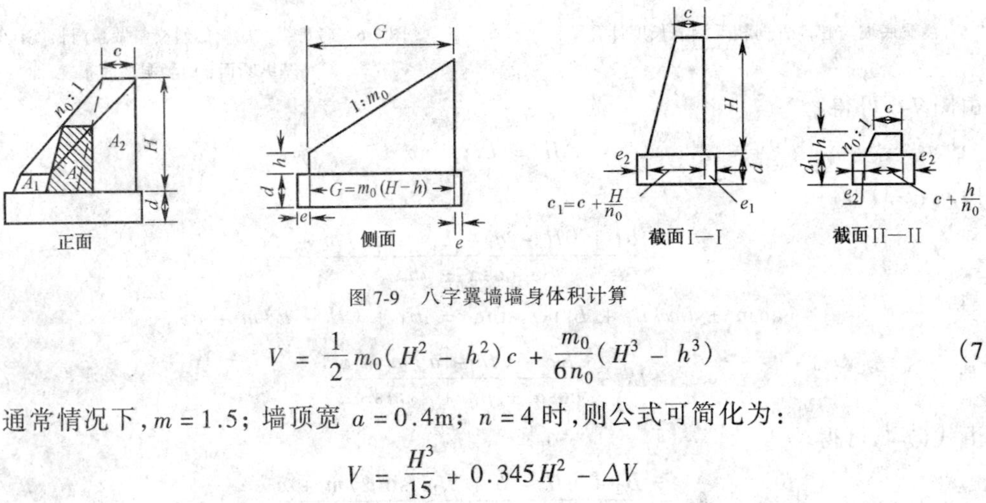

图 7-9　八字翼墙墙身体积计算

$$V=\frac{1}{2}m_0(H^2-h^2)c+\frac{m_0}{6n_0}(H^3-h^3) \tag{7-13}$$

通常情况下，$m=1.5$；墙顶宽 $a=0.4$m；$n=4$ 时，则公式可简化为：

$$V=\frac{H^3}{15}+0.345H^2-\Delta V$$

其中：ΔV 当 $h=0.2$m 时，$\Delta V=0.014$；当 $h=0.4$m时，$\Delta V=0.059$。

(2)墙基体积

单个翼墙(正翼墙和反翼墙)基础平面尺寸如图 7-10 所示，其体积为：

正翼墙

$$V=m(c+e_1+e_2)(H-h)d+\frac{m}{2n_0}(H^2-h^2)d+\left[e_2+(e_1+e_3)\frac{1}{2}+c+\frac{h}{n_0}\right]ed \tag{7-14}$$

反翼墙

$$V=m(c+e_1+e_2)(H-h)d+\frac{m}{2n_0}(H^2-h^2)d+\left[e_2+(e_1+e_3)\frac{1}{2}+c+\frac{h}{n_0}\right]ed \tag{7-15}$$

其中：

$$n_{0\overset{正}{反}} = (n \pm \sin\beta/m)\cos\beta$$

$$\delta_{\overset{正}{反}} = \arctan(\tan\beta \mp 1/mn_{0\overset{正}{反}})$$

$$e_3^{正} = e(1 - \sin\beta)/\cos\beta$$

$$e_3^{反} = e(1 - \sin\delta_{反})/\cos\delta_{反}$$

通常情况下正翼墙计算，当 $m = 1.5$；$\beta = 30°$；$a = 0.4\text{m}$；基础垂直襟边 $e = 0.10\text{m}$（或 0.2m）；$n = 4$ 时，则公式可简化为：

$$V = 0.12H^2 + 0.82H - 0.347 \quad (h = 0.4\text{m}; e = 0.20\text{m})$$

$$V = 0.12H^2 + 0.60H - 0.127 \quad (h = 0.20\text{m}; e = 0.10\text{m})$$

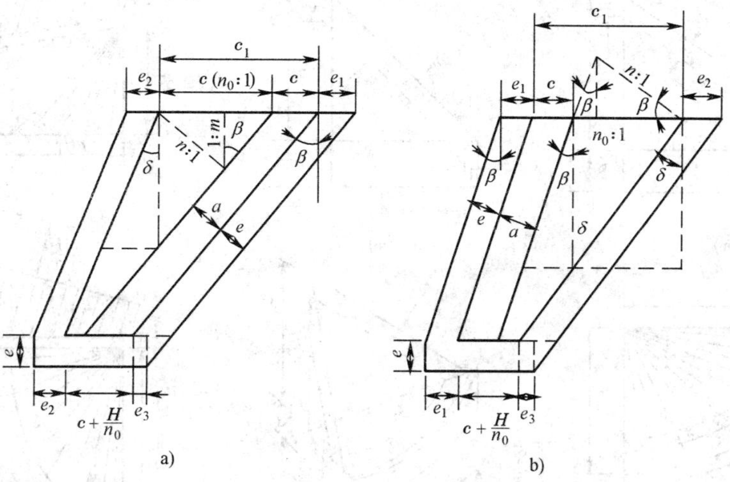

图 7-10　正反八字翼墙基础体积计算

（3）一个翼墙顶面面积

$$A = c\sqrt{1 + m^2}(H - h) \tag{7-16}$$

（二）锥形护坡

1. 主要尺寸

（1）正锥坡

正锥坡一般为椭圆锥体的 1/4，如图 7-11 所示。正锥坡主要尺寸如下：

锥底椭圆方程：　$b^2x^2 + a^2y^2 = a^2b^2$

锥底椭圆面积：　$A = \pi ab$

锥底椭圆周长：　$S = \pi(a + b)k$

椭圆锥体体积：　$V = \dfrac{1}{3}\pi abH$

长半轴：　$a = mH$

短半轴：　$b = nH$

$$u = \frac{\sqrt{1 + m^2}}{m} \cdot t$$

$$v = \frac{\sqrt{1 + n^2}}{n} \cdot t$$

以上各式符号意义见图 7-11，其中椭圆周长系数 k 见表 7-2。

椭圆周长计算系数 k 值　　表 7-2

$\frac{a-b}{a+b}$	0.1	0.2	0.3	0.4	0.5	0.6	0.7	0.8	0.9	1.0
k	1.0025	1.0100	1.0226	1.0404	1.0635	1.0922	1.1269	1.1679	1.2162	1.2732

(2)斜锥坡

斜交正做洞口时,洞口一字墙可做成斜坡式或台阶式,两端锥坡高度不等。当路基边坡为 $1:m$ 时,锥坡顺涵洞方向的坡度为 $1:m$。如图 7-12 所示,斜锥坡各部尺寸如下。

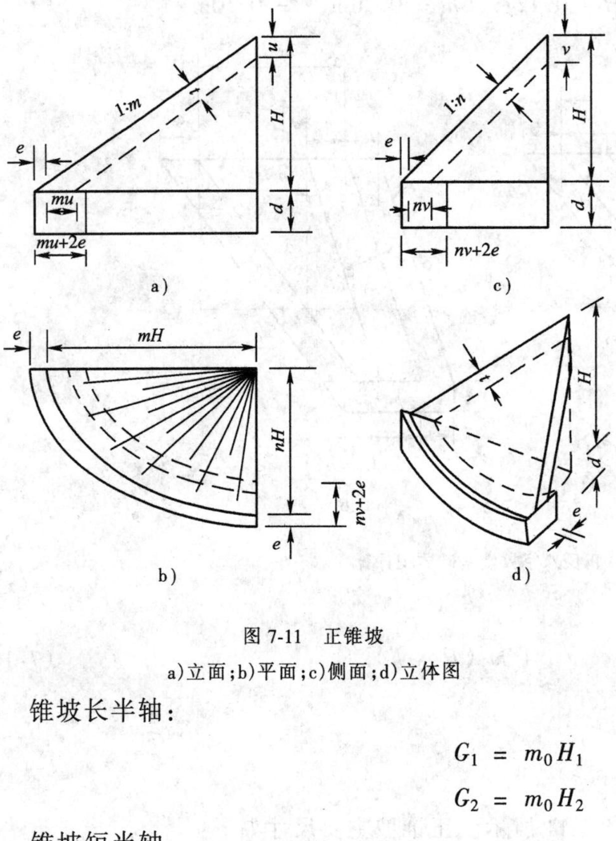

图 7-11　正锥坡

a)立面;b)平面;c)侧面;d)立体图

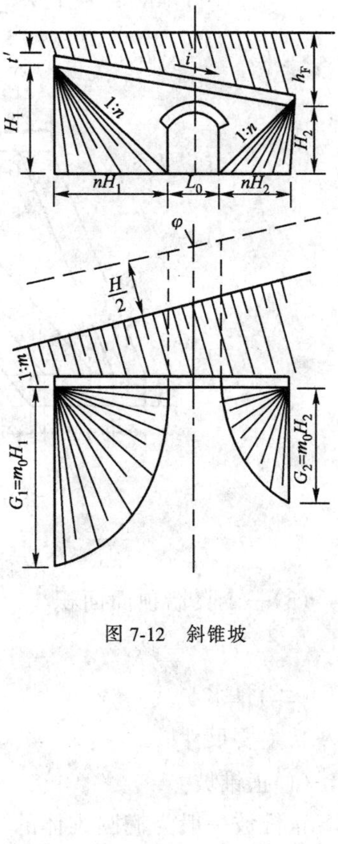

图 7-12　斜锥坡

锥坡长半轴:

$$G_1 = m_0 H_1$$

$$G_2 = m_0 H_2$$

锥坡短半轴:

$$b_1 = nH_1$$

$$b_2 = nH_2$$

锥坡顺涵洞方向坡度:　$m_0 = \dfrac{m}{\cos\varphi}$

两锥坡的高差为:　$H_d = (nH_1 + L_0 + nH_2) \cdot i$

式中:i——洞口斜坡端墙的斜率:

$$i = \frac{\sin\varphi}{m}$$

锥坡高度通常取低锥坡高度与涵洞顶高度相等,如图 7-12 所示,$H_2 = h$,则高锥坡高度:

$$H_1 = H_2 + H_d = \frac{m_0 H_2 + (L_0 + nH_2)\sin\varphi}{m_0 - n\sin\varphi}$$

计算后如果 $H_1 > H_2 + h_F - t'$ 时,则取 $H_1 = H_2 + h_F - t'$。

再用 H_1 反算 i，使 i 坡度变缓，以使锥顶不超过路基。

2.工程数量计算公式

(1)锥坡填土体积

$$V_{土} = \frac{\pi}{12} mn\overline{H}^3 \tag{7-17}$$

式中：$\overline{H}$——土锥坡平均高度，可按下式计算：

$$\overline{H} = H - \frac{1}{2}(u + v) = H - \frac{1}{2}(A + B)t$$

$$A = \frac{\sqrt{1 + m^2}}{m}; B = \frac{\sqrt{1 + n^2}}{n}$$

其余符号意义同前。

(2)锥坡片石砌体体积

$$V = \frac{\pi}{12} mnH^3 - V_{土} = \frac{\pi}{12} mn(H^3 - \overline{H}^3) \tag{7-18}$$

(3)锥坡片石基础砌体体积

$$V = \frac{K\pi}{4}[(m + n)H + 2e - b_0]b_0 \cdot d \tag{7-19}$$

式中：b_0——锥坡基础宽度(m)；

d——锥坡基础厚度(m)；

其余符号意义同前。

(4)锥坡表面积

$$V = \frac{\pi}{12} mn(A + \sqrt{AB} + B)H^2 \tag{7-20}$$

(三)扭坡

1.主要尺寸

扭坡式涵洞洞口适用于灌溉渠道的出入口，其建筑形式一般为两种，即涵洞洞口与渠道不同宽和同宽(即 $\alpha \neq 0$ 和 $\alpha = 0$)两种，如图 7-13 和图 7-14 所示。

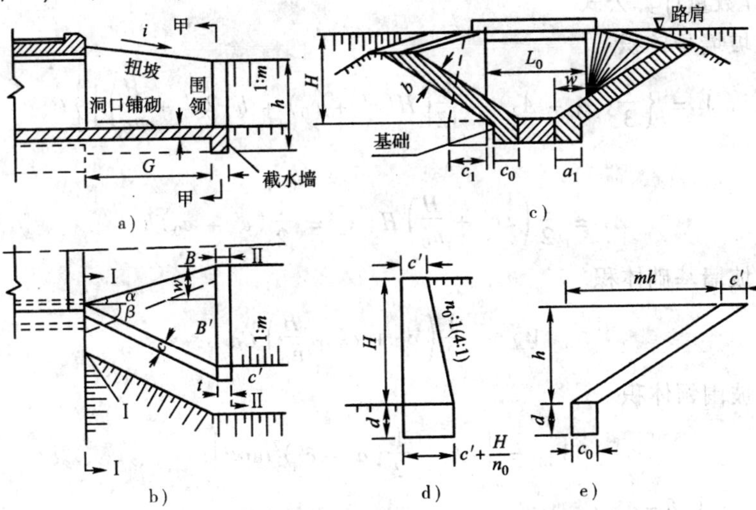

图 7-13 正交涵洞扭坡洞口($\alpha \neq 0$)

a)纵断面；b)半平面；c)甲—甲断面；d)I—I 剖面；e)II—II 剖面

图中尺寸关系为：
$$i=\frac{H-h}{G}$$

一般取 $G=1.5H$。

$$\tan\beta=\frac{mh-G\tan\alpha}{G}$$

$$c'=\frac{c}{\cos\alpha}\qquad(一般取\ c=0.3\text{m})$$

式中：H——洞口端扭坡的高度(m)；

h——水渠端扭坡的高度(m)；

G——扭坡长度(m)；

α——扭坡底边线与涵轴线的夹角(°)；

β——扭坡上口边线与涵轴线的夹角(°)。

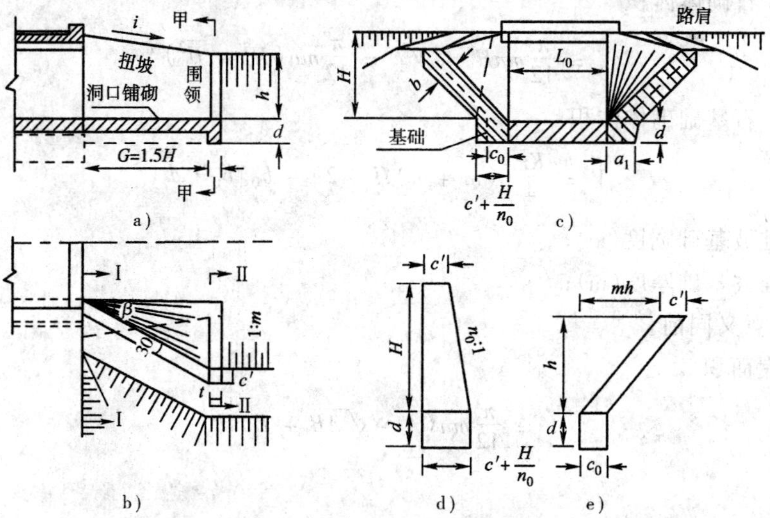

图 7-14　正交涵洞扭坡洞口($\alpha=0$)

a)纵断面；b)半平面；c)甲—甲断面；d)I—I 剖面；e)II—II 剖面

2.扭坡工程数量计算公式

(1)单个扭坡墙身体积

$$V=\left\{\frac{1}{3}(A_1+A_2)+\frac{1}{12}\left[H(c'+c_0)+h\left(2c'+\frac{H}{n_0}\right)\right]\right\}G \tag{7-21}$$

式中：

$$A_1=\frac{1}{2}\left(2c'+\frac{H}{n_0}\right)H;A_2=\frac{1}{2}(c'+c_0)h$$

(2)单个扭坡墙基础体积

$$V_{基}=\frac{1}{2}\left(c'+c_0+\frac{H}{n_0}\right)Gd \tag{7-22}$$

(3)单个扭坡围领体积

$$V_{领}=\left[ah-\frac{1}{2}(a-c')^2\tan\theta\right]t \tag{7-23}$$

当 $1:m=1:1$ 时，$\theta=45°$；

当 $1:m=1:1.5$ 时，$\theta=33°41'$。

(4)单个围领基础体积

$$V_{领基} = \left[a_1 h - \frac{1}{2}(a - a_1)^2 \tan\theta\right]t \tag{7-24}$$

(5)单个扭坡坡面勾缝面积

$$A_{坡} = \frac{G}{2}\left[(H + h) + \frac{m^2 h^2}{3H}\right] \tag{7-25}$$

(6)单个扭坡墙顶抹面面积

$$A_{顶} = G \cdot c' \sqrt{1 + i^2} \tag{7-26}$$

第三节　拱式桥涵工程数量计算

小桥涵采用拱式结构在山区公路十分普遍，由于跨径小，因而一般采用实腹式拱上建筑形式。其上部结构组成有主拱圈、护拱、拱上侧墙、拱上填料及桥面系等部分，其形体比较复杂，而对于形体复杂的体积计算工程数量的基本原理和方法是采用分割成简单形体分别计算再累加。以下是拱式桥涵工程数量常用计算方法：

一、圆弧拱侧墙工程量计算

(一)拱桥涵拱上侧墙工程量

1.侧墙体积

如图 7-15 所示，侧墙体积为半跨的一边的数量，整跨全拱的侧墙体积应乘以 4。

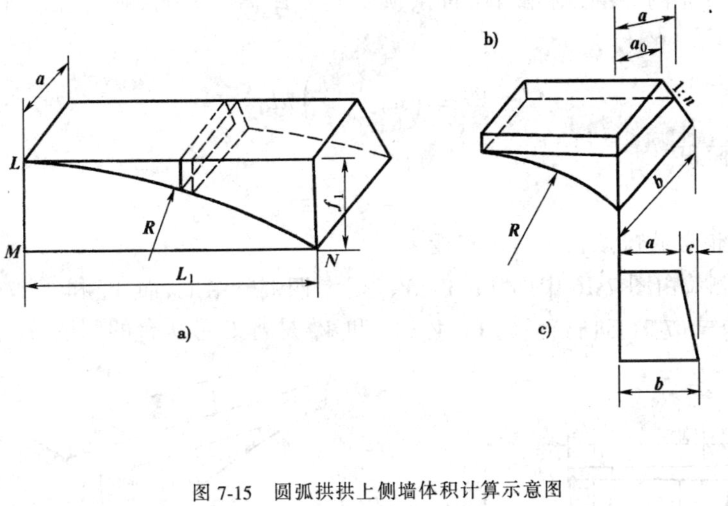

图 7-15　圆弧拱拱上侧墙体积计算示意图

侧墙体积依公式(7-27)进行计算：

$$V = \frac{1}{2}(a + b)f_1 L_1 - aA - \frac{c}{f_1}\left(RA - \frac{1}{3}L_1^3\right) \tag{7-27}$$

式中：L_1——拱圈外弧半跨长度(m)；

f_1——拱圈外弧的高度(m)；

R——拱圈外弧的半径(m)；

a——侧墙顶宽(在拱弧顶处)(m)；

b——圆弧拱圈外起拱线处侧墙底宽(m)；

c——侧墙底宽与顶宽之差，$b = a + c = a + nf_1$(m)；

A——半割圆 LMN 的面积，即为：$A = K_0 L_1^2$，K_0 取值见表 7-3，(m)；

n——侧墙背坡率。

K_0 取值见表 7-3。

表 7-3

$\frac{f_1}{2L_1}$	$\frac{1}{2}$	$\frac{1}{3}$	$\frac{1}{4}$	$\frac{1}{5}$	$\frac{1}{6}$	$\frac{1}{7}$	$\frac{1}{8}$	$\frac{1}{9}$	$\frac{1}{10}$
K	0.2146	0.1828	0.1503	0.1261	0.1064	0.0923	0.0814	0.0727	0.0659
K_0	0.7854	0.4839	0.3497	0.2739	0.2269	0.1934	0.1686	0.1495	0.01341

V 值亦可用式(7-28)进行计算：

$$V = K_1 a L_1^2 + K_1 n L_1^3 \tag{7-28}$$

K_1、K_2 值见表 7-4。

表 7-4

$\frac{f_1}{2L_1}$	$\frac{1}{2}$	$\frac{1}{3}$	$\frac{1}{4}$	$\frac{1}{5}$	$\frac{1}{6}$	$\frac{1}{7}$	$\frac{1}{8}$	$\frac{1}{9}$	$\frac{1}{10}$
K_1	0.2146	0.1828	0.1503	0.1261	0.1064	0.0923	0.0814	0.0727	0.0659
K_2	0.0479	0.0313	0.0212	0.0161	0.0107	0.0078	0.0062	0.0055	0.0040

如拱顶有厚为 h 的垫层，则侧墙系自拱顶以上 h 距离处开始，则尚应加算直线部分的体积，其值为：

$$V' = \left(a_0 + \frac{nh}{2}\right) h L_1 \tag{7-29}$$

2.侧墙勾缝面积

$$A = KL_1^2 \tag{7-30}$$

(二)设 U 形桥台的圆弧拱侧墙工程量

U 形桥台的侧墙由图 7-16 中的 V_3、V_4、V_5 和 V_6 四部分组成，而 V_1 和 V_2 为拱圈上的侧墙体。其中 V_1 由公式(7-31)进行计算，V_3、V_4、V_5 和 V_6 是将 U 形桥台的侧墙分成简单的台体相

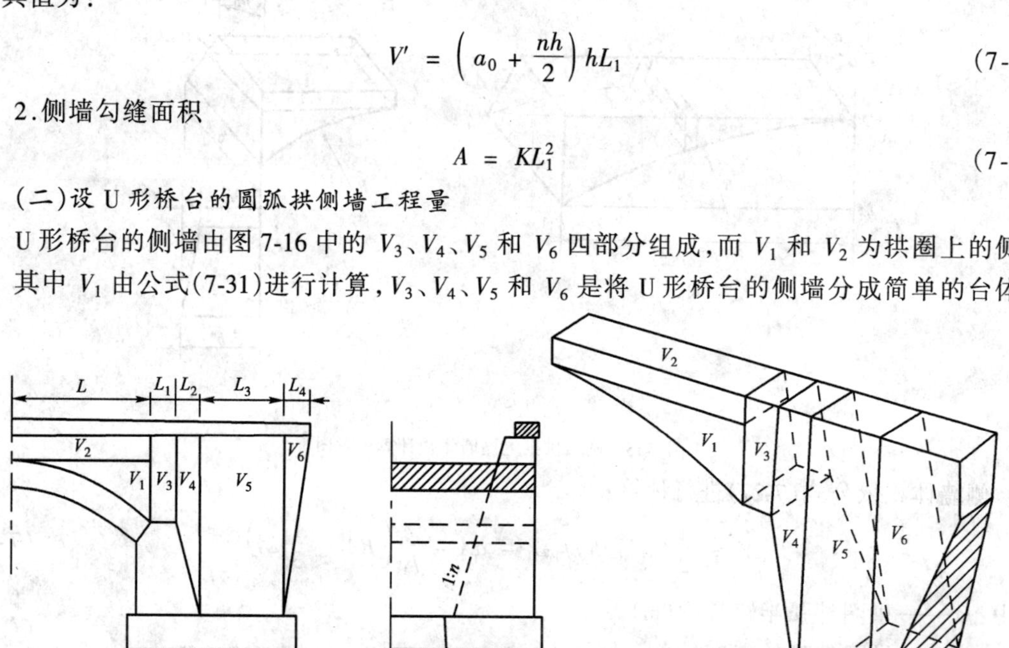

图 7-16　U 形桥台侧墙体积计算示意图

应的体积。每个棱台体的体积可用式(7-37)进行计算。

$$V = \frac{L}{6}[3B(h_{大} + h_{小}) + n(h_{大}^2 - h_{大}h_{小} + h_{小}^2)] \tag{7-31}$$

式中：L——为各棱台体顺桥向划分的长度(m)；

B——各棱台体的宽度；

$h_{大}$——各棱台体大面的高度；

$h_{小}$——各棱台体小面的高度；

n——棱台体边坡坡率。

二、护拱体积计算

设拱墩上护拱的设置自拱脚向跨中各为$\frac{1}{2}L_1$及D；台上护拱的设置与墩上类似，如图7-17所示。

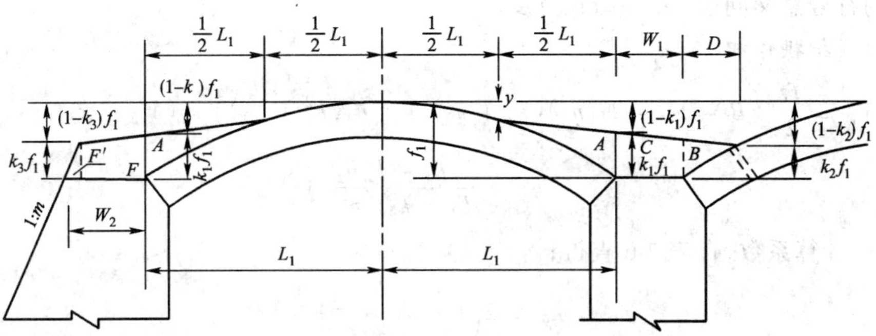

图 7-17 护拱体积计算示意图

(一)拱上护拱体积

$$V_A \approx \frac{1}{4}\left[B - 2C - \frac{2f_1 n}{3}\left(2 - k_1 + \frac{y}{f_1}\right)\right]k_1 f_1 L_1 \tag{7-32}$$

当 $D = \frac{L_1}{4}$时：

$$V_B \approx \frac{1}{8}\left[B - 2C - \frac{2f_1 n}{3}(3 - k_1 + k_2)\right]k_1 f_1 L_1 \tag{7-33}$$

当 $D = \frac{L_1}{6}$时：

$$V_B \approx \frac{1}{12}\left[B - 2C - \frac{2f_1 n}{3}(3 - k_1 + k_2)\right]k_1 f_1 L_1 S_1 \tag{7-34}$$

式中：B——拱圈全宽(m)；

C——拱顶处侧墙宽度(m)；

f_1——拱圈外弧的高(m)；

n——拱侧墙内边坡(高：宽 = 1：n)；

L_1——拱圈外弧半径长度(m)；

k_1、k_2——计算系数，见表 7-5。

圆弧拱 k_1、k_2 数值表　　表 7-5

D \ $\frac{f_1}{2L_1}$		$\frac{1}{2}$	$\frac{1}{3}$	$\frac{1}{4}$	$\frac{1}{5}$	$\frac{1}{6}$	$\frac{1}{7}$	$\frac{1}{8}$	$\frac{1}{9}$	$\frac{1}{10}$
$\frac{L_1}{4}$	k_1	0.723	0.636	0.597	0.567	0.560	0.556	0.551	0.551	0.549
	k_2	0.651	0.546	0.500	0.480	0.465	0.453	0.449	0.449	0.447
$\frac{L_1}{6}$	k_1	0.631	0.512	0.470	0.453	0.440	0.434	0.430	0.425	0.425
	k_2	0.553	0.410	0.363	0.345	0.330	0.323	0.319	0.315	0.315
$\frac{\gamma_v}{f_1}$		0.134	0.183	0.208	0.222	0.230	0.235	0.238	0.244	0.247

(二)墩顶护拱体积

$$V_C \approx [B - 2C - f_1 n(2 - k_1)] k_1 f_1 b_1 \tag{7-35}$$

采用的符号意义同前，b_1 为墩顶宽度。

(三)台顶护拱体积

$$V_F = \frac{f_1}{2}[(B - 2C - 2f_1 n_1)(k_1 + k_3) + f_1 n_1(k_1^2 + k_3^2)] \times (W_2 - k_3 f_1 n_2) \tag{7-36}$$

$$k_3 = \frac{k_1 L_1 - k_4 b_2}{L_1 - k_4 f_1 n_2} \tag{7-37}$$

式中：k_4——计算系数，自表 7-6 查得；

$$k_4 = 2\left(1 - k_1 - \frac{\gamma}{f_1}\right)$$

n_1——台侧墙内边坡(高∶宽 = 1∶n_1)；

n_2——台背坡(高∶宽 = 1∶n_2)；

W_2——台顶宽(m)；

b_2——前墙侧墙宽度(m)；

其余符号意义同前。

k_4 数值表(圆弧拱)　　表 7-6

D \ $\frac{f_1}{2L_1}$	$\frac{1}{2}$	$\frac{1}{3}$	$\frac{1}{4}$	$\frac{1}{5}$	$\frac{1}{6}$	$\frac{1}{7}$	$\frac{1}{8}$	$\frac{1}{9}$	$\frac{1}{10}$
$\frac{L_1}{4}$	0.286	0.362	0.390	0.398	0.406	0.410	0.412	0.410	0.408
$\frac{L_1}{6}$	0.470	0.610	0.644	0.650	0.660	0.662	0.664	0.662	0.656

三、拱体填料体积

如图 7-17 所示，则拱体填料体积 $V_{料}$ 为

$$V_{料} = 2BA - V_{墙} - V_{护} \tag{7-38}$$

式中：$V_{墙}$、$V_{护}$——整跨全拱的侧墙及护拱体积(不包括墩台上面的体积)(m^3)；

B——拱全宽(m)；

A——侧墙勾缝面积(m^2)。

四、拱 圈 体 积

圆弧拱：

$$V = ULdB \tag{7-39}$$

式中：U——圆弧拱拱轴长度系数，见表 7-7；

L——计算跨径(cm)；

d——拱圈厚度(m)；

B——拱圈全宽(m)。

U 值 表 表 7-7

$\frac{f}{L}$	$\frac{1}{2}$	$\frac{1}{3}$	$\frac{1}{4}$	$\frac{1}{5}$	$\frac{1}{6}$	$\frac{1}{7}$	$\frac{1}{8}$	$\frac{1}{9}$	$\frac{1}{10}$
U	1.5710	1.2782	1.1594	1.1020	1.0720	1.0535	1.0410	1.0325	1.0265

五、拱圈两侧及拱腹勾缝面积

拱圈两侧及拱腹勾缝面积 A 为：

$$A = U(2Ld + L_0 B) \tag{7-40}$$

式中：L_0——圆弧拱净跨径。

六、桥(涵)墩体积

1.圆头墩体积[图 7-18a)]

$$V = B_1 H(r + R_1) + \frac{1}{3}\pi H(r^2 + rR_1 + R_1^2) \tag{7-41}$$

2.椭圆头墩体积[图 7-18b)]

$$V = B_2 H(r + R_2) + \frac{1}{6}\pi H(r^2 + rR_2 + R_2^2) \tag{7-42}$$

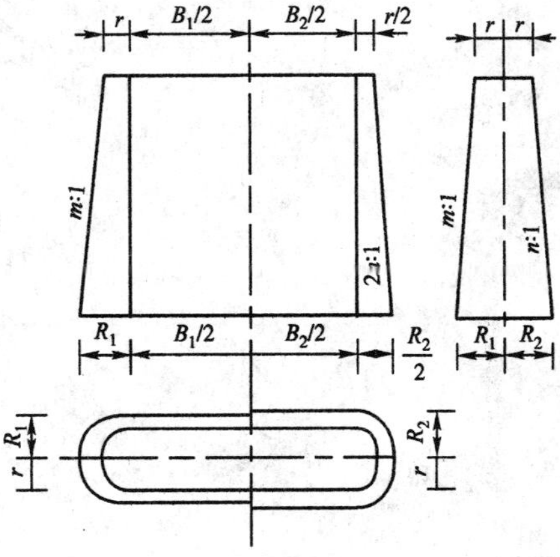

图 7-18 桥(涵)墩体积

复习思考题

1.小桥涵工程数量计算中各种材料的单位及取用数量是如何规定的?

2.石拱桥和石拱涵的工程细目是什么?

3.自行绘图推导正交涵洞的涵长计算公式。

4.自行绘图推导斜交涵洞的涵长计算公式。

5.某正交涵洞,路基宽度12m,涵底纵坡2%,路基边坡1:1.5,进口高度2.5m,出口高度2.2m,帽石高度0.3m,试计算涵长。

6.试推导弯、坡、斜路段涵洞的长度计算公式。

7.练习计算一座八字墙洞口的工程数量。

8.练习计算一座斜交锥坡的工程数量。

9.简述拱上护拱和填料工程数量计算的基本思路。

第八章 设计示例

示例(一) 1×8m 石拱桥

一、桥位概况

该桥位于陕北地区某油气处理厂内部道路,跨越一条人工排洪渠道。渠顶口宽 16.96m,底宽 3.0m,渠深 6.85m。经现场勘测,路面宽 12m,其边缘高程 1204.85m;渠底高程 1198.00m。桥位处地基为碎石土,承载力较好,渠底及两侧边坡均已采用浆砌片石防护。防汛部门提供的渠道设计水位为 1201.00m。

二、桥梁方案

由于这条人工渠道开挖深度较大,而设计水位比较低,水面上建筑空间较大,当地石料丰富,公路桥梁形式以石拱桥为主。从方便施工、降低成本考虑,选用 1×8m 石拱桥方案。在渠道横断面上布置后,选定拱圈矢跨比为 1/4,净矢高 2.0m。则两拱脚均位于渠两侧边坡转折处,高出设计水位。拱圈选用圆弧拱,参照标准图,选定拱圈材料为 M10 砂浆砌 30 号块石,厚度 40cm,拱顶侧墙高 50cm。人行道向外挑出 25cm,使外凸的直线与拱圈圆弧曲线相对应,外形美观。桥上纵坡与厂区道路一致选用平坡,桥面宽度为净 10m + 2×0.75m 人行道,两侧栏杆宽度各为 25cm,桥梁总宽 12m。路面采用 20cm 厚 C20 混凝土浇筑,下设 30~40cm 水泥稳定砂砾石基层,路面横坡 2%。拱腔采用砂砾石填筑,沿拱背做一层 5cm 厚石灰三合土防水层,延伸至台后,设片石育沟,将拱腔内集水由路基一侧排出。

下部结构选用重力式 U 形桥台,两个桥台对称布置,长度 5.88m,用块石砌筑。前墙顶宽 1.5m,前坡采用垂直坡度,其内侧背坡选用 4:1;侧墙顶宽 75cm,外侧垂直,内侧背坡选 4:1,基础用 M7.5 砂浆砌 25 号片石,拟定厚度 1.2m。为提高地基承载力,将基底 1m 范围深度用砂砾石进行换填、夯实,以保证达到承载要求。因渠两侧边坡已浆砌防护,桥台嵌入其中,无需设置锥坡。施工完成后应将开挖破坏的护坡全面恢复。

三、桥梁各部位高程计算确定

根据路面高程,拟定桥面行车道边缘高程为 1204.85m,上部建筑厚度为:侧墙高 + 拱圈厚度 + 净矢高 = 0.5 + 0.4 + 2.0 = 2.9m。因桥面纵坡为平坡,拱脚高程为行车道边缘高程减去上部建筑厚度:1204.85 − 2.9 = 1201.95m。

根据渠底高程 1198.00m 和地质情况,拟定基底高程为 1196.65m,则换填层顶部高程为 1196.65 + 1.0 = 1197.65m。

基顶高程为:1197.65 + 1.2 = 1198.85m。

四、桥梁各部位尺寸计算

1.拱圈尺寸

(1)净跨径：$L_0 = 800\text{cm}$

(2)净矢高：$f_0 = 200\text{cm}$

(3)矢跨比：$\dfrac{f_0}{l_0} = \dfrac{200}{800} = \dfrac{1}{4}$

(4)拱腹圆曲线半径 R，如图 8-1 所示：

$$(R-2)^2 + 4^2 = R^2$$

$$R^2 - 4R + 4 + 16 = R^2$$

$$4R = 20 \quad R = 5\text{m} = 500\text{cm}$$

(5)拱圈厚度：$d = 40\text{cm}$；

(6)拱脚切线倾角 φ

$$\varphi = \frac{\alpha}{2} = \arctan\frac{4}{R-2} = \arctan\frac{4}{3} = 53.13°$$

(7)拱脚尺寸 ΔX、ΔY 如图 8-2 所示：

$$\Delta X = d \cdot \sin\varphi = 40 \times \sin 53.13° = 40 \times 0.8 = 32\text{cm}$$

$$\Delta Y = d \cdot \cos\varphi = 40 \times \cos 53.13° = 40 \times 0.6 = 24\text{cm}$$

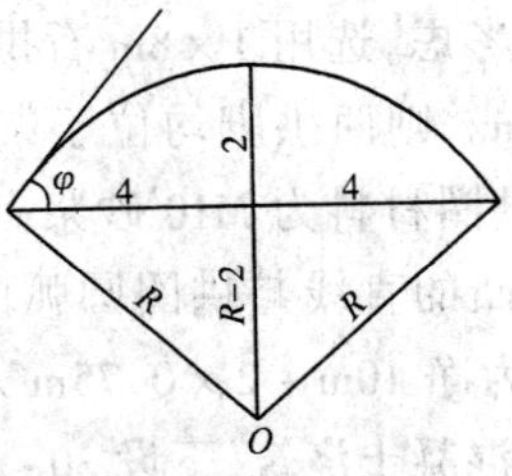

图 8-1

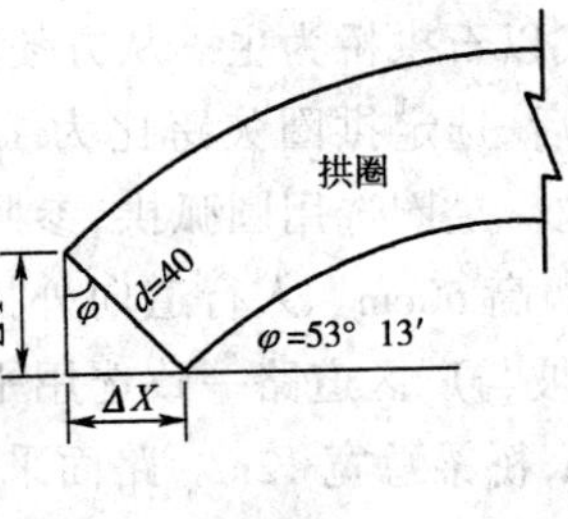

图 8-2

2.桥梁长度

(1)拱跨长度：$L_0 + 2\Delta X = 800 + 2 \times 32 = 864\text{cm}$

(2)桥台长度：588cm

(3)桥梁总长：$588 + 864 + 588 = 2040\text{cm}$

3.桥梁桩号

(1)由渠底两侧脚坡桩号确定渠中心桩号为：

$$\frac{\text{K}0 + 23.50 + \text{K}0 + 26.50}{2} = \text{K}0 + 25.00$$

(2)桥梁起点桩号：

$$\text{K}0 + 25 - \frac{20.40}{2} = \text{K}0 + 14.8$$

(3)桥梁终点桩号： $\text{K}0 + 25 + \dfrac{20.40}{2} = \text{K}0 + 35.2$

4.桥台尺寸

(1)侧墙顶部长度：588cm；

(2)侧墙高度：$1204.85 - 1198.85 = 600\text{cm}$；

(3)侧墙底部长度:$588+32-\frac{600-50}{8}=551\text{cm}$;

(4)襟边宽度:20cm,则基础长度为:$551+2\times20=591\text{cm}$;

(5)基底换填基坑长度:$591+2\times50=691\text{cm}$;

(6)前墙高度:$1201.95-1198.85=310\text{cm}$;

(7)前墙顶宽套用标准图选取:150cm;

(8)前墙底宽:$150+\frac{310+24}{4}=233.5\text{cm}$,取234cm;

(9)前墙基础宽:$234+40=274\text{cm}$;

(10)桥台宽度:与拱圈同宽,桥面人行道栏杆25cm悬于桥外,故桥台宽度为

$$1000+2\times75=1150\text{cm};$$

(11)侧墙顶宽:参照标准图拟定为75cm;

(12)侧墙底宽:$75+\frac{600}{4}=225\text{cm}$;

(13)侧墙基础宽度:襟边取20cm,则基础宽度为:$225+2\times20=265\text{cm}$;

(14)侧墙换填基坑宽度:$265+2\times50=365\text{cm}$;

(15)人行道长度:$2040\text{cm}\times2=4080\text{cm}$;

(16)栏杆长度,每节250cm,每侧2000/250=8节,全桥共16节、40m。

五、工程数量计算

1.拱圈体积及勾缝面积

由构造图知厚度 $d=0.4\text{m}$,拱圈宽度 $B=10.5\text{m}$,$L_0=8\text{m}$,$R_0=5\text{m}$,则拱轴线半径 $R=5+\frac{0.4}{2}=5.2\text{m}$。

拱轴线对应圆心角: $\alpha=2\varphi=2\times53.13°=106.26°$

拱轴线长度: $L'=R\cdot\alpha=5.2\times106.26\times\frac{\pi}{180}=9.64\text{m}$

拱圈体积: $V=\alpha\cdot B\cdot L'=0.4\times10.5\times9.64=40.5\text{m}^3$

勾缝面积: $L=R_0\cdot\alpha=5.0\times106.26\times\frac{\pi}{180}=9.27\text{m}^2$

面　　积: $M=9.27\times10.5+9.64\times0.4\times2$

$=97.34+7.71$

$=105.05\text{m}^2$

2.侧墙体积

依据圆弧拱桥拱上侧墙体积计算示意图7-15和计算公式(7-27),半跨单侧侧墙体积:

$$V=\frac{1}{2}(a+b)f_1L_1-aA-\frac{c}{f_1}\left(RA-\frac{1}{3}L_1^3\right)$$

式中:L_1——拱圈外弧半跨长度,$L_1=4+0.32=4.32\text{m}$;

f_1——拱圈外弧的高度,$F_1=2.0+0.4-0.24=2.16\text{m}$;

R——拱圈外弧的半径,$R=5+0.4=5.4\text{m}$;

a——侧墙顶宽,$a=0.75\text{m}$;

b——圆弧拱圈外起拱线处侧墙底宽1.415m;

c——侧墙底宽与顶宽之差，$c = b - a = 1.415 - 0.75 = 0.67\text{m}$；

A——半割圆的面积，$A = K_0 L_1^2$，由$\frac{F_1}{2l_1} = \frac{2.16}{2 \times 4.32} = 0.25 = \frac{1}{4}$，查表 7-3、表 7-4 得：

$K = 0.1503, K_0 = 0.3497, A = 0.3497 \times 4.32^2 = 6.53\ \text{m}^2$；

n——侧墙背坡率，$n = 0.25$；

$$V = \frac{1}{2}(0.75 + 1.415) \times 2.16 \times 4.32 - 0.75 \times 6.53 - \frac{0.67}{2.16}\left(5.4 \times 6.53 - \frac{1}{3} \times 4.32^3\right)$$

$$= 10.10 - 4.90 - 0.310 \times (35.26 - 26.87)$$

$$= 10.10 - 4.90 - 2.60$$

$$= 2.6\text{m}^3$$

全桥拱上侧墙体积：$2.6 \times 4 = 10.4\text{m}^3$

侧墙勾缝面积：$A = K \cdot L_1^2 \times 4 = 0.1503 \times 4.32^2 \times 4 = 11.22\text{m}^2$

3.护拱体积

套用拱桥设计手册有关资料，参考图 7-17 所示。由拱上护拱 V_A 和台顶护拱 V_F 两部分组成：

$$V_A = \frac{1}{4}\left[B - 2C - \frac{2f_1 n_1}{3}\left(2 - k_1 - \frac{y}{f_1}\right)\right] k_1 f_1 L_1$$

式中：B——拱圈全宽，$B = 11.5\text{m}$；

C——拱顶处侧墙宽度，$C = 0.75\text{m}$；

f_1——拱圈外弧高度，$f_1 = 2 + 0.4 - 0.24 = 2.16\text{m}$；

n——拱侧墙内边坡坡率，$4:1 = 1:0.25$，$n = 0.25$；

L_1——拱圈外弧半径长度，$L_1 = 4.0 + 0.32 = 4.32\text{m}$；

K_1——计算系数，由$\frac{f_1}{2L_1} = \frac{2.16}{2 \times 4.32} = 0.25 = \frac{1}{4}$，$D = \frac{L_1}{4}$。

查表 7-5 得 $K_1 = 0.597$，

$$y = R - \sqrt{R^2 - 2^2} = 5.4 - \sqrt{5.4^2 - 2^2} = 5.4 - 5.02 = 0.38\text{m}$$

$\frac{y}{f_1} = \frac{0.38}{2.16} = 0.176$，代入上式：

$$V_A = \frac{1}{4}\left[11.5 - 2 \times 0.75 - \frac{2}{3} \times 2.16 \times 0.25 \times (2 - 0.597 - 0.176)\right] \times 0.597 \times 2.16 \times 4.32$$

$$= \frac{1}{4}[11.5 - 1.5 - 0.442] \times 5.57$$

$$= 13.31\text{m}^3$$

$$V_F = \frac{f_1}{2}[(B - 2C - 2f_1 n_1)(k_1 + k_2) + f_1 n_1 (k_1^2 + k_3^2)] \times (W_2 - k_3 f_1 n_2)$$

$$k_3 = \frac{k_1 L_1 - k_4 b_2}{L_1 - k_4 f_1 n_2}, k_4 = 2\left(1 - k_1 - \frac{y}{f_1}\right) = 2(1 - 0.597 - 0.176) = 0.454$$

式中：n_1——台侧墙内边坡 $4:1 = 1:0.25$，$n_1 = 0.25$；

n_2——台背坡 $4:1 = 1:0.25$，$n_2 = 0.25$；

W_2——台顶宽，$W_2 = 1.5 - 0.32 = 1.18\text{m}$；

b_2——前墙侧墙宽度，$b_2 = 1.415$。

代入上式：

$$k_3 = \frac{0.597 \times 4.32 - 0.454 \times 1.415}{4.32 - 0.454 \times 2.16 \times 0.25} = \frac{2.57 - 0.642}{4.32 - 0.245} = \frac{1.928}{4.075} = 0.473$$

$$\begin{aligned} V_F &= \frac{2.16}{2}[(11.5 - 2 \times 0.75 - 2 \times 2.16 \times 0.25) \times (0.597 + 0.500) \\ &\quad + 2.16 \times 0.25 \times (0.597^2 + 0.473^2)] \times (1.18 - 0.473 \times 2.16 \times 0.25) \\ &= 1.08 \times [(12.6 - 1.6 - 1.08 \times 1.097 + 2.16 \times 0.25 \times 0.584)] \times 0.925 \\ &= 1.08 \times [9.82 + 0.313] \times 0.925 \\ &= 1.08 \times 10.133 \times 0.925 \\ &= 10.12\text{m}^3 \end{aligned}$$

护拱总体积：

$$V = 2 \times (V_A + V_F) = 2 \times (13.31 + 10.12) = 46.86\text{m}^3$$

4.拱上填料

$$V_{料} = 2BA - V_{墙} - V_{护} = 2 \times 11.5 \times 11.22 - 10.4 - 46.86 = 200.8\text{m}^3$$

5.人行道

采用 C20 混凝土现浇,按总体图上尺寸计算体积:

$$V = 1.0 \times 0.25 \times 20.4 \times 2 = 10.2\text{m}^3$$

6.栏杆

采用普通混凝土栅栏式栏杆,每 2.5m 一节,全桥长 40m,共用栏杆 16 节,立柱 18 个,扶手 16 个,栅栏 16 个。按标准图上每节段工程数量乘上构件个数,计算所用钢筋及混凝土数量(过程略)。

7.路面

面层 20cm 厚 C20 水泥混凝土:$0.2 \times 10 \times 20.4 = 40.8\text{m}^3$

基层水泥稳定砂砾:$\left(\frac{0.3 + 0.4}{2}\right) \times 10 \times 20.4 = 71.4\text{m}^3$

8.桥台工程数量

0 号、1 号桥台尺寸、高程完全相同,故仅按一个桥台进行计量,总数量为其 2 倍。各单元体工程数量按规则图形做近似计算。

(1)基础换填砂砾石体积

底面积为:$12.9 \times 6.91 - 5.6 \times (5.91 - 2.74) = 89.14 - 17.75 = 71.39\text{m}^2$

换底厚度:1.0m

全桥总体积:$V_{换填} = 71.39 \times 1 \times 2 = 142.78\text{m}^3$

(2)基础体积

底面积为:$11.9 \times 5.91 - 6.6 \times 3.17 = 70.33 - 20.92 = 49.41\text{m}^2$

全桥基础总体积:$49.41 \times 1.2 \times 2 = 118.58\text{m}^3$

(3)台身

①前墙部分:截面积 $= \frac{1}{2}(1.5 + 2.34) \times 3.34 - \frac{1}{2}(0.24 \times 0.32) = 6.41 - 0.038 = 6.37\ \text{m}^2$

前墙顶部长度:$11.5 - 2 \times \left(0.75 + \frac{1204.85 - 1201.95 + 0.24}{4}\right) = 11.5 - 2 \times (0.75 + 0.785)$

$= 11.5 - 3.07 = 8.43\text{m}$

前墙底部长度:$6.6 + 0.2 \times 2 = 6.6 + 0.4 = 7.0\text{m}$

前墙平均长度：$\frac{1}{2}(8.43+7.0)=7.72\text{m}$

前墙体积：$V_{前墙}=6.37\times7.72=49.17\ \text{m}^3$

②侧墙：截面积$\frac{1}{2}(0.75+2.25)\times6=9.0\ \text{m}^2$

平均长度：$\frac{1}{2}(5.88+5.51)=5.70\text{m}$

侧墙体积：$V_{侧墙}=9.0\times5.70\times2=102.6\ \text{m}^3$

③台身总体积(全桥)$=2\times(V_{前墙}+V_{侧墙})=2\times(49.17+102.6)=303.54\ \text{m}^3$

(4)台内填料

为桥台总体积减去台身体积：

$V_{填料}=2\times5.51\times11.5\times6.0-303.54=760.38-303.54=456.84\ \text{m}^3$(两个桥台)

(5)勾缝面积

①前墙：$3.10\times11.5=35.65\ \text{m}^2$

②侧墙(仅对地面以上部分勾缝)依据总体图上面积计算：

$$\frac{1}{2}\times2.66\times4.0\times2=10.64\ \text{m}^2$$

总勾缝面积：$2\times(35.65+10.64)=92.58\text{m}^2$

(6)基坑开挖

基底面积为换填基坑面积71.39m^2。

由总体布置图知，平均开挖深度为6.0m，参照现行《桥涵施工技术规范》，基坑边坡取1:0.75，顶口向外延伸值为$6\times0.75=4.5\text{m}$。则上口面积为：

$$(12.9+2\times4.5)\times(6.91+4.5)=21.9\times11.41=249.88\text{m}^2$$

全桥挖基总方量$=2\times\frac{1}{2}(249.88+71.39)\times6=1927.62\text{m}^3$

(7)基坑回填：为开挖总体积减去桥台总体积：

$$1927.62-760.38-118.58-142.78=905.86\ \text{m}^3$$

9.恢复渠边浆砌片石护坡体积

拟定护坡采用M7.5砂浆砌片石，厚30cm。由上面桥台挖基工程量计算知护坡破坏范围为桥上下游各4.5m。考虑施工扰动等因素，上下游各取5m，所以恢复长度为：$12.9+10=22.9\text{m}$。

坡面高度方向斜长为(按总体图上河床断面桩号及高差计算)：

$$\sqrt{(20.8-16.52)^2+(1204.8-1201.9)^2}+\sqrt{(23.5-20.8)^2+(1201.6-1198.0)^2}$$

$$=\sqrt{18.31+8.41}+\sqrt{7.29+12.96}$$

$$=5.17+4.5$$

$$=9.67\text{m}$$

护坡防护总体积为：$22.9\times9.67\times0.3\times2=132.86\text{m}^3$

10.防水设施(近似计算)

(1)拱背防水层：$10.6\times11=116.6\text{m}^2$

(2)黏土不透水层：$0.25\times8\times5.0\times2=20\text{m}^3$

(3)片石滤水层及盲沟：$(0.3\times4.8\times8+0.3\times0.4\times12)\times2=(11.52+1.44)\times2=25.92\text{m}^3$

附施工图纸4张，如图8-3～图8-6所示。

全桥工程数量表

项目	工程数量 \ 材料名称	圬工数量（m³） M10砂浆 30号块石	M7.5砂浆 30号块石	M7.5砂浆 砌25号块石	25号片石	混凝土（m³） C20	水泥稳定砂浆（m³）	碎石砂砾（m³）	黏土（m³）	钢筋混凝土栏杆（m）	M7.5砂浆勾缝（m²）	挖基（m³）	回填（m³）
上部构造	主拱圈	40.5									105.1		
	护 拱			44.9									
	侧 墙		10.4								11.2		
	拱上填料							202.7					
	桥面铺装					40.8	71.4						
	人行道					10.2							
	栏 杆									40.0			
下部构造	台 身			303.5							92.6		
	基 础			118.6				142.8				1927.6	905.9
	填 料							456.8					
	台后排水				25.9				20.0				
锥 坡					132.9								
合 计		40.5	10.4	467.0	158.8	51.0	71.4	802.3	20.0	40.0	103.8	1927.6	905.9

附注：

1. 片石盲沟工程数量计入台后排水栏内。
2. 钢筋混凝土栏杆，表中只给出设计延米数量。实际所需工程数量可根据具体情况另行确定。

小桥设计示例（一）	××旅游公路	1×8m石拱桥全桥工程数量表	设计	×××	复核	×××	审核	×××	图号	SL-1-1	比例	无	×××公路勘察设计院

图 8-3

立 面 图

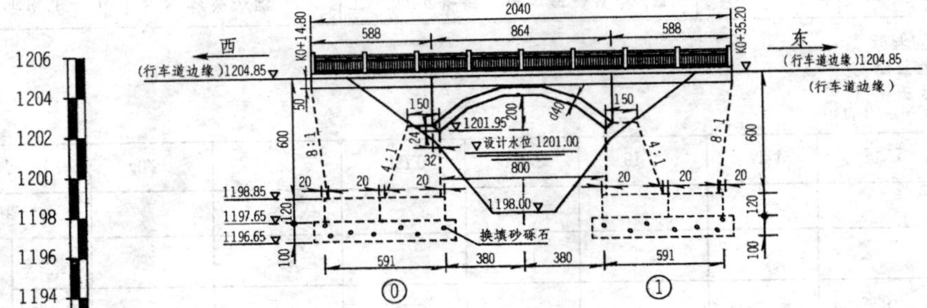

横断面

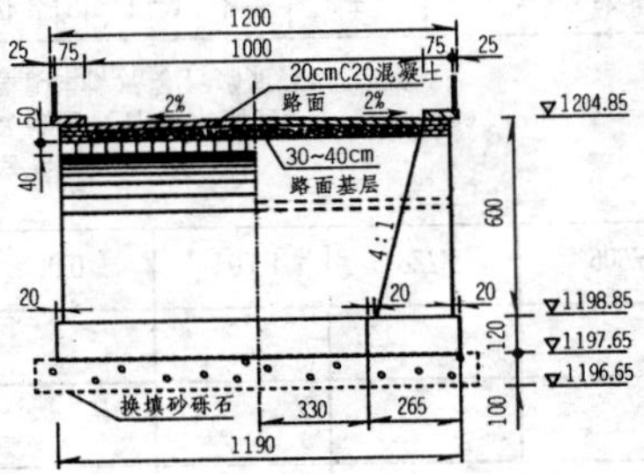

平 面 图

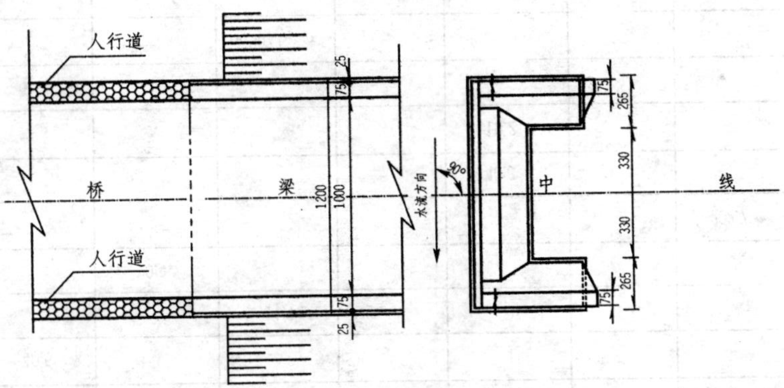

设计高程(m)	1204.85		1204.85					1204.85		1204.85
坡度(%) / 坡长(m)	0%									
地面高程(m)	1204.85	1204.85	1201.90	1201.60	1198.00	1198.00	1201.60	1201.90	1204.85	1204.85
里程桩号	K0 +14.80	+16.52	+20.68	+20.68	+23.50	+26.50	+29.20	+29.32	+33.48	+35.20

附注:

1. 本图尺寸除高程和里程桩号以m计外，余均以cm计。
2. 下示栏内设计高程指桥面行车道边缘处高程。
3. 桥面横坡为2%，由桥面铺装层调整形成。
4. 桥梁结构：上部为1×8m等截面圆弧拱，矢跨比为1/4,下部为重力式U形桥台、扩大基础，为提高地基承载力，基底采用换填砂砾。
5. 本桥设计荷载为公路Ⅱ级。
6. 本桥跨越人工排洪渠，渠底及两侧下部均采用浆砌片石防护，其构造另见详图。
7. 主要材料：桥面铺装采用C20混凝土，拱顶填料与道路基层材料相同。人行道栏杆采用C20钢筋混凝土；拱圈为M10砂浆砌30号块石拱腔及台后填料均为砂砾石，其他部位均用M7.5砂浆砌25号片石。

小桥设计示例(一)	1×8m石拱桥	桥梁总体布置图	设计	×××	复核	×××	审核	×××	图号	SL-1-2	比例	1:200	×××公路勘察设计院

图 8-4

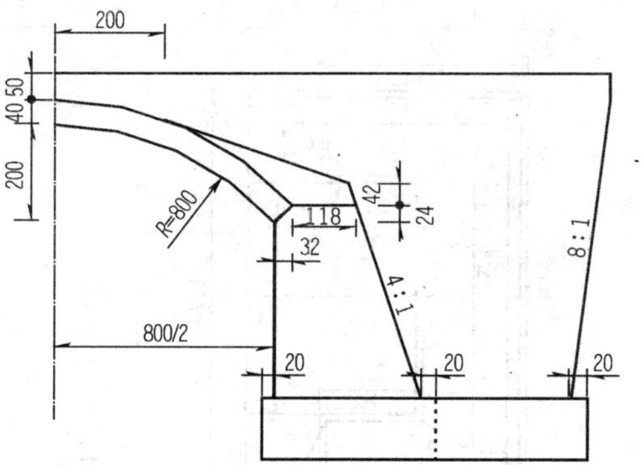

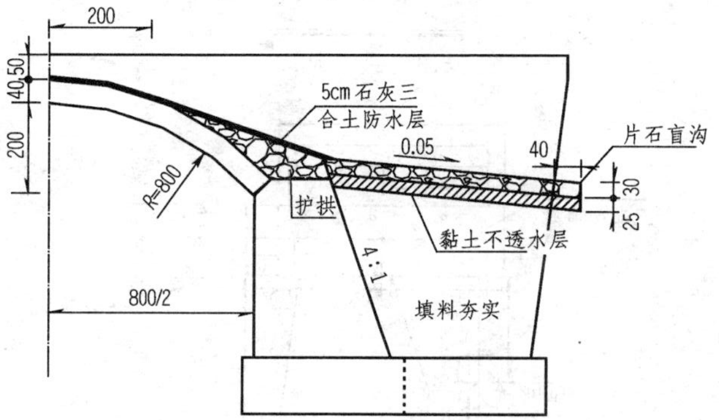

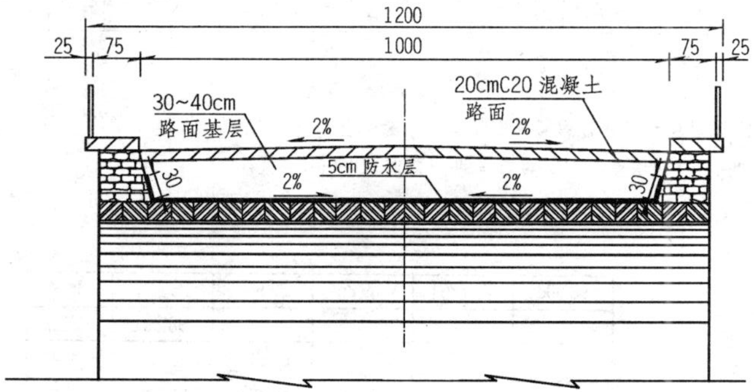

工程材料数量表

项目	材料规格及圬工体积(m³)				勾缝面积（m²）		台后排水（m³）	
材料名称	拱圈 M10砂浆砌30号块石	侧墙 M7.5砂浆砌40号块石	护拱 M7.5砂浆砌25号片石	填料 碎石砂砾	拱圈侧面及拱腹面	侧墙外侧面	粘土防水层	片石盲沟
数量	40.5	10.4	44.9	202.7	105.1	11.2	20	25.9

附注：
1. 本图尺寸均以cm计。
2. 拱上填料用砂砾石填筑。
3. 片石盲沟顶面及外侧应向内铺草皮，以利排水。
4. 在两侧护坡中埋设排水管将台后盲沟集水排至渠内。

小桥设计示例（一）	1×8m 石拱桥	拱圈构造及台后排水设施图	设计	×××	复核	×××	审核	×××	图号	SL-1-3	比例	1：100	×××公路勘察设计院

图 8-5

立 面 图

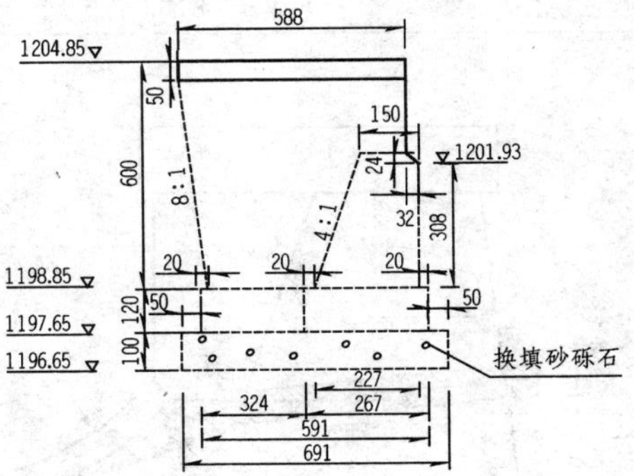

横 断 面

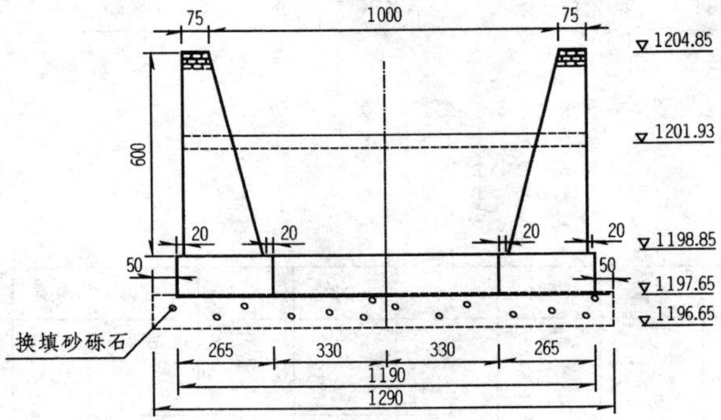

平 面 图

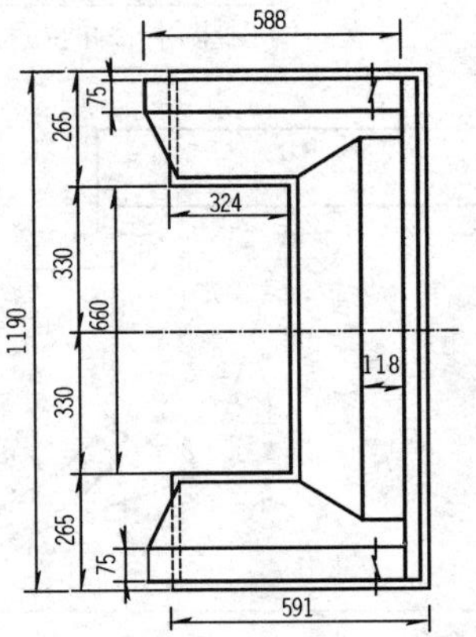

工程材料数量表

项目	M7.5砂浆砌25号片石(m³)	砂砾石 (m³)	勾缝面积 (m²)	基坑开挖 (m³)	基坑回填 (m³)
基础	118.58			1927.62	905.86
台身	303.54	456.84	92.58		
基底		142.78			
护坡	132.86				
合计	554.98	599.62	92.58	1927.62	905.86

附注：

1. 本图尺寸除高程以 m 为单位外，其余均以 cm 为单位。
2. 图中括号外数字为桥台左侧侧墙尺寸，括号内数字为桥台右侧侧墙尺寸。

小桥设计示例（一）	1×8m 石拱桥	桥台构造图	设计	×××	复核	×××	审核	×××	图号	SL-1-4	比例	1∶150	××× 公路勘察设计院

图 8-6

示例(二) 1×10m 弯拱桥

一、桥 位 概 况

该桥是某山区旅游公路上的一座跨沟桥。桥位处山坡陡峻,山谷峡窄。河沟中平时水量较小,为小溪流。但在暴雨时,山洪瀑发,水流湍急,水位骤然上升。两岸山坡均有基岩外露,沟谷河床表面为砂砾石,覆盖层厚 1~2m,其下为基岩。公路路线在桥位处设回头曲线,采用套沟展线,回头曲线半径 $R=20$m。纵坡为 4%,超高横坡度为 6%。路基设计宽度 7.5m,加宽值 2.5m。弯道路基总宽度为 10m。设计荷载为公路Ⅱ级,设计洪水频率为 1/100。

二、桥梁方案确定

由于该桥是一座弯、坡组合桥,线形比较复杂,平曲线半径很小,加上又有超高加宽,采用板桥、梁桥十分困难,且现浇板内钢筋多,造价高。考虑到两岸地质情况较好,故选用弯拱桥方案。桥台、拱圈、侧墙均可按曲线布设,在施工中只要按曲线和坡度放样,用块石砌筑(或者混凝土现场浇筑)即可,不需预制、安装等复杂工艺,非常方便。根据河床宽度和水流变化情况,选用一孔 10m 圆弧拱,由于受路线高度限制,矢跨比选 $f_0/L_0=1/5$,保证拱脚稍微露出地面,使拱圈基本置于地面之上。这样既增大了桥下过水面积,又使桥体较为美观协调。采用重力式 U 形桥台,两岸桥台前墙平行。套用标准图拟定桥台长度,1 号桥台长 4.59m,2 号桥台长 4.34m。桥梁全长 18.93m,起点桩号 K3+675.41,终点桩号 K3+694.34,桥梁中心桩号 K3+685.00。桥轴线曲线半径为 18.75m。考虑加宽值后,桥面宽度为净 8.5+2×0.75m 人行道。桥面按超高要求设成单向坡。横坡由两侧侧墙高度及填料厚度调整形成,使用玉石雕刻仿古栏杆,使桥梁与旅游景观融为一体,与环境相协调。

三、桥梁各部位高程计算

(一)桥面高程

根据路基设计表,已知中桩点 K3+675.00 处,设计高程为 630.05m,桥面上为单向上坡,坡率 4%,坡长 140m。根据桥台尺寸推算各控制点桩号及设计高程如下。

序号	位置	桩号	高程	算式
(1)	桥梁起点:	K3+675.41	H630.07	630.05+(675.41−675)×4%=630.07
(2)	1 号台前墙:	K3+680.00	H630.25	630.05+(680.00−675)×4%=630.25
(3)	2 号台前墙:	K3+690.00	H630.65	630.05+(690.00−675)×4%=630.65
(4)	桥梁终点:	K3+694.34	H630.82	630.05+(694.34−675)×4%=630.82

由路基设计表可知:上述路线设计高程是路基右侧边缘施工高程,要求得右侧行车道边缘高程,需进行换算。

右侧行车道边缘距右侧路基边缘(加宽后)0.75m。按横坡 6% 计算,路基高程应升高 0.75×0.06=0.045m。故上述四点的右侧行车道边缘高程分别列示如下。

(1)桥梁起点:630.07+0.045=630.115m

(2)1 号台前墙:630.25+0.045=630.295m

(3)2 号台前墙:630.65 + 0.045 = 630.695m

(4)桥梁终点:630.82 + 0.045 = 630.865m

桥梁中线距右侧行车道边缘 4.25m,高程抬高 $\Delta_1 = 4.25 \times 0.06 = 0.255$m;左侧行车道边缘距右侧行车道边缘 8.5m,高程抬高 $\Delta_2 = 8.5 \times 0.06 = 0.51$m。从而计算出桥面各控制点(按平曲线法线方向)高程列示如下。

编号	位置	路线桩号	设计高程	左侧行车道边缘	桥中心	右侧行车道边缘
(1)	桥梁起点	K3 + 675.41	630.07	630.625	630.37	630.115
(2)	1 号桥台	K3 + 680.00	630.25	630.805	690.55	630.295
(3)	2 号桥台	K3 + 690.00	630.65	631.205	630.95	630.695
(4)	桥梁终点	K3 + 694.34	630.82	631.375	631.12	630.865

施工中应按以上数据控制桥面高程。

(二)起拱线高程计算

路线在桥位处为右转弯,以右侧拱圈跨中顶部到行车道边缘总厚度 50cm 来控制拱顶和拱脚高程。拱圈厚度 0.55m,净矢高 2.0m。所以,起拱线高程为右侧行车道边缘高程 - 0.5 - 0.55 - 2.0,共减去 3.05m。

1 号桥台起拱线高程:　　630.295 - 3.05 = 627.245m

2 号桥台起拱线高程:　　630.695 - 3.05 = 627.645m

各桥台左右起拱线高程相同,确保起拱线为一条水平线,桥上横坡由侧墙高度调整,则左侧墙比右侧墙高出 $10 \times 0.06 = 0.6$m。

1 号、2 号桥台起拱线高程不同,保证了桥上纵坡,并保证了拱圈形状不发生变化。由于纵坡引起的桥上荷载变化不大,无需另外对拱圈进行受力分析验算,按标准图选定结构尺寸即可。

(三)基础高程

由于河床为砂砾石,其下有基岩,承载力达到 350kPa 以上,基岩为弱风化,不可能发生冲刷,参照标准图,选定基础厚度为 1.2m,基底置于基岩层中 50cm,从而由桥位河床断面图确定如下。

1 号桥台基底高程 624.89m,则其基顶高程为 624.89 + 1.2 = 626.09m。

2 号桥台基底高程 625.83m,则其基顶高程为 625.83 + 1.2 = 627.03m。

四、桥梁结构尺寸拟定及计算

1.拟定该拱桥净跨径 $L_0 = 10$m,两桥台平行布置,取两桥台前墙净距离 10m。由于桥梁位于曲线上,则两桥台的桩号距离为路中线的曲线距离 L'_0。如图 8-7 所示。

$$\sin\frac{\alpha}{2} = \frac{5}{20} = 0.25$$

$$\frac{\alpha}{2} = 14.4775°$$

$$\alpha = 28.9555°$$

$$L'_0 = 20 \times 28.9555 \times \frac{\pi}{180} = 10.107\text{m}$$

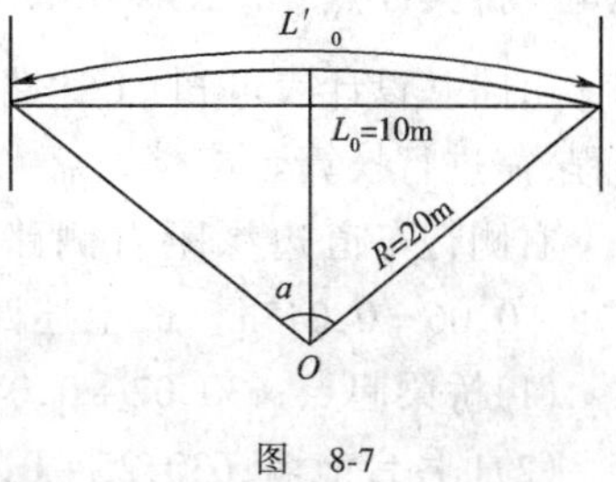

图 8-7

$$L'_0 - L_0 = 10.107 - 10 = 0.107\text{m}$$

对高程的影响为 $0.107 \times 0.04 = 0.0043$m,很小可忽视不计。

故前面桩号及设计高程不做调整。若桩号及高差值相差较大时,前述各控制点桩号及高程应重新计算。

桥台前墙与平曲线法线方向间的夹角为 14.4775°。

2.拱圈尺寸

根据跨径 $L_0 = 10$m,矢跨比 $f_0/L_0 = 1/5$,设计荷载为公路II级(原标准图上为汽车—20 级,挂车—100)平曲线半径 $R = 20$m,查四川省公路设计院弯石拱桥标准图,拱圈厚度选 $d = 55$cm,拱脚尺寸为 $\Delta_x = 38$cm,$\Delta_y = 40$cm,净矢高 $f_0 = 2.0$m。拱圈材料规格为:M10 砂浆砌 40 号块石。考虑施工方便,按等强度原则,选用 C20 混凝土现场浇筑。

3.桥台尺寸

(1)1 号桥台尺寸

①侧墙高度:按桥台尾端高程计算,根据前面计算桥梁起点左、右两侧行车道边缘高程,加上路缘石高度 20cm,即为人行道顶面高程,再减去人行道及帽石厚度共 60cm,即得到侧墙顶端高程。

左侧墙顶:630.625 + 0.2 − 0.6 = 630.225 m

基顶高程:626.09m

左侧墙高:630.225 − 626.09 = 413.5cm

右侧墙顶:630.15 + 0.2 − 0.6 = 629.75cm

基顶高程:626.09m

右侧墙高:629.75 − 626.09 = 3.66m = 366cm

②侧墙宽度:侧墙顶宽拟定为 75cm(以法线方向计算),内侧面坡率为 4:1,则:

左侧墙底宽:75 + 413.5/4 = 178.4cm

右侧墙底宽:75 + 362.5/4 = 165.6cm

③侧墙基础宽度:根据规范和标准图,两侧襟边尺寸均选 20cm。

所以左侧墙基础宽度为:178.4 + 40 = 218.4cm,取 218cm 桥台横向为 225cm

右侧墙基础宽度为:165.6 + 40 = 205.6cm,取 206cm 桥台横向为 213cm

④桥台基础总宽度:$850 + 75 + 75 + 30 + 30 - 4 \times 15 + 2 \times 20 = 1040$cm(法线方向)

平面图上其实际宽度为:$\dfrac{1040}{\cos 14.4775°} = 1075$cm

⑤侧墙基础内侧净距离为 1040 − 206 − 218 = 616cm,桥台方向:$\dfrac{616}{\cos 14.4775°} = 637$cm。

⑥前墙高度:拱脚高程 627.245m,基顶高程 626.09m

前墙高 = 627.245 − 626.09 = 1.155m = 115.5cm

总高度 = 115.5 + 40 = 155.5cm

⑦前墙宽度:参照标准图,顶宽选 172cm,背坡坡率 4:1。

则前墙底宽为 $172 + 38 + \dfrac{155.5}{4} = 249$cm;

襟边宽度拟定为 20cm,则前墙基础宽度为:$249 + 20 \times 2 = 289$cm。

(2)2 号桥台尺寸

①侧墙高度(以桥台尾端计算):

左侧墙顶高程：$631.205 + 0.2 - 0.4 = 631.005\text{m}$

基顶高程：627.03m

左侧墙高：$631.005 - 627.03 = 3.975\text{m} = 397.5\text{cm}$

右侧墙顶高程：$630.695 + 0.2 - 0.6 = 630.29\text{m}$

右侧墙高：$630.295 - 627.03 = 3.265\text{m} = 326.5\text{cm}$

②侧墙宽度（以平曲线法线方向计算），拟定顶宽 75cm，内侧面坡率为 4:1，则：

左侧墙底宽：$75 + \dfrac{377.5}{4} = 169.4\text{cm}$

右侧墙底宽：$75 + \dfrac{326.5}{4} = 156.6\text{cm}$

③侧墙基础宽度

根据规范和标准图，拟定两侧襟边尺寸均为 20cm，所以：

左侧墙基础宽度　$169.4 + 2 \times 20 = 209.4\text{cm}$，折算为桥台横向为

$$\frac{209.4}{\cos 14.4775^\circ} = \frac{209.4}{0.968} = 216\text{cm}$$

右侧墙基础宽度　$156.6 + 2 \times 20 = 196.6\text{cm}$，折算为桥台横向为

$$\frac{196.6}{\cos 14.4775^\circ} = \frac{196.6}{0.968} = 203\text{cm}$$

④桥台基础总宽：$850 + 75 + 30 + 75 + 30 - 4 \times 15 + 2 \times 20 = 1040\text{cm}$

折算到桥台横向为：　$\dfrac{1040}{\cos 14.4775^\circ} = 1075\text{cm}$

⑤侧墙基础内侧净距离为：$1040 - 209.4 - 196.6 = 634.0\text{cm}$

折算为桥台横向为：　$\dfrac{634.0}{\cos 14.4775^\circ} = 656\text{cm}$

⑥前墙高度：拱脚高程为 627.645，基顶高程为 627.03，$627.645 - 627.03 = 0.615\text{m} = 61.5\text{cm}$，加上拱脚高度 40cm，则前墙高度为 $61.5 + 40 = 101.5\text{cm}$。

⑦前墙宽度：参照标准图，顶宽选用 172cm，背坡坡率为 4:1，则前墙底宽为 $172 + 38 + \dfrac{101.5}{4} = 235.4\text{cm}$；襟边尺寸拟定为 20cm，则前墙基础宽度为 $235.4 + 2 \times 20 = 275.4\text{cm}$。

4. 锥坡尺寸

(1) 1 号桥台左侧锥坡

拟定锥坡顶高程与左侧路面边缘高程相同，为 630.115m。锥坡基础顶面高程由横断面地面高程确定为 627.035m，则锥坡高度为 $630.115 - 627.035 = 3.08\text{m} = 308\text{cm}$。

锥坡坡面顺桥向坡率为 1:1，锥基椭圆半径为 $1 \times 308 = 308\text{cm}$；

锥坡坡面横桥向坡率为 1:1.5，锥基椭圆半径为 $1.5 \times 308 = 462\text{cm}$。

(2) 2 号桥台锥坡

左侧锥坡：锥顶高程与路基边缘同高 631.205m，按 1:1.5 放坡，与横断面线相交得地面高程 627.065m，则锥坡高 $H = 631.205 - 627.065 = 4.14\text{m} = 414\text{cm}$。

顺桥向尺寸：$1 \times 414 = 414\text{cm}$；横桥向尺寸：$1.5 \times 414 = 621\text{cm}$

右侧锥坡：锥顶高程与路基边缘同高 630.695m。按 1:1.5 放坡与横断面地面线相交得基顶高程为 628.265m，则锥坡高度 $H = 630.695 - 628.265 = 243\text{cm}$。

顺桥向尺寸：$1\times243=243$cm

横桥向尺寸：$1.5\times243=365$cm

(3)锥坡构造

参照规范和已建工程项目，锥形护坡厚 40cm，上层为 30cm 厚浆砌片石，其下为 10cm 砂砾垫层，锥芯填土压实。

锥坡基础为条形，顶宽 50cm，高 100cm，底宽 75cm，坡脚到基顶外边缘留有 20cm 襟边宽度。

五、工程数量计算

1. 主拱圈体积

由构造图知拱圈厚度 $d=0.55$m，拱圈宽度 $B=10$m。

拱轴线长度计算如下(图 8-8)：

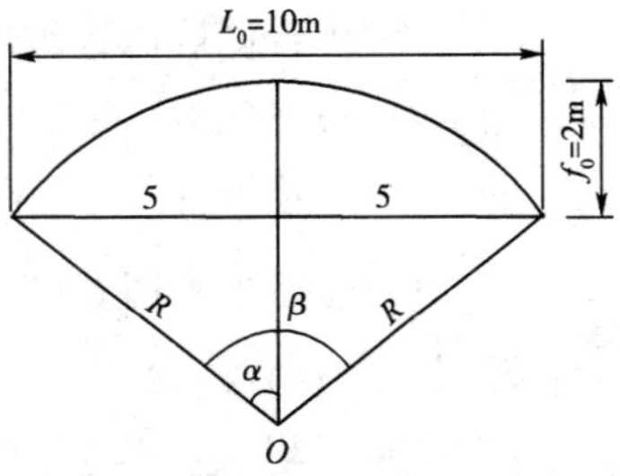

图 8-8

$$R^2=5^2+(R-2)^2$$

$$R^2=25+R^2-4R+4$$

$$4R=29$$

$$R=7.25$$

$$\sin\alpha=\frac{5}{7.25}=0.6897$$

$$\alpha=\sin^{-1}0.6897=43.598°$$

$$\beta=2\alpha=2\times43.598=87.196°$$

拱轴线半径：$R'=7.25+\dfrac{0.55}{2}=7.525$m

拱轴线长度：$L'=R\cdot\beta=7.525\times87.1969\times\dfrac{\pi}{180}=11.45$m

拱圈体积：　$V=d\cdot B\cdot L'=0.55\times10\times11.45=62.98\approx63\text{m}^3$

勾缝面积：　$L=R\cdot\beta=7.25\times87.1969\times\dfrac{\pi}{180}=11.03$m

$$M=11.03\times10+11.45\times0.55\times2=110.3+12.595=122.9\text{m}^2$$

2. 护拱体积

参考第七章图 7-17，则：

$$V_A\approx\frac{1}{4}\left[B-2C-\frac{2f_1n}{3}\left(2-k_1+\frac{y}{f_1}\right)\right]k_1f_1L_1$$

式中：B——拱圈全宽，$B=10$m；

C——拱顶处侧墙宽度，$C=0.75$m；

f_1——拱圈外弧的高，$f_1=2+0.55-0.4=2.15$m；

n——拱侧墙内边坡坡率(高：宽 = 1：n)，(4:1 = 1:0.25)，$n=0.25$；

L_1——拱圈外弧半径长度，$L_1=5+0.38=5.38$m；

k_1、k_2——计算系数，见表 7-5。

$$Y=R-\sqrt{R^2-2.5^2}=7.8-\sqrt{7.8^2-2.5^2}=7.8-7.39=0.41\text{m};$$

$$D=\frac{L_1}{4},\frac{Y_1}{f_1}=\frac{0.41}{2.15}=0.191$$，查表 7-5 得：

$$K_1=0.597$$

$$V_A = \frac{1}{4}\left[10 - 2 \times 0.75 - \frac{2}{3} \times 2.15 \times 0.25 \times (2 - 0.597 + 0.191)\right] \times 0.597$$

$$\times 2.15 \times 5.38$$

$$= \frac{1}{4}[10 - 1.5 - 0.571] \times 6.905$$

$$= 13.69\text{m}$$

$$V_F = \frac{f_1}{2}[(B - 2C - 2f_1 n_1)(k_1 + k_2) + f_1 n_1(k_1^2 + k_3^2)] \times (W_2 - k_3 f_1 n_2)$$

$$k_3 = \frac{k_1 \times L_1 - k_4 \times b_2}{L_1 - k_4 \times f_1 \times n_2}$$

式中：k_4——计算系数，$k_4 = 2(1 - k_1 - y/f_1) = 2(1 - 0.597 - 0.191) = 0.424$；

n_1——桥台侧墙内边坡 4:1 = 1:0.25，$n_1 = 0.25$；

n_2——台背坡率 4:1 = 1:0.25，$n_2 = 0.25$；

W_2——台顶宽度，$W_2 = 1.72\text{m}$；

b_2——前墙顶侧墙宽度，按桥台一般构造图取 1 号、2 号台平均值，$b_2 = 1.35\text{m}$。

将上面数据代入公式：

$$k_3 = \frac{0.597 \times 5.38 - 0.424 \times 1.35}{5.38 - 0.424 \times 2.15 \times 0.25} = \frac{3.21 - 0.572}{5.38 - 0.228} = \frac{2.638}{5.152} = 0.512$$

$$V_F = \frac{2.15}{2}[(10 - 2 \times 0.75 - 2 \times 2.15 \times 0.25)(0.597 + 0.500) + 2.15 \times 0.25(0.597^2 + 0.487^2)]$$

$$\times (1.72 - 0.487 \times 2.15 \times 0.25)$$

$$= 1.075 \times [7.425 \times 1.097 + 0.538 \times 0.594] \times 1.46$$

$$= 1.075 \times [8.145 + 0.320] \times 1.46$$

$$= 1.075 \times 8.465 \times 1.46$$

$$= 13.29\text{m}^3$$

护拱总体积：$V = 2 \times (V_A + V_F) = 2 \times (13.69 + 13.29) = 53.96\text{m}^3$

3. 侧墙体积

依据圆弧拱拱上侧墙体积计算示意图 7-15 和计算公式(7-27)，侧墙体积依下面公式进行计算：

$$V = \frac{1}{2}(a + b)f_1 L_1 - aA - \frac{c}{f_1}\left(RA - \frac{1}{3}L_1^3\right)$$

式中：L_1——拱圈外弧半跨长度，$L_1 = 5.38\text{m}$；

f_1——拱圈外弧的高度，$f_1 = 2.15\text{m}$；

R——拱圈外弧的半径，$R = 7.25 + 0.55 = 7.8\text{m}$；

a——侧墙顶宽(在拱弧顶处)，$a = 0.75\text{m}$；

b——圆弧拱圈外起拱线处侧墙底宽，根据桥台构造图取平均值，$b = \frac{1}{4}(127.3 + 139.5 + 144 + 131.3) = 135.5\text{cm}$；

c——侧墙底宽与顶宽之差，$c = b - a = 1.355 - 0.75 = 0.605\text{m}$；

A——半割圆 LMN 的面积，即为：

$$A = k_0 L_1^2$$

n——侧墙背坡率。

$\frac{f_1}{2L_1}=\frac{1}{5}$，查表7-3、表7-4可得：$k=0.1261$，$k_0=0.2739$；

$$A = k_0 L_1^2 = 0.2739 \times 5.38^2 = 7.93\text{m}^2$$

单个侧墙：$V=\frac{1}{2}(a+b)f_1L_1-aA-\frac{c}{f_1}\left(RA-\frac{1}{3}L_1^3\right)$

$$=\frac{1}{2}(0.75+1.36)\times 2.15\times 5.38-0.75\times 7.93-\frac{0.605}{2.15}\left(7.8\times 7.93-\frac{1}{3}\times 5.38^3\right)$$

$$=12.20-5.95-0.281\times(61.854-51.9)$$

$$=12.2-5.95+2.797$$

$$=9.047\text{m}^3$$

全桥拱上侧墙体积：$9.047\times 4=36.188\text{m}^3$

侧墙勾缝面积： $A = KL_1^2\times 4=0.1261\times 5.38^2\times 4=14.6\text{m}^2$

4.拱上填料

$V_{料} = 2BA - V_{墙} - V_{护} = 2\times 10\times 14.6 - 36.188 - 53.96 = 201.852\text{m}^3 \approx 201.9\text{m}^3$；

5.人行道

采用C20混凝土现浇，按图中尺寸计算体积，则有：

$$V = 1.05 \times 0.3 \times 18.93 \times 2 = 11.93\text{m}^3$$

6.栏杆

采用仿古雕刻工艺栏杆，石料选用细料石，每2m一个立柱，每1m为一个小节。通常工艺栏杆视工艺复杂程度按延米进行计算。本桥单侧栏杆长18延米，全桥栏杆共长36延米。

7.帽石

M7.5砂浆砌30号块石：$0.9\times 0.3\times 18.93\times 2=10.2\text{ m}^3$

8.桥面铺装

选用与公路相同路面结构，按m^2给出数量：

$$M=8.5\times 18.93=160.91\text{m}^2$$

9.桥台工程数量

(1)1号桥台工程数量：由于是弯斜桥台，形状不规则，故按规则图形做近似计算。

①基础体积：底面积$\approx 10.75\times 4.79-6.37\times 1.91-2.25\times(4.79-4.61)+\frac{1}{2}\times 0.73\times 2.89$

$$=51.49-12.17-0.405+1.05$$

$$=40.0\text{m}^2$$

基础厚度1.2m，故其体积为 $V=40.0\times 1.2=48.00\text{ m}^3$

②台身

a.前墙部分，截面积$=\frac{1}{2}(1.72+0.38+2.49)\times(1.15+0.4)-\frac{1}{2}\times 0.38\times 0.4$

$$=\frac{1}{2}\times 4.59\times 1.55-0.076$$

$$=3.56-0.076$$

$$=3.48\text{m}^2$$

前墙顶部长度：$10.0-1.273-1.395=7.33\text{m}$

前墙底部长度：$10.0-1.65-1.78=6.57\text{m}$

前墙平均长度：$\frac{1}{2}(7.33+6.57)=6.95\text{m}$

前墙体积：$3.48\times 6.95=24.19\ \text{m}^3$

b.左侧侧墙：$V=\frac{1}{2}(0.75+1.78)\times 4.14\times 4.61=24.14\ \text{m}^3$

c.右侧侧墙：$V=\frac{1}{2}(0.75+1.66)\times 3.63\times 4.79=20.95\ \text{m}^3$

d.台身体积总计：$24.19+24.14+20.95=69.28\ \text{m}^3$

③台内填料（为桥台总体积减去台身体积）

$$\frac{1}{2}(4.14+3.63)\times 10.0\times 4.79-69.28=116.82\ \text{m}^3$$

④基坑开挖

简化为 $10.75\times 4.81-6.37\times 1.91$。考虑工作空间，基础每边留 0.5m 工作宽度，则基础坑底面积为：

$$11.75\times 5.81-5.37\times 1.91=68.61-10.26=58.36\text{m}^2$$

由总体布置图知，开挖深度平均 1.4m。参照桥梁施工规范基坑边坡坡度表，基坑坡度取 1:0.75。顶口外延值为 $1.4\times 0.75=1.05\text{m}$。则上口面积为：

$$\begin{aligned}&(11.75+2\times 1.05)\times(5.81+2\times 1.05)-(5.37-2\times 1.05)\times 1.91\\&=13.85\times 7.91-3.27\times 1.91\\&=109.6-6.24\\&=103.4\text{m}^2\end{aligned}$$

挖基体积为：

$$V_{挖}=\frac{1}{2}(58.36+103.4)\times 1.4=113.23\text{m}^3$$

⑤勾缝面积

a.左侧墙：$4.21\times 4.14=17.43\text{m}^2$

b.前墙：$10\times 1.15=11.5\text{m}^2$

c.右侧墙（外露区域为三角形）：

$$\frac{1}{2}(4.21-0.75)\times 3.62=6.26\text{m}^2$$

勾缝面积总计：

$$17.43+11.5+6.26=35.19\text{m}^2$$

⑥回填数量：为开挖方量减去基础底面积垂直向上至地面的土体体积再加上襟边上覆盖土体积：

$$\begin{aligned}&113.23-(10.75\times 4.81-6.37\times 1.91)\times 1.4+0.2\times(10.75+4.81+1.917)\times 2\times(1.4-1.2)\\&=113.23-(51.71-12.17)\times 1.4+0.2\times 34.95\times 0.2\\&=113.23-55.36+1.4\\&=59.27\ \text{m}^3\end{aligned}$$

(2)2 号桥台工程数量（按图中尺寸简化为规则图形简化计算）

①基础体积

$$底面积=10.75\times 4.34-6.56\times 1.57=46.66-10.30=36.36\text{m}^2$$

基础厚度 1.2m，故其体积为 $V=36.36\times 1.2=43.63\ \text{m}^3$。

②台身

a.前墙部分,截面积 $=\frac{1}{2}(2.35+1.72+0.38)\times(0.615+0.4)-\frac{1}{2}\times0.38\times0.4$

$=\frac{1}{2}\times4.45\times1.015-\frac{1}{2}\times0.38\times0.4$

$=2.26-0.076$

$=2.184\text{m}^2$

前墙顶部长度:$10.0-1.44-1.38=7.18\text{m}$

前墙底部长度:$10.0-1.694-1.566=6.74\text{m}$

前墙平均长度:$\frac{1}{2}(7.18+6.24)=6.71\text{m}$

前墙体积:$2.184\times6.71=14.65\text{m}^3$

b.左侧侧墙:$V=\frac{1}{2}(0.75+1.69)\times3.775\times3.96=18.24\text{m}^3$

c.右侧侧墙:$V=\frac{1}{2}(0.75+1.566)\times3.265\times3.96=14.97\ \text{m}^3$

d.台身体积总计:$43.63+14.65+18.24+14.97=91.49\text{m}^3$

③台内填料

为桥台总体积减去台身体积:

$$\frac{1}{2}(4.34+4.14)\times10.0\times\frac{1}{2}(1.2+3.27+1.2+3.78)-91.49$$
$$=4.24\times10\times4.725-91.49$$
$$=200.34-91.49$$
$$=108.85\text{m}^3$$

④基坑开挖

底面积简化为 $10.75\times4.34-6.56\times1.45$。每侧每边考虑 0.5m 工作距离后为:

$$11.75\times5.34-5.56\times1.45=62.75-8.02=54.73\text{m}^2$$

从总体布置图上确定平均挖深 2.5m,基坑坡率 1:0.75,则顶面积为:

$$(11.75+3.75)\times(5.34+3.75)-(5.56-3.757)\times1.45$$
$$=15.5\times9.09-1.81\times1.45$$
$$=140.90-2.62$$
$$=138.3\text{m}^2$$

$$V_{挖}=\frac{1}{2}(54.73+138.3)\times2.5=241.3\ \text{m}^3$$

⑤勾缝面积

前　墙:$10\times0.62=6.2\text{m}^2$

左侧墙:$\frac{1}{2}(3.96-0.75)\times3.77=6.05\text{m}^2$

右侧墙:$\frac{1}{2}(3.96-0.75)\times3.27=5.25\text{m}^2$

总勾缝面积为:

$$6.2+6.05+5.25=17.5\text{m}^2$$

⑥回填数量

$241.3-(10.75\times4.34-6.56\times1.45)\times2.5+0.2\times(10.75+4.34+1.45)\times2\times(2.5-1.2)$

$=241.3-(46.66-9.57)\times2.5+0.2\times33.08\times1.3$

$=241.3-92.9+8.60$

$=157.0\ m^3$

10.锥坡工程数量计算

(1)1 号桥台锥坡(仅设于桥台右侧),按锥坡构造图尺寸。

锥坡高度 $H=3.08m$,长半轴 $R=4.62m$,短半轴 $R=3.08m$,锥面浆砌片石厚 30cm,砂砾垫厚度 10cm。

①片石砌体:

$$V_1=V_{外}-V_{内}=\frac{1}{12}\pi mn(H^3-H_0^3)$$

式中:H_0——内锥平均高度,$H_0=H-\sqrt{\alpha_0\beta_0}t$;

t——片石厚度,$t=30cm=0.3m$;

m、n——锥坡坡率,$m=1.5$, $n=1$。

$$\alpha_0=\frac{\sqrt{1+m^2}}{m}=\frac{\sqrt{1+1.5^2}}{1.5}=1.20$$

$$\beta_0=\frac{\sqrt{1+n^2}}{n}=\frac{\sqrt{1+1^2}}{1}=1.414$$

$$H_0=H-\sqrt{\alpha_0\beta_0}t=3.08-\sqrt{1.2\times1.414}\times0.3=3.08-1.303\times0.3=2.689m$$

$$V_1=\frac{1}{12}\pi mn(H^3-H_0^3)=\frac{1}{12}\times3.14\times1.5\times1.0\times(3.08^3-2.689^3)$$

$$=0.3925\times(29.22-19.44)=3.84m^3$$

②砂砾垫层:$V_2\approx\frac{t_1}{t}V_1=\frac{10}{30}\times3.84=1.28\ m^3$

③锥心填土:$V_3=V_{外}-V_1-V_2=\frac{\pi}{12}m\cdot nH^3-V_1-V_2$

$$=\frac{\pi}{12}\times1.5\times1\times3.08^3-3.84-1.28$$

$$=11.468-3.84-1.28$$

$$=6.35\ m^3$$

④锥坡基础体积:其值为椭圆周长的 1/4 和基础截面积的乘积,椭圆周长系数见表 8-1。

椭圆周长系数　　表 8-1

$\frac{a-b}{a+b}$	0.1	0.2	0.3	0.4	0.5	0.6	0.7	0.8	0.9	1.0
K	1.0025	1.0100	1.0226	1.0404	1.0635	1.0922	1.1269	1.1679	1.2162	1.2732

截面积:$M=\frac{1}{2}(0.75+0.5)\times1=0.625m^2$

周　长:$S=\frac{1}{4}\pi(a+b)K$

$$\frac{a-b}{a+b}=\frac{4.62-3.08}{4.62+3.08}=\frac{1.54}{7.7}=0.2$$

查表 8-1 得 $K=1.01$,则:

$$S=\frac{1}{4}\pi(4.62+3.08)\times1.01=6.10\ \text{m}$$

$$V_4=M\cdot S=0.625\times6.10=3.82\ \text{m}^3$$

⑤1 号桥台锥坡数量合计

浆砌片石：$3.84+3.82=7.66\ \text{m}^3$

砂砾垫层：$1.28\ \text{m}^3$

锥心填土：$6.35\ \text{m}^3$

锥基开挖：$V_5=1.0\times1.0\times6.10=6.10\ \text{m}^3$

(2)2 号台左侧锥坡工程数量

按锥坡构造图 2 号台左侧锥坡：$H=4.14\text{m}$，长半径 $a=6.21\text{m}$，短半径 $b=4.14\text{m}$。锥面浆砌片石厚度 30cm，砂砾垫层 10cm。

①片石砌体

同 1 号台算式：$\alpha_0=1.20$，$\beta_0=1.414$

$$H_0=H-\sqrt{\alpha_0\beta_0}t=4.14-1.303\times0.3=4.14-0.391=3.75\text{m}$$

$$V_1=\frac{1}{12}\pi mn(H^3-H_0^3)=\frac{1}{12}\times3.14\times1.5\times1\times(4.14^3-3.75^3)$$

$$=0.393\times(70.96-52.73)=7.16\text{m}^3$$

②砂砾垫层

$$V_2\approx\frac{t_1}{t}V_1=\frac{10}{30}\times7.16=2.39\ \text{m}^3$$

③锥心填土

$$V_3=V_{外}-V_1-V_2=\frac{\pi}{12}mnH^3-V_1-V_2$$

$$=\frac{\pi}{12}\times1.5\times1.0\times4.14^3-7.16-2.39$$

$$=27.85-7.16-2.39$$

$$=18.3\text{m}^3$$

④锥坡基础体积

截面积 $M=0.625\text{m}^2$，周长 $S=\frac{1}{4}\pi(a+b)K$

$$\frac{a-b}{a+b}=\frac{6.21-4.14}{6.21+4.14}=\frac{2.07}{10.35}=0.2,K=1.01$$

$$S=\frac{1}{4}\pi(6.21+4.14)\times1.01=8.21$$

$$V_4=M\cdot S=0.625\times8.21=5.13\text{m}^3$$

⑤锥基开挖

$$V_5=8.21\times1\times1.0=8.21\ \text{m}^3$$

(3)2 号台右侧锥坡工程数量

$$H=2.43\text{m},a=3.65\text{m},b=2.43\text{m},t=0.3$$

①片石砌体

同 1 号台算式：$\alpha_0=1.20$，$\beta_0=1.414$

$$H_0=H-\sqrt{\alpha_0\beta_0}t=2.43-1.303\times0.3=2.04\text{m}$$

$$V_1 = \frac{1}{12}\pi mn(H^3 - H_0^3) = \frac{1}{12} \times \pi \times 1.5 \times 1.0 \times (2.43^3 - 2.04^3)$$

$$= 0.393 \times (14.35 - 8.49) = 2.30\ \text{m}^3$$

②砂砾垫层

$$V_2 \approx \frac{t_1}{t}V_1 = \frac{10}{30} \times 2.3 = 0.77\ \text{m}^3$$

③锥心填土

$$V_3 = V_{外} - V_1 - V_2 = \frac{\pi}{12}m \cdot nH^3 - V_1 - V_2$$

$$= \frac{\pi}{12} \times 1.5 \times 1.0 \times 2.43^3 - 2.3 - 0.77$$

$$= 5.63 - 2.3 - 0.77$$

$$= 2.56\text{m}^3$$

④锥坡基础体积

截面积 $m = 0.625\text{m}^2$,周长 $S = \frac{1}{4}\pi(a + b)K$

$$\frac{a - b}{a + b} = \frac{3.65 - 2.43}{3.65 + 2.43} = \frac{1.22}{6.08} = 0.2, K = 1.01$$

$$S = \frac{1}{4}\pi(3.65 + 2.43) \times 1.01 = \frac{1}{4} \times \pi \times 6.08 \times 1.01 = 4.82$$

$$V_4 = M \cdot S = 0.625 \times 4.82 = 3.01\text{m}^3$$

⑤锥基开挖

$$V_5 = 4.82 \times 1.0 \times 1.0 = 4.82\text{m}^3$$

11.后台排水

(1)片石盲沟

宽 40cm,高 30cm,长度 10.75m。由 1 号、2 号桥台一般构造图知,盲沟距台顶平均距离 3.0m,路基横坡 1:1.5,则盲沟需伸长 $3 \times 1.5 \times 2 = 9\text{m}$。

则全桥片石育沟数量为: $0.4 \times 0.3 \times (10.75 + 9) \times 2 = 4.74\ \text{m}^3$

(2)黏土不透水层

$$(6.56 \times 1.57 + 6.37 \times 1.91) \times 0.25 \times 2 = (10.30 + 12.17) \times 0.25 \times 2 = 11.24\text{m}^3$$

(3)砾石或卵石滤水层

$$(6.56 \times 1.57 + 6.37 \times 1.91) \times 0.3 \times 2 = 13.48\ \text{m}^3$$

附:设计施工图 7 张,如图 8-9 ~ 图 8-15 所示。

目　录

序号	图　名	图　号
1	图纸目录及设计说明	SL-2-1
2	全桥工程数量表	SL-2-2
3	桥梁总体布置图	SL-2-3
4	拱圈构造及台后排水图	SL-2-4
5	1号桥台一般构造图	SL-2-5
6	2号桥台一般构造图	SL-2-6
7	锥坡一般构造图	SL-2-7

设计说明

一、技术指标

1.设计荷载：公路—II级

2.路　径：1×10m

3.矢跨比：1/5

二、主要材料

1.拱圈：C20混凝土；

2.拱上侧墙：M7.5砂浆砌40号块石；

3.护拱：M7.5砂浆砌40号块石；

4.桥台及基础：台身采用M7.5砂浆砌40号块石，基础 采用15号片石混凝土。

三、设计要点

1.本设计参照《公路桥涵标准图—弯石拱桥》进行设计。

2.拱圈与桥台的连接采用拱圈两端的起拱线互相平行的布置方案。

3.桥台基础设在密实的河卵石上，地基容许承载力不低于350kPa。

4.人行道栏杆采用仿古式雕花栏杆。

四、施工要点

1.拱圈混凝土应自两侧拱脚向拱顶对称、连续地浇筑，并在拱脚处混凝土初凝以前完成。如预计不能在限定的时间内完成，则须在拱脚处留一隔缝于最后浇筑。缝面应垂直于拱轴线。

2.卸落拱架应在桥台台后填土按要求完成，并能保证桥台有足够抵抗水平推力的作用后才能进行。卸架时应对称、均匀、缓慢、分次进行。

3.圬工砌体应错缝咬码，座浆挤实，堵漏勤养。

4.其他未尽事宜，按中华人民共和国交通部标准《公路桥涵施工技术规范》办理。

小桥设计示例（二）	××旅游公路	1×10m弯拱桥设计说明	设计	×××	复核	×××	审核	×××	图号	SL-2-1	比例	无	×××公路勘察设计院

图 8-9

全桥工程数量表

项目	工程数量 \ 材料名称	圬工数量（m³）M7.5砂浆40号块石	15号片石混凝土	M7.5砂浆砌40号块石	40号片石	混凝土（m³）C20	路面（m²）	碎石砂砾（m³）	黏土（m³）	工艺栏杆（m）	M7.5砂浆勾缝（m²）	挖基（m³）	回填（m³）
上部构造	主拱圈					63.0					122.9		
	护拱	52.38											
	侧墙	29.8									14.6		
	拱上填料							209.8					
	帽石			10.2							22.7		
	桥面铺装						160.9						
	人行道					11.9							
	栏杆									36.0			
下部构造	台身	160.8											
	基础		91.6									354.5	216.3
	填料							225.7					
	台后排水				4.7			13.5	11.4				
锥坡				25.3				4.4				19.1	27.2
合计		243.0	91.6	35.5	4.7	74.9	160.9	453.4	11.4	36.0	160.2	373.6	243.5

附注：
1. 片石盲沟工程数量计入台后排水栏内。
2. 仿古 工艺栏杆，表中只给出设计延米数量。
   实际所需工程数量可根据具体情况另行确定。

小桥设计示例（二）	×× 旅游公路	1×10m弯拱桥全桥工程数量表	设计	×××	复核	×××	审核	×××	图号	SL-2-2	比例	1：100	××× 公路勘察设计院

图 8-10

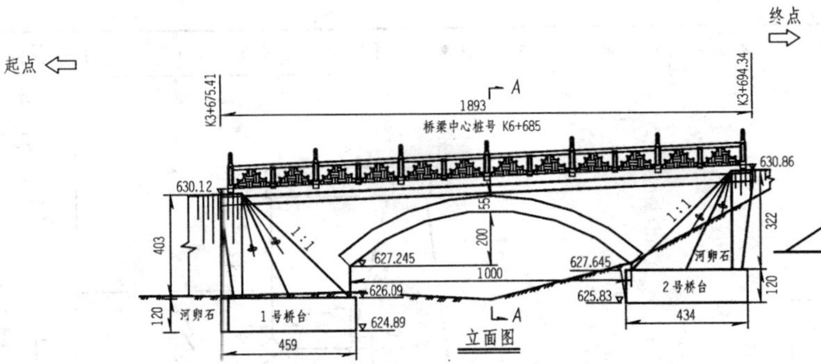

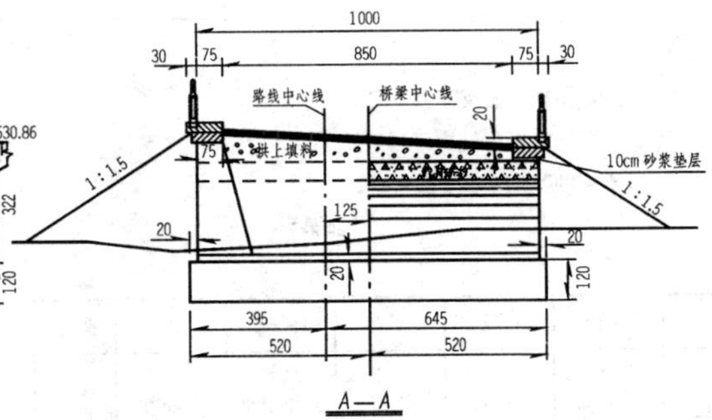

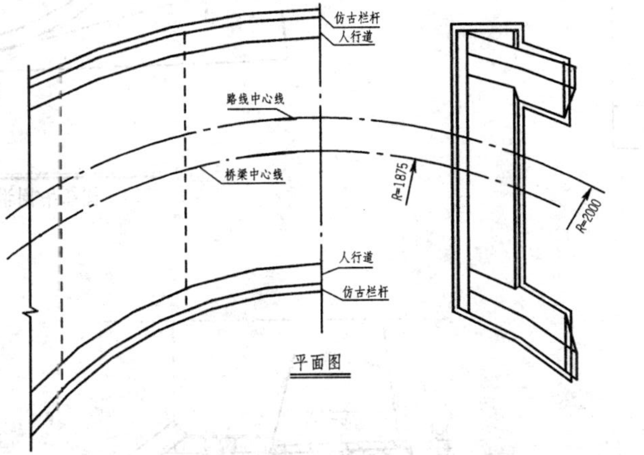

设计高程	630.05	630.07	630.25	630.45	630.65	630.82	630.83
坡度 / 坡长	+0.04 / 140						
地面高程	626.34		626.46	626.16	627.46		629.35
桩号	K3+675	+675.41	+680	+685	+690	+694.34	+670

附注：

1. 本图尺寸除高程以 m 为单位外，其余均以 cm 为单位。
2. 立面图中所注高程为路基右侧边缘施工高程。
3. 本桥位于 R=20m 的回头曲线上，纵坡为 4%，超高横坡坡度为 6%，桥面各断面施工高程详见《路基设计表》。
4. 桥台基础设置在密实的河卵石上，施工时若发现下卧层为未风化的基岩，可依照《公路桥涵施工技术规范》，根据实际地质情况将基础做成台阶形。
5. 1 号桥台右侧不设锥坡，桥台侧墙尾墙竖直砌筑，以便与路基挡土墙衔接。
6. 平面图中锥坡未示，详见锥坡构造图。

小桥设计示例（二）	××旅游公路	1×10m 弯拱桥总体布置图	设计	×××	复核	×××	审核	×××	图号	SL-1-3	比例	1:100	××× 公路勘察设计院

图 8-11

台后排水构造图

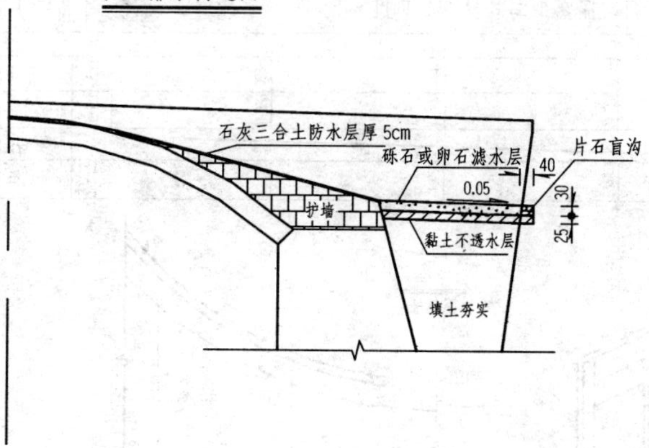

桥面构造 1∶100

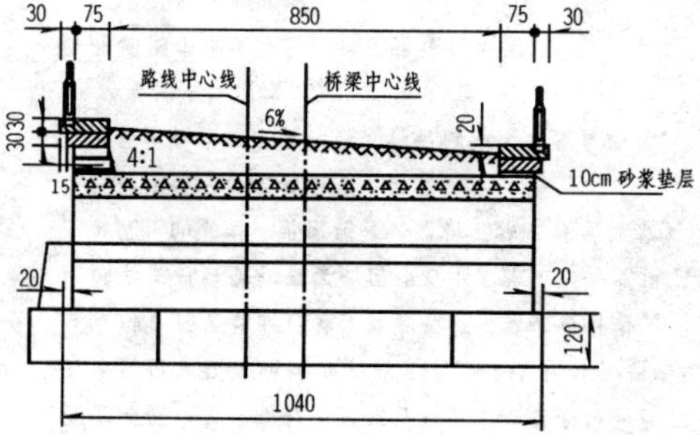

拱圈构造图 1∶125

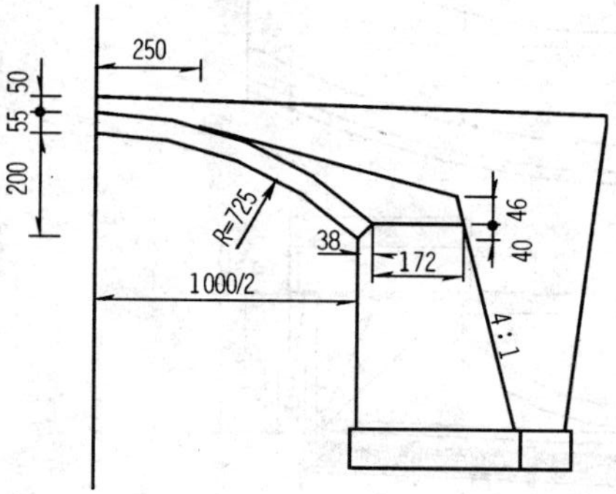

工程材料数量表

项目	材料规格及圬工体积(m³)				勾缝面积(m²)		
材料名称	拱圈	侧墙	护拱	填料	拱圈侧面及拱腹面	侧墙外侧面	帽石外侧面
	C20混凝土	M7.5砂浆砌40号块石	M7.5砂浆砌40号片石	碎石砂砾			
数量	63.0	29.81	42.78	219.4	122.9	14.60	22.72

说明：

1. 本图尺寸均以cm为单位。
2. 拱上填料可采用矿渣、碎砖、砂砾、卵石等。
3. 片石盲沟顶面及外侧面应向内铺草皮，以利排水。

小桥设计示例（二）	××旅游公路	1×10m弯桥拱圈构造及台后排水图	设计	×××	复核	×××	审核	×××	图号	SL-2-4	比例	见图	×××公路勘察设计院

图 8-12

立面图

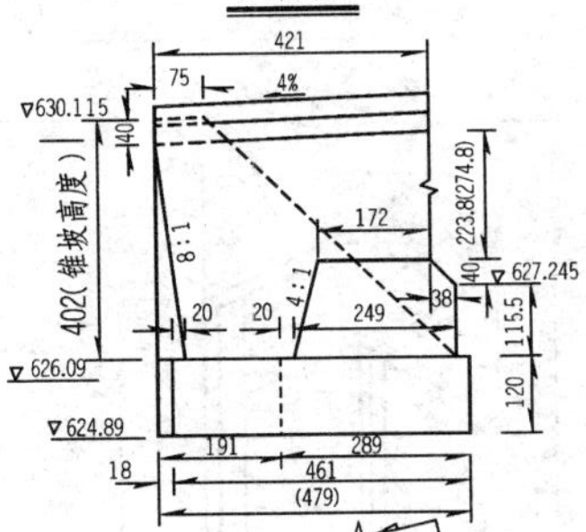

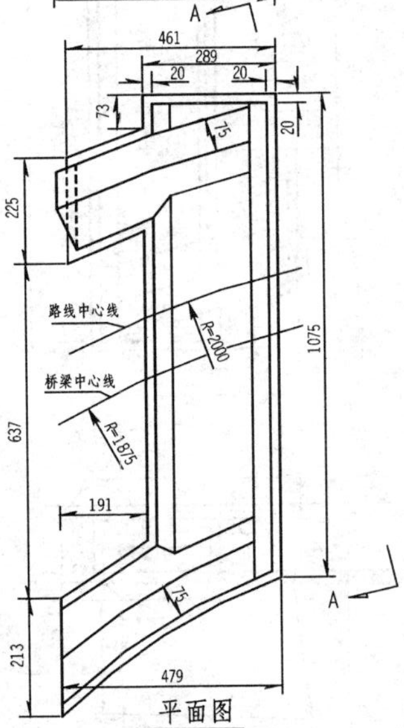

平面图

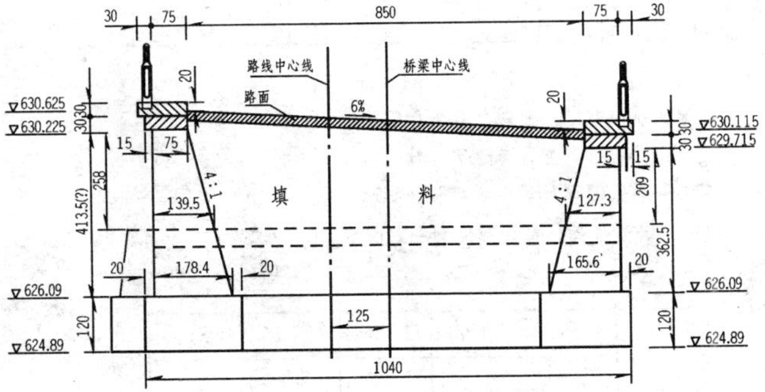

A—A(法线方向)

工程材料数量表

材料规格及圬工体积(m^3)					勾缝面积(m^2)
基础	台身	填料	挖基	回填	
15号片石混凝土	M7.5砂浆砌40号块石	碎石砂砾	开挖砂砾石	砂砾石	
48.00	69.28	116.82	113.23	59.27	35.19

附注:

1. 本图尺寸除高程以m计外,余均以cm为单位。
2. 图中括号外数字为桥台左侧侧墙尺寸,括号内数字为桥台右侧侧墙尺寸。
3. 右侧侧墙尾墙竖直砌筑,以便与挡墙顺接。

小桥设计示例(二)	××旅游公路	1号桥台一般构造图	设计	×××	复核	×××	审核	×××	图号	SL-2-5	比例 1:100	×××公路勘察设计院

图 8-13

立面图

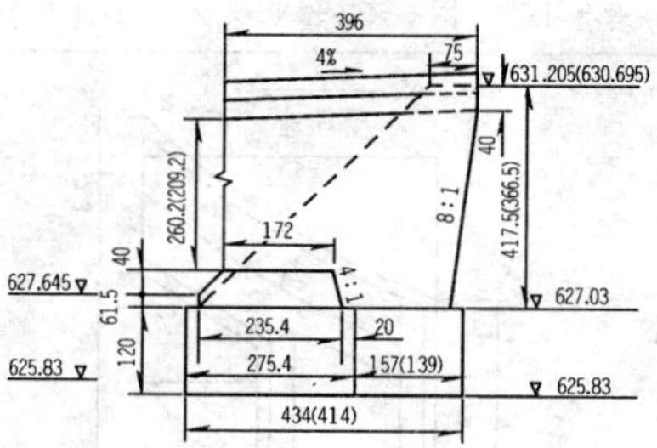

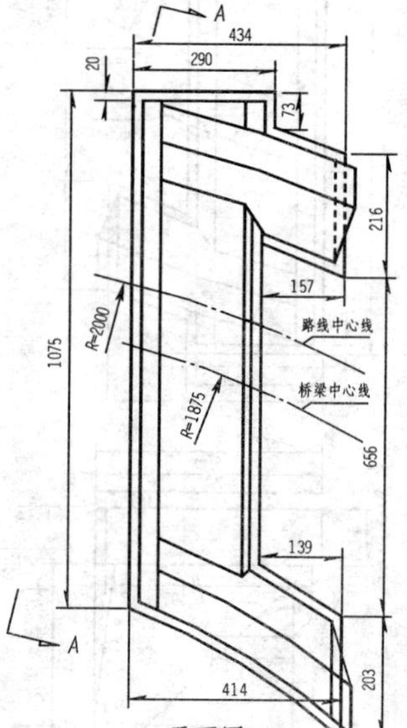

平面图

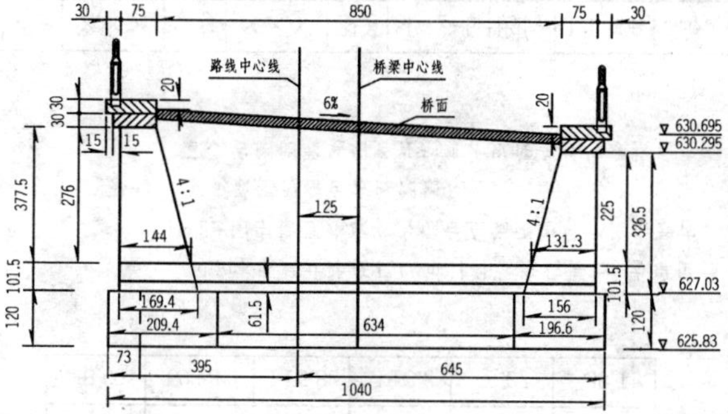

A—A

工程材料数量表

材料规格及圬工体积（m³）					勾缝面积
基础	台身	填料	挖基	回填	
15号片石混凝土	M7.5砂浆砌40号块石	碎石砂砾	开挖砂砾石	砂砾石	（m²）
43.63	91.51	108.83	241.3	157.0	17.50

附注：

1. 本图尺寸除高程以 m 计外，余均以 cm 为单位。
2. 图中括号外数字为桥台左侧侧墙尺寸，括号内数字为桥台右侧侧墙尺寸。
3. 立面图为桥台内侧视图，外侧视图未示。
4. A—A 剖面沿法线方向。

小桥涵设计示例（二）	×× 旅游公路	2号桥台构造图	设计	×××	复核	×××	审核	×××	图号	SL-2-6	比例	1：125	××× 公路勘察设计院

图 8-14

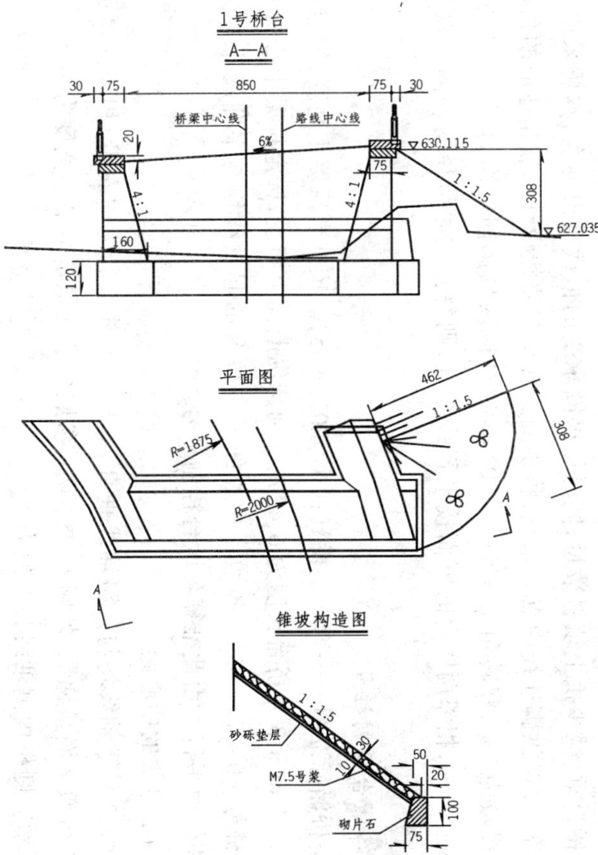

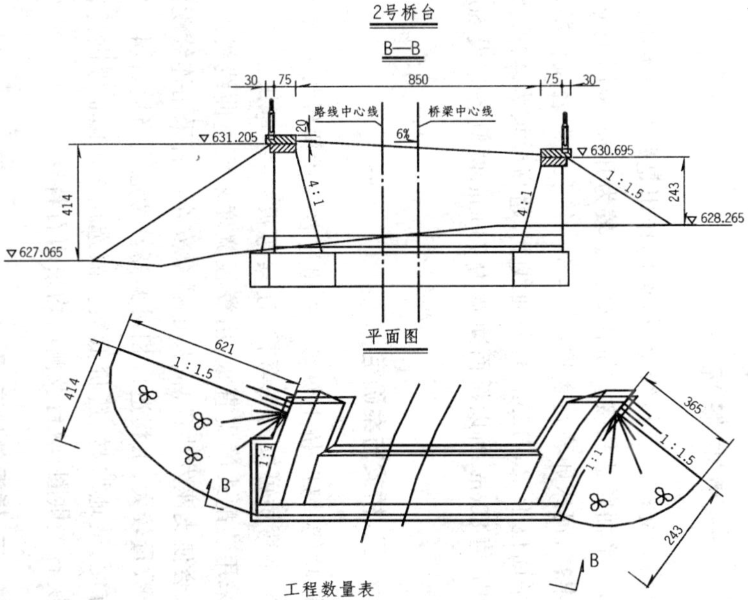

工程数量表

锥坡名称 \ 材料名称	M7.5砂浆砌片石（m^3）	砂砾垫层（m^3）	基础开挖（m^3）	锥芯填土（m^3）
1号台右侧	7.66	1.28	6.10	6.35
2号台左侧	12.29	2.39	8.21	18.3
2号台右侧	5.31	0.77	4.82	2.56
合　计	25.26	4.44	19.13	27.21

附注：
本图尺寸除高程以m计外，其余均以cm为单位。

小桥设计示例（二）	××旅游公路	1×10m弯拱桥台锥坡构造图	设计	×××	复核	×××	审核	×××	图号	SL-2-7	比例	1:100	×××公路勘察设计院

图　8-15

示例(三) 3×10m 弯拱桥

一、桥位概况

本桥位于我国西北某条高速公路立交桥的连接线上，桥梁的作用是跨越一条小河将被交线与主干道路相连，使路线高程抬升，平面顺适相接。桥位处河道较为开阔，两岸地形平坦，周围是山区地貌，石料及砂砾石材料丰富，河床卵石覆盖层厚 5～6m，其下为泥岩风化层。

根据该立交桥的总体设计，桥平面位于 $R=125\text{m}$ 的平曲线上，超高横坡为 4%，桥上纵坡为 7%，路面宽度为 6.5m，平曲线加宽值 80cm，所以桥面净宽为 730cm，两侧各布设 50cm 防撞护栏，桥梁总宽 830cm。

二、桥梁方案确定

由于本桥连接被交线与主干道，功能特殊，桥上纵坡 7% 超过普通桥梁纵坡不大于 4% 的规定，必须按弯坡桥做特殊设计。通常弯桥可按简支弯板、连续弯板、连续弯拱桥三种方案进行布设。该桥所处弯道半径较大，采用装配式简支直板，由翼板宽度来调整曲线线形也可，但桥上纵坡过大，产生较大纵向推力，会使支座发生破坏，影响桥梁安全。若采用连续现浇弯板，也可满足要求，但耗用钢材、混凝土数量较大，工程造价相对偏高。考虑到当地石料丰富，地基承载力较好，采用拱桥方案，施工方便、就地取材、造价低廉。故选用 3×10m 弯拱桥，为加快进度，用 C20 现浇混凝土代替浆砌块石主拱圈，墩台及侧墙均采用石料砌筑。

三、桥梁总体布置

为减小拱桥自重，减少拱上填料数量，同时使拱圈承受的恒载重力均衡，本桥采用主拱圈斜置的设计方案，以两拱脚连线中点为基点，将拱圈旋转至与路线设计纵坡相适应的角度。

因为拱上纵坡为 7%，旋转角 $\varphi=\tan^{-1}0.07=4°$，这样两拱脚间的净跨径(弦线方向)为 $1000\times\cos4°=997.5\text{cm}$，相邻两墩台的侧面按平行线布置，则每孔拱净跨径内外侧均保持一致为 9.975m。

(一)计算各墩台控制桩号

参照《公路桥涵标准图——弯石拱桥》(JT/GQB031—75)。依据台后填土高度，拟定 0 号桥台轴线处长度为 4.68m，3 号桥台长度为 6.42m，在河床纵断面上布设，选定桥梁中心桩号为外业调查时确定桩号 K0＋710.852。各墩台中心线及各桥台的起拱线均与平曲线半径方向一致，各墩台相邻侧面平行。由此推算各墩台控制桩号。

1.1 号墩与 2 号墩的中心距

拟定 1 号墩、2 号墩轴线均与公路轴线垂直，即按平曲线半径方向布设，相邻两墩的侧面按平行线布置，桥墩平面呈梯形，外侧大、内侧小，参照标准图拟定墩最小宽度为 1.2m，平面布置见图 8-16 所示。则桥内侧轴线长近似为：

$$9.975+1.2=11.175\text{m}$$

公路中线处 1 号、2 号墩轴线间的距离为：

$$L_2=\frac{11.175}{120.45}\times125=11.599\text{m}$$

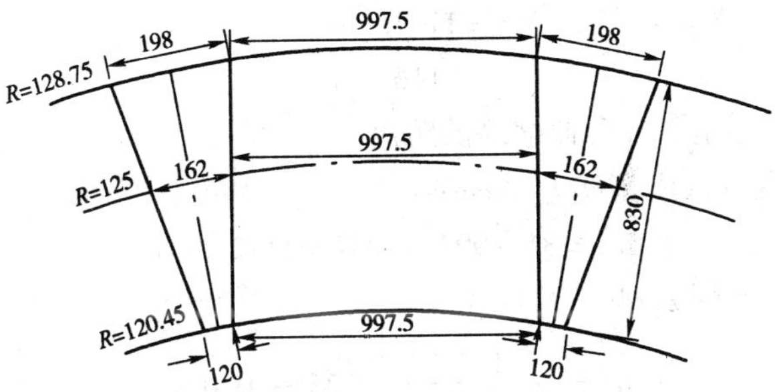

图 8-16

相应位置桥墩宽度为：　　$11.599-9.975=1.62\mathrm{m}=162\mathrm{cm}$

桥墩外侧(最大)宽度为：

$$\frac{11.175}{120.45}\times128.75-9.975=1.979\mathrm{m}=198\mathrm{cm}$$

2.0 号台伸缩缝至 1 号墩中心的距离(图 8-17、图 8-18)

参照标准图，拟定 0 号台拱座水平宽度 37.8cm，1 号墩最小宽度 120cm，桥墩按梯形布置，外侧大，内侧小，保证 0 号台内侧面与 1 号墩靠第一孔内侧面平行。由此推算公路中线处 0 号台伸缩缝至 1 号墩中心的距离 L_1。

(1)桥内侧边缘　　$L''_1=997.5+120/2=1057.5\mathrm{cm}$

(2)公路轴线处半径

$R=125\mathrm{m}$，按加宽值及桥面宽度计算桥内侧边缘曲线半径：

$$R''=125-4.55=120.45\mathrm{m}$$

(3)公路轴线处　　$L'=37.8+997.5+162/2=1116.3\mathrm{cm}$

(4)由弦线长 L' 计算弧线长 L

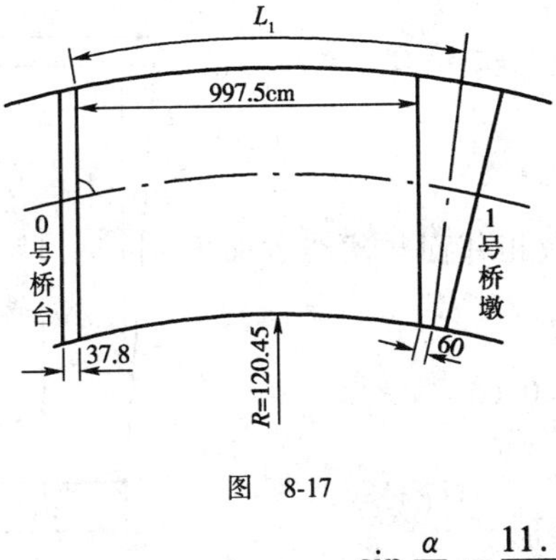

图 8-17

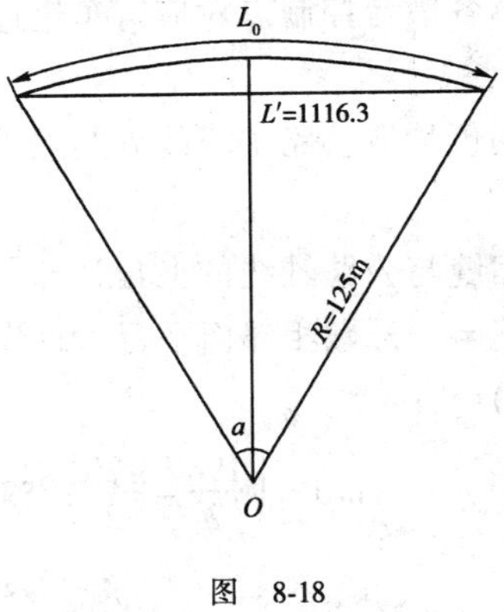

图 8-18

$$\sin\frac{\alpha}{2}=\frac{11.163}{2}\div125=0.0446$$

$$\frac{\alpha}{2}=\arcsin0.0446=2.559^{\circ}$$

$$\alpha=5.118^{\circ}$$

$$L=\alpha R\cdot\frac{\pi}{180}$$

$$=5.118\times125\times\frac{\pi}{180}$$

$$= 11.165\text{m}$$

$$= 1116.5\text{cm}。$$

3.第三孔 2 号墩中心至 3 号台伸缩缝的距离

方法同第一孔,3 号台拱座宽度为 34cm:

$$L'_3 = 81 + 997.5 + 34 = 1112.5\text{cm}$$

考虑弧线与弦线长度的差别:

$$\sin\frac{\alpha}{2} = \frac{11.125}{2} \div 125 = 0.0445$$

$$\frac{\alpha}{2} = \arcsin 0.0445 = 2.551°$$

$$\alpha = 5.1°$$

$$L = \alpha R \cdot \frac{\pi}{180} = 5.1 \times 125 \times \frac{\pi}{180} = 11.127\text{m}$$

4.桥梁总长(按公路中线方向)将各墩台之间距离及桥台长度相加

$$4.68 + 11.165 + 11.599 + 11.127 + 6.42 = 44.991\text{m}$$

5.确定各墩台控制桩号(公路中线处)

由桥梁中心桩号(外业确定)K0 + 710.85 推算。

桥梁起点桩号:K0 + 710.85 − 44.991/2 = K0 + 688.356

0 号台伸缩缝:K0 + 688.356 + 4.68 = K0 + 693.036

1 号墩中心线:K0 + 693.036 + 11.165 = K0 + 704.201

2 号墩中心线:K0 + 704.201 + 11.599 = K0 + 715.800

3 号墩伸缩缝:K0 + 715.800 + 11.127 = K0 + 726.927

桥梁终点:K0 + 726.927 + 6.42 = K0 + 733.347

6.计算各墩台控制点对应行车道边缘位置桩号

(1)起点

左右两侧均取公路中心线处起点桩号 K0 + 688.356。

(2)0 号台

①伸缩缝与公路轴线的夹角计算

伸缩缝与 1 号墩相邻面平行。首先计算 1 号墩相邻面与法线方向夹角(图 8-19):

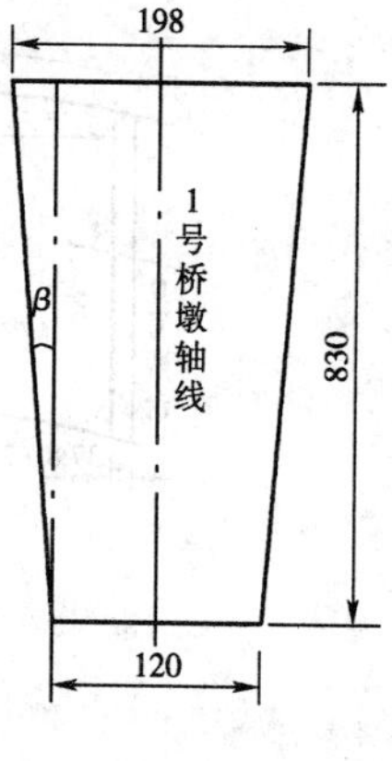

图 8-19

$$\tan\beta = \left(\frac{198}{2} - \frac{120}{2}\right)/830 = 39/830 = 0.05$$

$$\beta = 2.83°$$

②伸缩缝位置法线方向确定

从前面计算可知第一孔公路轴线弧长对应的圆心角 $\alpha = 5.118°$。由图中几何关系可知:

伸缩缝方向与桥台法线方向夹角 $\theta = \alpha - \beta = 5.118° - 2.83° = 2.287°$,则公路轴线与伸缩缝的夹角为 $90° + 2.287° = 92.287°$。

③行车道左边缘桩号

$$\text{K0} + 693.036 + 3.25 \times \tan 2.287° = \text{K0} + 693.162$$

④行车道右边缘桩号

$$K0+693.036-4.05\times\tan 2.287^\circ = K0+692.869$$

(3)1 号墩

墩轴线与平曲线半径方向重合,故左、右两侧里程桩号与公路中线桩号相同,均为 K0 + 704.201。

(4)2 号墩

墩轴线与平曲线半径方向重合,故左、右两侧里程桩号与公路中线桩号相同,均为 K0 + 715.800。

(5)3 号桥台

①伸缩缝与公路轴线夹角计算

伸缩缝与 2 号墩相邻面平行。首先计算 2 号墩相邻面与其轴线之间的夹角 β,其方法同 0 号台,得 $\beta=2.83^\circ$。

②伸缩缝位置法线方向确定

相对位置及几何关系如图 8-20 和图 8-21 所示。

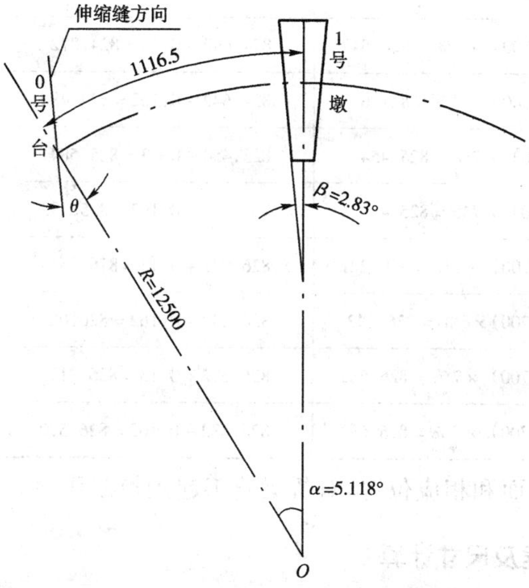

图 8-20

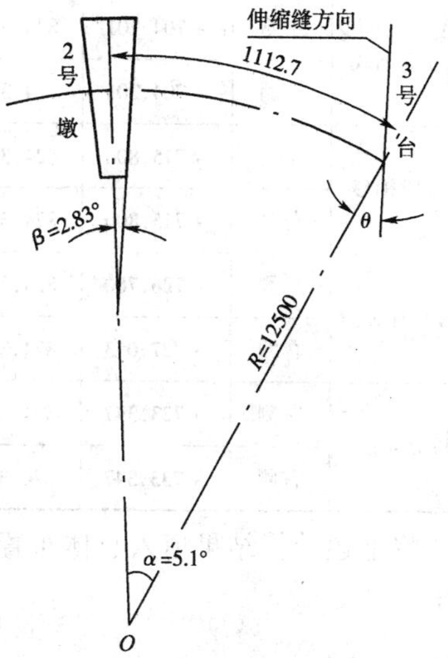

图 8-21

$$\theta=\alpha-\beta=5.1^\circ-2.83^\circ=2.27^\circ$$

则:伸缩缝与公路轴线方向的夹角为 $90^\circ-2.27^\circ=87.73^\circ$。

③行车道左边缘桩号

$$K0+726.927-3.25\times\tan 2.27^\circ = K0+726.760$$

④行车道右边缘桩号

$$K0+726.927+4.05\times\tan 2.27^\circ = K0+727.053$$

(6)桥梁终点

左、右两侧墙尾端均取公路轴线尾端处桩号:K0 + 733.347。

(二)桥面各控制点高程计算

依据该立交桥总体设计方案,本桥总体布置图上设计高程为桥面顶公路中线上的设计高程。由纵断面已知点 K0 + 700 处设计高程 824.348、桥上纵坡为 7% 推算桥梁起点高程为:

$$824.348-(700-688.356)\times 7\% = 824.348-0.815 = 823.533\text{m}$$

按此方法推算各控制点对应公路中线设计高程填入表 8-2 中。

本桥位于 $R = 125\text{m}$ 的圆曲线上，超高横坡 4%。桥面行车道左侧边缘距公路中心线 3.25m，右侧行车道边缘距公路中心线 4.05m。由此计算边缘相对公路中心线高差。

左侧边缘：$\Delta H = 3.25 \times 4\% = 0.13\text{m}$

右侧边缘：$\Delta H = -4.05 \times 4\% = -0.162\text{m}$

依次计算桥面各控制点设计高程，过程及结果见表 8-2。

桥面控制高程计算表 表 8-2

墩台号	位置	桩 号	对应路中线高程	控制点高程
桥梁起点	左侧	+688.356	824.348 − (700 − 688.356) × 7% = 823.533	823.533 + 0.13 = 823.663
	右侧	+688.356	824.348 − (700 − 688.356) × 7% = 823.533	823.533 − 0.162 = 823.371
0 号台伸缩缝	左侧	+693.162	824.348 − (700 − 693.162) × 7% = 823.869	823.869 + 0.13 = 823.999
	右侧	+692.869	824.348 − (700 − 692.869) × 7% = 823.849	823.849 − 0.162 = 823.687
1 号墩轴线	左侧	+704.201	824.348 + (704.201 − 700) × 7% = 824.642	824.642 + 0.13 = 824.772
	右侧	+704.201	824.348 + (704.201 − 700) × 7% = 824.642	824.642 − 0.162 = 824.480
2 号墩轴线	左侧	+715.800	824.348 + (715.8 − 700) × 7% = 825.454	825.454 + 0.13 = 825.584
	右侧	+715.800	824.348 + (715.8 − 700) × 7% = 825.454	825.454 − 0.162 = 825.292
3 号台伸缩缝	左侧	+726.760	824.348 + (726.760 − 700) × 7% = 826.221	826.221 + 0.13 = 826.351
	右侧	+727.053	824.348 + (727.053 − 700) × 7% = 826.242	826.242 − 0.162 = 826.080
桥梁终点	左侧	+733.347	824.348 + (733.347 − 700) × 7% = 826.682	826.682 + 0.13 = 826.812
	右侧	+733.347	824.348 + (733.347 − 700) × 7% = 826.682	826.682 − 0.162 = 826.520

将上述计算结果填入总体布置图立面和平面和相应位置，对桥梁施工起到控制作用。

四、墩台高程及尺寸计算

拱轴线选用圆弧线，拱腹线半径 $R = 6.25\text{m}$，拱圈厚度 0.45m，拱上侧墙最小高度 0.5m，路面选用 8cm 厚沥青混凝土。桥面超高横坡由填料厚度和侧墙高度调整形成。由超高拱坡 4% 推算左侧侧墙高度为：$50 + 730 \times 4\% = 79.2\text{cm}$。

由 $R = 625$，$L_0 = 1000$，求得：

$$f_0 = 625 - \sqrt{625^2 - 500^2} = 625 - 375 = 250\text{cm}$$

由于拱圈斜置，倾斜角度为 4°。所以垂直方向的净矢高：

$$f'_0 = f_0\cos4° = 250 \times \cos4° = 249.3\text{cm}$$

拱桥建筑高度为： $249.3 + 45 + 50 = 344.3\text{cm}$

1.计算各墩台起拱线高程

0 号台：由右侧行车道边缘高程减去拱桥建筑高度再加上由变形缝至拱脚水平距离的纵坡调整值，即为起拱线高程。

$$823.687 - 3.44 + 0.387 \times 0.07 = 820.279\text{m}$$

其他起拱线高程均可按纵坡度 7% 推算。

1 号墩左侧：　　820.279 + 9.975 × 0.07 = 820.977m

1 号墩右侧：　824.480 − 3.44 + 0.6 × 0.07 = 821.082m

2 号墩左侧：　　821.082 + 9.975 × 0.07 = 821.780m

2 号墩右侧：　825.292 − 3.44 + 0.6 × 0.07 = 821.894m

3 号台：　　821.894 + 9.975 × 0.07 = 822.592m

2.根据河床断面、地质情况及墩高确定墩台基础高程

该桥位为季节性小溪沟，过水量很小，根据外业调查无冲刷发生，故基底埋深满足持力层要求即可。拟定基底置于卵石层中，埋深不小于 2m。据此套用标准图，拟定 0 号台前墙高 1.8m，1 号墩右侧高度 2.6m，2 号墩右侧高度 3.0m，3 号台前墙高 3.5m，基础为一层式结构厚度选 2m，从而计算各墩台基顶及基底高程。

0 号台　基顶高程：820.279 − 1.8 = 818.479

　　　　基底高程：818.479 − 2.0 = 816.479

1 号墩　基顶高程：821.082 − 2.6 = 818.482

　　　　基底高程：818.481 − 2.0 = 816.481

2 号墩　基顶高程：821.894 − 3.0 = 818.894

　　　　基底高程：818.894 − 2.0 = 816.894

3 号台　基顶高程：822.592 − 3.5 = 819.092

　　　　基底高程：819.092 − 2.0 = 817.092

3.0 号台尺寸及工程数量计算

台顶高程为各控制点桥面高程减去桥面铺装层厚 0.08m。

(1)侧墙尾端顶面高程　左侧墙：　823.663 − 0.08 = 823.583

　　　　　　　　　　　右侧墙：　823.371 − 0.08 = 823.291

(2)侧墙变形缝处顶面高程　左侧墙：823.999 − 0.08 = 823.919

　　　　　　　　　　　　　右侧墙：823.687 − 0.08 = 823.607

将以上桥台顶面及基础高程数据填写于 0 号桥台一般构造物图上，对应相减，计算桥台各部分的高度尺寸。

(3)侧墙尾部高度　左侧墙：　823.583 − 818.479 = 5.104m = 510.4cm

　　　　　　　　　右侧墙：　823.219 − 818.479 = 4.74m = 474cm

(4)变形缝处侧墙高度　左侧墙：823.919 − 820.279 − 0.245 = 3.395m = 339.5cm

　　　　　　　　　　　右侧墙：823.607 − 820.279 − 0.245 = 3.083m = 308.3cm

(5)侧墙长度(由对应桩号相减计算)

　　左侧墙：(K0 + 693.162) − (K0 + 688.356) = 4.806m = 480.6cm

　　右侧墙：(K0 + 692.869) − (K0 + 688.356) = 4.513m = 451.3cm

(6)基础长度(按尾端坡度 8:1 推算)

　　左侧墙：480.6 + 37.8 + 20 − (510.4 − 50) ÷ 8 + 20 = 500.9cm

　　右侧墙：451.3 + 37.8 + 20 − (481.2 − 50) ÷ 8 + 20 = 475.2cm

(7)侧墙宽度：拟定侧墙顶宽为 75cm，内侧坡率 4:1，基础襟边宽 20cm，从而计算各部位宽度。

左侧墙：顶宽 75cm

底宽 75 + 510.4 ÷ 4 = 202.6cm 取 203cm

基础宽 202.6 + 40 = 242.6cm 取 243cm

右侧墙:顶宽 75cm

底宽 75 + 481.2 ÷ 4 = 195.3cm 取 195cm

基础宽 195 + 40 = 235cm

(8)基础总宽 870/cos2.2867° = 870.6cm

(9)将上述尺寸数值标注在 0 号台一般构造图上,左右侧数值用括号区分,括号外数值为桥台左侧墙尺寸,括号内数值为桥台右侧墙尺寸,据此按近似法求算 0 号桥台圬工体积:

台身 C25 混凝土:7.8m^3,M7.5 砂浆砌 30 号块石 86.4 m^3,基础用 15 号片石混凝土 67.6 m^3(计算过程从略)。

4.3 号桥台尺寸及工程数量计算

台顶高程为各控制点桥面高程减去桥面铺装层厚度 0.08m。

(1)侧墙尾端顶面高程　左侧墙:826.812 - 0.08 = 826.732

右侧墙:826.520 - 0.08 = 826.440

(2)侧墙变形缝处顶面高程　左侧墙:826.351 - 0.08 = 826.271

右侧墙:826.080 - 0.08 = 826.00

将以上桥台顶面及基础高程数据填写于 3 号台一般构造图上,对应相减,计算桥台各部分高度尺寸。

(3)侧墙尾部高度　左侧墙:826.732 - 819.103 = 7.629m = 762.9cm

右侧墙:826.440 - 819.103 = 7.337m = 733.7cm

(4)变形缝处侧墙高度

左侧墙:826.271 - 819.103 - 3.5 - 0.295 = 3.373m = 337.3cm,取 337cm

右侧墙:826.00 - 819.103 - 3.5 - 0.295 = 3.102m = 310.2cm,取 310cm

(5)侧墙长度(用相应桩号相减计算)

左侧墙:(K0 + 733.347) - (K0 + 726.760) = 6.587m = 658.7cm,取 659cm

右侧墙:(K0 + 733.347) - (K0 + 727.053) = 6.294m = 629.4cm,取 629cm

(6)基础长度(按尾端坡度 8:1 推算)

左侧墙:659 + 34 - 762.9/8 + 40 = 637.6cm,取 638cm

右侧墙:629 + 34 - 733.7/8 + 40 = 611.3cm,取 611cm

(7)侧墙宽度:拟定侧墙顶宽为 75cm,内侧坡率为 4:1,基础襟边宽度 20cm,从而计算各部位宽度。

左侧墙:顶宽 75cm;

底宽 75 + 762.9/4 = 265.7,取 266cm

基础宽 265.725 + 40 = 305.7,取 306cm

右侧墙:顶宽 75cm;

底宽 75 + 733.7/4 = 258.4,取 258cm

基础宽 258 + 40 = 298 取 298cm

(8)基础总宽度:　870/cos2.27° = 870/0.9992 = 870.7cm

(9)依据上述数值绘制 3 号台一般构造图(图 8-22),将尺寸标注于对应位置,左右侧墙数值用括号区分,括号外数值为桥台左侧墙数值,括号内数值为桥台右侧墙尺寸,据此按近似体积法计算 3 号台圬工体积。

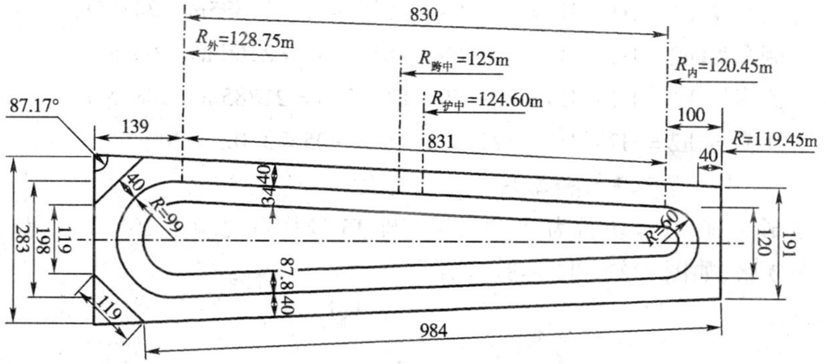

图 8-22

台身 C25 混凝土:10.4 m^3，M7.5 砂浆砌 30 号块石 220.2 m^3；

基础 C15 片石混凝土:97.0 m^3(计算过程从略)。

5.桥墩尺寸计算

(1)台身尺寸

根据桥梁总体布置图,上部结构拱圈宽度 8.30m,故桥墩轴线长 830cm,两端设成圆端形,由前面总体布置计算知:拟定小端顶部宽度 120cm,推算得大端轴线宽度 198cm,墩身采用垂直坡度,故墩底宽度与墩顶宽度相同。小端圆端形,半径 $R=60$cm,大端圆端形半径 $R=99$cm。

拱座宽度由拱圈厚度、净跨径及拱倾斜角计算确定,参见拱圈构造及台后排水构造图,左侧拱座宽度 37.8cm,右侧拱座宽度 34cm。

(2)基础尺寸

①小端宽度

按平曲线半径推算基础小端宽度为:

$$120-2\times100\tan2.83°+2\times40/\cos2.83°=191\text{cm}$$

(桥墩边缘线与轴线夹角为 2.83°,计算见图 8-8;基础内边缘距桥边缘 60 + 40 = 100cm)

②大端宽度

襟边宽度仍选用 40cm,大端边线距桥边缘线 99 + 44 = 139cm,则大端宽度为:

$$198+2\times139\tan2.83°+2\times40/\cos2.83°=198+13.7+80.2=291.9\text{cm}$$

$$\text{基础边角}=90°-2.83°=87.17°$$

由于该角为锐角,受力不利,易产生边角折断,故设倒角使其变成钝角,同时减小工程数量。拟定设倒角后大端直线段长 119cm,虚线三角形的等腰边长为:291.9/2 − 119/2 = 86.45,另两个角为(180° − 87.17°)/2 = 46.42°,由正弦定律求倒角斜边长:

$$\frac{a}{\sin87.17°}=\frac{86.45}{\sin46.42°}$$

$$a=\frac{\sin87.17°}{\sin46.42°}\times86.45=\frac{0.99878}{0.7244}\times86.45=119.2,\text{取 }119\text{cm}$$

桥墩斜边总长为(830 + 100 + 139)/ cos2.83° = 1069/0.9987 = 1070.4cm;大端设倒角后斜边长度为 1070.4 − 86.45 = 983.9,取 984cm。

(3)墩身高度

参见桥墩一般构造图,设定墩帽左右侧高程分别为 H1,H2,基础顶面高程 H3,基底高程

H4,代入前面已计算确定的数据,计算各墩高度如下。

1 号墩：左侧高度 h1 = H1 - H3 = 820.977 - 818.492 = 2.485m = 248.5cm

右侧高度 h2 = H2 - H3 = 821.092 - 818.492 = 2.60m = 260cm

2 号墩：左侧高度 h1 = H1 - H3 = 821.79 - 818.905 = 2.885m = 288.5cm

右侧高度 h2 = H2 - H3 = 821.905 - 818.905 = 3.0m = 300cm

6.依据上述尺寸计算 1、2 号桥墩圬工数量总计

墩身 M7.5 砂浆砌 40 号块石为 93.0 m^3;基础 15 号片石混凝土 101.0 m^3(计算过程从略)。

附:施工图 9 张,如图 8-23 ~ 图 8-31 所示。

目　录

序号	图　名	图　号
1	设计说明	SL—3—1
2	全桥工程数量表	SL—3—2
3	桥型布置图	SL—3—3
4	拱圈构造及台后排水图	SL—3—4
5	桥墩一般构造图	SL—3—5
6	0号桥台一般构造图	SL—3—6
7	3号桥台一般构造图	SL—3—7
8	防撞护栏及其预埋钢筋构造图	SL—3—8
9	锥坡一般构造图	SL—3—9

说　明

一、技术指标

1. 设计荷载：公路—II级
2. 跨径：3×10m
3. 矢跨比：1/4

二、主要材料

1. 拱　圈：C20混凝土
2. 拱上侧墙：M7.5砂浆砌40号块石
3. 护　拱：M7.5砂浆砌40号片石
4. 墩　台：M7.5砂浆砌40号块石
5. 基　础：15号片石混凝土

三、设计要点

1. 本设计参照《公路桥涵标准图—弯石拱桥》(JT/GQB 031-75)进行设计。
2. 拱圈与墩台的连接采用拱圈两端的起拱线互相平行的布置方案，正拱斜置。
3. 防撞护栏在全桥范围内设置，在两墩台变形缝处断开。

四、施工要点

1. 拱圈混凝土应自两侧拱脚向拱顶对称、连续地浇筑，并在拱脚处混凝土初凝以前完成。如预计不能在限定的时间内完成，则须在拱脚处留一隔缝于最后浇筑。缝面应垂直于拱轴线。
2. 砌筑墩台帽时，应特别注意在与拱圈的连接处，采用特殊的五角石（或五边形水泥混凝土预制块），也可采用现浇混凝土。
3. 卸落拱架应在桥台台后填土按要求完成，能保证桥台有足够抵抗水平推力的作用后才能进行。卸架时应对称、均匀、缓慢、分次进行。
4. 圬工砌体应错缝交马，座浆挤实，堵漏勤养。
5. 其他未尽事宜，按中华人民共和国交通部部标准《公路桥涵施工技术规范》办理。

小桥设计示例(三)	3×10m弯拱桥	图纸目录及设计说明	设计	×××	复核	×××	审核	×××	图号	SL-3-1	比例	无	×××公路勘察设计院

图　8-23

全桥主要工程数量表

项目 \ 工程数量 \ 材料名称		圬工数量(m³)				钢筋(kg)		混凝土(m³)		路面(m²)	泄水管 ϕ110×85(套)	碎石砂砾(m³)	黏土(m³)	钢材(kg)	挖基(m³)		锥心填土(m³)	备注
		M7.5砂浆砌40号块石	M7.5砂浆砌40号片石	15号片石混凝土	25号片石	R235	HRB335	C25	C20						土	石		
上部构造	主拱圈								138.2									
	小拱圈																	
	护拱		43.0															
	横墙																	
	侧墙	8.7						53.9										
	拱上填料											620.4						
	人行道																	
	桥面铺装									328.4	6							
下部构造	墩台身	399.6						18.2										
	基础			265.6											170.0	344.3		
	台后排水				4.4							14.9	12.4					
锥坡	锥坡		34.5									13.8					207.6	
	基础		27.3												40.9			
防撞护栏						566.2	3913.6	26.0						1788.3				
合计		408.3	104.8	265.6	4.4	566.2	3913.6	98.1	138.2	328.4	6	649.1	12.4	1788.3	210.9	344.3	207.6	

附注：拱上填料工程数量中包含台后填料。

小桥设计示例(三)	3×10m 弯拱桥	全桥工程数量表	设计	×××	复核	×××	审核	×××	图号	SL-3-2	比例	无	×××公路勘察设计院

图 8-24

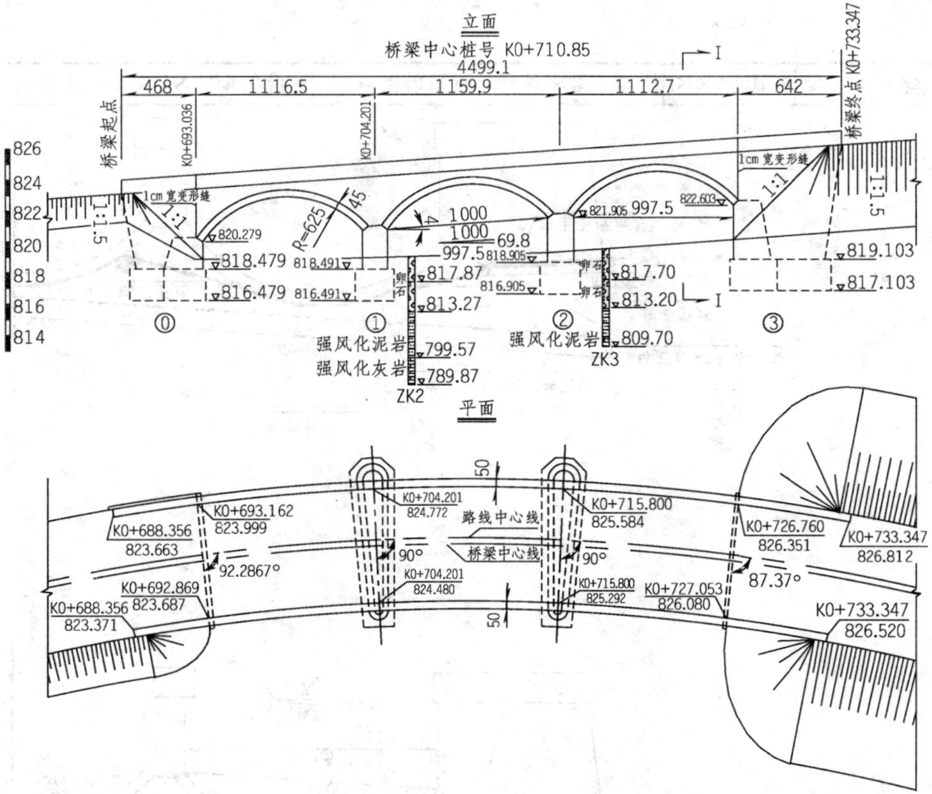

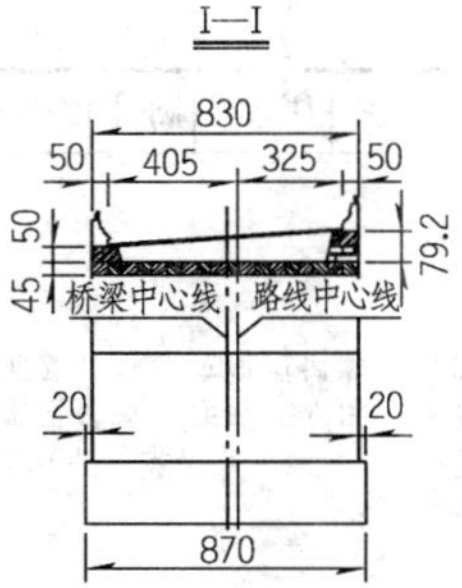

附注：

1. 图中尺寸除高程以 m 计外，其余均以 cm 为单位。
2. 本桥平面位于 R=125m 的平曲线上，超高横坡为 4%；纵面位于 7% 的纵坡上。
3. 本桥采用主拱圈斜置的设计方案，即以两拱脚连线中点为基点，将拱圈旋转至与路线设计纵坡相适应的角度。本设计为 4° 。
4. 本桥墩台基础设置于河卵石上，设计要求桥台基底承载力不低于 300kPa，桥墩基底承载力不低于 400kPa，开挖后若发现地质与实际情况不符，可在有关技术人员指导下依照《公路桥涵施工技术规范》对地基进行处理。
5. 防撞护栏在全桥范围内设置。拱上侧墙及桥台侧墙上部 50cm 范围内用 C25 号混凝土浇注，并与防撞护栏形成整体。
6. 三视图中锥坡未示，详见《锥坡构造图》。
7. 下示栏内设计高程指桥面公路中线上相应位置的设计高程。

设计高程	
坡度 / 坡长	7% / 440(m)
地面高程	
桩号	

小桥设计示例(三)	3×10m 弯拱桥	桥梁总体布置图	设计	×××	复核	×××	审核	×××	图号	SL-3-3	比例	1:250	×××公路勘察设计院

图 8-25

拱圈构造图

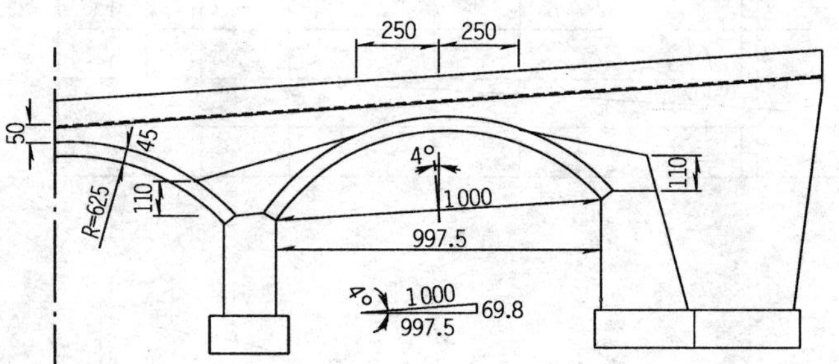

桥面构造图 1:100

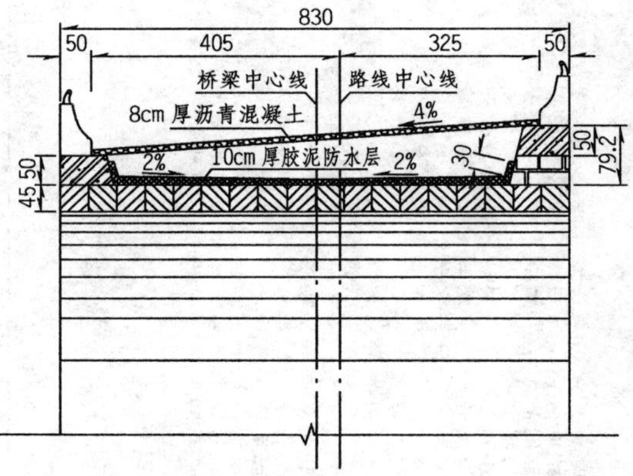

排水构造图

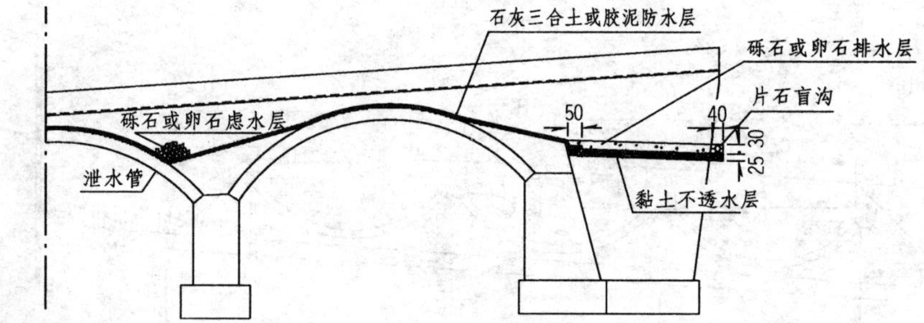

附注：

1. 图中尺寸均以 cm 为单位。
2. 拱上填料可采用矿渣、碎砖、砂砾、卵石等。
3. 片石盲沟顶面及外侧面应向内铺草皮，以利排水。

小桥设计示例(三)	3×10m 弯拱桥	拱圈构造及台后排水图	设计	×××	复核	×××	审核	×××	图号	SL-3-4	比例	1:200	×××公路勘察设计院

图 8-26

立　面

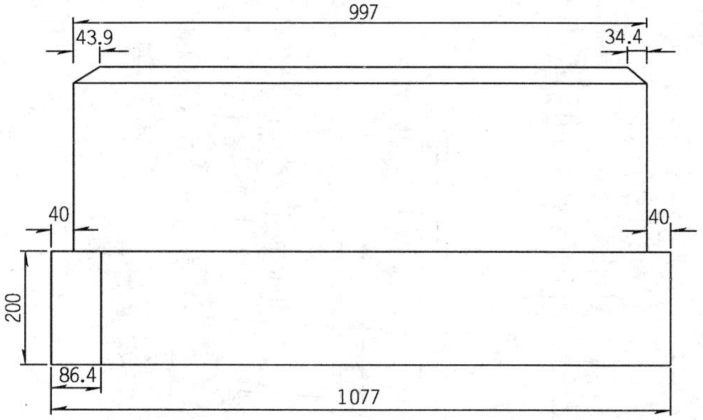

I—I

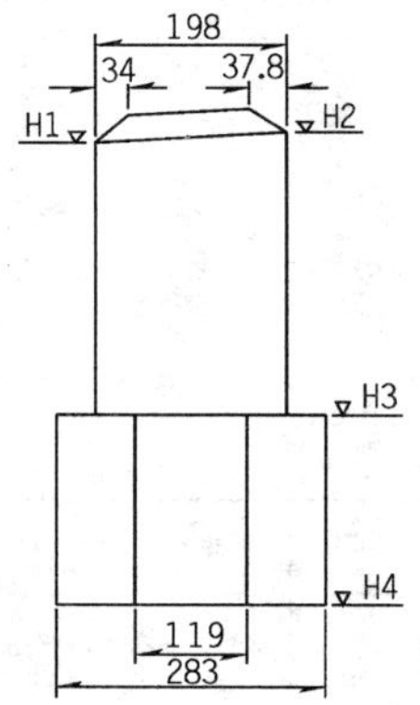

II—II

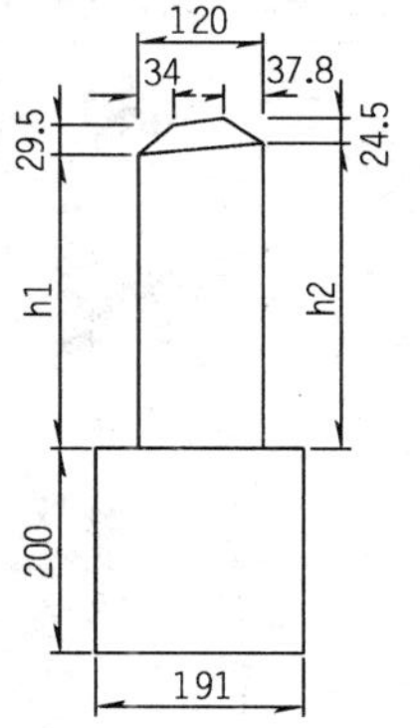

平　面

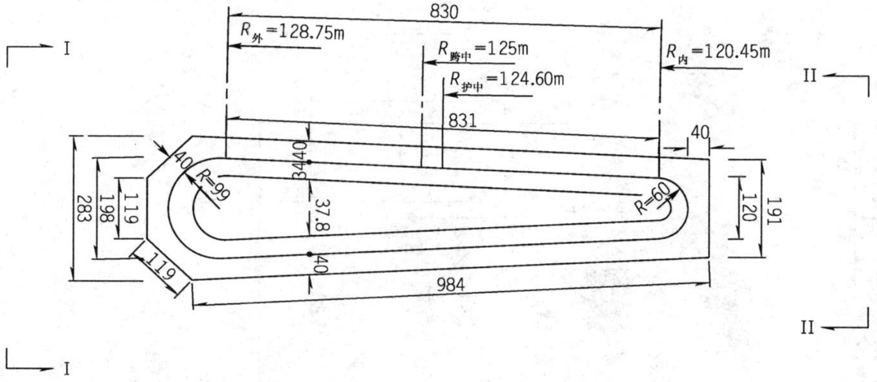

尺寸及高程表

墩号	h1	h2	H1	H2	H3	H4
1	248.5	260	820.977	821.092	818.492	816.492
2	288.5	300	821.790	821.905	818.905	816.905

1.2 号桥墩工程数量表

项目	材　料	单位	数量
墩身	M7.5 砂浆砌 40 号块石	(m^3)	93.0
基础	15 号片石混凝土	(m^3)	101.0

附注：本图尺寸除高程以 m 为单位外，其余均以 cm 为单位。

小桥设计示例(三)	3×10m 弯拱桥	桥墩一般构造图	设计	×××	复核	×××	审核	×××	图号	SL-3-5	比例	1:100	×××公路勘察设计院

图　8-27

立 面

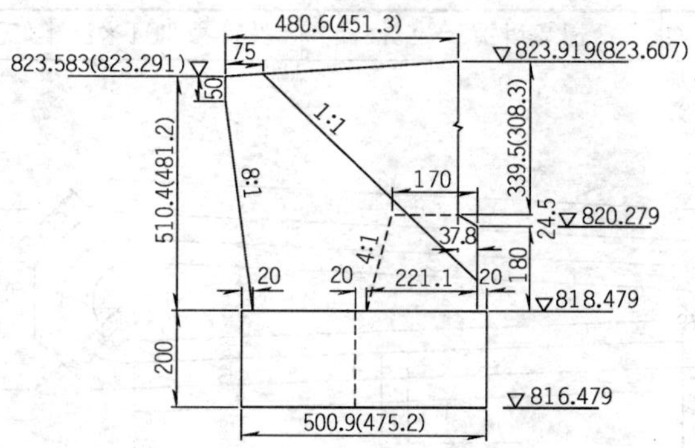

I—I

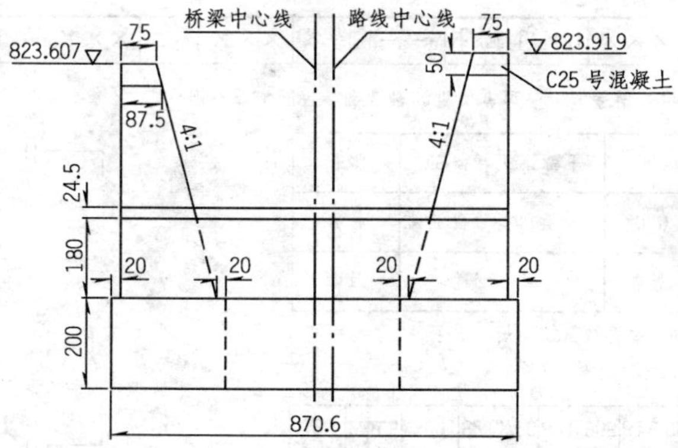

平 面

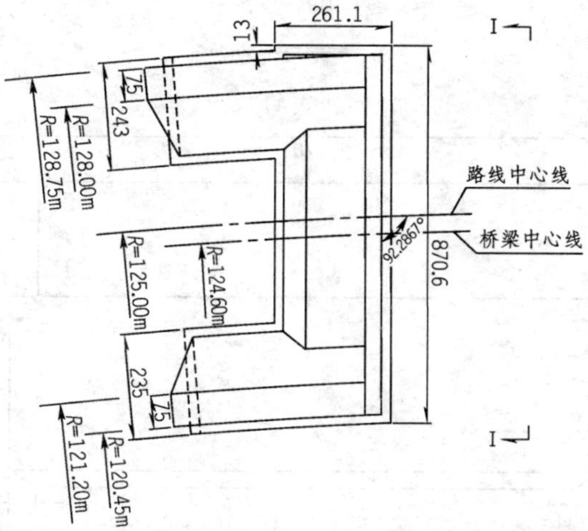

0 号桥台工程数量表

项目	材　料	单位	数量
台身	C25 混凝土	m^3	7.8
	M7.5 砂浆砌 30 号块石	m^3	86.4
基础	15 号片石混凝土	m^3	67.6

附注：

1. 本图尺寸除高程以 m 为单位外，其余均以 cm 为单位。
2. 图中括号外数字为桥台左侧侧墙尺寸，括号内数字为桥台右侧侧墙尺寸。

小桥设计示例(三)	3×10m弯拱桥	0号桥台一般构造图	设计	×××	复核	×××	审核	×××	图号	SL-3-6	比例	1:100	×××公路勘察设计院

图 8-28

立 面

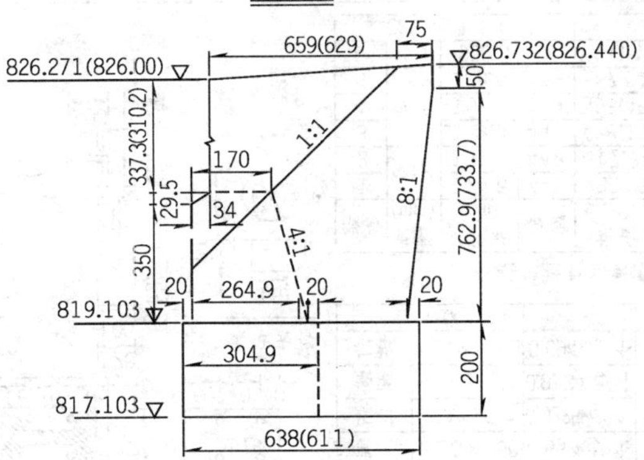

I—I

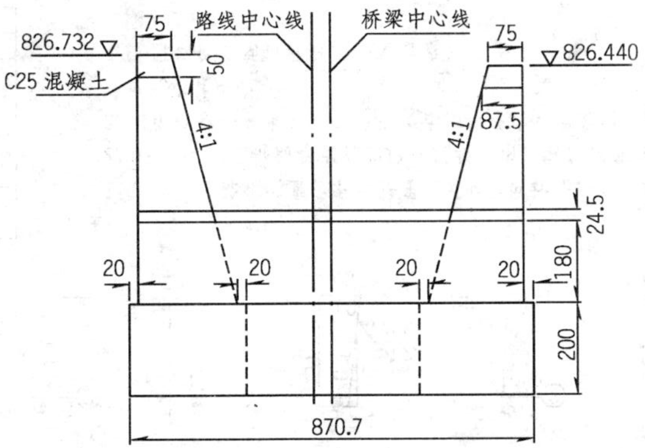

平 面

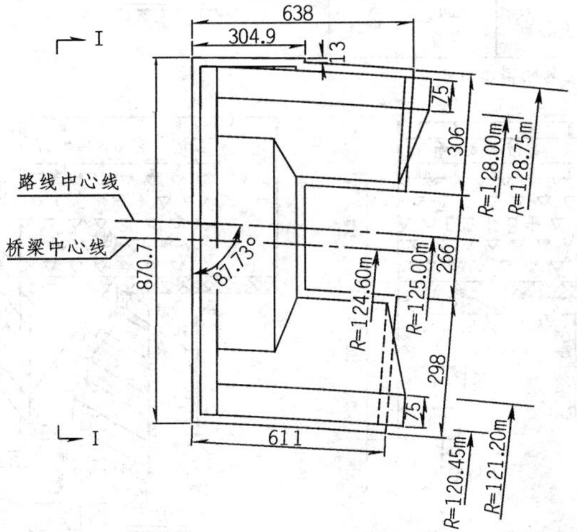

3 号桥台工程数量表

项目	材　料	单位	数量
台身	C25 混凝土	m³	10.4
	M7.5 砂浆砌 30 号块石	m³	220.2
基础	15 号片石混凝土	m³	97.0

附注：

1. 本图尺寸除高程以 m 为单位外，其余均以 cm 为单位。
2. 图中括号外数字为桥台左侧侧墙尺寸，括号内数字为桥台右侧侧墙尺寸。

小桥设计示例(三)	3×10m 弯拱桥	3号桥台一般构造图	设计	×××	复核	×××	审核	×××	图号	SL-3-7	比例	1:100
×××公路勘察设计院												

图 8-29

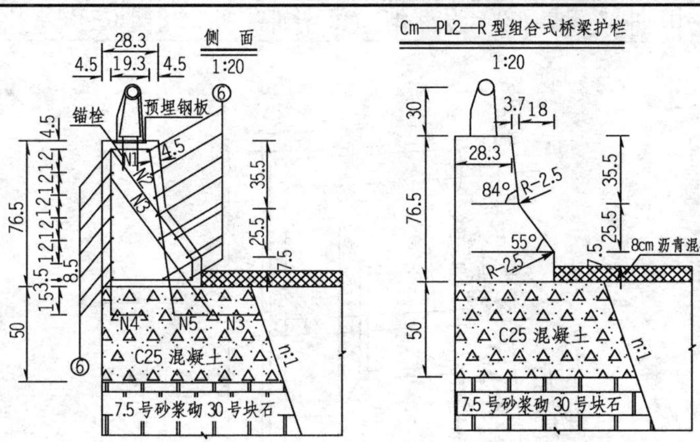

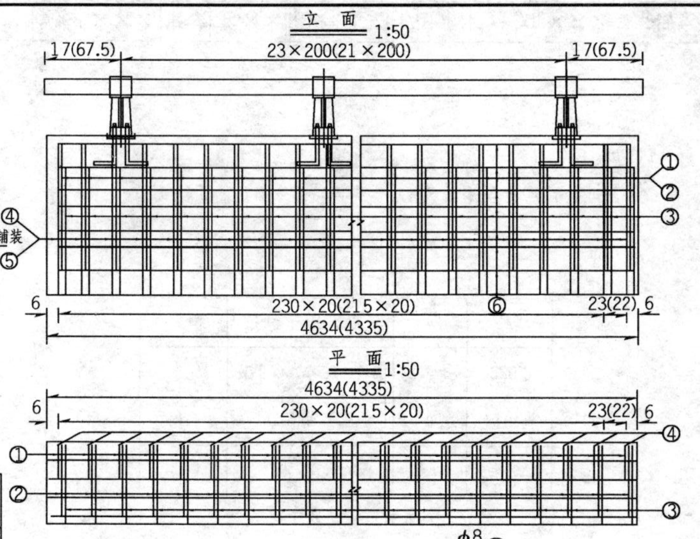

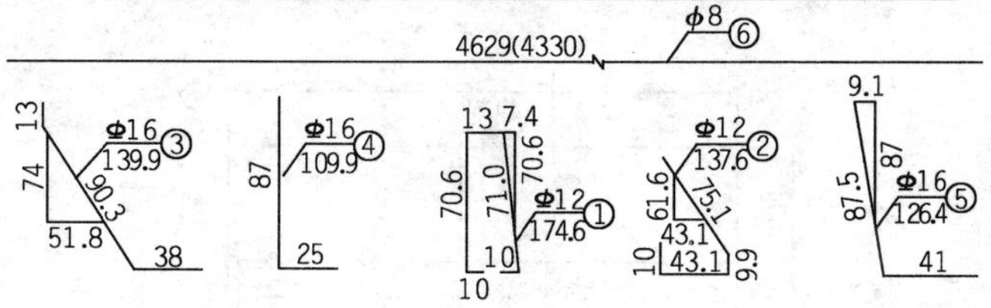

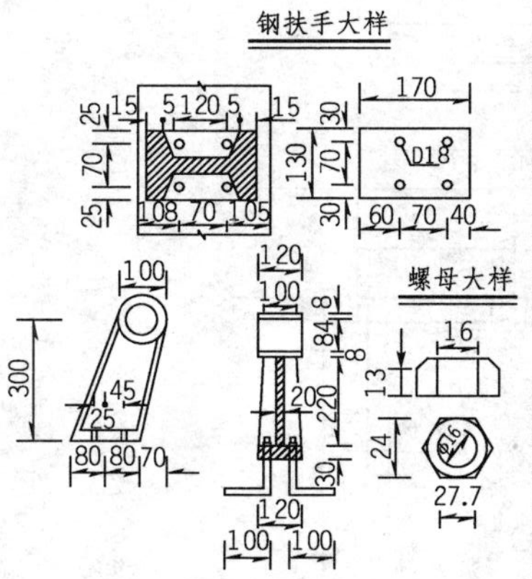

全桥护栏钢材数量表

材料	规格 (mm)	单位重	件数或长度	质量 (kg)
铸钢支架	ZG25	21.21kg/个	46	975.66
钢管	ϕ80×4	7.45kg/m	89.69	668.19
高强螺栓	ϕ16×350	0.552kg/个	184	101.57
螺母	AM16	0.0325kg/个	184	5.98
垫圈	ϕ16	0.0134kg/个	368	4.93
钢板	□130×4×170	0.694kg/个	46	31.92
合计 (kg)		1788.25		

全桥护栏材料数量表

编号	直径 (mm)	单根长 (cm)	根数	共长 (m)	共重 (kg)	总重 (kg)
1	Φ12	174.6	449	783.95	696.15	1244.8
2		137.6	449	617.82	548.63	
3	Φ16	139.9	449	628.15	992.48	2668.8
4		109.9	449	493.45	779.65	
5		126.4	449	567.54	896.71	
6	ϕ8	8950.0	16	1433.44	566.2	566.2
C25 混凝土 (m^3)				26.0		

附注:

1. 图中尺寸除钢筋直径和钢扶手尺寸以 mm 计外，其余均以 cm 为单位。
2. N3、N4、N5 钢筋预埋在侧墙顶混凝土内，其他钢筋在现浇护栏时架立。
3. 图中括号外数字为外侧护栏尺寸，括号内数字为内侧护栏尺寸，无括号者数字共用。
4. 外露钢件涂两道红丹，一道面漆。

小桥设计示例(三)	3×10m弯拱桥	防撞护栏钢筋构造图	设计	×××	复核	×××	审核	×××	图号	SL-3-8	比例	见图	×××公路勘察设计院

图 8-30

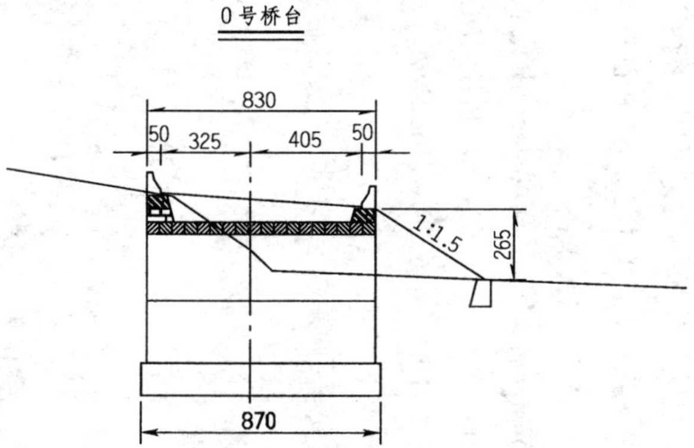

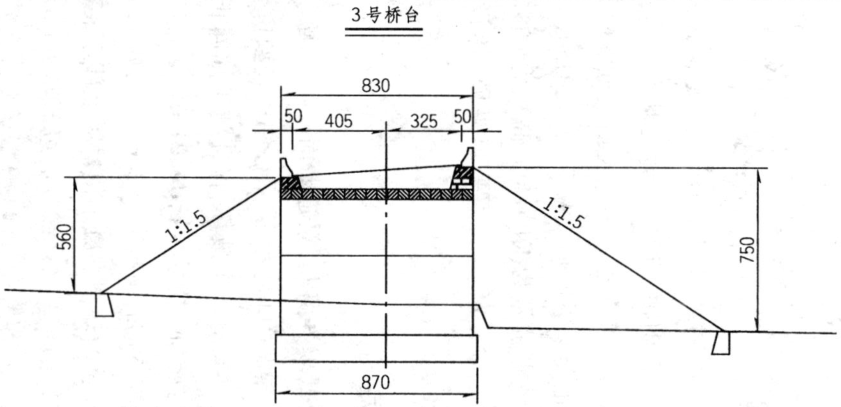

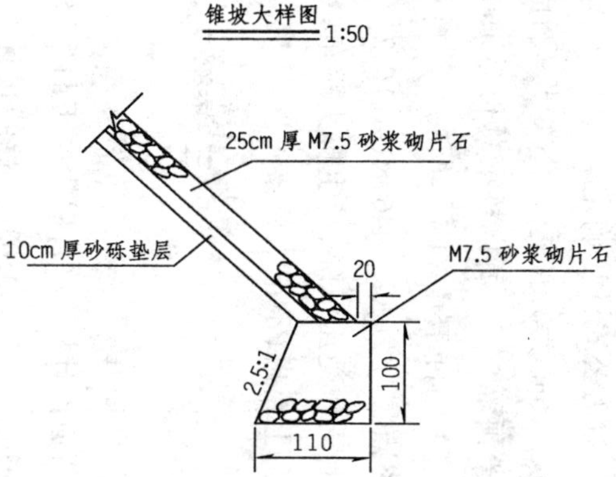

防护工程数量表（全桥）

项目	M7.5 砂浆砌 30 号片石 (m^3)	砂砾 (m^3)	锥心填土 (m^3)	挖土方 (m^3)
护坡	34.5	13.8	207.6	
基础	27.3			40.9
合计	61.8	13.8	207.6	40.9

附注：

1. 图中尺寸均以 cm 计。
2. 锥坡底线用纵横等分法放样施工。
3. 实地局部地形若与本图不符，可在技术人员指导下修改本设计。

小桥设计示例(三)	3×10m 弯拱桥	桥台锥坡构造图	设计	×××	复核	×××	审核	×××	图号	SL-3-9	比例	1:200	×××公路勘察设计院

图 8-31

示例(四) 1×13m 简支板桥

一、桥梁概况

该桥位于西北地区黄土高原某二级公路上,路线正交跨越一条农业灌溉渠,渠底宽 5m,顶口宽 12m,渠深 2.8m。渠底及两岸边坡均已采用浆砌片石砌护。桥位区地层基本稳定,为第四纪黄土层,厚度超过 40m。主要为上更新统离石黄土和马兰黄土。表层土质为低液限黏土。区域地震烈度为 7°。桥梁位于直线路段,与水流方向正交。纵断面上位于 $R=13150.03\text{m}$ 的凸型竖曲线上,前坡为 +3.1%,后坡为 +1.427%,变坡点桩号为 K1+440,高程为 403.05m。渠道水流量稳定,无冲刷和淤积。最高水位可人工控制。桥周围为平坦果园,建设场地充裕。

二、桥型方案拟定

桥位处于平原微丘区,地形较为平坦,路线设计为低填方路基,渠道断面不可压缩。针对这种地形条件,拟选用梁桥结构。跨径选为 13m,稍大于渠顶口宽度,采用桩柱式轻型桥台,桩身置于两岸土体中。选用钻孔灌注桩,减少开挖,避免对渠道产生破坏,保证施工期间正常供水。桥梁与路基同宽,为净—11+2×0.5 防撞护栏,总宽 12m,桥梁全长 16.24m。

上部结构为 1—13m 装配式钢筋混凝土空心板,板厚 55cm,中板宽 1.25m,边板宽 1.375m,外悬 25cm 翼板,采用预制安装方法施工,由铰缝钢筋和桥面现浇混凝土使桥梁上部连成整体。全桥用中板 7 块,边板 2 块。桥面横坡 2%,由桥面铺装层调整 1%(铺装层边部厚 10cm,中部厚 16cm),其余 1% 由台帽顶横坡调整。

下部结构选用桩柱式桥台。由于本桥桥面设计高程与地面高差很小,台帽置于地面以下土体中,因此桩柱式桥台仅由钻孔桩及台帽(盖梁)两部分组成。按照使盖梁受力均衡,正负弯矩基本相等的原则,布设桩位,每个桥台均为单排桩,一排布三根,桩径 1.2m,桩中心距 4.2m,桩长由摩擦桩承载力公式计算确定。

台帽耳墙长 1.6m,为方便施工,按矩形设计,厚度 25cm。伸缩缝总宽度 4cm,由梁长调整 2cm,中心至台背预留 2cm。所以桥梁总长为 160+2+1300+2+160=1624cm。桥梁中心桩号即为被跨越渠道中心桩于号 K1+446.80。故桥梁起点桩号为 K1+446.80−(16.24/2)= K1+438.68。桥梁终点桩号为 K1+446.80+(16.24/2)= K1+454.92。

为防止台后土体受压沉降,产生桥头跳车,影响行车安全,两岸桥台均设 5m 长台后搭板,未在总体布置图上绘出,不记入桥梁长度。

三、桥梁控制高程计算

(一)桥面控制高程

由路线纵断面设计资料知,桥梁位于凸型竖曲线上,$i_1=3.1\%$,$i_2=1.427\%$,变坡点 K1+440,高程 403.05m,$R=13150.03\text{m}$。路线设计高程为公路中线高程。

$$\omega = |i_1 - i_2| = |0.031 - 0.01427| = 0.0167$$

$$L = R \cdot \omega = 13150.03 \times 0.0167 = 220.00\text{m}$$

$$T = \frac{L}{2} = \frac{220}{2} = 110.00\text{m}$$

所以竖曲线起点为：K1 + 440 − 110.00 = K1 + 330.00

竖曲线终点为：　K1 + 440 + 110.00 = K1 + 550.00

桥梁起终点均在竖曲线范围之内，故应按竖曲线公式计算桥面高程。

0 号台伸缩缝中心线桩号：$K1 + 446.80 - \frac{13.0}{2} = K1 + 440.30$

1 号台伸缩缝中心线桩号：$K1 + 446.80 + \frac{13.0}{2} = K1 + 453.30$

桥面横坡为 2%，行车道宽 11.0m，则左右两侧行车道边缘与桥梁中线的高差为：

$$\Delta H = \frac{11.0}{2} \times 0.02 = 0.11\text{m}$$

各控制点高程计算如表 8-3 所示。

桥面控制点高程计算　　表 8-3

位置	桩号	距竖曲线起点或终点距离 a	修正前高程 H'	修正值 $Y = \frac{x^2}{2R}$	中线设计高程 $H - Y$
0 号	+440.30	550.00 − 440.30 = 109.7	403.05 + (440.3 − 440) × 1.427% = 403.054	$\frac{109.7^2}{2 \times 13150.03} = 0.458$	403.054 − 0.458 = 402.597
1 号	+453.30	550.00 − 453.30 = 96.7	403.05 + (453.3 − 440) × 1.427% = 403.240	$\frac{96.7^2}{2 \times 13150.03} = 0.356$	403.240 − 0.356 = 402.884

(二)台帽高程

台帽高程以桥梁中线高程进行推算。

桥面铺装层厚 16 + 6 = 22cm，预制板厚 55cm，橡胶支座厚 2.8cm，垫石中心高 4cm，为使支座安装保持水平，板底与支座顶密切接触，受力均匀，在每块预制板两端设 30cm 长坡垫，坡垫同时满足纵向坡度和横向坡度的要求，如图 8-32 所示。坡垫的纵坡及四个边角厚度计算如下。

$$i_1 = \frac{402.884 - 402.597}{13.0} \times 100 = 2.08\%$$

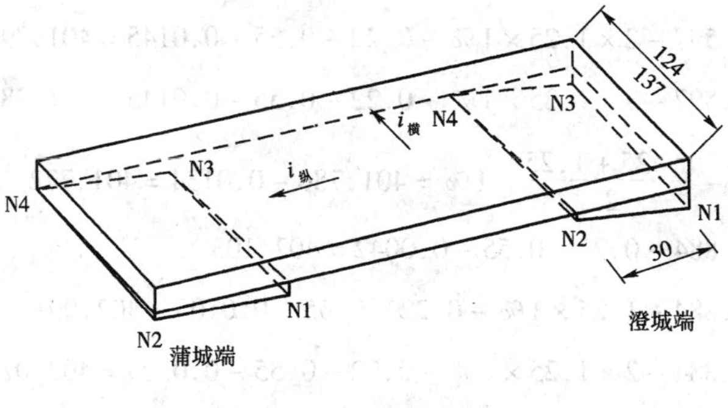

图 8-32　预制板设置坡垫示意图

5 号板：横向为水平状态

$$N2 = N4 = 0.000$$

$$N1 = N3 = 0.3 \times 2.08\% = 0.007$$

其他板块：

$$N2 = 1.25 \times 1\% = 0.012$$

$$N3 = 0.3 \times 2.08\% = 0.007$$

$$N1 = N2 + N3 = 0.019$$

坡垫中心厚度：

5 号板(最中间一块中板)　　$\Delta = \frac{0.007}{30} \times 18 = 0.0042\text{m}$

其他板块

0 号台处：$\Delta = 0.012 + \frac{0.007}{30} \times 18 - \frac{1}{4} \times 0.007 = 0.0162 - 0.00175 = 0.0145\text{m}$

1 号台处：$\Delta = 0.019 - \frac{0.007}{30} \times 18 - \frac{1}{4} \times 0.007 = 0.0131\text{m}$

如桥台一般构造图所示，盖梁厚 100cm，用其调整横坡 1%，则其中部厚度为：

$$100 + 600 \times 1\% = 106\text{cm}$$

用 H 1、H 2、H3 分别表示盖梁中心、两端和底端高程，分别计算如下。

0 号台：$H1 = 402.597 - 0.22 - 0.55 - 0.028 - 0.0042 - 0.04 = 401.757$

$$H2 = H1 - \frac{11.6}{2} \times 1\% = 401.757 - 0.058 = 401.699$$

$$H3 = H1 - 1.06 = 401.757 - 1.06 = 400.697$$

1 号台：$H1 = 402.884 - 0.22 - 0.55 - 0.028 - 0.0042 - 0.04 = 402.044$

$$H2 = H1 - \frac{11.6}{2} \times 1\% = 402.044 - 0.058 = 401.986$$

$$H3 = H1 - 1.06 = 402.044 - 1.06 = 400.984$$

将以上数据填写在《桥台一般构造图》的高程表中，以指导施工。

(三)支座顶面高程

为方便计算和施工，将各个桥台支座由两边向中间编号为 1 号 ~ 5 号。如《防震锚栓、支座位置示意图》所示，高程代号 H 1、H2、H3、H4、H5 表示。

注意 5 号中板与其他各板块的块端坡垫厚度不同，Δ 值应区别代入。

0 号台：$H5 = 402.597 - 0.22 - 0.55 - 0.0042 = 401.823$

$$H4 = 402.597 - 1.25 \times 1\% - 0.22 - 0.55 - 0.0145 = 401.811$$

$$H3 = 402.597 - 2 \times 1.25 \times 1\% - 0.22 - 0.55 - 0.0145 = 401.798$$

$$H2 = 402.597 - 3 \times 1.25 \times 1\% - 0.22 - 0.55 - 0.0145 = 401.786$$

$$H1 = H2 - \frac{1.425 + 1.25}{2} \times 1\% = 401.786 - 0.0134 = 401.772$$

1 号台：$H5 = 402.884 - 0.22 - 0.55 - 0.0042 = 402.103$

$$H4 = 402.884 - 1.25 \times 1\% - 0.22 - 0.55 - 0.0105 = 402.091$$

$$H3 = 402.884 - 2 \times 1.25 \times 1\% - 0.22 - 0.55 - 0.0105 = 402.078$$

$$H2 = H3 - 1.25 \times 1\% = 402.078 - 0.0125 = 402.066$$

$$H1 = H2 - \frac{1.425 + 1.25}{2} \times 1\% = 402.066 - 0.0134 = 402.052$$

将以上数据填入《防震锚栓、支座位置示意图》中支座顶面高程表作为施工控制依据。

四、桩长计算及桩内配筋

(一)恒载分析计算

1.上部恒载

(1)桥面铺装

沥青混凝土：　　$11.0\times13.0\times0.06\times23.0=197.34\text{kN}$

钢筋混凝土桥面铺装及铰缝见《现浇整体化桥面板钢筋混凝土构造图》:

桥面混凝土 20.28m^3，铰缝混凝土 $6.884\ \text{m}^3$，共计 $20.28+6.884=27.164\ \text{m}^3$

重力：$27.164\times25=679.10\text{kN}$

桥面铺装总重：　$G_1=197.34+679.10=876.44\ \text{kN}$

(2)防撞护栏

见《护栏钢筋构造图》，一孔桥护栏用 C30 混凝土 $7.1\ \text{m}^3$：

$$G_2=7.1\times25=177.5\ \text{kN}$$

(3)预制板

每块中板混凝土为 $4.956+0.119=5.075\ \text{m}^3$，全桥 7 块中板：

$$5.075\times7=35.525\ \text{m}^3$$

每块边板为 $6.681+0.119=6.8\ \text{m}^3$，全桥用 2 块边板，即：

$$6.8\times2=13.6\ \text{m}^3$$

$$G_3=(35.525+13.6)\times26=1277.25\ \text{kN}$$

(4)上部恒载总量

$$G_{上}=G_1+G_2+G_3=876.44+177.5+1277.25=2331.19\ \text{kN}$$

分摊到每个桥台：　$N'_{上}=\dfrac{2331.19}{2}=1165.6\ \text{kN}$

每个桥台布设有 3 根桩，每根桩承担的上部恒载为：

$$N_{上}=\frac{1165.6}{3}=388.53\ \text{kN}$$

2.下部恒载

(1)盖梁：$G_1=\dfrac{1}{2}(1.0+1.06)\times1.4\times12.0\times25=432.6\ \text{kN}$

(2)背墙：$G_2=(0.3\times0.4+0.38\times0.55)\times12.0\times25=98.7\ \text{kN}$

(3)耳墙：$G_3=1.6\times1.92\times0.25\times2\times25=38.4\ \text{kN}$

(4)桩重

假定桩长 16m，按规范桩身重力按一半计算，桩径 1.2m，成孔直径为 1.3m，则：

$$G_4=\frac{1}{2}\times\frac{\pi\cdot d^2}{4}\times H\times25=\frac{1}{2}\times\frac{\pi\times1.3^2}{4}\times16\times25=\frac{1}{2}\times21.23\times25=265.33\text{kN}$$

每个桥台布 3 根桩，作用在每根桩上的下部结构恒载为：

$$N_{下}=\frac{1}{3}(G_1+G_2+G_3)+G_4=\frac{1}{3}(432.6+98.7+38.4)+265.33=455.23\text{kN}$$

3.一根桩上承受的恒载合计

$$N_{恒}=N_{上}+N_{下}=388.53+455.23=843.76\text{kN}$$

(二)活载分析计算

按公路 II 级荷载标准进行设计，根据《公路钢筋混凝土及预应力混凝土桥涵设计规范》

(JTG D62—2004)规定，均布荷载标准值：

$$q_K = 10.5 \times 0.75 = 7.875\ \text{kN/m}$$

集中荷载值 P_K 内插计算，当 $L = 5\text{m}$ 时，$P_K = 180\text{kN}$；$L = 50\text{m}$ 时，$P_K = 360\text{kN}$；本桥 $L = 13\text{m}$，则：

$$P_K = 180 + \frac{360 - 180}{50 - 5} \times (13 - 5) = 180 + 32 = 212\text{kN}$$

桥面宽 11.0m，则设计车道数为 $n = 3$，横向折减系数 $\xi = 0.78$。本桥为简支梁桥，结构的自振频率为：

$$f_1 = \frac{\pi}{2L_0^2} \cdot \sqrt{\frac{EI_C}{M_C}}$$

式中：L_0——结构的计算跨径，$L_0 = 12.96 - 2 \times 0.18 = 12.6\text{m}$；

E——结构材料的弹性模量，C 30混凝土 E 取 $3 \times 10^{10}\text{N/m}^2$；

I_C——结构跨中截面惯矩（18 个圆孔，每个孔直径 0.39m，宽 $b = 11.5\text{m}$，$h = 68\text{cm}$，含混凝土桥面铺装层在内）：

$$I_C = \frac{bh^3}{12} - 18 \times \frac{\pi d^4}{64} = \frac{11.5 \times 0.68^3}{12} - 18 \times \frac{2 \times 0.39^4}{64}$$

$$= 0.3013 - 0.0204 = 0.2909\text{m}^4$$

M_C——结构跨中处的单位长度质量。

由上部恒载计算知：

$$G = \frac{2331.19}{13} = 179.322\ \text{kN/m} = 179322\ \text{N/m}$$

$$M_C = \frac{G}{g} = \frac{179322}{9.81} = 18279.5\ \text{N/m}^2$$

$$f_1 = \frac{3.14}{2 \times 12.6^2} \times \sqrt{\frac{3 \times 10^{10} \times 0.2809}{18279.51}}$$

$$= 0.0099 \times 0.006789 \times 10^5$$

$$= 6.73\text{Hz}$$

$$1.5\text{Hz} \leqslant f_1 \leqslant 14\text{Hz}$$

冲击系数：$\mu = 0.1767 \times \ln f_1 - 0.0157$

$= 0.1767 \times \ln 6.73 - 0.0157$

$= 0.321$

$1 + \mu = 1.321$

桥台支反力影响线及受力值计算如下（图 8-33）：

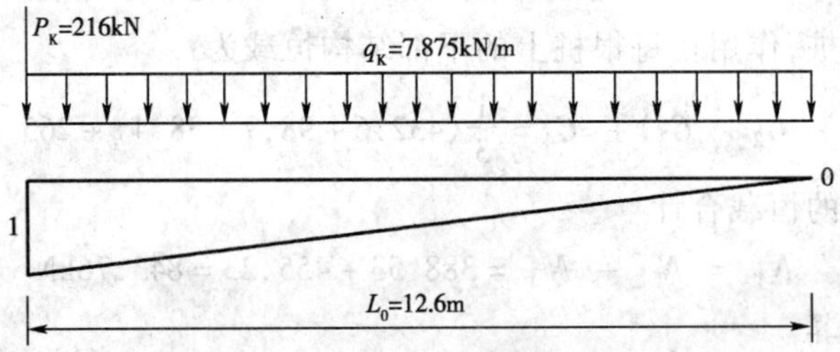

图 8-33　桥台支反力影响线

$$
\begin{aligned}
N_{1活} &= (1+\mu)\cdot\xi\cdot n\cdot(P_K\times 1+0.5\times q_K\cdot L_0)\\
&= 1.321\times 0.78\times 3\times(216+0.5\times 7.875\times 12.6)\\
&= 3.091\times(216+49.613)\\
&= 821.00\ \text{kN}
\end{aligned}
$$

每个桥台设 3 根桩，每根桩承受的活载为：

$$
N=\frac{1}{3}\times 821=273.7\text{kN}
$$

(三)荷载组合

因为结构重力产生的效应与汽车(含冲击力)产生的效应同号，考虑荷载安全系数后，单根桩承受的竖向力为：

$$
\begin{aligned}
N &= 1.2N_{恒}+1.4\ N_{1活}=1.2\times 1109.03+1.4\times 821.00\\
&= 1330.84+1149.4\\
&= 2480.24\ \text{kN}
\end{aligned}
$$

(四)桩长计算

按钻孔灌注摩擦桩容许承载力公式计算：

$$
[P]=\frac{1}{2}(Ul\tau_p+A\sigma_R)
$$

式中：U——桩的周长，按成孔直径计算，$U=\pi d=3.14\times 1.3=4.08\text{m}$；

A——桩底横截面积，$A=\frac{1}{4}\pi d^2=\frac{1}{4}\times 3.14\times 1.2^2=1.13\text{m}^2$；

τ_P——桩壁土的平均极限摩阻力，根据地质资料，桩周地层均为第四纪黄土，$\tau_P=80\text{kPa}$；

σ_R——桩尖处土的极限承载力，$\sigma_R=2m_0\lambda\{[\sigma_0]+K_2\gamma_2(h-3)\}$；

$[\sigma_0]$——桩端地基容许承载力，由试验报告得$[\sigma_0]=250\text{kPa}$；

m_0——清底系数，取 0.7；

λ——修正系数，桩底为不透水性土，$\lambda/d=20\sim 25$，取 $\lambda=0.7$；

K_2——地面土容许承载力随深度的修正系数，查规范取 $K_2=1.5$；

γ_2——桩尖以上土的重度，$\gamma_2=19.5\text{kN/m}^3$；

h——桩尖的埋置深度，暂按 15m 计算。

$$
\sigma_R=2\times 0.7\times 0.7\times\{250+1.5\times 19.5\times(15-3)\}=588.98\text{kPa}
$$

代入承载力计算公式：

$$
2480.24=\frac{1}{2}(4.08\times\lambda\times 80+1.13\times 588.98)
$$

得 $\lambda=13.16\text{m}$

偏保守取桩长 $\lambda=15$ m。

(五)桩底高程

0 号台： $H_4=H_3-15.0=400.697-15.0=385.697\text{m}$

1 号台： $H_4=H_3-15.0=400.984-15.0=385.984\text{m}$

(六)桩内配筋

本小桥为单跨结构，桩内弯矩主要是由上部结构自重及汽车荷载产生的竖向力以及汽车制动力产生的弯矩。由桥台一般构造图知，支承线距台背前缘 22cm，而桩中心距台背前缘 15cm，偏心距只有 22 - 15 = 7cm。

1.上部恒载产生的弯矩

$$M_{恒} = 1165.6 \times 0.07 = 81.59 \text{kN·m}$$

2.汽车荷载产生的弯矩

$$M_{活} = 821.0 \times 0.07 = 57.47 \text{ kN·m}$$

3.汽车荷载制动力

单车道为车道标准荷载值在加载长度上计算的总重力的10%：

$$T = (q_k \times L + P_K) \times 10\% = (7.875 \times 13 + 216) \times 10\% = 31.83 \text{ kN} < 90 \text{ kN}$$

按规范取单车道 $T = 90$ kN,三车道系数2.34,则全桥：

$$T = 90 \times 2.34 = 210.6 \text{ kN}$$

制动力由两个桥台共同承担,且两桥台结构相同,刚度相等,所以每个桥台承担一半,即每桥台：

$$T = \frac{210.6}{2} = 105.3 \text{ kN}$$

作用点移至支座底面,对桩顶产生的弯矩为：

$$M_{制动} = T \times 1.04 \quad (1.04\text{为支座底到桩顶的距离})$$

$$= 105.3 \times 1.04 = 109.51 \text{ kN·m}$$

4.荷载组合:恒+汽+制动力

$$M = 1.2M_{恒} + 1.4M_{汽} + 1.4M_{制}$$

$$= 1.2 \times 81.59 + 1.4 \times 54.47 + 1.4 \times 109.51$$

$$= 97.91 + 76.26 + 153.31$$

$$= 327.48 \text{kN·m}$$

每个桥台有3个桩,则每根桩承受的弯矩为：

$$M = \frac{327.48}{3} = 109.16 \text{ kN·m}$$

结合前面计算,单桩承受的荷载效应为:$N = 2480.24$ kN,$M = 109.16$ kN·m。弯矩在桩内由地面向下按曲线变化,数据产生一峰值后向下逐渐减小。各点内力值应采用 M 法计算,算得内力 M、N 值后,按圆形截面偏心受压结构件进行配筋计算。计算过程较为繁琐。考虑到本桥单桩承受弯矩较小,参照以往多座桥梁的计算结论,桩内配筋满足构造要求 $\mu = 0.4\%$ 即可达到受力要求。

选用26根 $\phi25$ HRB335级钢筋:$A_g = 26 \times 4.909 = 127.63 \text{cm}^2$

桩截面积为：

$$A = \frac{1}{4}\pi d^2 = \frac{1}{4} \times 3.14 \times 120^2 = 11304 \text{cm}^2$$

$$\mu = \frac{A_g}{A} = \frac{127.63}{11304} = 1.129\% > 0.4\%\text{,满足要求。}$$

根据规范,摩擦桩内主筋可在桩长一半处截断一半数量。故选13根 $\phi25$ 通至距桩底50cm处,另13根 $\phi25$ 伸至桩内13m处。主筋按圆周布设,净保护层5cm,内部每隔2m设一道 $\phi20$ 加强筋。其外布设螺旋形箍筋 $\phi8$,间距20cm。在每个加强筋处四周对称设4根定位筋 $\phi12$,确保钢筋位置准确和净保护层厚度满足要求。

五、上部结构构造及搭板

均按标准图选用,不再详细介绍,全桥工程量汇总计入工程数量表。

附:施工图纸17张,如图8-34~图8-50所示。

全桥主要工程材料数量表

材料 \ 项目			单位	上部构造：预制板	上部构造：现浇桥面板	上部构造：防震锚栓	上部构造：桥面铺装	上部构造：护栏	上部构造：支座	上部构造：伸缩装置	上部构造：小计	下部构造：桥台：台帽	下部构造：桥台：耳背墙	下部构造：基桩	下部构造：小计	桥头搭板	全桥合计
混凝土	C30		m³	48.05	26.96			7.10			82.11	34.60	9.92		44.52	34.50	161
混凝土	C25		m³											101.78	101.78		102
混凝土	C20		m³	1.07							1.07						1
混凝土	小计		m³	49.12	26.96			7.10			83.18	34.60	9.92	101.78	146.30	34.50	264
沥青混凝土			m³				8.58				8.58						9
钢筋	HRB335级	Φ28	kg			54					54						54
钢筋	HRB335级	Φ25	kg	231							231			8499	8499		8730
钢筋	HRB335级	Φ22	kg	7053							7053	1614			1614	113	8667
钢筋	HRB335级	Φ20	kg	489							489		113	389	502		1104
钢筋	HRB335级	Φ18	kg	758							758						758
钢筋	HRB335级	Φ16	kg													1231	1231
钢筋	HRB335级	Φ12	kg		113			605			718		947	90	1037	455	2210
钢筋	HRB335级	小计	kg	8531	113	54		605			9303	1614	1060	8978	11652	1799	22754
钢筋	R235级	Φ20	kg	130							130						130
钢筋	R235级	Φ10	kg	495							495	1081			1081		1578
钢筋	R235级	Φ8	kg	2918	718	23		153			3812		156	631	787		4599
钢筋	R235级	小计	kg	3543	718	23		153			4437	1081	156	631	1868		6305
钢管			kg			76.96					76.96						76.96
钢板			kg							120.6	120.6						120.6
锌铁皮			kg							92.28	92.28						92.28
板式橡胶支座 GYZ200×28			块						36		36						36
铸铁泄水管			kg/套					206.96/6			206.96/6						206.96/6
挖基土方			m³											75	75		75

小桥设计示例(四)	1×13m板桥	全桥主要工程材料数量表	设计	×××	复核	×××	审核	×××	图号	SL-4-1	×××公路勘察设计院

图 8-34

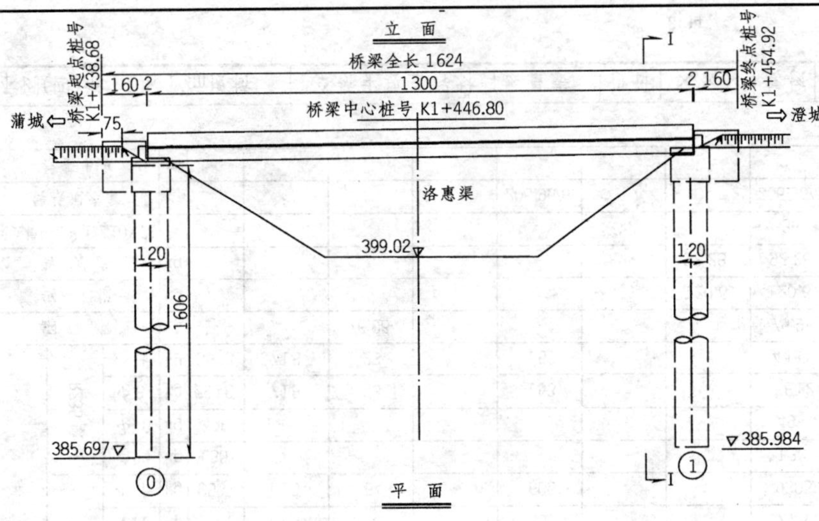

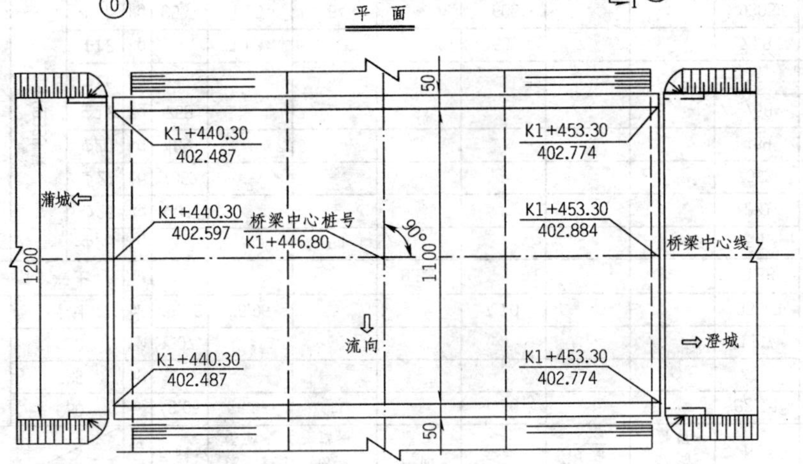

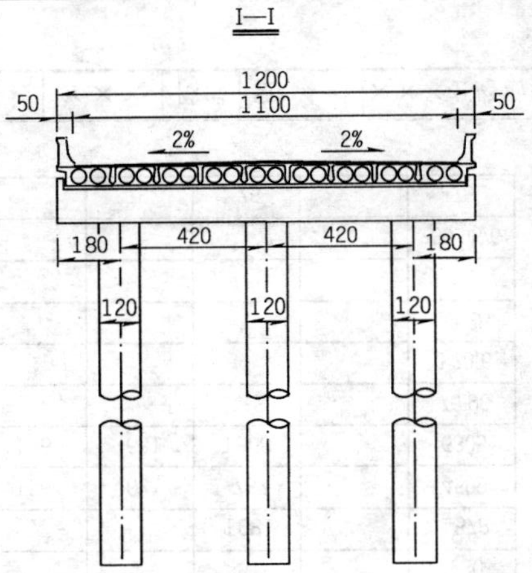

附注：

1. 本图尺寸除高程及桩号以 m 计外，余均以 cm 计。
2. 本桥平面位于直线上。
3. 本桥纵面上位于 R=13150.03m 的凸型竖曲线上。前坡为 +3.1%，后坡为 +1.427%，变坡点桩号为 K1+440，高程为 403.05。
4. 图中桥台高度系指台帽顶面中心至基桩底面的高度。
5. 本桥支座选用 GYZ200×28 板式橡胶支座。预切缝伸缩装置。
6. 桥头搭板长 5m，图中未示出。
7. 由于图幅原因，"平面" 中路基宽度方向未按比例。

小桥设计示例(四)	1×13m板桥	桥梁总体布置图	设计	×××	复核	×××	审核	×××	图号	SL-4-2	×××公路勘察设计院

图 8-35

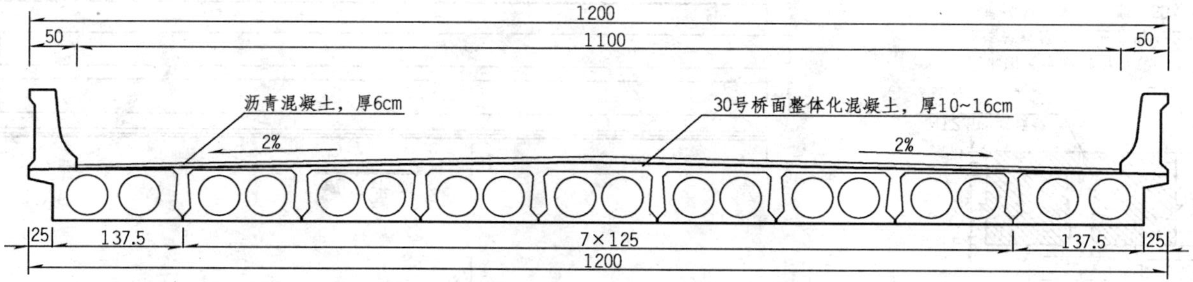

注：

1.本图尺寸均以cm计。

2.本桥为2%的双向横坡，为减少桥面铺装混凝土数量，桥面铺装调整1%，其余1%由墩台帽调整。

3.铰缝及防震锚栓构造另见详图。

小桥设计示例(四)	1×13m板桥	桥梁标准横断面图	设计	×××	复核	×××	审核	×××	图号	SL-4-3	×××公路勘察设计院

图 8-36

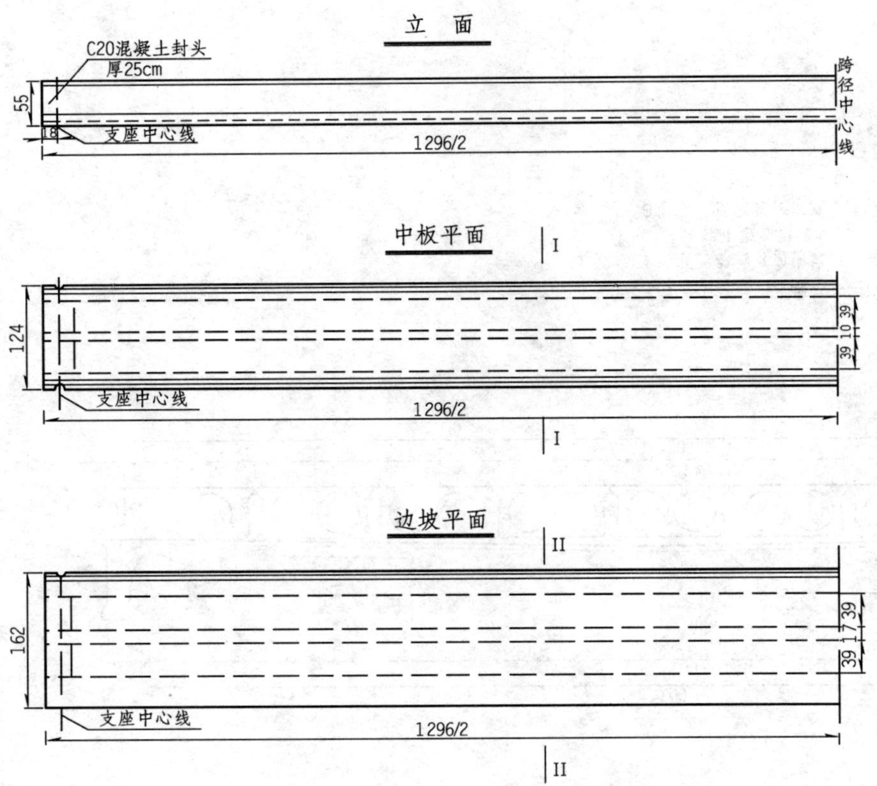

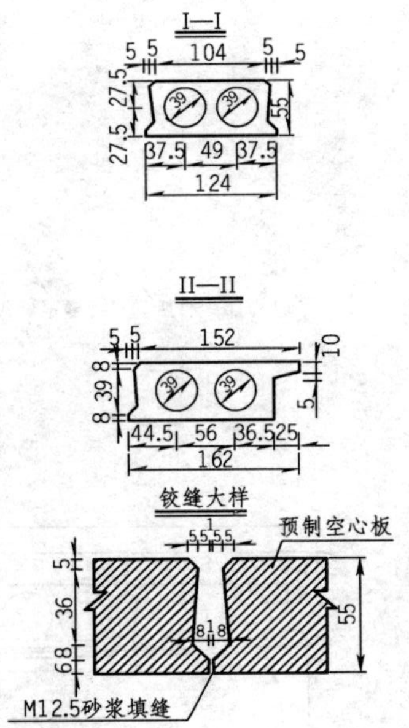

附注：

1.本图尺寸均以cm计。
2.浇筑铰缝混凝土前用M12.5水泥砂浆填底缝，待砂浆强度达50%后，方可浇筑铰缝混凝土。
3.内模脱膜后即可浇筑25cmC20封头混凝土，注意务必封严。
4.预制空心板跨中应留有2.3cm的预拱度。
5.板底垫块图中未示出，另见详图。

小桥设计示例(四)	1×13m板桥	预制板一般构造图	设计	×××	复核	×××	审核	×××	图号	SL-4-4	×××公路勘察设计院

图 8-37

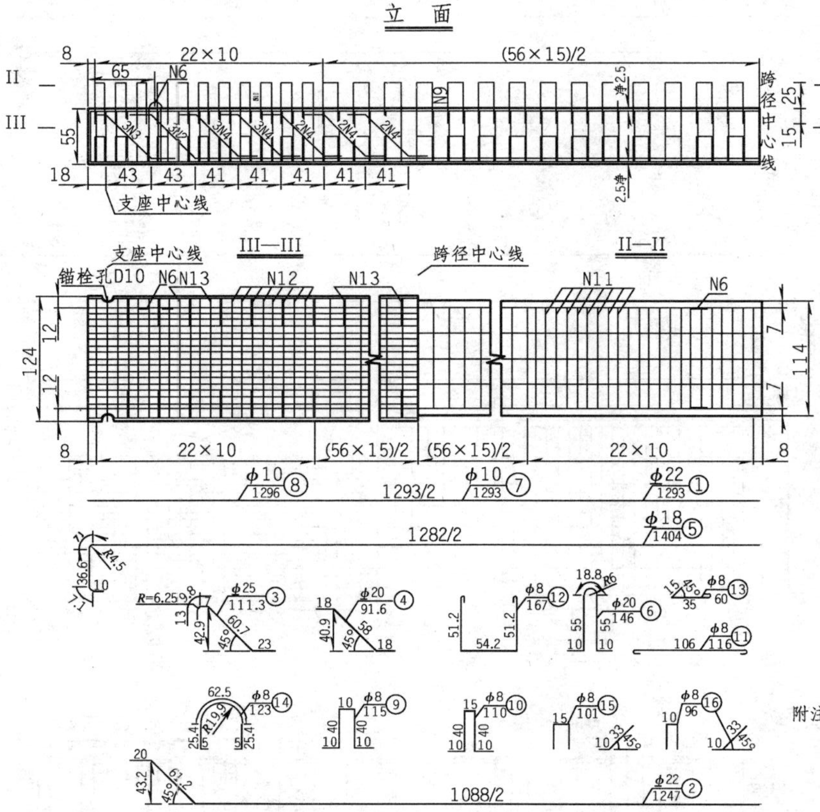

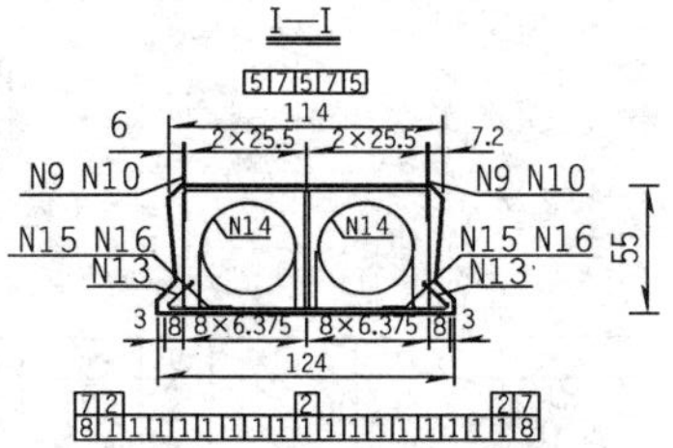

材料数量表(一块板)

编号	直径(mm)	根数	单根长(cm)	共长(m)	共重(kg)	总重(kg)	混凝土(m^3)
1	φ22	17	1293	219.81	655.03	766.51	C30 4.956
2	φ22	3	1247	37.41	111.48		
3	φ25	6	111.3	6.68	25.71	25.71	
4	φ20	24	91.6	21.98	54.30	54.30	
5	φ18	3	1404	42.12	84.24	84.24	
6	φ20	4	146	5.84	14.42	14.42	
7	φ10	4	1293	51.72	31.91	47.90	
8	φ10	2	1296	25.92	15.99		
9	φ8	56	115	64.40	25.44	326.72	C20 0.119
10	φ8	44	110	48.40	19.12		
11	φ8	101	116	117.16	46.28		
12	φ8	202	167	337.34	133.25		
13	φ8	88	60	52.80	20.86		
14	φ8	88	123	108.24	42.75		
15	φ8	56	101	56.56	22.34		
16	φ8	44	96	42.24	16.68		

附注：

1. 本图尺寸除钢筋直径以mm计以外,余均以cm计。
2. 端头起第一排斜筋N3置于N1、N5轴线上与N1、N5钢筋焊接;N4斜筋均以对称靠边原则置于N2钢筋上，与N1、N2钢筋焊接。
3. 钢筋采用双面焊接，焊缝长度要满足规范要求。
4. 空心板安装就位后，N9(N10)、N15(16)扳倒后与相临钢筋绑扎。
5. N8钢筋弯曲绕过锚栓孔。
6. 为防止胶囊上浮，每隔30cm设置一道N14钢筋，其下端与N1钢筋绑扎。

小桥设计示例(四)	1×13m板桥	中板钢筋构造图	设计	×××	复核	×××	审核	×××	图号	SL-4-5	×××公路勘察设计院

图 8-38

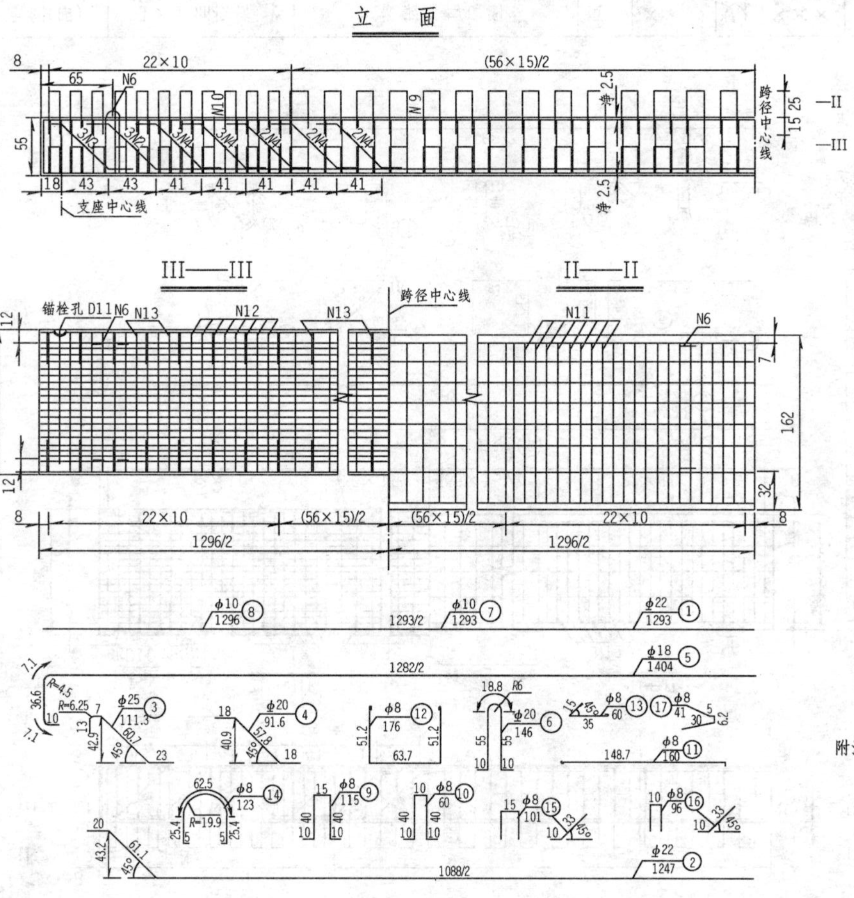

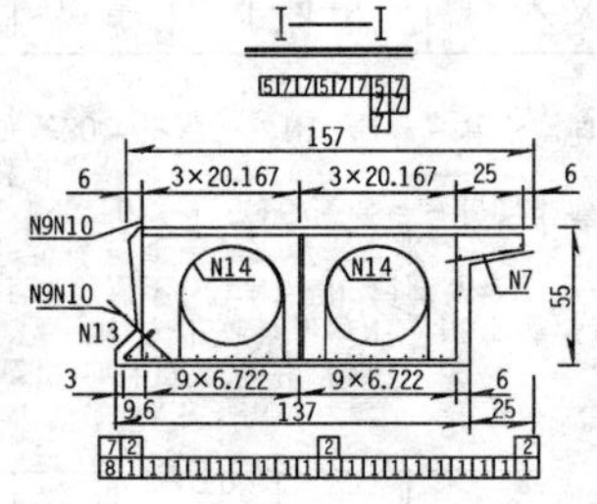

材料数量表（一块板）

编号	直径 (mm)	根数	单根长 (cm)	共长 (m)	共重 (kg)	总重 (kg)	混凝土 (m³)
1	ϕ22	19	1293	245.67	732.10	843.58	C30 6.881
2	ϕ22	3	1247	37.41	111.48		
3	ϕ25	6	111.3	6.68	25.71	25.71	
4	ϕ20	24	91.6	21.98	54.30	54.30	
5	ϕ18	3	1404	42.12	84.24	84.24	
6	ϕ20	4	146	5.84	14.42	14.42	
7	ϕ10	9	1293	116.37	71.80	79.80	
8	ϕ10	1	1296	12.96	8.00		
9	ϕ8	28	115	32.20	12.72	315.59	C20 0.119
10	ϕ8	22	110	24.20	9.56		
11	ϕ8	101	160	161.60	63.83		
12	ϕ8	202	176	355.52	140.43		
13	ϕ8	44	60	26.40	10.43		
14	ϕ8	88	123	108.24	42.75		
15	ϕ8	28	101	28.28	11.17		
16	ϕ8	22	96	21.12	8.34		
17	ϕ8	101	41	41.41	16.36		

附注：

1. 本图尺寸除钢筋直径以 mm 计以外，余均以 cm 计。
2. 端头起第一排斜筋 N3 置于 N1、N5 轴线上与 N1、N5 钢筋焊接；N4 斜筋均以对称靠边原则置于 N2 钢筋上，与 N2、N5 钢筋焊接。
3. 钢筋采用双面焊接，焊缝长度满足规范要求。
4. 空心板安装就位后，N9(N10),N15(N16) 扳倒后与相临钢筋绑扎
5. N8 钢筋弯曲绕过锚栓孔。
6. 为防止胶囊上浮，每隔 30cm 设置一道 N14 钢筋，其下端与 N1 钢筋绑扎。

小桥设计示例（四）	1×13m 板桥	边板钢筋构造图	设计	×××	复核	×××	审核	×××	图号	SL-4-6	××× 公路勘察设计院

图 8-39

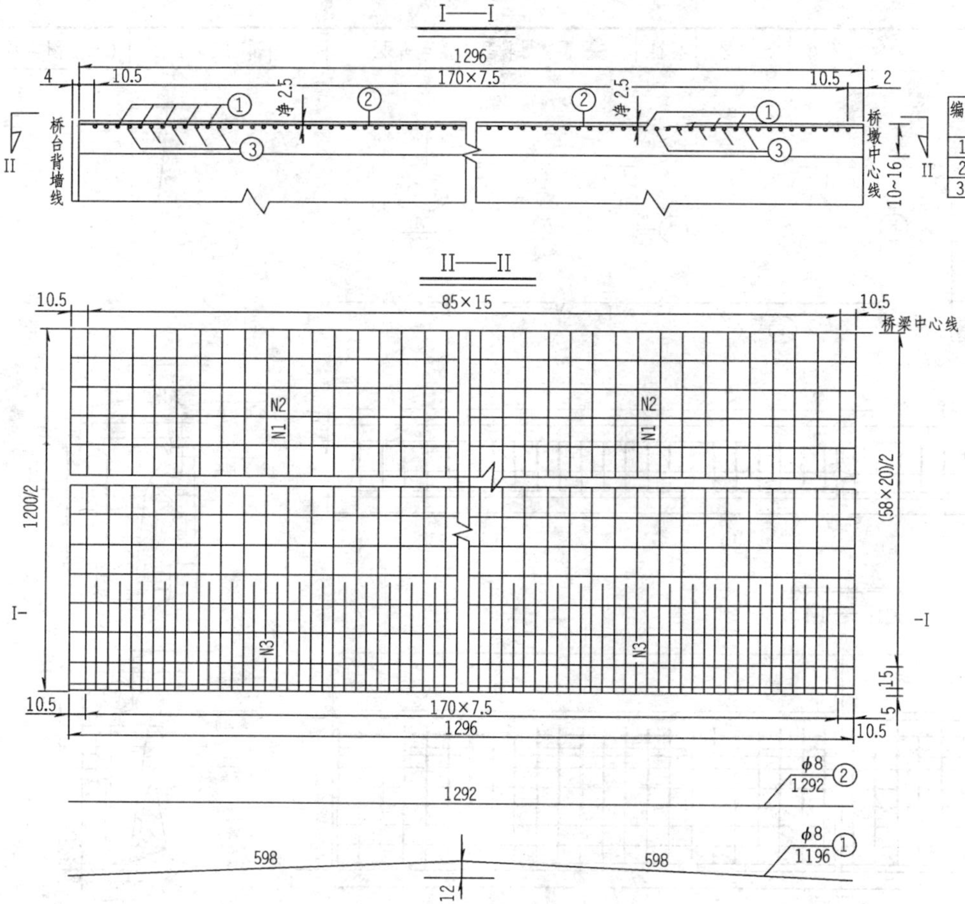

材料数量表（一孔桥）

编号	直径(mm)	根数	单根长(cm)	共长(m)	共重(kg)	总重(kg)	C30混凝土(m^3)
1	φ8	86	1196	1028.66	406.28	717.59	铰缝 6.864 桥面 20.28
2	φ8	61	1292	188.12	311.31		
3	φ12	170	75	127.50	113.22	113.22	

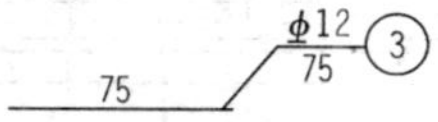

注：

1. 本图尺寸除钢筋直径以mm计以外，余均以cm计。
2. 施工时桥面钢筋若与伸缩缝、护栏等预埋钢筋发生干扰时，可调整本图钢筋。

小桥设计示例（四）	1×13m板桥	现浇整体化桥面钢筋构造图	设计	×××	复核	×××	审核	×××	图号	SL-4-7	×××公路勘察设计院

图 8-40

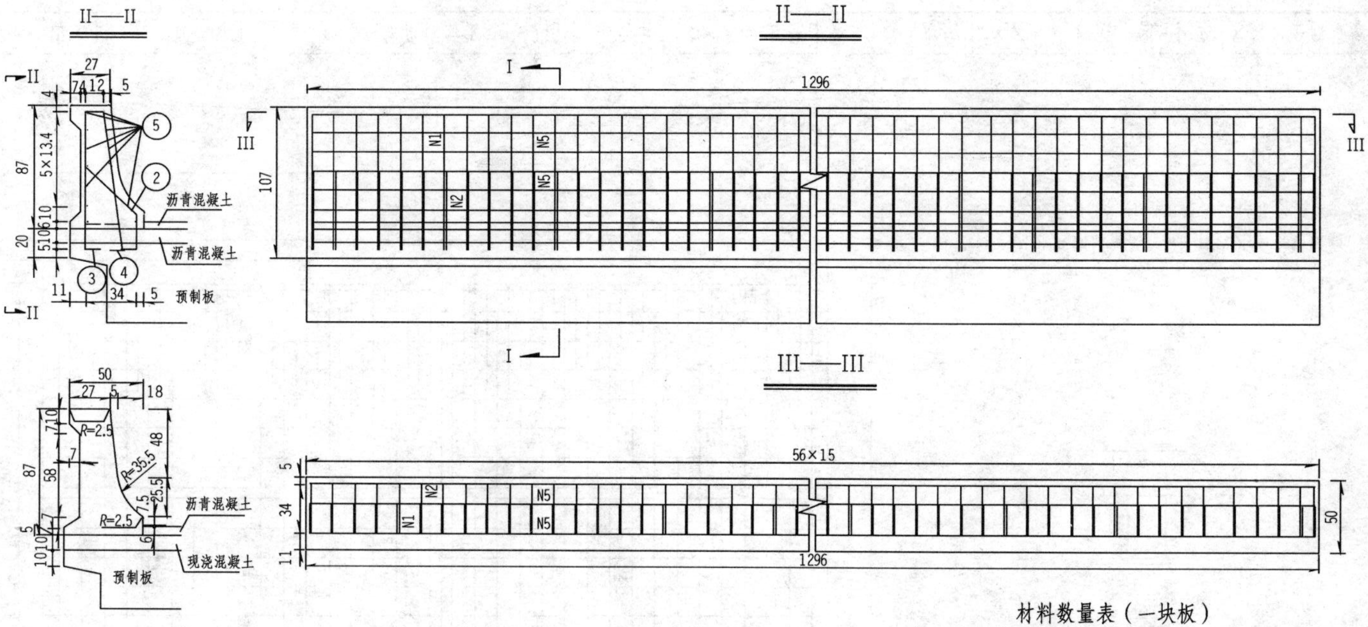

材料数量表（一块板）

编号	直径 (mm)	根数	单根长 (cm)	共长 (m)	共重 (kg)	总重 (kg)	C30混凝土 (m³)
1	ϕ12	174	186.7	324.86	288.47	605.23	7.1
2	ϕ12	174	105	182.70	162.24		
3	ϕ12	174	50	87.0	77.26		
2	ϕ12	174	50	87.0	77.26		
3	ϕ8	30	1294	388.20	153.34	153.34	

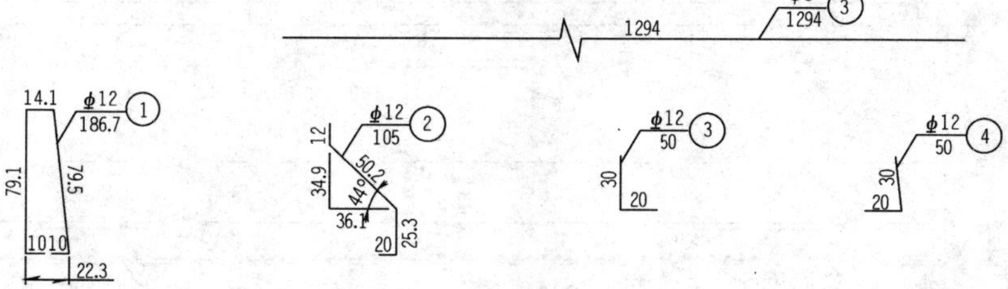

注：
1. 本图尺寸除钢筋直径以mm计以外，余均以cm计。
2. N2、N3钢筋为预埋钢筋，预制边板时应注意。

小桥设计示例（四）	1×13m板桥	全桥主要工程材料数量表	设计	×××	复核	×××	审核	×××	图号	SL-4-8	×××公路勘察设计院

图 8-41

泄水管安装示意图

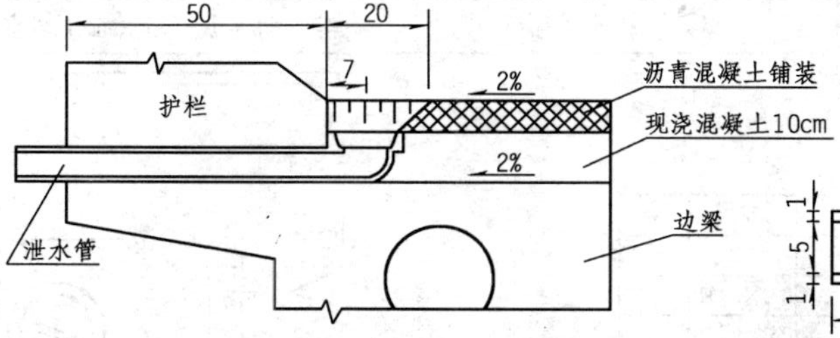

矩形泄水管构造

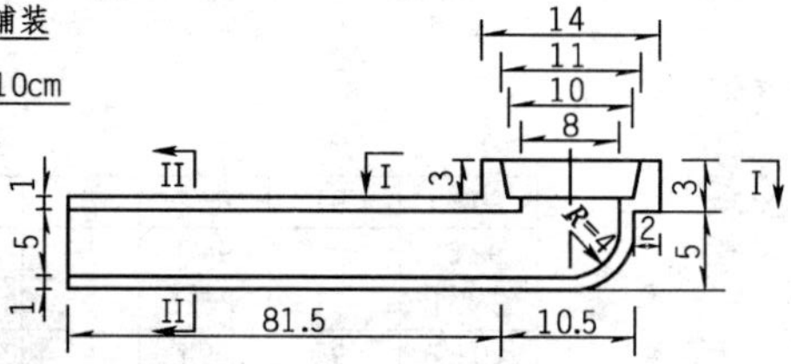

II-II

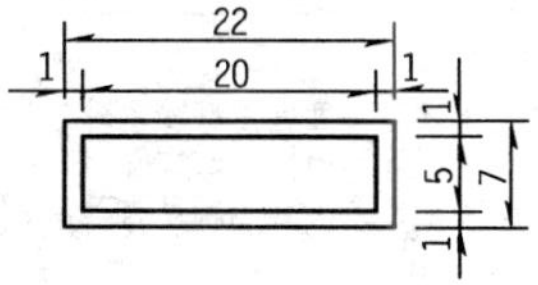

泄水管平面布置图

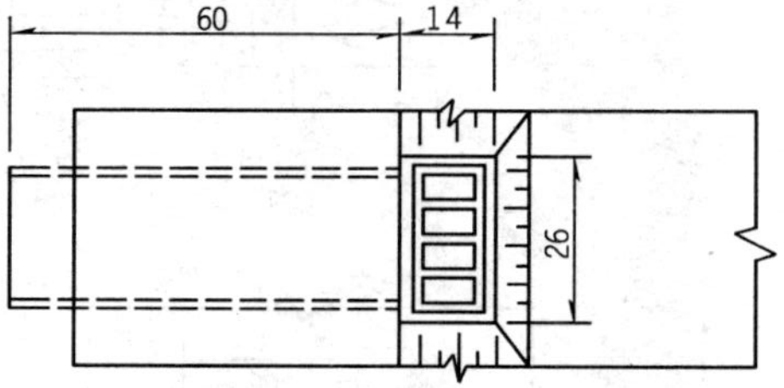

I-I

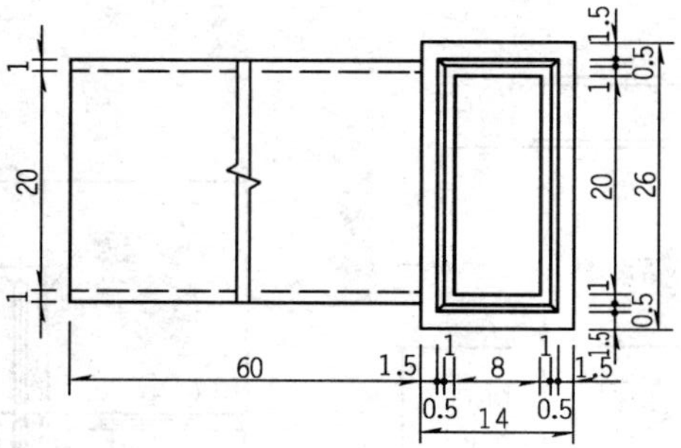

泄水管盖

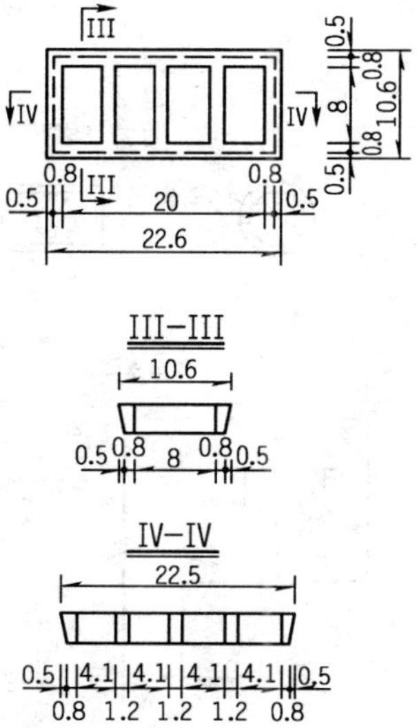

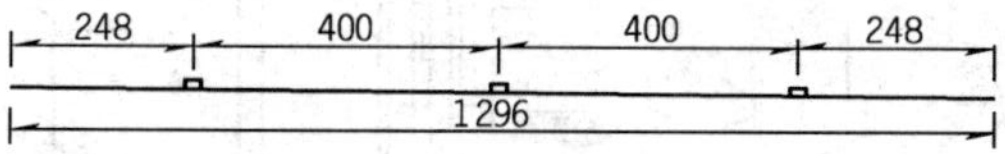

注：
1. 本图尺寸均以cm计。
2. 泄水管及泄水管盖均为铸铁，每套重34.49kg。
3. 每孔桥共设6套，总重为206.94kg。

小桥设计示例（四）	1×13m板桥	泄水管构造图	设计	×××	复核	×××	审核	×××	图号	SL-4-9	×××公路勘察设计院

图 8-42

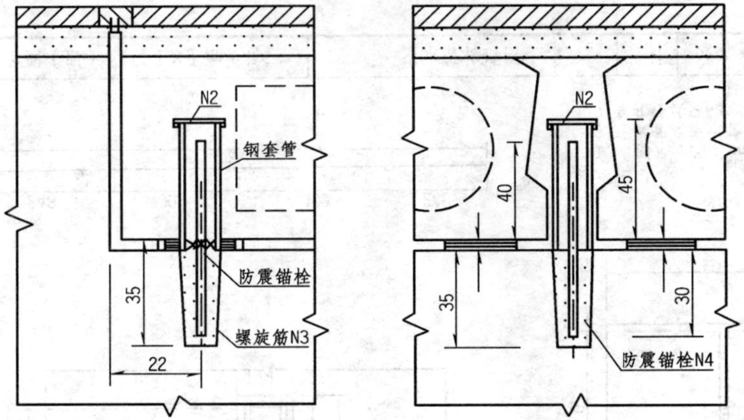

墩帽锚栓孔大样图

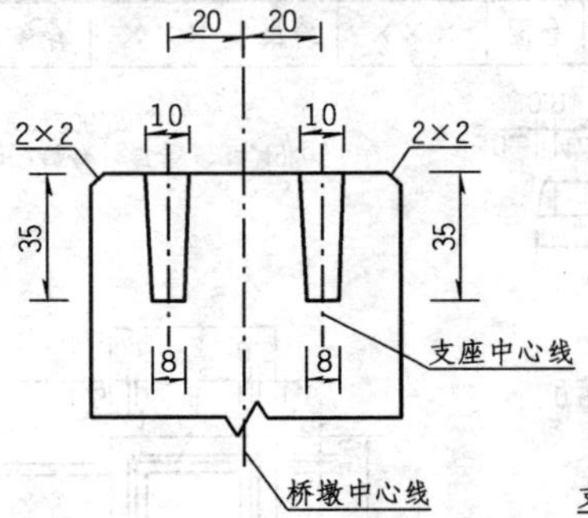

台帽锚栓孔大样图

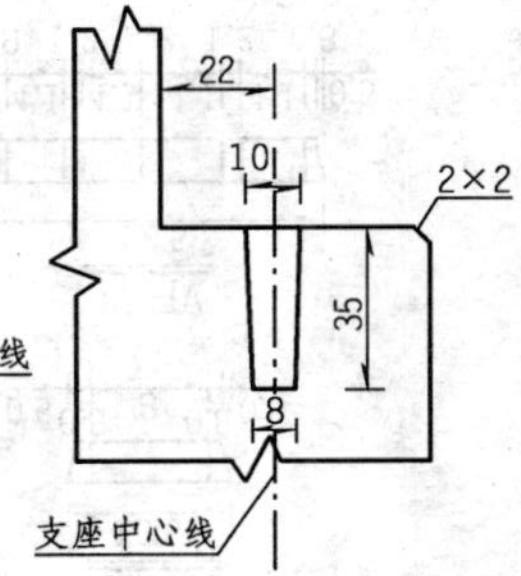

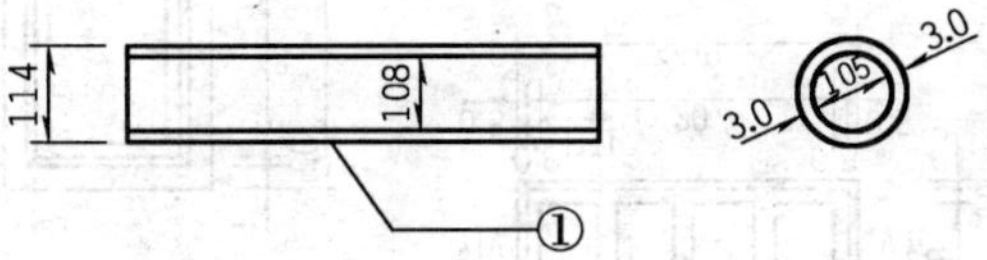

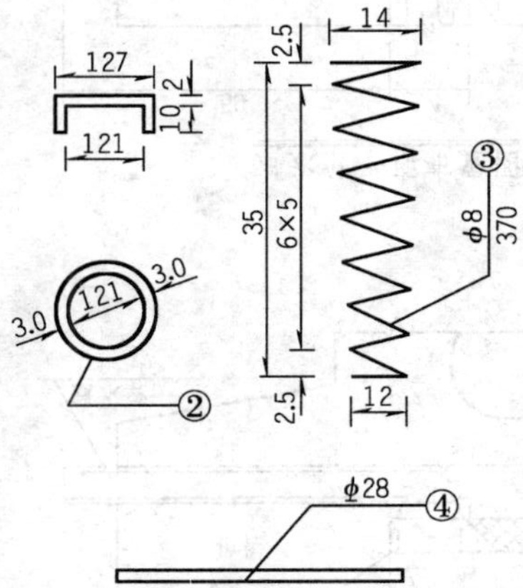

材料数量表（一孔桥）

编号	规格及等级(mm)	单件长(cm)	单件重(kg)	总件数	总重(kg)
1	D114×3.0	45	3.69	16	59.04
2	D127×3.0		1.12	16	17.92
3	φ8	370	1.46	16	23.36
4	φ28	70	3.38	16	64.08

注：

1. 本图尺寸除钢件，钢筋大样尺寸以mm计外，余均以cm计。
2. 防震锚栓、支座在墩台帽上的位置另见详图。
3. 锚栓外露部分涂红丹二遍，以防生锈。
4. 墩台帽施工时应按准确位置预留锚栓孔并预埋螺旋筋。

小桥设计示例（四）	1×13m板桥	防震锚栓构造图	设计	×××	复核	×××	审核	×××	图号	SL-4-10	×××公路勘察设计院

图 8-43

预切伸缩缝装置

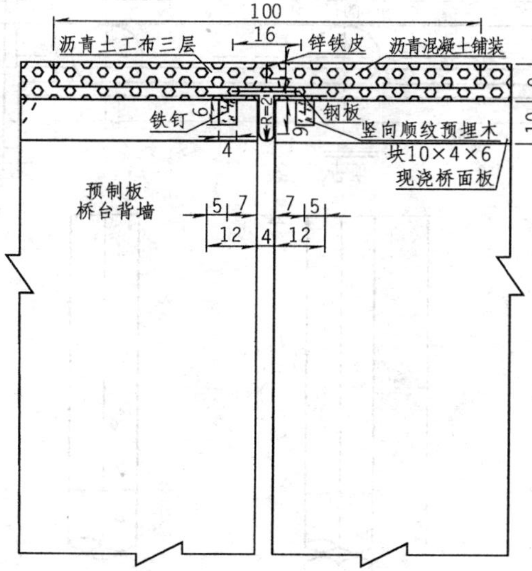

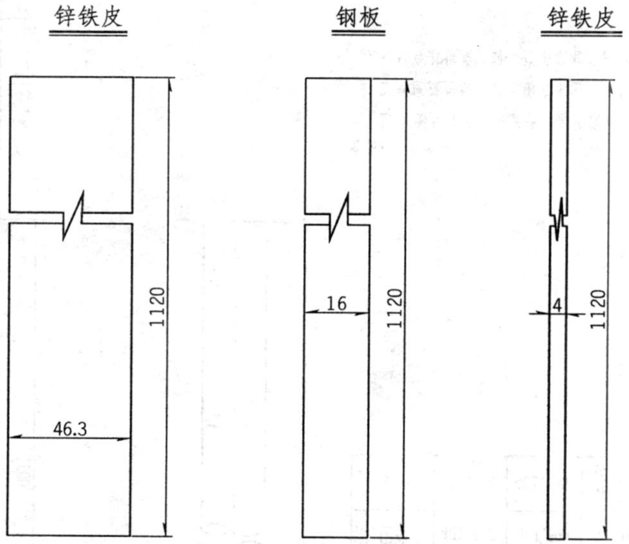

材料数量表（一道缝）

材料名称	规格（宽×厚）（mm）	长度（cm）	质量（kg）
锌铁皮	463×1	1200	39.25
锌铁皮	40×2		6.89
钢板	160×4		60.30

注：
1. 本图尺寸除钢筋直径以mm计以外，余均以cm计。
2. 现浇桥面板（桥台背墙）时，应按横桥向50cm间距预埋木块。
3. 施工时钢板底面均匀涂上润滑油。搁置在锌铁皮上，切缝处嵌入锌铁皮后再灌入乳化沥青防水。

小桥设计示例（四）	1×13m板桥	预切伸缩缝装置构造图	设计	×××	复核	×××	审核	×××	图号	SL-4-11	×××公路勘察设计院

图 8-44

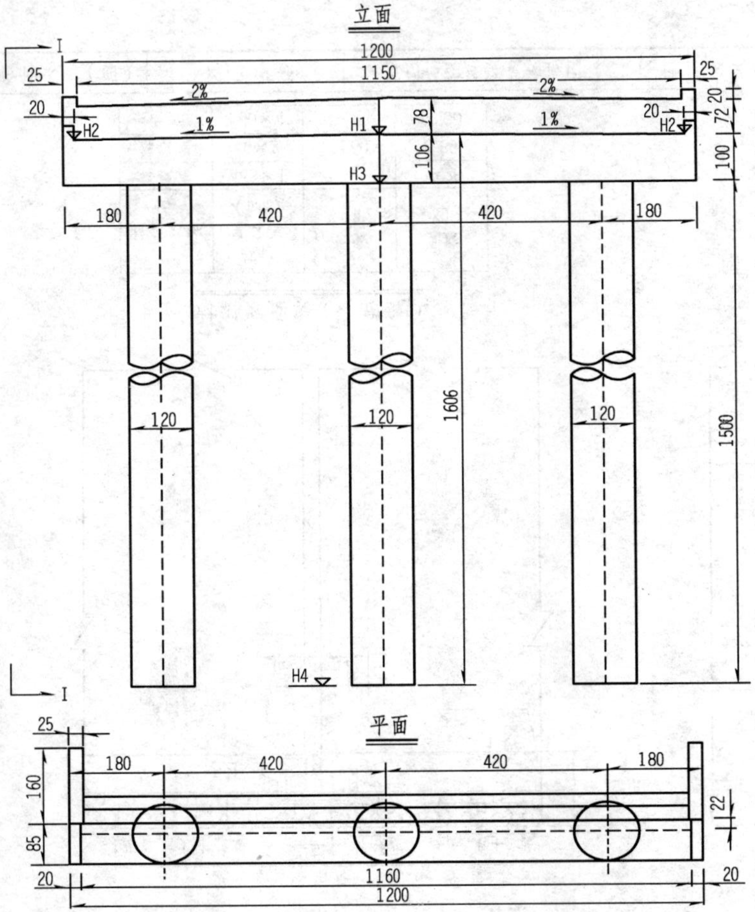

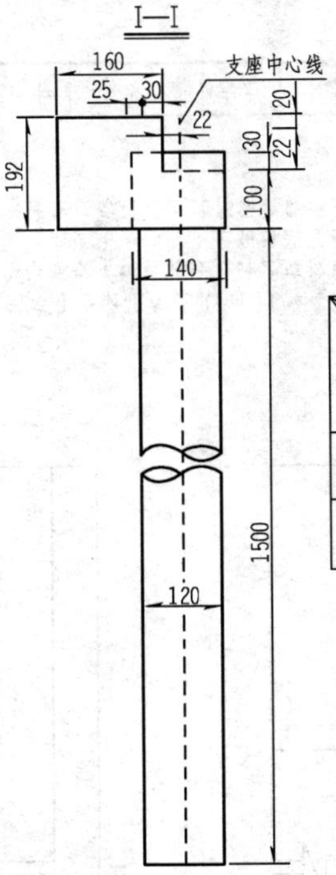

高 程 表

项目 单位 / 桥台编号	H1	H2	H3	H4
	(m)	(m)	(m)	(m)
0号	401.757	401.699	400.697	385.697
1号	402.044	401.986	400.984	385.984

附注：

1. 本图尺寸除注明者外，余均以cm计。
2. 支座及垫块位置本图未示出，另见详图。
3. 桥台基桩施工时，应采取有效措施保护渠岸安全。

小桥设计示例(四)	1×13m板桥	桥台一般构造图	设计	×××	复核	×××	审核	×××	图号	SL-4-12	×××公路勘察设计院

图 8-45

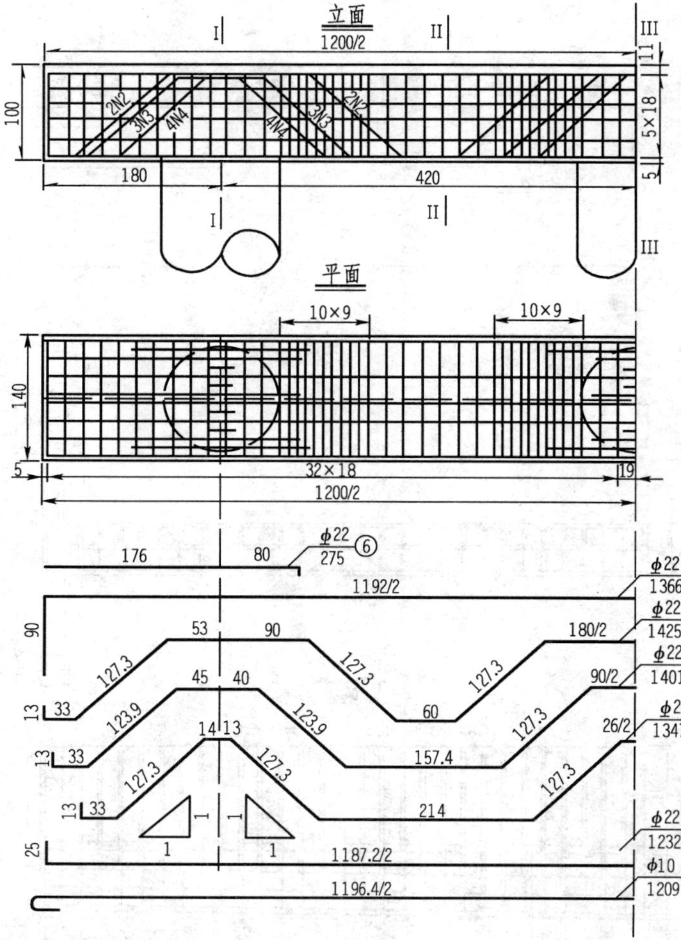

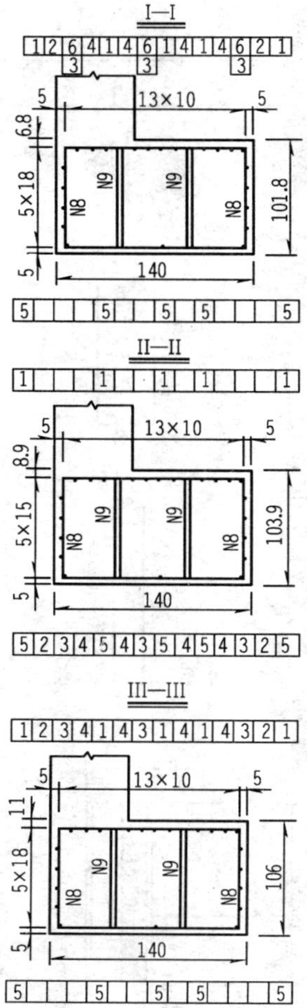

材料数量表（一台）

编号	直径(m)	根数	单根长(cm)	共长(m)	共重(kg)	总重(kg)	C30混凝土(m)
1	ϕ22	5	1366	68.30	203.53	807.01	17.30
2	ϕ22	2	1425	28.50	84.93		
3	ϕ22	3	1401	42.03	125.25		
4	ϕ22	4	1347	53.88	160.56		
5	ϕ22	5	1232	61.60	183.57		
6	ϕ22	6	275	16.50	49.17		
7	ϕ10	8	1209	96.72	59.68	540.65	
8	ϕ10	174	292	508.08	313.49		
9	ϕ10	87	312	271.44	167.48		

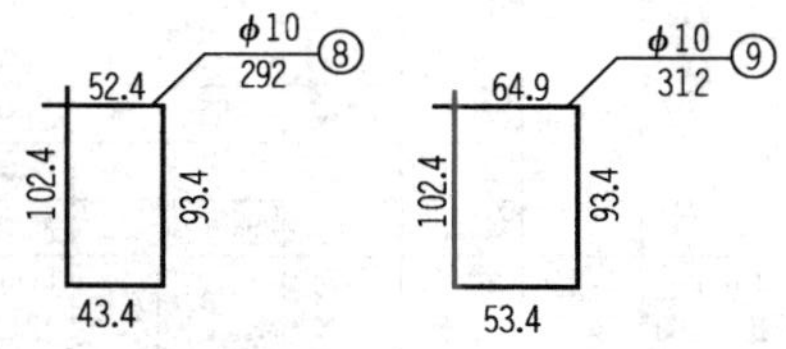

附注：

1. 本图尺寸除钢筋直径以mm计外，余均以cm计。
2. 耳背墙、防震挡块钢筋构造另见详图。
3. 当为双层钢筋时，上下层在水平段为束筋，两者在竖面绑成一体。
4. 台帽钢筋与基桩、耳背墙、防震挡块钢筋发生干扰时，可适当挪动其中一根。

小桥设计示例（四）	1×13m板桥	桥台台帽钢筋构造图	设计	×××	复核	×××	审核	×××	图号	SL-4-13	×××公路勘察设计院

图 8-46

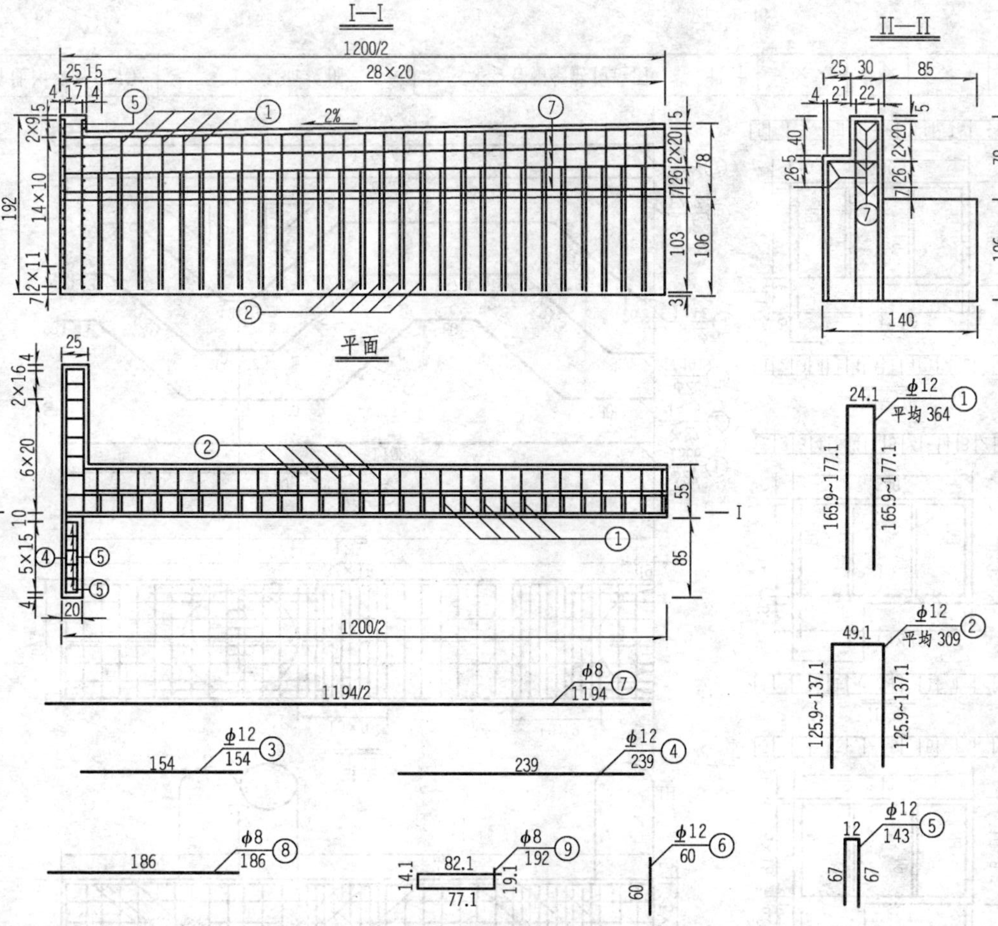

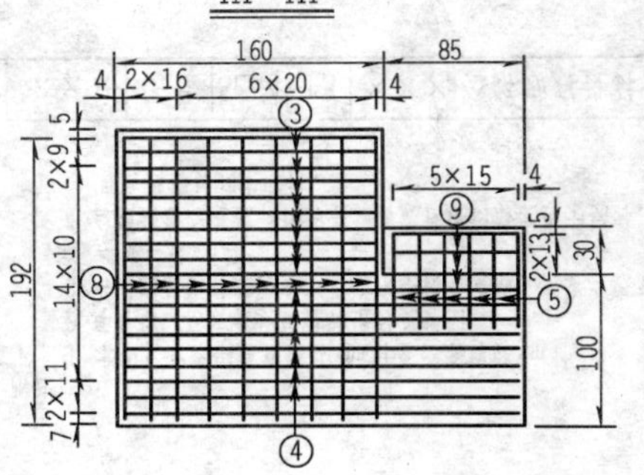

材料数量表（一台）

编号	直径 (m)	根数	单根长 (cm)	共长 (m)	共重 (kg)	总重 (kg)	C30 混凝土 (m³)
1	ϕ12	57	平均 364	207.48	184.24	473.40	4.96
2	ϕ12	57	平均 309	176.13	156.40		
3	ϕ12	58	154	89.32	79.32		
4	ϕ12	18	239	43.02	38.20		
5	ϕ12	12	143	17.16	15.24		
6	ϕ12	38	60	22.80	56.32	56.32	
7	ϕ8	10	1194	119.40	47.16	78.16	
8	ϕ8	36	186	66.96	26.45		
9	ϕ8	6	192	11.52	4.55		

附注：

1. 本图尺寸除钢筋直径以 mm 计外，余均以 cm 计。
2. N6 钢筋为搭板锚固钢筋，一半埋入背墙中，沿桥宽方向每隔 30m 设置一根。
3. 当耳背墙、防震挡块钢筋与台帽钢筋发生干扰时，可适当挪动其中一根。

小桥设计示例（四）	1×13m 板桥	桥台耳背墙钢筋构造图	设计	×××	复核	×××	审核	×××	图号	SL-4-14	××× 公路勘察设计院

图 8-47

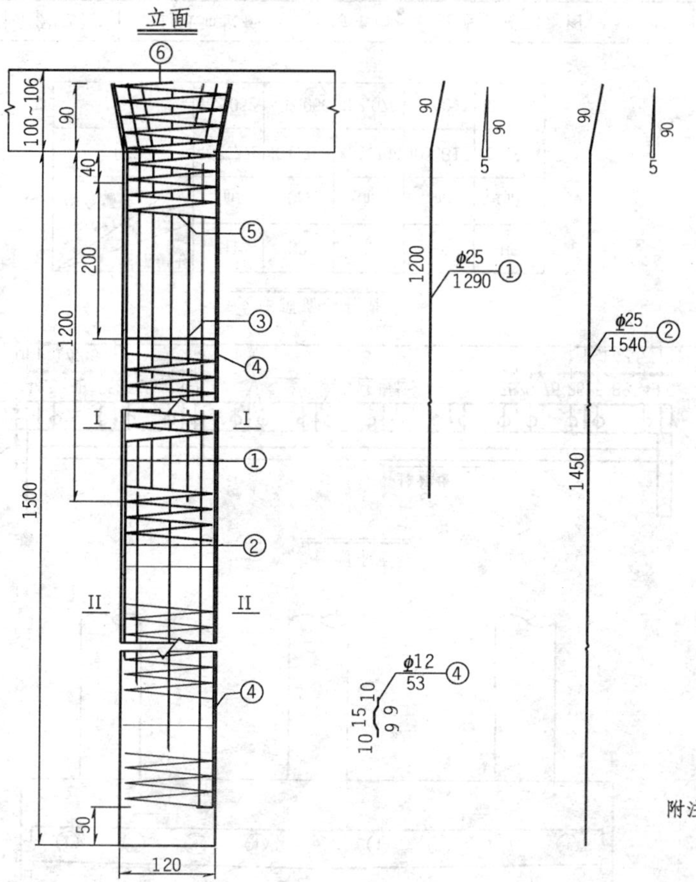

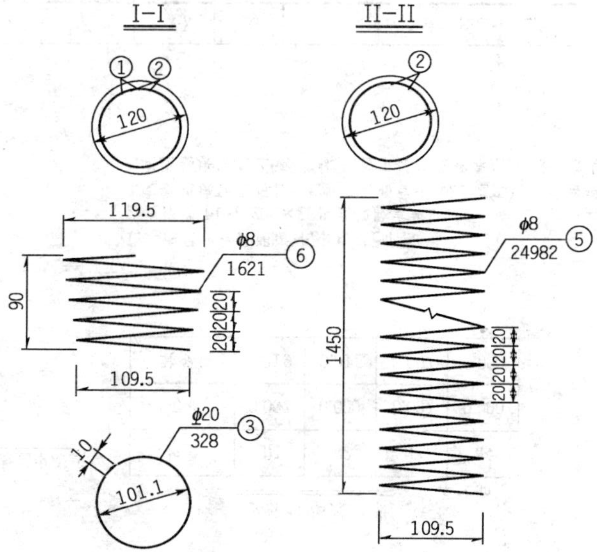

材料数量表(一台)

编号	直径 (m)	根数	单根长 (cm)	共长 (m)	总重 (kg)	总重 (kg)	C25混凝土 (m^3)
1	ϕ25	39	1290	503.10	1936.94	4249.25	50.89
2	ϕ25	39	1540	600.60	2312.31		
3	ϕ20	24	328	78.72	194.44	194.44	
4	ϕ12	96	53	50.88	45.18	45.18	
5	ϕ8	3	24982	749.46	296.04	315.25	
6	ϕ8	3	1621	48.63	19.21		

附注：

1.本图尺寸除钢筋直径以mm计外,余均以cm计。

2.加强箍筋N3位于主筋内侧,自台帽底40cm起每隔2m设置一根,定位钢筋N4沿圆周等距离焊接4根。

小桥设计示例(四)	1×13m板桥	桥台耳桩基钢筋构造图	设计	XXX	复核	XXX	审核	XXX	图号	SL-4-15	XXX公路勘察设计院

图 8-48

桥台立面

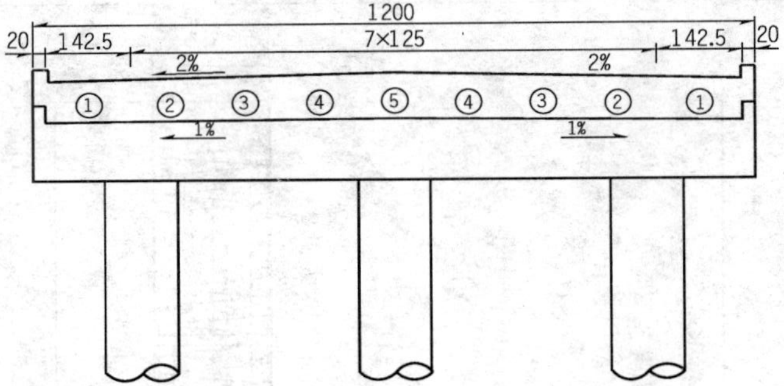

板底坡垫示意图

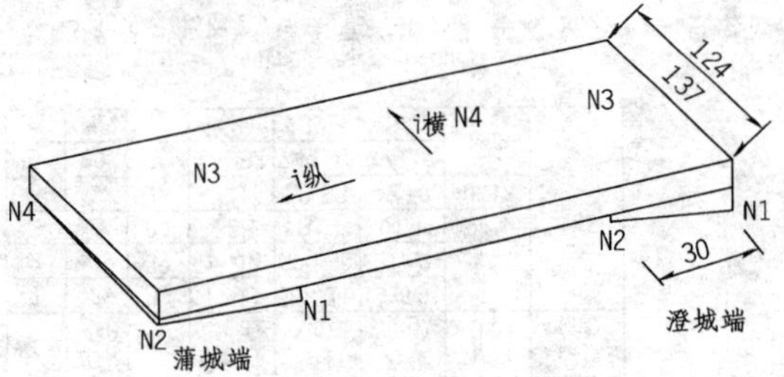

台帽平面

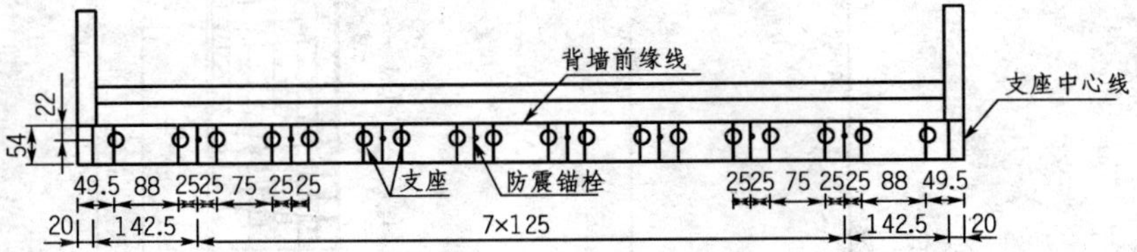

板底坡垫尺寸表

单位:m

板号	N1	N2	N3	N4
5号板	0.007	0.000	0.007	0.000
其他板	0.019	0.012	0.007	0.000

支座顶面高程表

桥台编号 \ 支座编号	H1	H2	H3	H4	H5
单位	(m)	(m)	(m)	(m)	(m)
0号	401.772	401.786	401.798	401.811	401.823
1号	402.052	402.066	402.078	402.091	402.103

附注:

1.本图尺寸除注明者外,余均以cm计。
2.支座选用GYZ 200×28板式橡胶支座。
3.支座垫块顶面高程=支座顶面高程-0.028,施工时应严格控制。
4.支座垫块用M12.5砂浆抹平,施工时应注意养生,确保砂浆与墩台帽连接成整体。

小桥设计示例(四)	1×13m板桥	防镇锚栓、支座位置示意图	设计	XXX	复核	XXX	审核	XXX	图号	SL-4-16	XXX公路勘察设计院

图 8-49

搭板构造

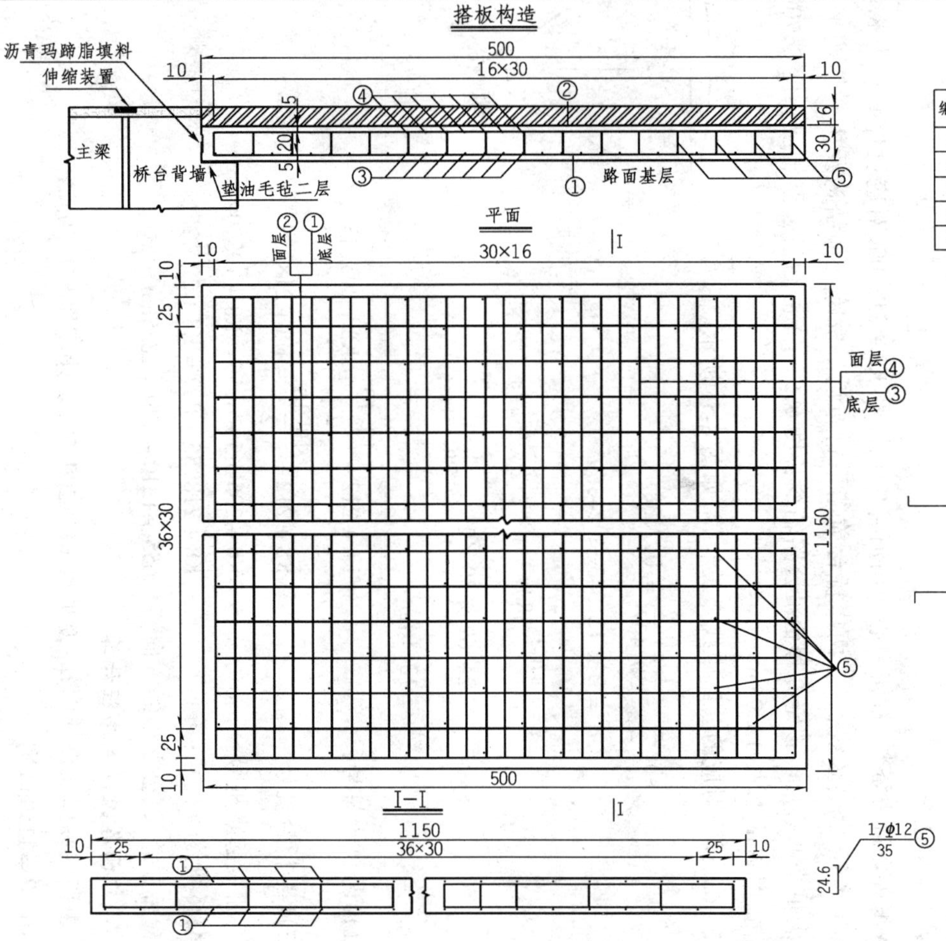

材料数量表（一块）

编号	直径(mm)	每根长(cm)	根数	共长(m)	共重(kg)	总重(kg)	C30混凝土(m^3)
1	φ20	503	39	196.17	484.54	484.54	17.25
2	φ16	498	39	194.22	308.87	615.49	
3	φ16	1149	17	195.33	308.62		
4	φ12	1145	17	194.85	172.85	227.55	
5	φ12	35	176	61.60	54.70		

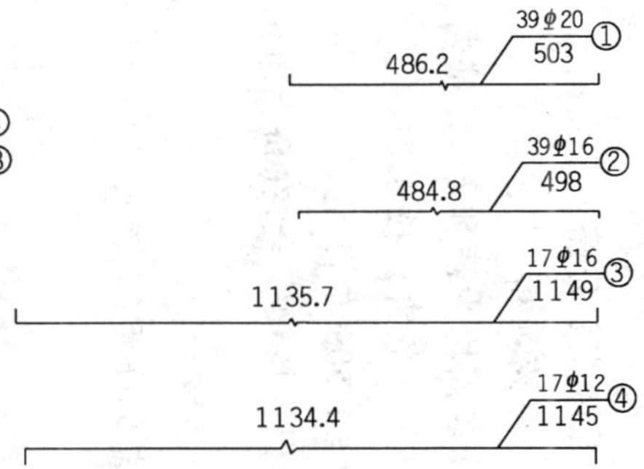

附注:

1.图中尺寸除钢筋直径以mm计外,余均以cm计。
2.路面为2%的双向横坡,施工时调整N3,N4钢筋,以形成双向横坡。
3.搭板下路基土要求填筑密实平整。

小桥设计示例(四)	1×13m板桥	桥头搭板钢筋构造图	设计	XXX	复核	XXX	审核	XXX	图号	SL-4-17	XXX公路勘察设计院

图 8-50

示例(五)　1×13m 弯板桥

一、桥位概况及桥型方案拟定

本桥位于西北地区某条山岭重丘区旅游公路。公路沿山谷行进,蜿蜒曲折,沿河跨越许多溪流支沟,线形较为复杂。本桥为一座跨河桥,沟谷较为开阔,但河床比降较大,平时水量较小,但暴雨时易产生山洪。由于河床表面均为河卵石,无基岩出露。两岸为土质山坡,因此选用板桥结构,以克服不均匀沉陷带来的危害。按照路线平面和纵断面设计,本桥位于 $R=30.407$m的圆曲线上,同时也处于 $R=1150$m 的凸型竖曲线上,超高横坡为5%,属弯坡组合桥。为方便施工,采用现浇弯板方案,为保证桥梁安全,在桥上游两岸各修建 20m 顺坝,在下游 20m 处垂直水流方向设置一条滚水坝。

二、桥梁总体布置(立面尺寸按桩号标注)

(一)桥梁桩号

依据外业调查资料,桥跨中心选用河谷中心桩号 K8+212.00,对应设计高程为 870.97m。桥梁标准跨径 13m(弦线长)。两岸桥台前墙平行布设。桥跨上部结构及桥台均按平曲线布设,以满足平面线形。拟定 0 号台沿公路轴线长度 6.55m,1 号台沿公路轴线长度 8.70m,伸缩缝预留宽度 2cm,板长 12.96m。

12.96m 板长对应的公路中线弧长计算,如图 8-51 所示。

$$\sin\frac{\alpha}{2}=\frac{13.0/2}{30.407}=0.2138$$

$$\alpha=2\times12.343=24.69°$$

$$L=\alpha R\cdot\frac{\pi}{180}$$

$$=24.69\times30.407\times\frac{\pi}{180}$$

$$=13.10\text{m}$$

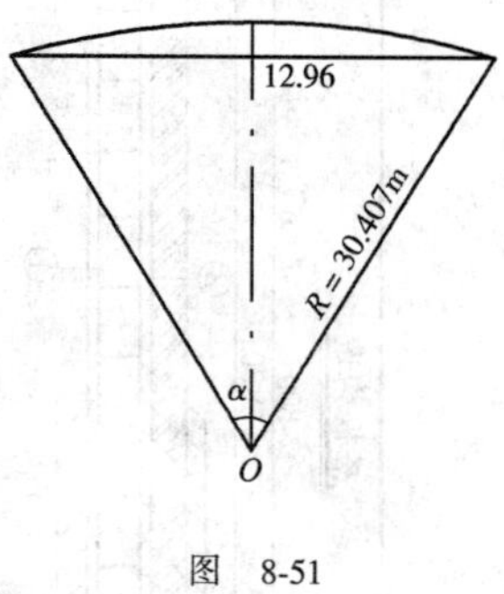

图　8-51

(1)0 号桥台桩号:　$K8+212-\frac{13.10}{2}=K8+205.45$

(2)1 号桥台桩号:　$K8+212+\frac{13.10}{2}=K8+218.55$

(3)桥梁起点桩号:　$K8+205.45-6.55=K8+198.90$

(4)桥梁终点桩号:　$K8+218.55+8.7=K8+227.25$

(5)桥梁总长(公路中线方向):　$655+1310+870=2835$cm

(二)桥面各控制点高程计算

1.由路线纵断面设计图知:变坡点 K8+200.00,设计高程 871.20m,凸型竖曲线 $i_1=0.08$,$i_2=0.01$,$R=1150$m,则

$$\omega=\left|i_1-i_2\right|=0.07\quad L=R\cdot\omega=1150\times0.07=80.5\text{m}$$

$$T=\frac{L}{2}=80.5/2=40.25\text{m}$$

竖曲线起点:　$K8+200-40.25=K8+159.75$

设计高程：　　　　　　$871.2-40.25\times0.08=867.98\text{m}$

竖曲线终点：　　　　　$K8+200+40.25=K8+240.25$

设计高程：　　　　　　$871.2+40.25\times0.01=871.60\text{m}$

说明桥梁起终点0号、1号台均在竖曲线范围之内，应按竖曲线的计算公式，计算各控制点设计高程。计算过程及结果如表8-4。

表 8-4

桩 号	距竖曲线起点或终点距离 x	纵坡线上高程	修正值 $Y=\frac{x^2}{2R}$	设计高程
K8+198.9	$x=198.9-159.75=39.15$	$867.98+39.15\times0.08=871.112$	$Y=\frac{39.15^2}{2\times1150}=0.666$	$871.112-0.666=870.446$
K8+205.45	$x=240.25-205.45=34.8$	$871.60-34.8\times0.01=871.252$	$Y=\frac{34.8^2}{2\times1150}=0.526$	$871.252-0.526=870.726$
K8+218.55	$x=240.25-218.55=21.7$	$871.60-21.7\times0.01=871.383$	$Y=\frac{21.7^2}{2\times1150}=0.205$	$871.383-0.205=871.178$
K8+227.25	$x=240.25-227.25=13.0$	$871.60-13.0\times0.01=871.47$	$Y=\frac{13^2}{2\times1150}=0.074$	$871.47-0.0735=871.397$

2. 桥台伸缩缝轴线与公路中心线的夹角，如图8-52所示。

0号台：
$$\beta=90°-\frac{\alpha}{2}=90°-\frac{1}{2}\times24.69°=77.6568°$$

1号台：
$$\beta=90°+\frac{\alpha}{2}=90°+\frac{1}{2}\times24.69°=102.3432°$$

伸缩缝与法线方向的夹角为：

$$\varphi=\frac{\alpha}{2}=12.343°,\tan\varphi=0.2189$$

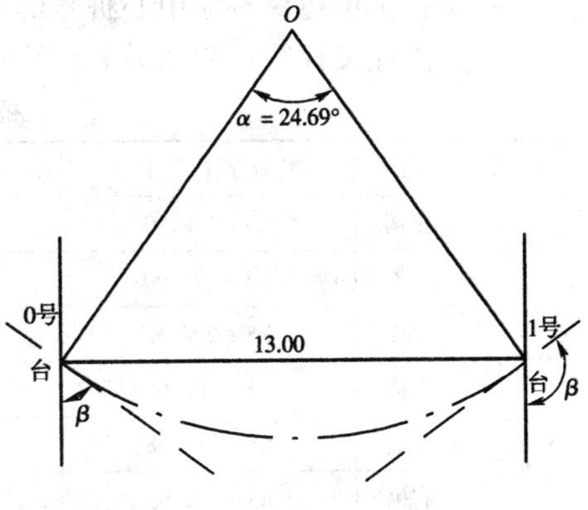

图 8-52

3. 行车道边缘位置对应桩号

按总体布置横断面图：公路中线处平曲线半径 $R=30.407\text{m}$，桥梁中心线处曲线半径 $R=29.707\text{m}$。二者相距 $30.407-29.707=0.7\text{m}$，行车道宽7.40m，半幅桥宽3.70m。

所以，左侧行车道边缘至公路中心线距离为 $3.7+0.7=4.4\text{m}$，右侧行车道边缘至公路中心线距离为 $3.7-0.7=3.0\text{m}$。据此计算各控制点桩号。

(1)桥梁起点

左右两侧行车道边缘均取公路轴线处桩号K0+198.90。

(2)0号台伸缩缝处

左侧行车道边缘：$K8+205.45-4.4\tan\varphi=K8+205.45-4.4\times0.2189=K8+204.49$

右侧行车道边缘：$K8+205.45+3.0\tan\varphi=K8+205.45+3.0\times0.2189=K8+206.11$

(3)1号台伸缩缝处

左侧行车道边缘：$K8+218.55+4.4\tan\varphi=K8+218.55+4.4\times0.2189=K8+219.51$

右侧行车道边缘：$K8+218.55-3.0\tan\varphi=K8+218.55-3.0\times0.2189=K8+217.89$

(4)桥梁终点：左右两侧行车道边缘均取公路轴线处桩号 K8 + 227.25。

4.伸缩缝左右两侧行车道边缘对应的公路中线高程计算(表 8-5)

公路中线高程计算 表 8-5

位置	对应桩号	距竖曲线终点距离 x	纵坡线上高程	修正值 $Y=\frac{x^2}{2R}$	设计高程
0号左侧	K8 + 204.49	$x=240.25-204.49=35.76$	$871.6-35.76\times0.01=871.24$	$Y=\frac{35.76^2}{2\times1150}=0.556$	$871.24-0.556=870.684$
0号右侧	K8 + 206.11	$x=240.25-206.11=34.14$	$871.6-34.14\times0.01=871.258$	$Y=\frac{34.14^2}{2\times1150}=0.506$	$871.258-0.506=870.752$
1号左侧	K8 + 219.51	$x=240.25-219.51=20.74$	$871.6-20.74\times0.01=871.394$	$Y=\frac{20.74^2}{2\times1150}=0.184$	$871.394-0.184=871.210$
0号右侧	K8 + 217.89	$x=240.25-217.89=22.36$	$871.6-22.36\times0.01=871.377$	$Y=\frac{22.36^2}{2\times1150}=0.216$	$871.377-0.216=871.161$

5.桥面各控制点高程计算

桥面横坡为 5%，则：

左侧行车道边缘对应中心桩号的高差 $\Delta H=-4.4\times5\%=-0.22$m；

右侧行车道边缘对应中心桩号的高差 $\Delta H=3.0\times5\%=0.15$m。

各点高程及计算过程如表 8-6 所示。

桥面各控制点高程计算 表 8-6

位　置	方向	对应路中线桩号	对应路中线高程	高差 ΔH	控制点高程
起点	左侧	K8 + 198.90	870.446	-0.22	870.226
	右侧	K8 + 198.90	870.446	+0.15	870.596
0号台	左侧	K8 + 204.32	870.675	-0.22	870.455
	右侧	K8 + 206.05	870.752	+0.15	870.902
1号台	左侧	K8 + 219.68	871.210	-0.22	870.990
	右侧	K8 + 217.95	871.161	+0.15	871.311
终点	左侧	K8 + 227.25	871.397	-0.22	871.177
	右侧	K8 + 227.25	871.397	+0.15	871.547

(三)现浇板尺寸拟定

参照标准图，板长选用 12.96m。根据横断面图，法线方向桥面宽为：$740+2\times(25+30)=850$cm，栏杆底座外缘与现浇板外缘平齐。所以，整体现浇板法线方向总宽为 850cm。由于桥台背墙与平曲线半径方向线夹角为 $\varphi=12.343°$，则沿桥台方向的桥面板总宽为：

$$B=\frac{850}{\cos\varphi}=\frac{850}{\cos12.343°}=872\text{cm}$$

板左侧平曲线半径：

$$R=30.407-(4.4+0.55)=30.407-4.95=25.457\text{m}$$

弧线与弦线的最大距离为：

$$b=R-\sqrt{R^2-\left(\frac{12.96}{2}\right)^2}$$

$$=25.457-\sqrt{25.457^2-6.48^2}$$
$$=25.457-24.618$$
$$=0.839\text{m}\approx 84\text{cm}$$

板右侧平曲线半径：

$$R=30.407+3.0+0.55=33.957\text{m}$$

弧线与弦线的最大距离为：

$$b=R-\sqrt{R^2-\left(\frac{12.96}{2}\right)^2}$$
$$=33.957-\sqrt{33.957^2-6.48^2}$$
$$=33.957-33.333$$
$$=0.624\text{m}\approx 62\text{cm}$$

由于内外侧弧弦距均比较小,因此为了施工方便和受力均衡,桥上部仍按直线板桥设计,两侧曲线线形由翼缘板的长度来调整,矩形梁板宽 872 - 84 = 788cm;右侧翼板由路中间向两端逐渐增长,跨中翼板长度为 0,到两端时翼板增长为 84cm,右侧翼板由两端向跨中逐渐增长,两端翼板宽为 0,到跨中时增长为 62cm,这样完全满足了上部结构的曲线造型。

参照已有整体式板桥图纸,板厚选用 70cm,板中每隔 20cm 设置一个 ϕ50cm 圆孔,以减轻板体自重。共设圆孔 11 个,孔洞在板中间均匀对称布置,保证上下、左右最小结构厚度 10cm。平面及横断面图见现浇板一般构造图。

(四)桥台高程设计计算

沿伸缩缝方向桥边缘到行车道边缘的距离：$\frac{0.55}{\cos\varphi}=\frac{0.55}{0.9768}=0.563\text{m}$,桥台方向的综合坡度计算如下。

坡长： $\frac{740}{\cos\alpha}=757.58\text{cm}$

两端高差：0 号台 $870.90-870.46=0.44\text{m}$

1 号台 $871.31-870.99=0.32\text{m}$

综合坡度：0 号台 $i=\frac{0.44}{7.576}=0.058$

1 号台 $i=\frac{0.32}{7.576}=0.042$

桥外缘至车道边高差:0 号台 $0.563\times0.058=\pm0.03\text{m}$

1 号台 $0.563\times0.042=\pm0.024\text{m}$

1.台帽高程

桥台背墙顶端高程为伸缩缝上行车道边缘桥面高程减去铺装层厚度 6cm,再加上桥外缘至车道边高差。

0 号台背墙左边缘:$870.46-0.06-0.03=870.37$

右边缘:$870.90-0.06+0.03=870.87$

1 号台背墙左边缘:$870.99-0.06-0.024=870.90$

右边缘:$871.31-0.06+0.024=871.28$

台背高度为板厚 + 调平钢板厚度(中心露出板底厚度) + 支座厚度 + 支承垫石厚度,$h=70+1+2.8+1=74.8\text{cm}$。

台帽顶部高程计算如下。

0 号台帽　左边缘：$870.37-0.748=869.62$

　　　　　右边缘：$870.87-0.748=870.12$

1 号台帽　左边缘：$870.90-0.748=870.15$

　　　　　右边缘：$871.28-0.748=870.53$

为适应超高横坡，台帽顶做成合成坡度为 $i=0.058$ 的斜坡，用前墙高度来调整横坡。

2.桥台侧墙尾端高程(计算方法同上)

横向坡度 5%，栏杆底座宽 55cm，内外高差：$0.55\times5\%=0.028\approx0.03$m。

0 号台 左侧墙尾端：$870.226-0.06-0.03=870.14$

　　　 右侧墙尾端：$870.596-0.06+0.03=870.57$

1 号台 左侧墙尾端：$871.177-0.06-0.03=871.09$

　　　 右侧墙尾端：$871.547-0.06+0.03=871.52$

3.桥台基础高程

综合考虑冲刷、地基承载力、抗冻、方便施工等条件，确定基底埋置深度为 3.0m 以下，并将桥台前墙高度尽可能取为整数，拟定 0 号台前墙左侧高度 3.8m，1 号台左侧墙高 5.5m，拟定基础为一层式，厚 1.2m。从而推算基础高程如下。

0 号台 基础顶面：$869.62-3.8=865.82$

　　　 基础底面：$865.82-1.2=864.62$

　　　 埋置深度：$868.36-864.62=3.74>3$m

1 号台 基础顶面：$870.15-5.5=864.65$

　　　 基础底面：$864.65-1.2=863.45$

　　　 埋置深度：$866.87-863.45=3.42\text{m}>3$m

三、桥台尺寸及工程量计算

桥台的各部位高程已计算确定，桥台侧墙严格按平曲线布设，左侧墙内缘半径 $R=30.407-4.4-0.55=24.457$m，右侧墙外缘半径 $R=30.407+3.0+0.55=33.957$m。

1.0 号桥台

(1)侧墙

①左侧墙

长　　度　$(K8+204.32)-(K8+198.9)=5.42\text{m}=542\text{cm}$

尾端高度　$870.14-865.82=4.32\text{m}=432\text{cm}$

顶　　宽　75cm

尾端底宽　$75+\dfrac{432}{4}=183\text{cm}$(侧墙内边坡 4:1)

基础宽度　$183+2\times50=283\text{cm}$(襟边宽 50cm)

基础长度：侧墙尾端直立，与挡墙或挖方山体相接，背墙前缘至前墙的距离为 $60-10=50$cm，基础前后襟边宽度各取 50cm，则基础长度为：$542+50+2\times50=692$cm。

②右侧墙

长　　度　$(K8+206.05)-(K8+198.9)=7.15\text{m}=715\text{cm}$

尾端高度　$870.57-865.82=4.75\text{m}=475\text{cm}$

顶　　宽　75cm

尾端底宽　$75+\frac{475}{4}=193.8$cm，取 194cm

基础宽度　$194+2\times50=294$cm

基础长度　$715+50+2\times50=865$cm

(2)前墙

总 高 度：左侧　$870.37-865.82=4.55\text{m}=455$cm

　　　　　右侧　$870.87-865.82=5.05\text{m}=505$cm

顶　　宽：60cm

台 帽 宽：70cm，背墙前缘至前墙：50cm

胸墙高度：左侧　$869.62-865.82=3.8\text{m}=380$cm

右　　侧：$870.12-865.82=4.38\text{m}=430$cm

前墙底宽：左侧　$60+50+\frac{455}{4}=223.7$cm，取 224cm

　　　　　右侧　$60+50+\frac{505}{4}=236.2$cm，取 236cm

基础宽度：前后襟边均为 50cm

　　　　　左侧　$224+2\times50=324$cm

　　　　　右侧　$236+2\times50=336$cm

前墙长度：$\frac{740+2\times55}{\cos\varphi}=\frac{850}{0.9768}=870$cm

基础长度：(横桥向)$870+\frac{870+2\times55}{\cos\varphi}=972$cm

(3)工程数量

M7.5 砂浆砌片石台身 104.9m^3，15 号片石混凝土基础 $68.3\ \text{m}^3$(计算过程从略)。

2.1 号桥台(前墙及侧墙内侧坡率均为 3.5:1)

(1)侧墙

①左侧墙

长　　度：$(K8+227.25)-(K8+219.68)=7.57\text{m}=757$cm

尾端高度：$871.09-864.65=6.44\text{m}=644$cm

顶　　宽：75cm

尾端底宽：$75+\frac{644}{3.5}=259$cm(侧墙内边坡 3.5:1)

基础宽度：$259+2\times50=359$cm(襟边宽 50cm)

基础长度：$757+50+2\times50=907$cm

②右侧墙

长　　度：$(K8+227.25)-(K8+217.95)=9.3\text{m}=930$cm

尾端高度：$871.52-864.65=6.87\text{m}=687$cm

顶　　宽：75cm

尾端底宽：$75+\frac{687}{3.5}=271$cm

基础宽度：$271+2\times50=371$cm

基础长度：$930+50+2\times50=1080$cm

(2)前墙

总 高 度:左侧　870.90 - 864.65 = 6.25m = 625cm

右侧　871.28 - 864.65 = 6.63m = 663cm

顶　　宽:60cm

台 帽 宽:70cm, 背墙前缘至前墙为 50cm

胸墙高度:左侧　870.15 - 864.65 = 5.5m = 550cm

右侧　870.53 - 864.65 = 5.88m = 588cm

前墙底宽:左侧　$60 + 50 + \frac{625}{3.5} = 288.6$cm,取 289cm

右侧　$60 + 50 + \frac{663}{3.5} = 299.4$cm,取 299cm

基础宽度:左侧　$289 + 2 \times 50 = 389$cm

右侧　$299 + 2 \times 50 = 399$cm

前墙长度:$\frac{740 + 2 \times 55}{\cos\varphi} = \frac{850}{0.9768} = 870$cm

基础长度:(横桥向)$870 + \frac{870 + 2 \times 50}{\cos\varphi} = 972$cm

(3)工程数量:M7.5 砂浆砌片石台身 228.4m^3,15 号片石混凝土基础 94.9m^3(计算过程从略)。

四、支座布置及垫石顶面高程计算

根据简支板的受力要求,支座中心(支承线)距板端 18cm,选用 $\phi200 \times 28$ 圆形板式橡胶支座,每端横向布置 12 块。支座中心对应板内两孔洞相邻的实体部位中心,增强拉剪能力(如支座预埋钢板构造图所示)。支座横向间距为 $61 + 9 \times 70 + 61$;因为受力要求,支座必须水平放置,而本桥用台帽调横坡,台帽顶面为斜坡,因此在板端底部设调平钢板$\square 32 \times 32 \times 1.2$,中心处露出板底 1cm,顶部按纵坡和横坡要求斜置并与锚固钢筋焊接相连,底面保持水平。为给支座提供一个水平面,把台帽顶部做成台阶形,每个台阶宽 70cm,顶面水平,中心距台顶斜面高出 1cm,起到垫石的作用。

0 号桥台综合纵坡 $i = 5.8\%$,各垫石顶面高程计算如下。

12 号垫石:$870.12 + 0.01 = 870.13$

11 号垫石:$870.13 - 0.485 \times 5.8\% = 870.102$

10 号垫石:$870.102 - 0.655 \times 5.8\% = 870.064$

9 号垫石:$870.064 - 0.7 \times 5.8\% = 870.023$

8 号垫石:$870.023 - 0.7 \times 5.8\% = 869.983$

7 号垫石:$869.983 - 0.7 \times 5.8\% = 869.942$

6 号垫石:$869.942 - 0.7 \times 5.8\% = 869.902$

5 号垫石:$869.902 - 0.7 \times 5.8\% = 869.961$

4 号垫石:$869.961 - 0.7 \times 5.8\% = 869.820$

3 号垫石:$869.820 - 0.7 \times 5.8\% = 869.780$

2 号垫石:$869.780 - 0.7 \times 5.8\% = 869.739$

1 号垫石:$869.739 - 0.655 \times 5.8\% = 869.701$

1 号桥台综合纵坡 $i = 4.2\%$,各垫石顶面高程计算如下。

12 号垫石:870.53 + 0.01 = 870.543

11 号垫石:870.54 − 0.485 × 4.2% = 870.520

10 号垫石:870.520 − 0.655 × 4.2% = 870.492

9 号垫石:870.492 − 0.7 × 4.2% = 870.463

8 号垫石:870.463 − 0.7 × 4.2% = 870.434

7 号垫石:870.434 − 0.7 × 4.2% = 870.405

6 号垫石:870.405 − 0.7 × 4.2% = 870.376

5 号垫石:870.376 − 0.7 × 4.2% = 870.347

4 号垫石:870.347 − 0.7 × 4.2% = 870.318

3 号垫石:870.318 − 0.7 × 4.2% = 870.289

2 号垫石:870.289 − 0.7 × 4.2% = 870.26

1 号垫石:870.26 − 0.655 × 4.2% = 870.232

全桥共用支座 24 块,调平钢板 24 块。

五、现浇板钢筋布置

板内钢筋分底板钢筋、顶板钢筋、弯起钢筋和箍筋。

用桥梁通软件进行结构分析计算,确定板内主筋、弯起钢筋、箍筋的配筋率,按所需钢筋面积计算所需根数。

1.底板钢筋

主筋选 ϕ22HRB335 级钢筋,共 82 根,间距 10cm。根据弯矩变化规律,设成 N1、N2、N3 三个编号。N1 最短,长 760cm;N2 长 1070cm;N3 布满底板,长 1290cm。N1、N2、N3 均匀相间布设,以跨中轴线对称。N1 筋 22 根,N2 筋 24 根,N3 筋在底部加布一层,放置在相邻两圆孔中间位置,焊接在下层 N3 钢筋上,共 48 根。横向分布钢筋与主筋垂直,贯通板宽全幅,编号为N11,考虑剪力的变化,板端钢筋间距选 10cm,中间段间距选 20cm,布置尺寸为:5 + 2 × 10 + 13 + 51 × 20 + 13 + 12 × 10 + 5,共布 78 根。

2.弯起钢筋

按主应力由支点向跨中逐渐变小的规律,设 N5、N6 两种型号,按 45°弯折,顶部与顶板主筋 N4 焊接,底部与底板上层 N3 主筋焊接,纵向由支承线开始布设,间距 45cm,前 6 根为 N5,后 4 根为 N6。N5 选用 ϕ22,N6 选用 ϕ16 钢筋。每排用 N5 筋 12 根,N6 筋 8 根,横向布设 6 排,由两侧向中间,每隔两个圆孔在实体段中心布一排。在板中心位置间距为 3 个圆孔。全桥共用 N5 筋 12 × 6 = 72 根,N6 筋 8 × 6 = 48 根。

3.顶板钢筋

本桥为整体式现浇简支板桥,顶板钢筋主要起构造作用和防裂缝以及在预留孔洞上方承受局部弯拉应力的作用,同时用箍筋使其与底板钢筋相连,并承担一部分剪力。考虑施工方便,避免因桥面平面呈曲线导致的大量钢筋截断、接长,纵桥向钢筋按曲线布设,贯通全板选用 ϕ16 钢筋,中间间距为 23.33cm,靠近板边加密布设,间距选为 14cm。横向分布钢筋选用 ϕ12,与底板横向钢筋相对应,两端钢筋间距 10cm,中间段间距 20cm。在用翼缘调整板形的曲线部分,布设 N9 钢筋,间距 10cm 进行加密,以增强翼缘承受负弯矩的能力。

4.箍筋

在横断面图上,围绕每一个圆孔布一根闭合箍筋,两侧两个边孔布 N 12箍筋,中间 9 个圆孔布 N 13箍筋，每个横断面上 N 12筋 2 根、N 13筋 9 根，纵向与底板分布钢筋 N 11相对应，每隔 20cm 布一排，共 66 排。全桥共用 N 12筋 $2\times66=132$ 根，N 13筋 $9\times66=594$ 根。

5.现浇板钢筋明细表，见钢筋细部构造图（计算过程从略）。

六、导流、防护工程布置

1.锥坡

根据桥台位置横断面图及路线纵横断面设计，0 号桥台后接路基，边坡 1:1.5，因此在 0 号桥台左右两侧及 1 号桥台右侧设锥坡。锥坡顺桥向坡率 1:1，横桥向坡率 1:1.5，锥坡基础埋入地面不少于 1m，沿陡坡地形自然变化。1 号桥台左侧接挡土墙不设锥坡。锥坡砌面为 30cm 厚 M7.5 砂浆砌 25 号片石，下为 10cm 砂砾垫层。锥坡基础顶宽 50cm，底宽 75cm，深度 100cm。经分块计算汇总工程数量如下：

M7.5 砂浆砌 25 号片石 27.4 m^3，垫层砂砾 4.5 m^3，锥芯填土 34.4 m^3，开挖石方 24.3 m^3。

2.导流设施

由于该处河流纵坡较大，山洪暴发时水大浪急，流速较快加之河道弯曲，易发生冲刷，对桥梁产生危害。因此，在桥梁上游两岸各设 20m 顺坝，与桥台相接，对河岸起到加固作用，使水流顺畅从桥下通过，防止洪水冲击两侧河岸，淘空桥台基础。

顺坝顶宽 2m，迎水面坡度 1:1.5，背水面坡度 1:1，底宽 5.75m，高 1.5m，施工时使坝头处于稳固河岸上，坝身顺应水流，坝与桥台相连。坝体用 M7.5 砂浆砌片石砌筑，坝后必须用砂砾石回填密实。

在桥下游 20m 处，垂直水流方向拦河设一条滚水坝，长 30m，断面尺寸与顺坝相同。坝顶与河床表面平齐，防止过桥水流对河床产生冲刷使下游河道高程下降，危及桥梁安全。

全桥导流及调治构造物，丁坝、顺坝合计 70m，结构尺寸见导流、防护工程构造图，工程数量为：

M7.5 砂浆砌 25 号片石：406.9 m^3，挖基 373.8 m^3。

附：施工图纸示例 15 张，如图 8-53 ~ 图 8-67 所示。

目　录

序号	图　名	图　号
1	设计说明	SL-5-1
2	全桥工程数量表	SL-5-2
3	桥型布置图	SL-5-3
4	现浇板一般构造图	SL-5-4
5	底板钢筋构造图	SL-5-5
6	顶板钢筋构造图	SL-5-6
7	现浇板横断面钢筋构造图	SL-5-7
8	钢筋细部构造图	SL-5-8
9	支座顶埋钢板构造图	SL-5-9
10	0号桥台一般构造图	SL-5-10
11	1号桥台一般构造图	SL-5-11
12	台帽钢筋构造图	SL-5-12
13	挡块钢筋构造图	SL-5-13
14	锥坡一般构造图	SL-5-14
15	导流、防护工程构造图	SL-5-15

说　明

一、技术标准及设计规范

1.中华人民共和国交通部标准《公路桥涵设计通用规范》(JTG D60—2004)及《公路圬工桥涵设计规范》(JTG D61—2005)。

2.中华人民共和国交通部标准《钢筋混凝土及预应力混凝土桥涵设计规范》(JTG D62—2004)。

3.中华人民共和国交通部标准《公路工程技术标准》(JTG B01—2003)。

4.中华人民共和国交通部标准《公路桥涵地基与基础设计规范》(JTJ 024—85)。

5.中华人民共和国交通部标准《公路工程抗震设计规范》(JTJ 004—89)。

二、技术指标

1.设计荷载：公路—II级。

2.跨径：1×13.00m。

3.交角：90°。

4.结构形式：

(1)上部：现浇钢筋混凝土悬臂空心板。

(2)下部：桥台采用重力式U形桥台，一阶扩大基础。

5.桥面铺装：6cm厚水泥混凝土。

三、主要材料

1.混凝土

悬臂空心板采用C30混凝土，台帽及防震挡块采用C25混凝土，桥面铺装采用C25防水混凝土。

2.钢筋（材）

(1)钢筋直径大于或等于12mm者采用HRB 335级钢筋，钢筋直径小于12mm者采用R235级钢筋；其技术条件应符合GB 1499—84的规定。

(2)钢板采用A3钢板，其技术条件应符合GB 700—79的规定。

3.块（片）石

台身、侧墙采用M7.5砂浆砌片石，基础采用15号片石混凝土，石料强度等级不低于C25。

4.支座

桥台采用圆板式橡胶支座GYZ200×28mm。

四、施工要点

1.本桥采用满堂支架就地浇筑施工，立架后应消除支架的非弹性变形，并预留支架的弹性变形量及预拱度。

2.混凝土板现浇时，应先浇筑底板混凝土，安设芯模（应注意位置的固定，防止在振捣过程中发生移位），绑扎顶板钢筋，然后浇注腹板和顶板混凝土。由于板端钢筋较密，在浇注混凝土时，应仔细振捣，保证浇注质量。

3.注意预埋连接钢筋及支座调平钢板。

4.为使圆板式橡胶支座水平放置，在台帽上设置楔形垫块。垫块中心高度1cm。

5.焊接钢筋时，要根据《公路钢筋混凝土及预应力混凝土桥涵设计规范》严格检查焊接质量和几何尺寸。

6.桥面横坡由台帽上横坡及支座下设支座垫块形成。

7.其他未尽事宜，按交通部标准《公路桥涵施工技术规范》办理。

小桥设计示例(五)	1×13m弯板桥	图纸目录及设计说明	设计	×××	复核	×××	审核	×××	图号	SL-5-1	比例	无	×××公路勘察设计院

图 8-53

全桥工程数量汇总表

材料	项目	单位	上部结构					下部结构							全桥合计
			现浇空心板	桥面铺装	现浇护栏	支座及排水系统	小计	桥台 台帽	桥台 台身	桥台 挡块	桥台 基础	桥台 锥坡	附属工程	小计	
混凝土	C30	m³	45.3				45.3								45.3
混凝土	C25	m³		5.8	7.8		13.6	5.0		0.17				5.17	18.77
混凝土	C20	m³	1.1				1.1								1.1
混凝土	小计	m³	46.4	5.8	7.8		60.0	5.0		0.17				5.17	65.17
钢筋 HRB 335	Φ22	kg	3362.6				3362.6								3362.6
钢筋 HRB 335	Φ16	kg	1311.3				1311.3								1311.3
钢筋 HRB 335	Φ12	kg	1038.8				1038.8	254.9		20.5				275.4	1314.2
钢筋 HRB 335	小计	kg	5712.7				5712.7	254.9		20.5				275.4	5988.1
钢筋 R 235	Φ25	kg	110.9				110.9								110.9
钢筋 R 235	φ10	kg	1663.3				1663.3								1663.3
钢筋 R 235	φ8	kg	336.1				336.1	71.8		7.2				79.0	415.1
钢筋 R 235	小计	kg	2110.3				2110.3	71.8		7.2				79.0	2189.3
钢材		kg	231.5				231.5								231.5
橡胶支座		个				24	24								24
M7.5砂浆砌片石		m³							333.3			27.4	406.9	767.6	767.6
15号片石混凝土		m²									162.9			162.9	162.9
砂砾垫层		m³										4.5		4.5	4.5
填压土方		m³										34.4		34.4	34.4
挖基石方		m³									334	24.3	373.8	358.3	358.3
细料石		m³			2.48		2.48							2.48	2.48

小桥设计示例(五)	1×13m弯板桥	全桥工程数量表	设计	×××	复核	×××	审核	×××	图号	SL-5-2	比例	无	×××公路勘察设计院

图 8-54

立面图

桥梁中心桩号K8+212

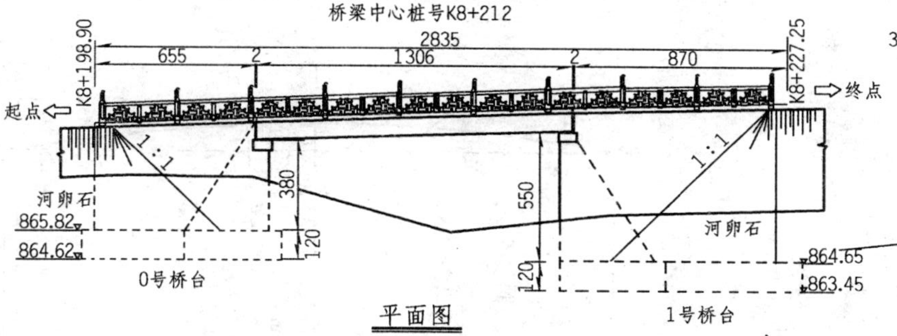

A—A

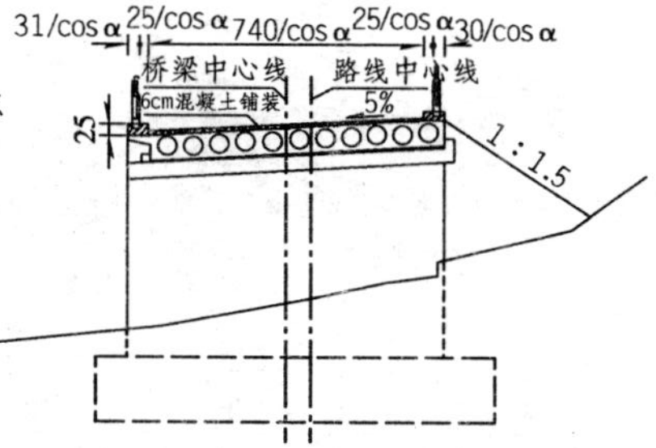

平面图

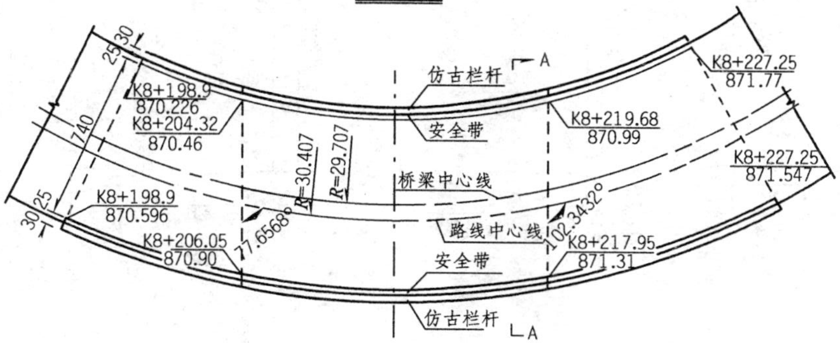

设计高程	870.45	870.50	870.73	870.73	870.97	871.18	871.22	871.40
坡度/坡长	+0.08 / 290	871.20 +200		+0.01 / 220				
地面高程		868.45	868.36				866.87	
桩号	K8 198.90	+200	+205.41	+205.45	+212	+218.55	+220	+227.25

附注：

1.本图尺寸除高程以m计外，其余均以cm为单位。

2.本桥位于R=30.407m的圆曲线上，同时也处于R=1150m的竖曲线上，超高横坡度为5%,桥面各断面施工高程详见《路基设计表》。

3.桥台基础设置在密实的河卵石上，施工时若发现下卧层为未风化的基岩，可依照现行《公路桥涵施工技术规范》，根据实际地质情况将基础做成台阶形。

4.1号桥台左侧不设锥坡，桥台侧墙尾部直立，以便与路基挡土墙衔接。

5.三视图中锥坡未示，详见锥坡构造图。

小桥设计示例(五)	1×13m弯板桥	桥梁总体布置图	设计	×××	复核	×××	审核	×××	图号	SL-5-3	比例	1：200	×××公路勘察设计院

图 8-55

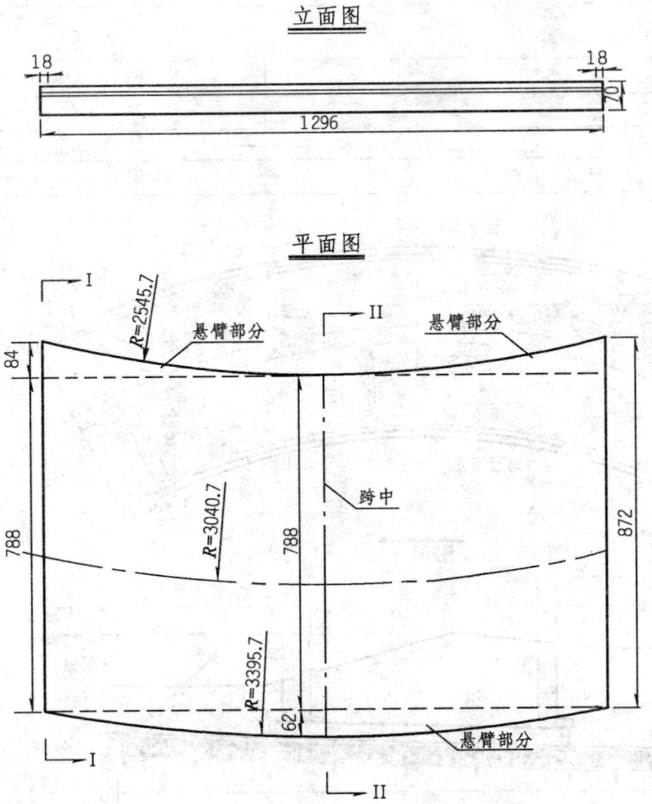

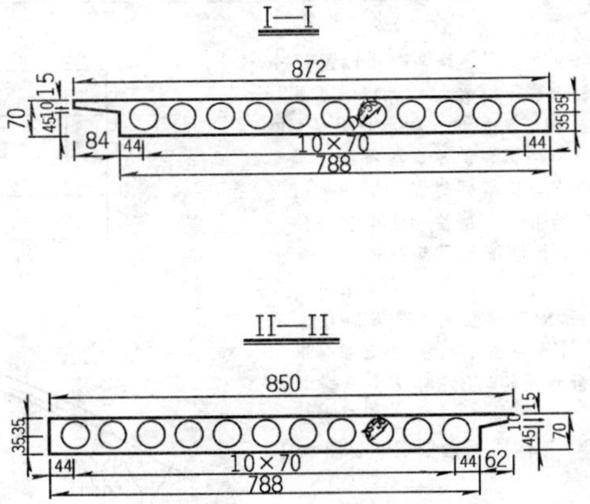

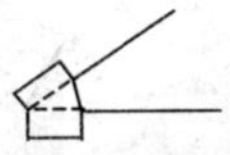

倒角示意图

现浇板工程数量表

项目＼材料	C30混凝土	C30混凝土
现浇板	45.3(m³)	
封　头		1.1(m³)

附注：

1.图中尺寸均以cm为单位。
2.现浇板悬臂部分的锐角处应做成3×3cm的倒角。
3.现浇板芯模抽拔后即可浇筑25cm厚的封头混凝土,注意务必封严。

小桥设计示例(五)	1×13m弯板桥	现浇板一般构造图	设计	×××	复核	×××	审核	×××	图号	SL-5-4	比例		×××公路勘察设计院

图　8-56

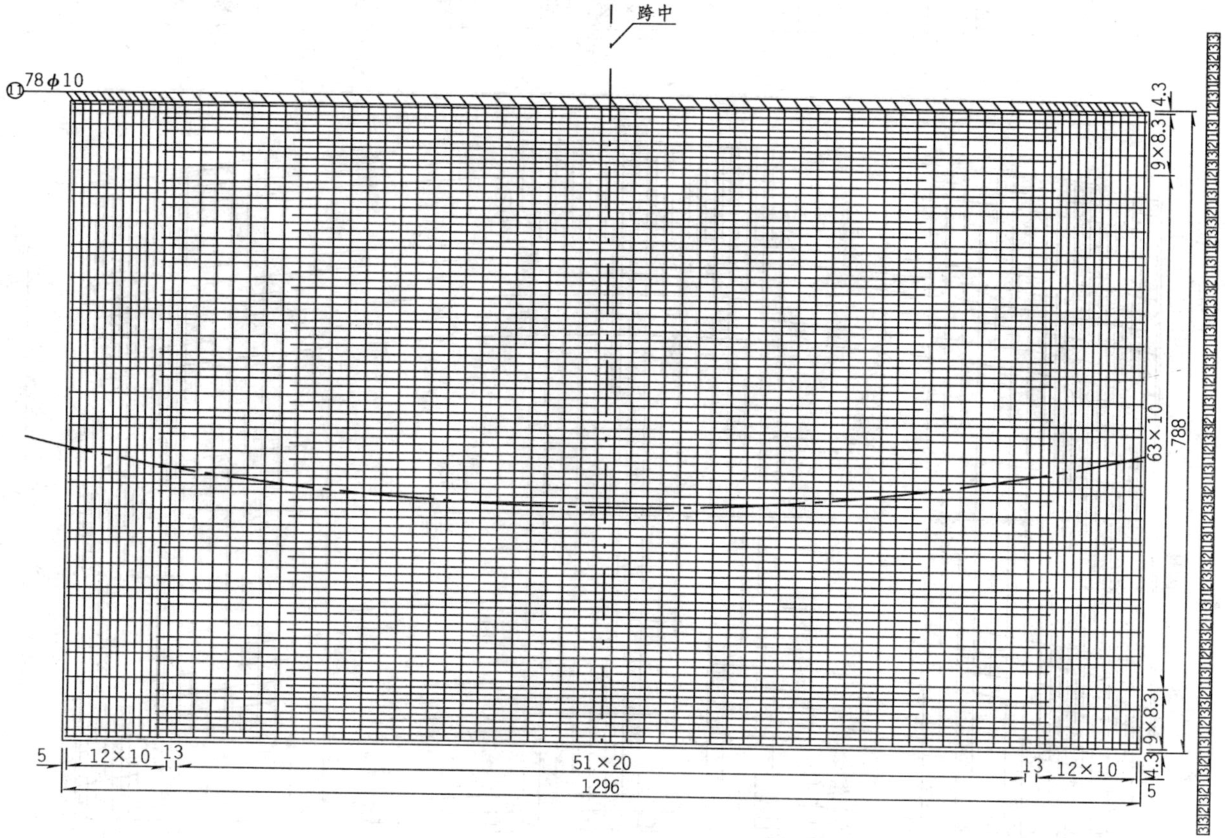

附注：图中尺寸均以cm为单位。

小桥设计示例(五)	1×13m弯板桥	底板钢筋构造图	设计	×××	复核	×××	审核	×××	图号	SL-5-5	比例		×××公路勘察设计院

图　8-57

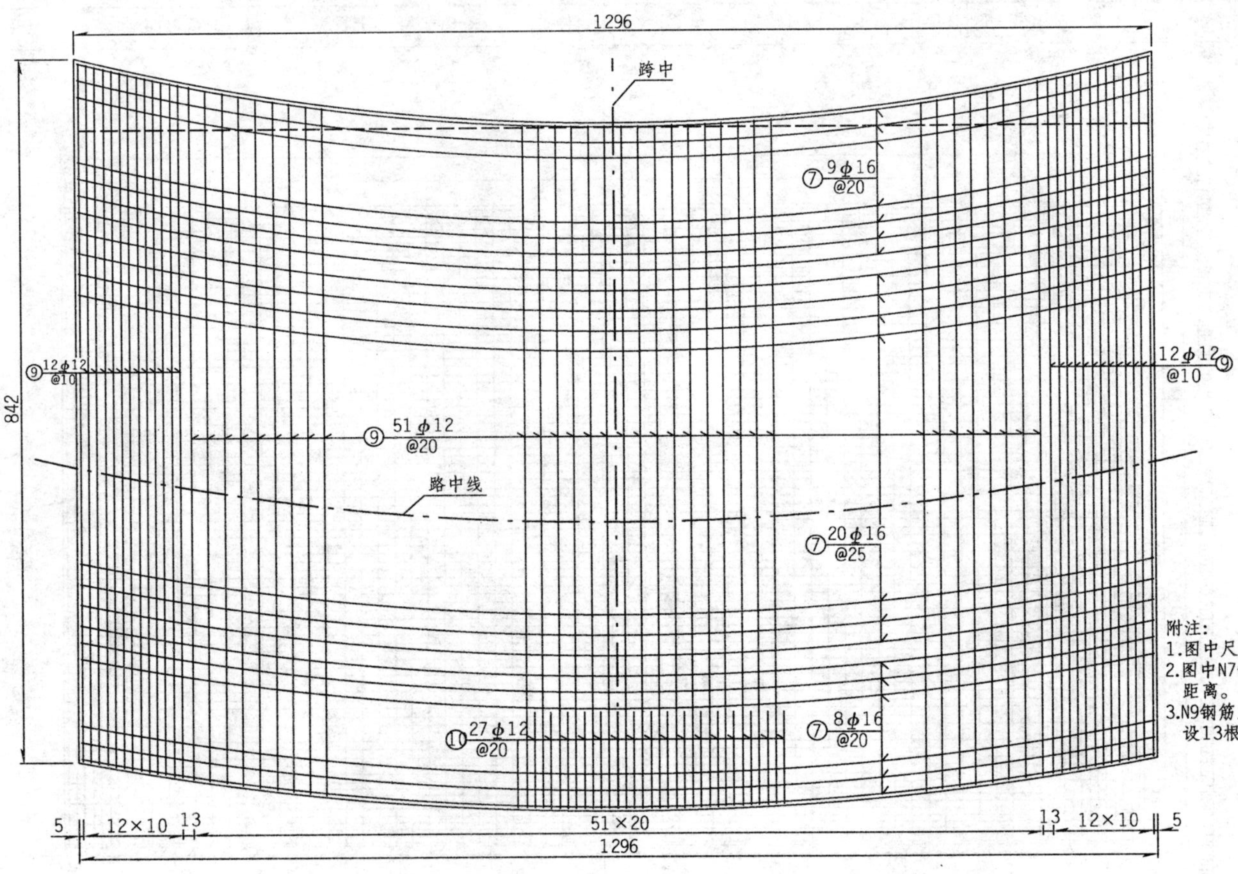

附注：
1.图中尺寸均以cm为单位。
2.图中N7钢筋间距是指径向距离。
3.N9钢筋对称于跨中每侧布设13根。

小桥设计示例(五)	1×13m弯板桥	顶板钢筋构造图	设计	×××	复核	×××	审核	×××	图号	SL-5-6	比例		×××公路勘察设计院

图 8-58

板端横断面

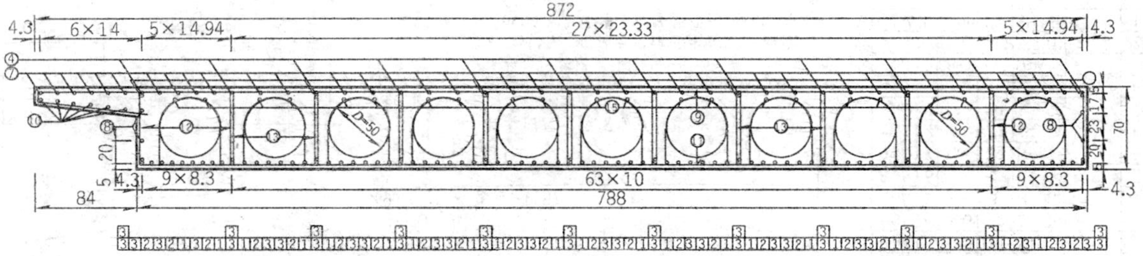

跨中横断面

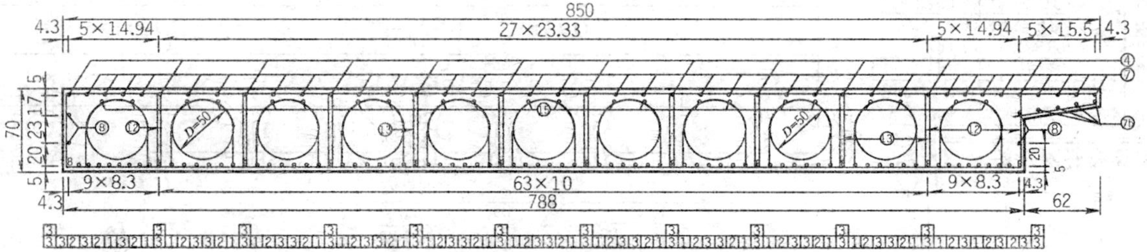

箍筋纵向位置图

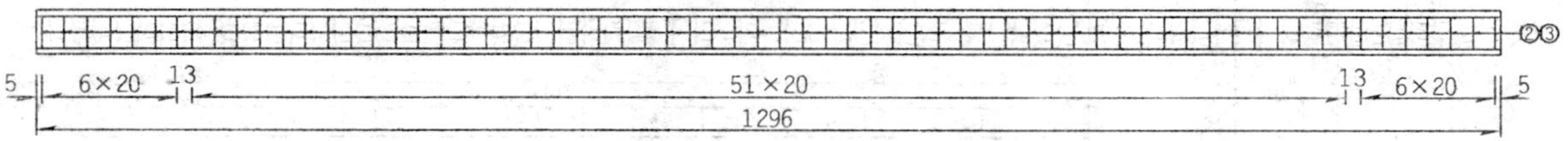

附注：图中尺寸均以cm为单位。

小桥设计示例(五)	1×13m弯板桥	现浇板横断面钢筋构造图	设计	×××	复核	×××	审核	×××	图号	SL-5-7	比例		×××公路勘察设计院

图 8-59

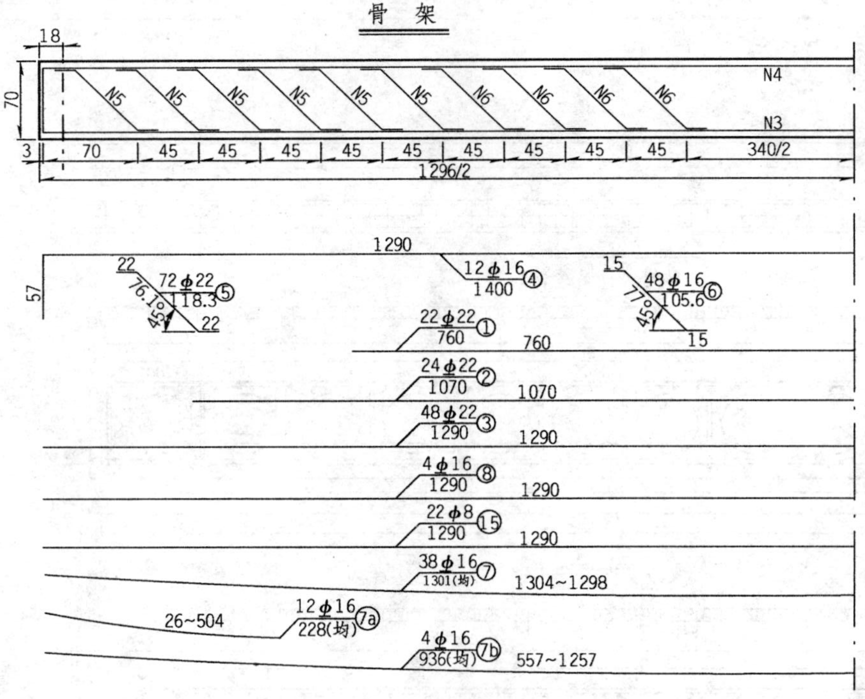

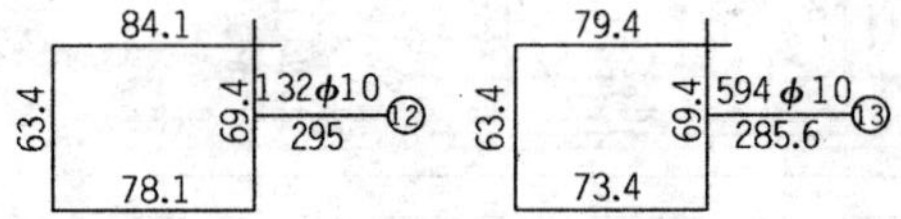

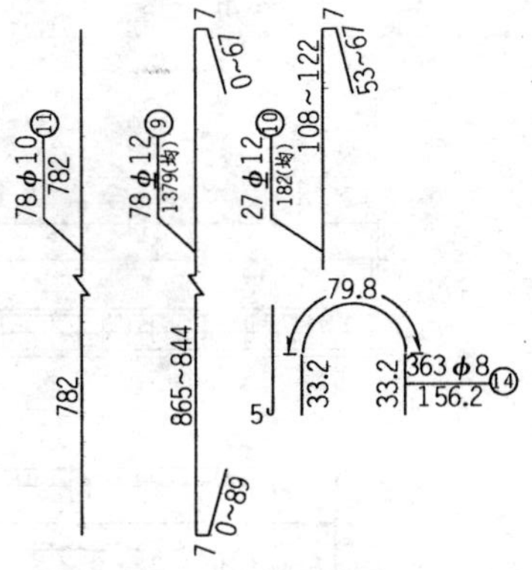

附注：

1.本图尺寸除钢筋直径以mm计外,其余均以cm为单位。
2.图中钢筋尺寸带(均)字者为钢筋平均长度，不作为下料尺寸。
3.斜筋N5、N6双面焊接于主筋N3及架立筋N4上，焊缝长度不小于5倍(N5、N6)钢筋直径。

孔现浇板钢筋数量表

编号	直径 (mm)	长度 (cm)	根数	共长 (m)	单位重 (kg)	共重 (kg)	总重 (kg)
1	ϕ22	760	22	167.20	2.98	498.26	3362.56
2	ϕ22	1070	24	256.80		765.26	
3	ϕ22	1290	48	619.20		1845.22	
5	ϕ22	118.3	72	85.18		253.82	
4	ϕ16	1404	12	168.48	1.58	266.20	1311.33
6	ϕ16	105.6	48	50.69		80.09	
7	ϕ16	1301(均)	38	494.38		781.12	
7a	ϕ16	228(均)	12	27.36		43.23	
7b	ϕ16	936(均)	4	37.44		59.16	
8	ϕ16	1290	4	51.60		81.53	
9	ϕ12	1379(均)	78	1075.62	0.888	995.15	1038.79
10	ϕ12	182(均)	27	49.14		43.64	
11	ϕ10	782	78	609.96	0.617	376.35	1663.33
12	ϕ10	295	132	389.40		240.26	
13	ϕ10	285.6	594	1694.46		1046.72	
14	ϕ8	156.2	363	567.01	0.395	223.97	336.07
15	ϕ8	1290	22	283.8		112.10	

小桥设计示例(五)	1×13m弯板桥	钢筋细部构造图	设计	×××	复核	×××	审核	×××	图号	SL-5-8	比例	1：200	×××公路勘察设计院	

图　8-60

桥梁横断面

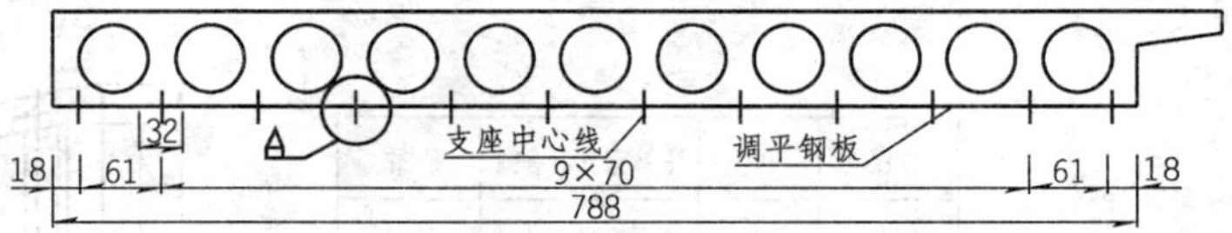

顺桥向支座位置

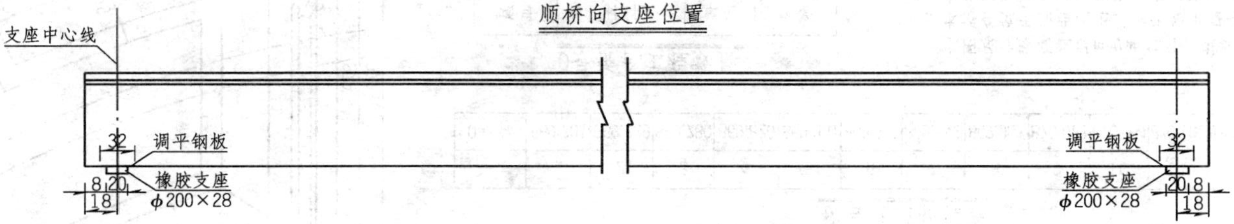

A大样

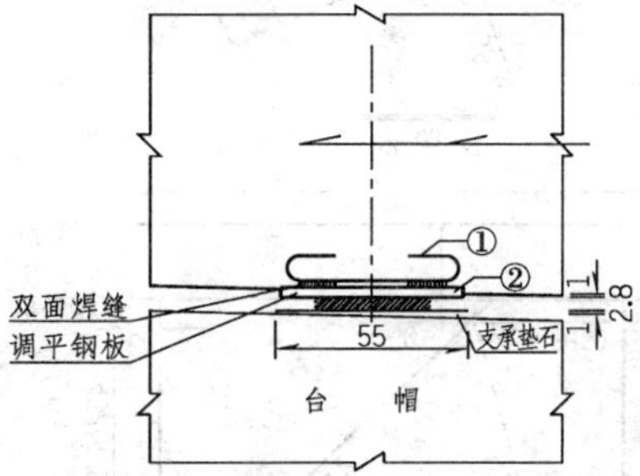

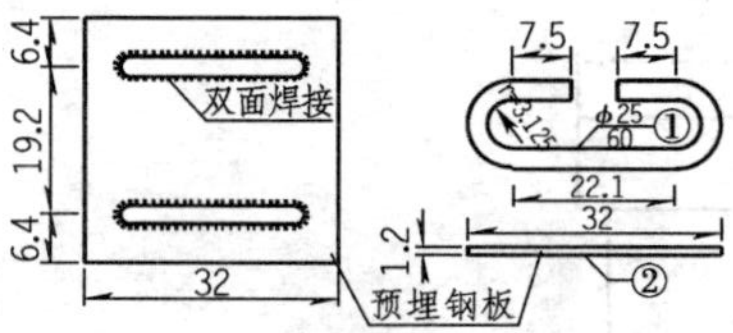

全桥支座材料数量表

材料	规格（mm）	支座个数	每个重（kg）	总重（kg）
橡胶支座	φ200×28	24		
A钢板	▱32×32×1.2	24	9.646	231.5
钢筋	φ25×60	48	2.31	110.9

附注：

1. 图中尺寸除钢筋直径以mm计外，均以cm计。
2. 钢板外露部分均涂防锈漆两遍。
3. 支模时，预埋钢板必须调置水平，以保证支座水平安置。

小桥设计示例（五）	1×13m弯板桥	支座预埋钢板构造图	设计	×××	复核	×××	审核	×××	图号	SL-5-9	比例		×××公路勘察设计院

图 8-61

立面图

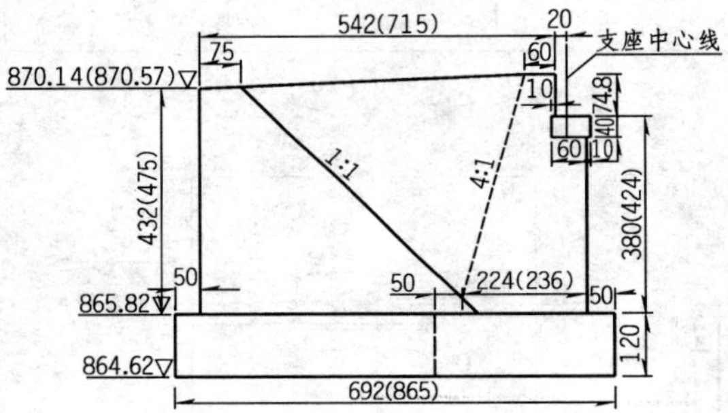

平面图

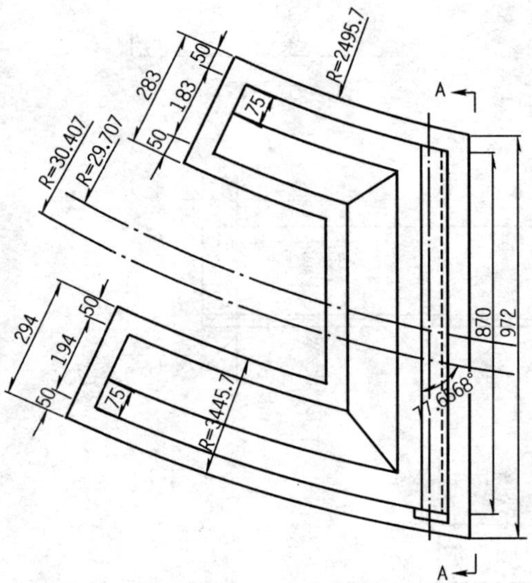

A-A

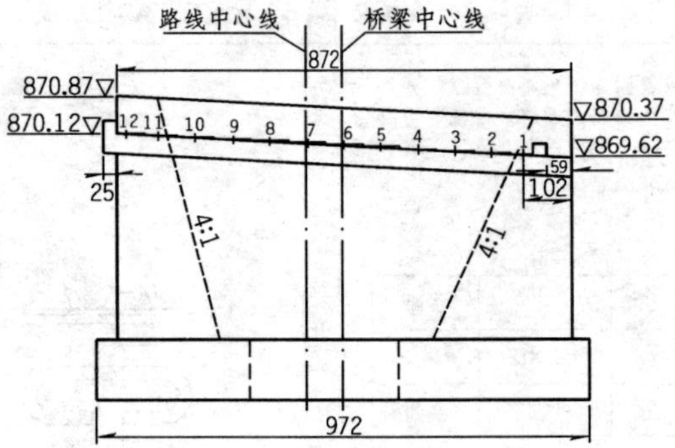

垫石大样图

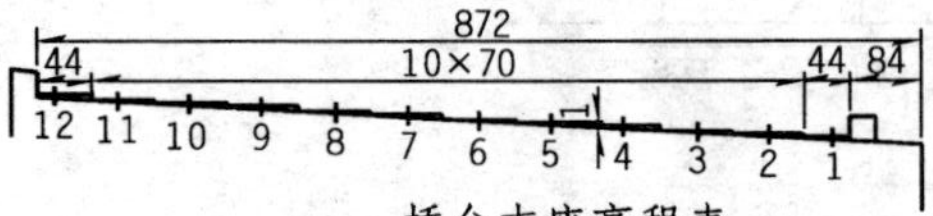

桥台支座高程表

台号 \ 支座编号	1	2	3	4	5	6	7	8	9	10	11	12	i%
0号台	869.701	869.739	869.780	869.820	869.861	869.902	869.942	869.983	870.023	870.064	870.102	870.130	5.8

0号桥台工程数量表

项目	材料	单位	数量
台身	M7.5砂浆砌片石	m^3	104.9
基础	15号片石混凝土	m^3	68.0

附注：

1. 本图尺寸除高程以m为单位外，其余均以cm为单位。
2. 本桥台位于圆曲线上，由于处于超高过渡段上，桥台内外侧侧墙高度应按设计高程进行调整。
3. 桥台背墙应在桥面板芯模拆除后进行砌筑。
4. 括号外数字为桥台左侧尺寸，括号内数字为桥台右侧尺寸。
5. 台帽工程数量详见《台帽钢筋构造图》。

小桥设计示例（五）	1×13m弯板桥	0号桥台一般构造图	设计	×××	复核	×××	审核	×××	图号	SL-5-10	比例		×××公路勘察设计院

图 8-62

立面图

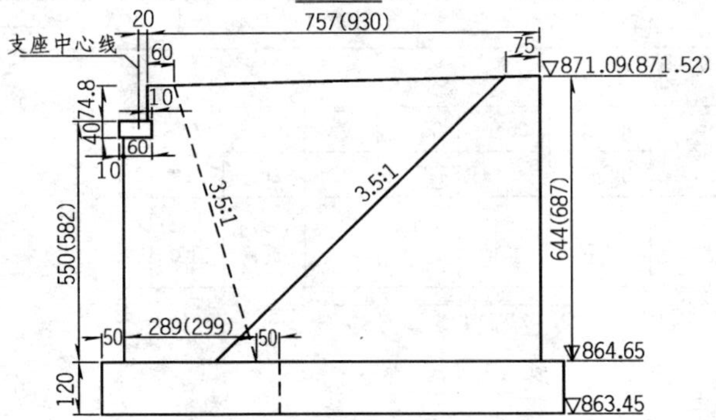

A-A

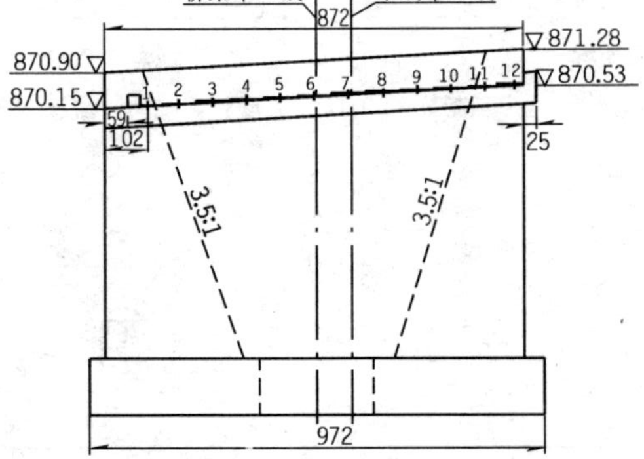

平面图

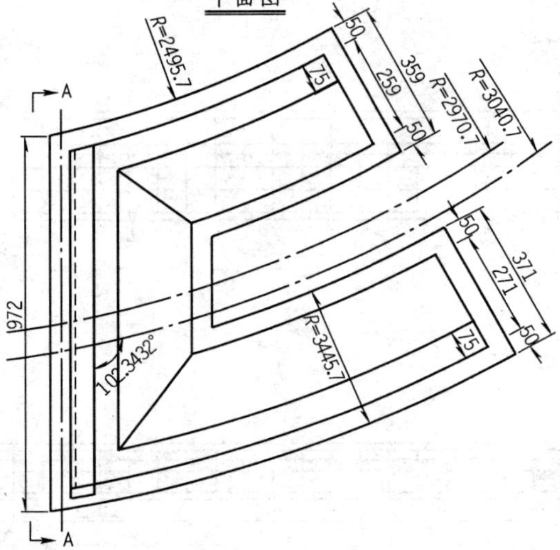

垫石大样图

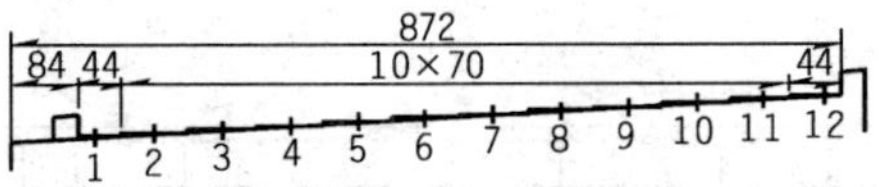

桥台支座高程表

台号 \ 支座编号	1	2	3	4	5	6	7	8	9	10	11	12	i%
0号台	870.232	870.26	870.289	870.318	870.347	870.376	870.405	870.434	870.463	870.492	870.520	870.54	4.2

1号桥台工程数量表

项目	材料	单位	数量
台身	M7.5砂浆砌片石	m^3	228.4
基础	15号片石混凝土	m^3	949

附注：

1. 本图尺寸除高程以m为单位外，其余均以cm为单位。
2. 本桥台位于圆曲线上，由于处于超高过渡段上，桥台内外侧侧墙高度应按设计高程进行调整。
3. 桥台背墙应在桥面板芯模拆除后进行砌筑。
4. 括号外数字为桥台左侧尺寸，括号内数字为桥台右侧尺寸。
5. 台帽工程数量详见《台帽钢筋构造图》。

小桥设计示例（五）	1×13m弯板桥	1号桥台一般构造图	设计	×××	复核	×××	审核	×××	图号	SL-5-11	比例		×××公路勘察设计院

图 8-63

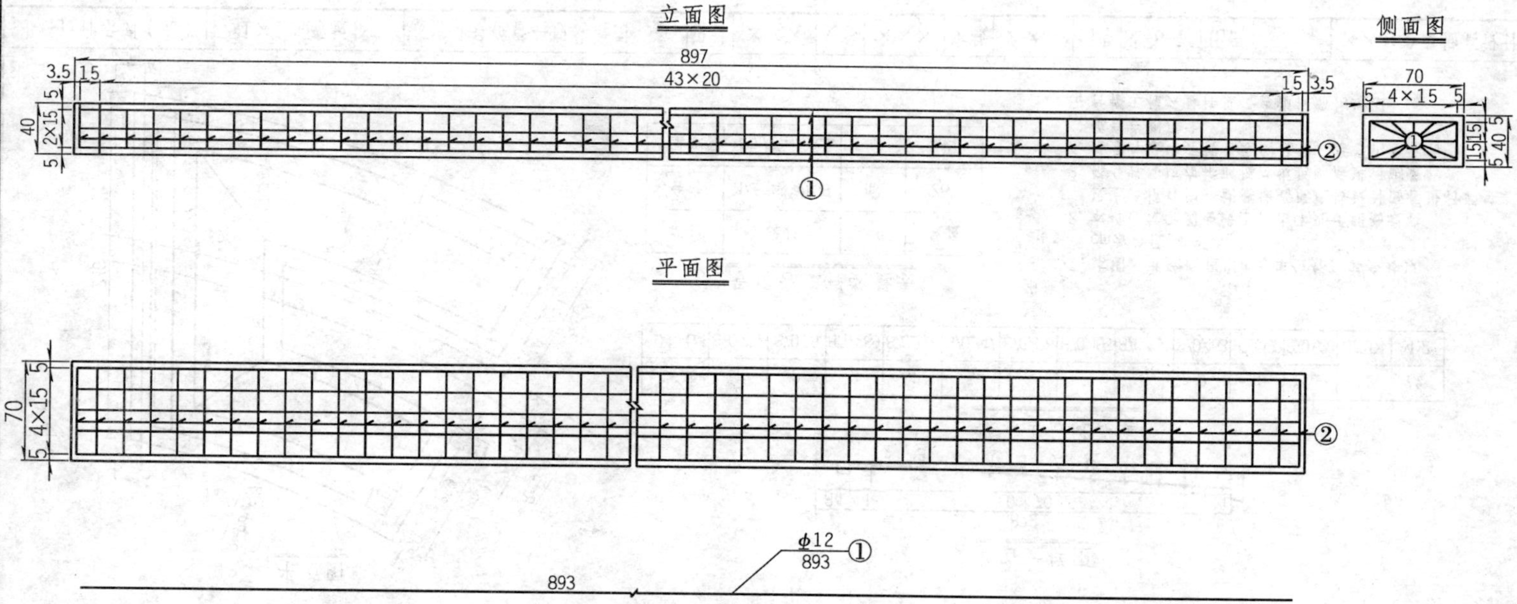

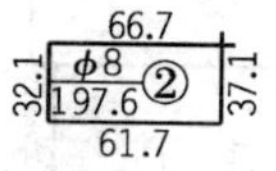

一个台帽工程数量表

编号	直径（mm）	长度（cm）	根数	共长（m）	共重（kg）	总重（kg）	C25混凝土（m³）
1	ϕ12	893	12	143.52	127.45	127.45	2.51
2	ϕ8	197.6	46	90.90	35.90	35.90	

附注:本图尺寸均以cm为单位。

小桥设计示例（五）	1×13m弯板板	台帽钢筋构造图	设计	×××	复核	×××	审核	×××	图号	SL-5-12	比例		×××公路勘察设计院

图 8-64

立面

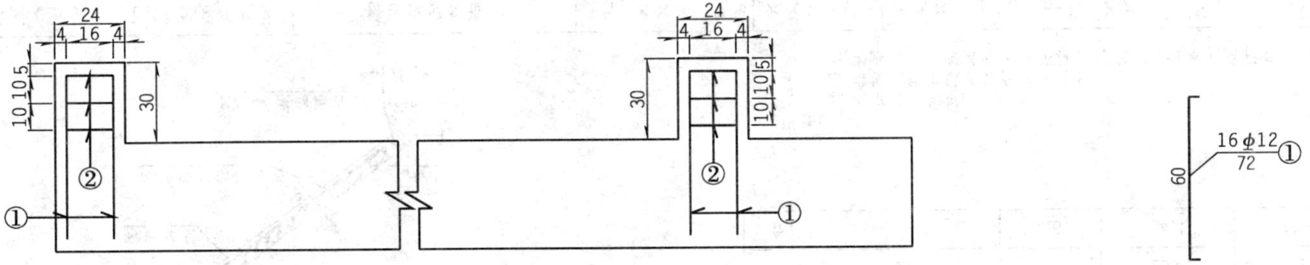

平面

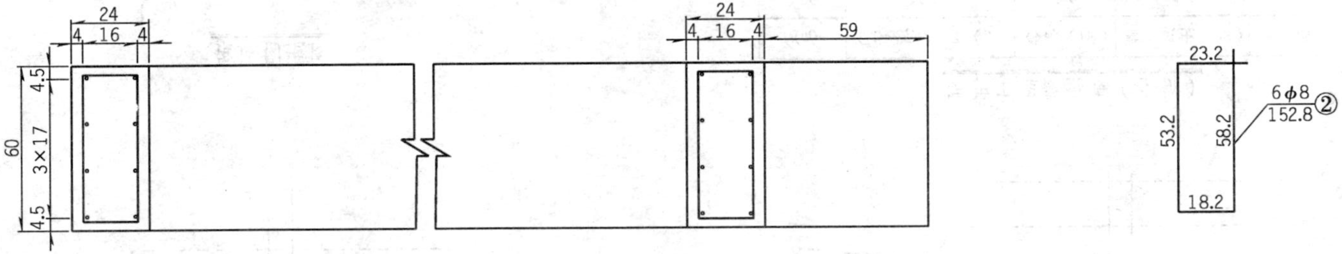

全桥挡块工程数量表

编号	直径(mm)	长度(cm)	根数	共长(m)	共重(kg)	总重(kg)	C25 混凝土(m^3)
1	ϕ12	72	32	23.04	20.46	20.46	0.17
2	ϕ8	152.8	12	18.34	7.24	7.24	

附注：
本图尺寸均以cm为单位。

小桥设计示例（五）	1×13m弯板桥	挡块钢筋构造图	设计	×××	复核	×××	审核	×××	图号	SL-5-13	比例		×××公路勘察设计院

图 8-65

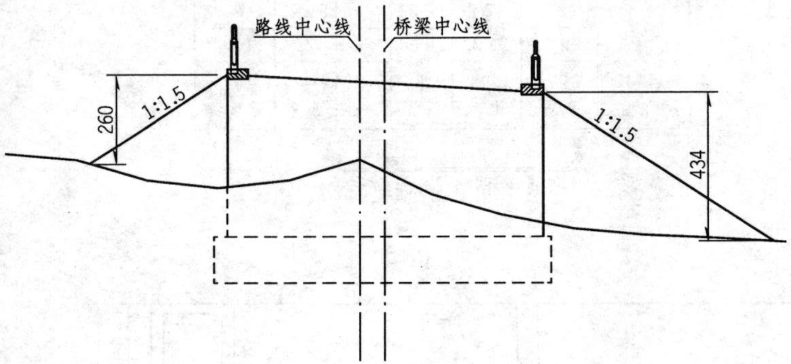

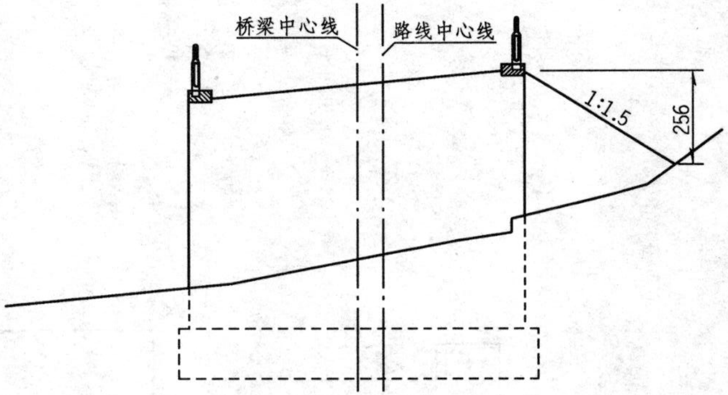

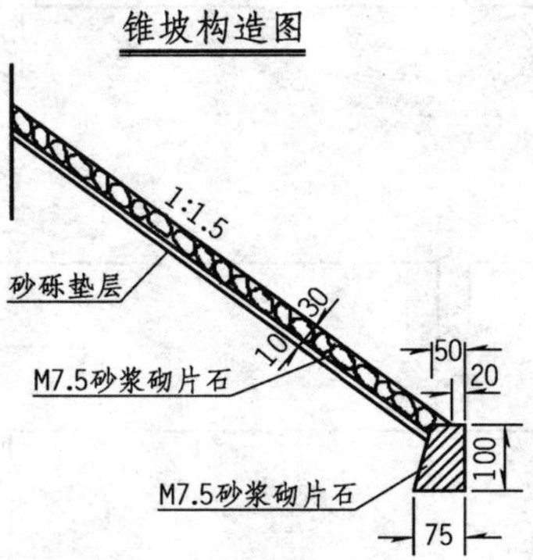

防护工程数量表（全桥）

H(m)	M7.5砂浆砌片石（m³）	砂砾（m³）	锥心填土（m³）	挖石方（m³）
2.56	6.5	0.9	4.4	6.5
2.60	6.7	0.9	4.6	6.6
4.34	14.2	2.7	25.4	11.2
合计	27.4	4.5	34.4	24.3

附注：

1. 图中尺寸均以cm计。
2. 锥坡底线用纵横等分法放样施工。
3. 实地局部地形若与本图不符，可在有关技术人员指导下修改本设计。

小桥设计示例（五）	1×13m弯板桥	桥台锥坡构造图	设计	×××	复核	×××	审核	×××	图号	SL-5-14	比例		×××公路勘察设计院

图 8-66

立面图

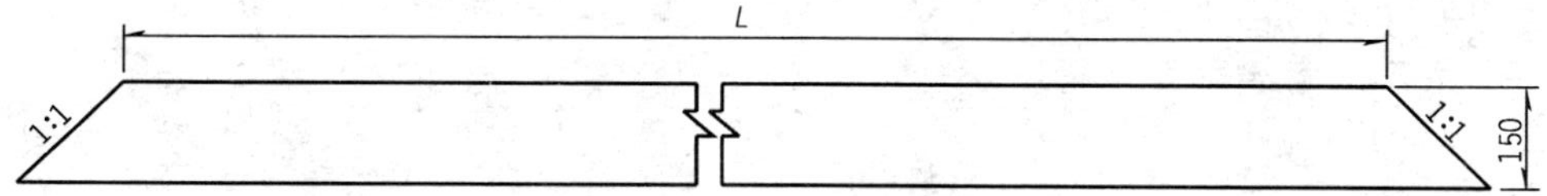

滚水坝侧面图

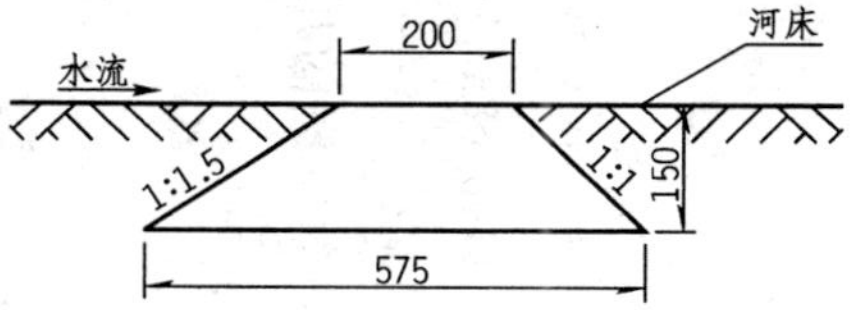

平面图

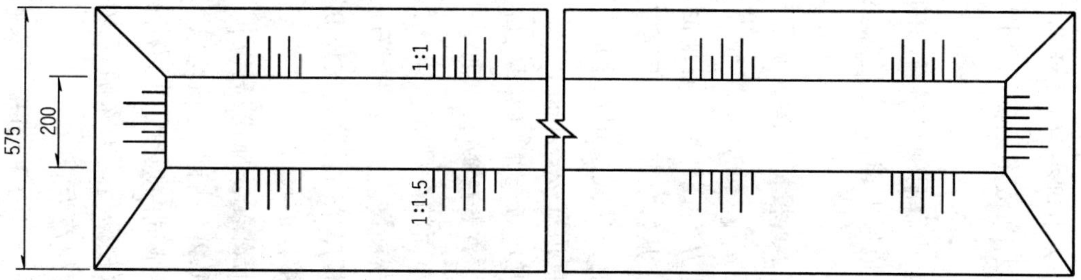

工程数量表

项目	L(m)	材料	体积(m^3)	挖基(m^3)
顺坝	40	M7.5砂浆砌25号片石	232.5	115.0
滚水坝	30		174.4	258.8
合计	70		406.9	373.8

说明：

1. 图中尺寸均以cm为单位。
2. 顺坝与滚水坝采用同一截面形式。
3. 顺坝修筑时应注意使坝头处于稳固的河岸上，坝身顺应水流，坝根与桥台相接。
4. 滚水坝设在桥下游20m左右，施工时应先开挖基础，将滚水坝设在稳固的土层上，确保坝体稳定，坝顶高程同河床高程。

小桥设计示例（五）	1×13m弯板桥	导流、防护工程构造图	设计	×××	复核	×××	审核	×××	图号	SL-5-15	比例		×××公路勘察设计院

图 8-67

示例(六) 1—1.5m 钢筋混凝土正交板涵

一、设计资料

某山岭重丘区三级公路路基宽 7.5m,设计边坡 1:1.5,路拱横坡 2.0%,经实地测定河沟中心桩号为 K15+042,涵洞轴线与路线正交,河沟地面中心高程为 1108.68m,路基中心设计高程为 1109.74m,上游和下游处的路基设计高程分均为 1109.67m,涵洞位于季节性冻区,涵位所处地区最大冻深为 0.80m,根据设计流量计算的孔径为 1.05m,试进行本涵的几何设计。

二、设计计算

(一)选择涵洞类型和进出水口形式并拟定结构尺寸

1.选择涵洞类型和进出水口形式

通过点绘河沟纵断面地面线并作路基横断面戴帽后,根据路基设计高程和沟底高程,可算得(或从路基设计表中可查得)该处路基的填土高度。设计成拱涵时不能满足最小填土高度(不小于 50cm)的要求,故本处涵洞选用 1-1.5 钢筋混凝土板涵,净跨径 1.10m,略大于流量计算所需孔径。

在横断面图上作涵洞轴线纵断面的布置,并拟定涵底纵坡、铺底厚度、涵底高程、涵洞埋深等,由于进出口处地形平坦,为方便施工决定采用八字翼墙。

2.拟定结构尺寸

(1)涵底纵坡 $I_{涵}$:根据河沟纵断面地面线的天然坡度拟定为 1%。

(2)铺底厚度 $h_{铺底}$:拟定为 30cm 厚的浆砌片石。

(3)涵底高程 $H_{涵}$:按涵底中心地面高程下挖(清底)20~30cm 推算。

(4)涵洞埋深(从铺底算起往下至基础底面):要大于当地冻深 0.8m。

(5)进、出水洞口形式采用八字墙,洞口尺寸:

①八字墙垂直顶宽 $a=40$cm;

②墙身与其基础垂直襟边 e 取 20cm;

③墙身背面垂直背坡取 4:1(即 $n:1=4:1$);

④墙身端部断面的高度 $h_{端}$:以端部露出地面高 20~40cm 推算;

⑤墙身根部断面高度 $h_{根}$:按帽石底面算起至基础之高差;

⑥本涵桥面板厚 16cm,铺装层厚 9cm,台帽厚取 20cm。

3.本涵洞经拟定的尺寸

(1)八字墙端部露出地面的高度拟定为 20cm,根部高度以其基础顶面自安全带出檐的下缘降低 10cm 考虑,八字墙垂直顶宽取为 40cm,垂直背坡取为 4:1,墙身基础与涵身基础等厚为 60cm,并与涵身做成同一坡度,即 1%,标于进出水口的端部。

(2)基础埋深根据当地冻深确定为 120cm,标于出口端部相应位置处。

(3)基础厚度拟定为 60cm。

(4)涵底铺砌拟定为 30cm 厚的浆砌片石。

(5)涵身与基础按同一坡度设计,坡度取为 1%,标于相应铺底顶面。

(6)截水墙宽度取为 40cm,埋深与基础同深,并将其宽度标于进出口截水墙处。

(二)涵洞纵断面图上有关尺寸和高程的计算

1.涵身部分的高程和尺寸

(1)路基设计高程

根据路基设计表结合小桥涵野外调查设计卡，查算出涵位中心桩号处的路基设计高程分别为：

$$H_{设} = 1109.74\text{m}$$

$$H_{上设} = H_{下设} = 1109.67\text{m}$$

在设计草图上用高程引出线将以上数据标于设计草图相应位置处。

(2)涵底高程计算

根据涵位中心桩号处原地面高程(在此以 $H_{沟}$ 表示)减去30cm清底厚度(即 $h_{清}$)得出，即

$$H_{涵} = H_{沟} - h_{清} = 1108.68 - 0.30 = 1108.38\text{m}$$

将此高程值标于设计草图相应中心桩号铺底顶面处。

(3)确定进出口处的建筑高度及涵洞中心涵台高度

①进水洞口净高

$$h_{进净} = H_{上设} - h_{铺装} - h_{板} - H_{涵} - I_{涵} \times \frac{B}{2}$$
$$= 1109.67 - 0.09 - 0.16 - 1108.38 - 0.01 \times 3.75 = 1.00\text{m} = 100\text{cm}$$

②出水洞口净高

$$h_{出净} = H_{下设} - h_{铺装} - h_{板} - H_{涵} + I_{涵} \times \frac{B}{2}$$
$$= 1109.67 - 0.09 - 0.16 - 1108.38 + 0.01 \times 3.75 = 1.08\text{m} = 108\text{cm}$$

③涵洞中心净高

$$h_{中净} = H_{中设} - H_{中涵} - (h_{板} + h_{铺})$$
$$= 1109.74 - 1108.38 - (0.16 + 0.09) = 1.11\text{m} = 111\ \text{cm}$$

将以上计算结果标于设计草图相应位置。

④进出水口建筑高度

$$h_{进} = h_{进净} + h_{板} + h_{铺} = 100 + 16 + 9 = 125\text{cm}$$

$$h_{出} = h_{出净} + h_{板} + h_{铺} = 108 + 16 + 9 = 133\text{cm}$$

⑤涵洞中心涵台高度

$$H_{台} = h_{中} + h_0 = 111 + 40 = 151\text{cm}$$

其中 h_0 为涵台基础顶面至铺底顶面的距离，其值为基础埋深减去基础厚度，本例基础埋深取100cm，基础厚度取60cm，故设计取 $h_0 = 40\text{cm}$。

2.进出水口八字翼墙计算尺寸

本例进出水口处八字翼墙基础埋深与涵身埋深 $h_{基深}$ 取值相同，翼墙基础厚度 $h_{墙基} = 60\text{cm}$。

(1)进水口处

翼墙根部断面高度：$h_{进根} = h_{进净} + h_{板} - 10 + (h_{基深} - h_{墙基}) = 100 + 16 - 10 + (100 - 60) = 146\text{cm}$

翼墙端部断面高度：$h_{进端} = h_{基深} - h_{墙基} + 20 = 100 - 60 + 20 = 60\text{cm}$

上式中10cm为使八字墙美观，在墙顶设的一个小平台高度，20cm为翼墙端部端面露出地面的高度。

(2)出水口处

翼墙根部断面高度：$h_{出根} = h_{出净} + h_{板} - 10 + (h_{基深} - h_{墙基}) = 108 + 16 - 10 + (100 - 60) = 154cm$

翼墙端部断面高度：$h_{出端} = h_{基深} - h_{墙基} + 20 = 100 - 60 + 20 = 60cm$

其中10为根部高度自安全带出檐降低10cm；100cm为冻深；60cm为基础厚度；20cm为翼墙端部露出地面的高度。

(三)涵洞平面图上有关几何尺寸计算

1.净跨径 L_0

根据流量计算结果选择，本设计依据标准图，采用标准跨径 $L_K = 1.50m$，钢筋混凝土板在两边涵台上各搭接20cm，故取 $L_0 = 1.10m$，将此数据标于平面设计草图上的相应位置。

2.涵台半剖面和平面图上的有关尺寸

(1)涵台底面的底宽

参考《公路桥涵设计手册》本涵涵台底面的底宽取50cm。

(2)基础襟边宽度取20cm。

将以上数据标于剖面和半平面图的设计草图相应位置。

(四)半洞身和洞口立面图上有关尺寸计算

1.安全带尺寸

板涵边部块件采用预制和安全带一起浇筑，故安全带长度与板长相同，板长取150cm，扣除两侧的预留缝隙各1cm，因此取148cm，标于相应设计草图的位置。

2.涵台高度

前已算过为111cm。

3.台帽厚度

前已取定为20cm。

4.设计板厚

前已取定为16cm。

5.桥面铺装

前已取定为6cm防水混凝土加3cm沥青混凝土铺装，共9cm。

6.涵台基础尺寸

$$B_{基} = 2s + b_{台} = 2 \times 20 + 50 = 90cm$$

将上述六项的尺寸标于洞身剖面图上。

(五)局部剖面图的尺寸

根据现场地形进行的进出口布置结果，进出口各有一对八字墙水流扩散角 β_0 相同，取 $\beta_0 = 30°$，故本设计进出水口八字墙左右对称。

1.翼墙根部和端部断面背坡 n_0

根据公式

$$n_{0正反} = \left(n \pm \frac{\sin\beta}{m}\right)\cos\beta = \left(4 \pm \frac{\sin30°}{1.5}\right) \times \cos30° = 3.75(正翼墙)$$

式中：β——八字墙张角，即 $\beta = \beta_0 \pm \alpha$；

α——涵洞斜交角；

β_0——水流扩散角。

其余符号含义同前。

2.翼墙墙身根部断面与基础顶面的交线和墙背与基础顶面的交线的垂线间夹角 δ

由公式得：

$$\delta_{正/反} = \arctan\left[\tan\beta \pm \frac{1}{m_0 n_{0正反}}\right]$$

因为本涵为正交涵，水流扩散角皆为30°，上下游四个八字墙左、右各对称。因此有 $\delta = \delta_{正} = \delta_{反}$，即：

$$\delta = \arctan\left[\tan30° \pm \frac{1}{1.5 \times 3.5}\right] = 21°47'$$

3.上下游洞口根部断面总高度

上游洞口：$h_{进根} = 146\text{cm}$

下游洞口：$h_{出根} = 154\text{cm}$

4.翼墙墙身根部与端部断面墙顶，顺端墙方向平面的平面投影宽度

$$c = \alpha \div \cos\beta = 40 \div \cos30° = 46\text{cm}$$

考虑八字墙根部小平台的影响，经计算进水口两个八字墙根部断面墙底顺端墙方向投影宽度

$$d_1 = d_3 = c_1 + h_{进根} \div n_0 = 46 + 146 \div 3.75 = 85\text{cm}$$

出水口两个八字墙根部断面墙底顺端墙方向投影宽度

$$d'_1 = d'_3 = c + h_{出根} \div n_0 = 46 + 154 \div 3.75 = 87\text{cm}$$

进水口两个八字墙根部断面墙底顺端墙方向投影宽度

$$d_2 = d_4 = c + h_{进端} \div n_0 = 46 + 60 \div 3.75 = 62\text{cm}$$

出水口两个八字墙端部断面墙底顺端墙方向投影宽度

$$d'_2 = d'_4 = c + h_{出端} \div n_0 = 46 + 60 \div 3.75 = 62\text{cm}$$

5.翼墙洞口正投影长度

$$G_{进、出} = \frac{m \cdot (h_{根} - h_{端})}{1 \pm m \cdot I_{涵}}$$

$$G_{进} = \frac{m \cdot (h_{进根} - h_{进端})}{1 + m \cdot I_{涵}} = \frac{1.5 \times (146 - 60)}{1 + 1.5 \times 0.01} + 15 = 142\text{cm}$$

$$G_{出} = \frac{m \cdot (h_{出根} - h_{端})}{1 - m \cdot I_{涵}} = \frac{1.5 \times (154 - 60)}{1 - 1.5 \times 0.01} + 15 = 158\text{cm}$$

上式中预加的15cm为八字墙顶小平台的长度。

6.翼墙基础襟边顺洞墙端部断面方向的平面投影长度 e_1 和 e_2

翼墙基础垂直襟边宽度 e 取20cm，则：

$$e_1 = e \div \cos\beta = 20 \div \cos30 = 23\text{cm}$$

$$e_2 = e \div \cos\delta = 20 \div \cos21.8 = 22\text{cm}$$

7.八字翼墙的总张口大小 B

$$B_{进} = L_0 + (G_{进} \times \tan\beta) \times 2 = 110 + (142 \times \tan30°) \times 2 = 274\text{cm}$$

$$B_{出} = L_0 + (G_{出} \times \tan\beta) \times 2 = 110 + (158 \times \tan30°) \times 2 = 292\text{cm}$$

8.翼墙基础平面尺寸计算

进水口左翼墙基础根部宽度 $b_1 = e_1 + d_1 + e_2 = 23 + 85 + 22 = 130\text{cm}$

进水口左翼墙基础端部宽度　$b_2 = e_1 + d_2 + e_2 = 23 + 62 + 22 = 107\text{cm}$

进水口右翼墙基础根部宽度　$b_3 = b_1 = 130\text{cm}$

进水口右翼墙基础端部宽度　$b_4 = b_2 = 107\text{cm}$

出水口左翼墙基础根部宽度　$b'_3 = e'_3 + d'_3 + e'_4 = 23 + 87 + 22 = 132\text{cm}$

出水口左翼墙基础端部宽度　$b'_4 = e'_3 + d'_4 + e'_4 = 23 + 62 + 22 = 107\text{cm}$

出水口右翼墙基础根部宽度　$b'_1 = b'_3 = 132\text{cm}$

出水口右翼墙基础端部宽度　$b'_2 = b'_4 = 107\text{cm}$

(六)工程数量计算

根据《公路小桥涵设计手册》的标准图,该涵洞共需 0.99m 宽中板 6 块,0.74m 边板 2 块,计算出该涵洞的工程数量如下。

1.盖板

(1)主筋($\phi12$):$9.6\times6+6.8\times2=71.2\text{kg}$

(2)架立钢筋($\phi8$):$2.4\times6+4.3\times2=23.0\text{kg}$

(3)其他钢筋数量($\phi6$):$3.1\times6+4.1\times2=26.8\text{ kg}$

(4)预制板混凝土(C25):$0.23\times6+0.30\times2=1.98\text{ m}^3$

(5)铰接缝(C30):$0.01\times2+0.01\times5=0.07\text{ m}^3$

2.台帽

(1)主筋($\phi8$):$1.58\times7.5\times2=23.7\text{kg}$

(2)箍筋($\phi6$):$0.72\times7.5\times2=10.8\text{kg}$

(3)锚栓($\phi12$):$(0.16+0.2)\times2\times2\times8=11.52\text{kg}$

(4)混凝土(C20):$\left[(0.55\times0.4)-(0.2\times0.25)-(0.05\times0.05)\times\frac{1}{2}\right]\times7.5\times2\approx2.53\text{ m}^3$

3.台墙

台身采用 M10 砂浆砌 30 号块石,其工程量为:

$$\frac{1.2+1.28}{2}\times0.50\times7.5\times2=9.3\text{m}^3$$

4.涵身基础

涵身基础采用 M10 砂浆砌 30 号片石,其工程量为 $0.9\times0.6\times7.5\times2=8.10\text{m}^3$。

5.八字墙身

八字墙身采用 M7.5 砂浆砌 30 号片石。

(1)进洞口翼墙墙身工程数量

$$V_{身进}=\left[\frac{1}{2}m(H^2_{进端}-h^2_{进端})c+\frac{m_0}{6n_0}(H^3_{进端}-h^3_{进端})\right]\times2$$

$$=\left[\frac{1}{2}\times1.5\times(1.46^2-0.6^2)\times0.46+\frac{1.5}{6\times3.75}\times(1.46^3-0.6^3)\right]\times2$$

$$\approx1.61\text{ m}^3$$

(2)出洞口翼墙墙身工程数量

$$V_{身出}=\left[\frac{1}{2}m(H^2_{出端}-h^2_{出端})c+\frac{m}{6n_0}(H^3_{出端}-h^3_{出端})\right]\times2$$

$$=\left[\frac{1}{2}\times1.5\times(1.54^2-0.6^2)\times0.46+\frac{1.5}{6\times3.75}\times(1.54^3-0.6^3)\right]\times2$$

$\approx 1.85\ m^3$

故八字墙身的总体积为：$V_{墙身} = V_{身进} + V_{身出} = 1.61 + 1.85 = 3.46\ m^3$

6.八字墙基

八字墙基采用 M7.5 砂浆砌 30 号片石。

进口单个翼墙基础：

$$V_{基进} = m(c + e_1 + e_2)(h_{进根} - h_{进端})d + \frac{m}{2n_0}(h^2_{进根} - h^2_{进端})d + \left[e_2 + (e_1 + e_3)\frac{1}{2} + c + \frac{h_{进端}}{n_0}\right]ed$$

$$= 1.5 \times (0.46 + 0.22 + 0.23) \times (1.46 - 0.6) \times 0.6 + \frac{1.5}{2 \times 3.75}(1.46^2 - 0.6^2) \times 0.6 + \left[0.22 + (0.23 + 0.1155) \times \frac{1}{2} + 0.46 + \frac{0.6}{3.75}\right] \times 0.2 \times 0.6$$

$$\approx 1.04\ m^3$$

$$V_{基出} = m(c + e_1 + e_2)(h_{出根} - h_{出端})d + \frac{m}{2n_0}(h^2_{出根} - h^2_{出端})d + \left[e_2 + (e_1 + e_3)\frac{1}{2} + c + \frac{h_{出端}}{n_0}\right]ed$$

$$= 1.5 \times (0.46 + 0.22 + 0.23) \times (1.54 - 0.6) \times 0.6 + \frac{1.5}{2 \times 3.75}(1.54^2 - 0.6^2) \times 0.6 + \left[0.22 + (0.23 + 0.1155) \times \frac{1}{2} + 0.46 + \frac{0.6}{3.75}\right] \times 0.2 \times 0.6$$

$$\approx 1.13\ m^3$$

其中：$e_3 = \dfrac{e(1 - \sin30°)}{\cos\beta} = \dfrac{0.2 \times (1 - \sin30°)}{\cos30°} = 0.1155m$

故八字墙基础的总体积为：$V_{墙基} = (V_{基进} + V_{基出}) \times 2 = (1.04 + 1.13) \times 2 = 4.43\ m^3$

7.截水墙

截水墙采用 M7.5 砂浆砌 30 号片石。其工程数量为：

$$\left[\frac{2.74 + (2.74 - 2 \times 0.4 \times \tan30°)}{2} + \frac{2.92 + (2.92 - 2 \times 0.4 \times \tan30°)}{2}\right] \times 0.4 \times 0.6 \approx 1.25\ m^3$$

8.洞口铺砌

洞口铺砌采用 M7.5 砂浆砌 30 号片石。其工程数量为：

$$\frac{2.74 + 1.1}{2} \times 1.42 \times 0.3 + \frac{2.92 + 1.1}{2} \times 1.58 \times 0.3 \approx 1.77\ m^3$$

9.铺底

铺底采用 M7.5 砂浆砌 30 号片石。其工程数量为：

$$1.1 \times 0.3 \times 7.5 = 2.48\ m^3$$

10.铺装层

铺装层采用 C30 混凝土。其工程数量为：

$$1.5 \times (7.5 - 0.3 \times 2) \times 0.06 = 0.62m^3$$

其设计图纸和工程数量表，如图 8-68 ~ 图 8-71 所示。

K15+042.00

1-150×100钢筋混凝土盖板明涵

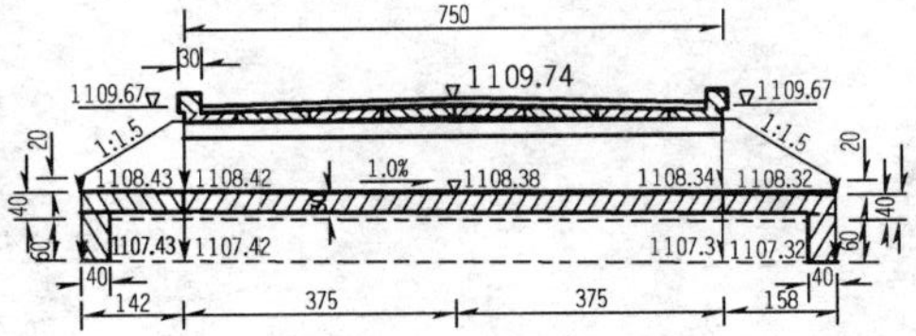

纵断面1:100

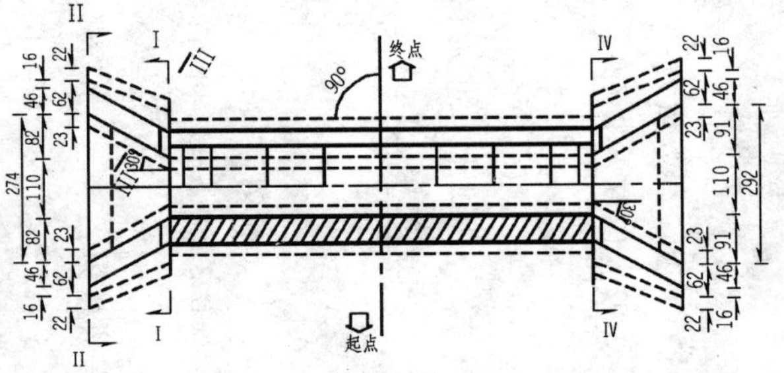

平面图1:100

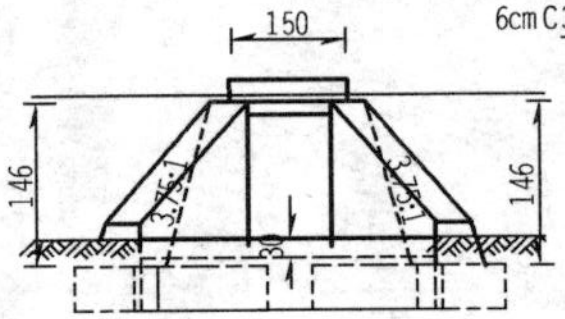

左洞口侧面

6cm C30混凝土铺装和3cm沥青表处

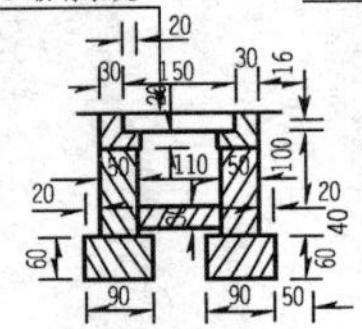

左侧洞身断面

6cm C30混凝土铺装和3cm沥青表处

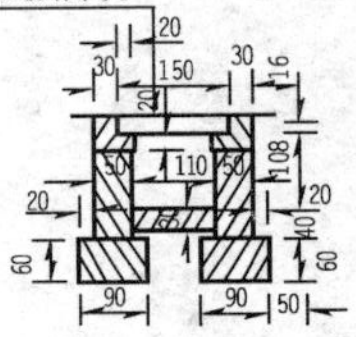

右侧洞身断面

工程数量表

项目		钢筋 φ12	钢筋 φ8	钢筋 φ6	混凝土 C30	混凝土 C25	混凝土 C20	M10砂浆砌30号块石	M7.5砂浆砌30号片石
单位		kg	kg	kg	m³	m³	m³	m³	m³
涵身	盖板及帽石	71.20	23.00	26.80	0.07	1.98			
	台帽	11.52	23.70	10.80			2.53		
	台墙							9.30	
	基础								8.10
洞口	八字墙身								3.46
	八字墙基								4.34
	截水墙								1.25
	洞口铺砌								1.77
铺底									2.48
铺装层					0.62				
合计		82.72	46.70	37.60	0.67	1.98	2.53	9.30	21.40

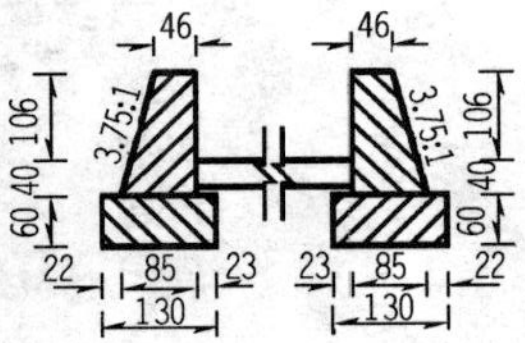

I-I剖面

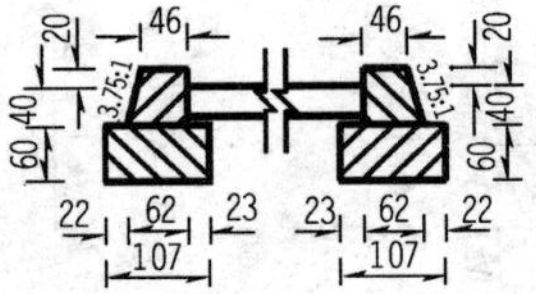

II-II剖面

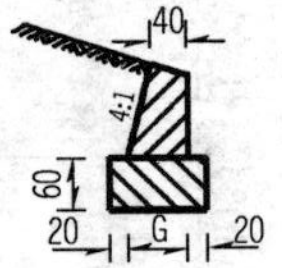

III-III剖面

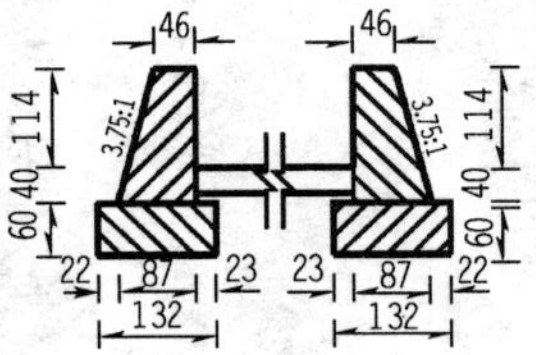

IV-IV剖面

附注:

1. 图中尺寸除高程、里程以m计外,其余均以cm计。
2. 本涵设计作用:公路-II级。
3. 图中各细部尺寸请参看涵洞通用图部分。
4. 本涵要求的地基承载力不小于200kPa。
5. 施工时涵底高程及涵底坡度如与实际情况不符时,可适当调整。
6. 本涵共需0.99m宽中板6块,0.74m宽边板2块。
7. 为使水流顺畅,涵洞进出口可做适当开挖。

图 8-68

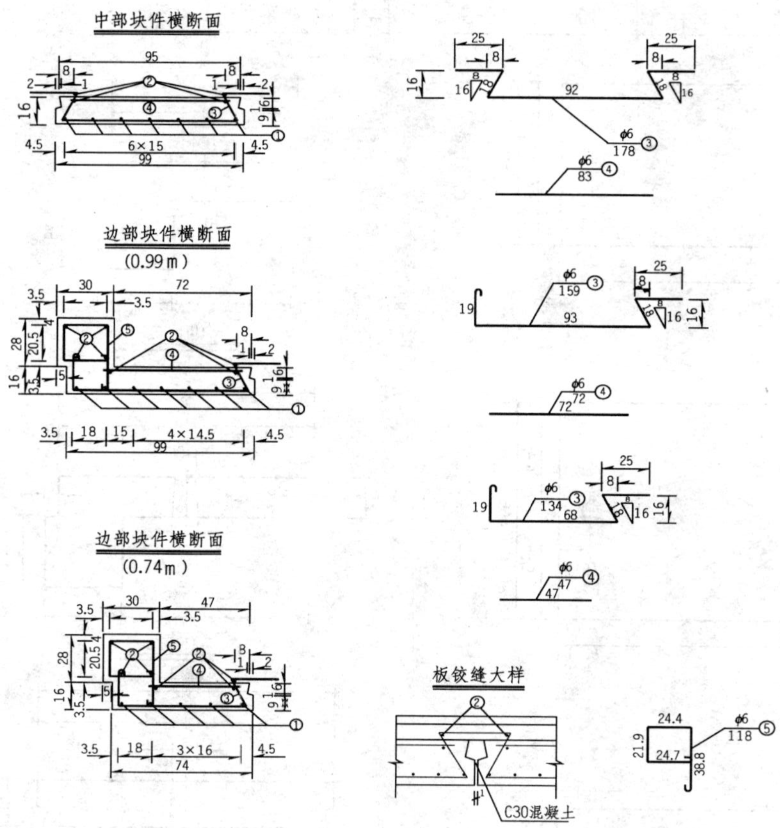

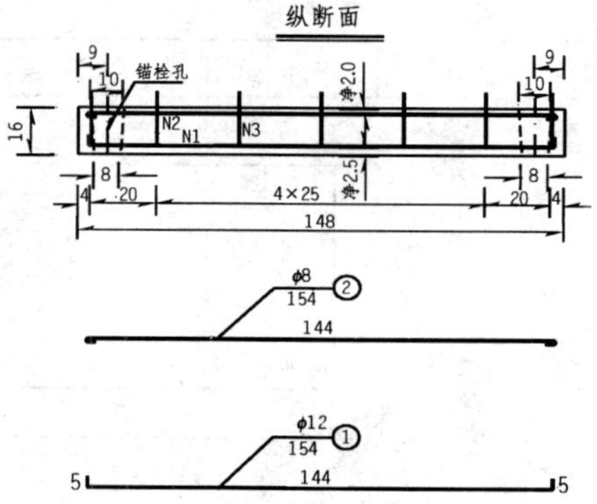

一块行车道块件材料总表

块件	编号	直径(mm)	每根长(cm)	根数	共长(m)	共重(kg)	总重(kg)	混凝土(m^3) 预制板(C25混凝土)	混凝土(m^3) 铰缝(C30混凝土)	吊装重量(t)
中部块件(0.99m)	1	φ12	154	7	10.78	9.6	15.1	0.23	0.01	0.57
	2	φ8	154	4	6.16	2.4				
	3	φ6	178	7	12.46	3.1				
	4	φ6	83	2	1.66					
边部块件(0.99m)	1	φ12	154	7	10.78	9.6	18.7	0.36	0.01	0.90
	2	φ8	154	7	10.78	4.3				
	3	φ6	159	7	11.13	4.6				
	4	φ6	72	2	1.44					
	5	φ6	118	7	8.26					
边部块件(0.74m)	1	φ12	154	5	7.70	6.8	15.2	0.30	0.01	0.75
	2	φ8	154	7	10.78	4.3				
	3	φ6	134	7	9.38	4.1				
	4	φ6	47	2	0.94					
	5	φ6	118	7	8.26					

附注：

1.图中尺寸除钢筋直径以mm计外，其余均以cm计。

2.锚栓孔如遇板内主筋，可将主筋平弯绕孔通过。

3.块件吊装应安置在两端30cm处，采用钢丝绳捆绑起吊，不准利用锚栓孔吊装。

4.N4号钢筋为固定架立钢筋之顶撑。

5.行车道板块件预制时不宜大于图注宽度。

6.其他施工注意事项见有关规范。

公路小桥涵设计示例(六)	1-1.5盖板涵	盖板钢筋构造图	设计	XXX	复核	XXX	审核	XXX	比例	1:100	图号	SL6-2	XXX公路勘察设计院

图 8-69

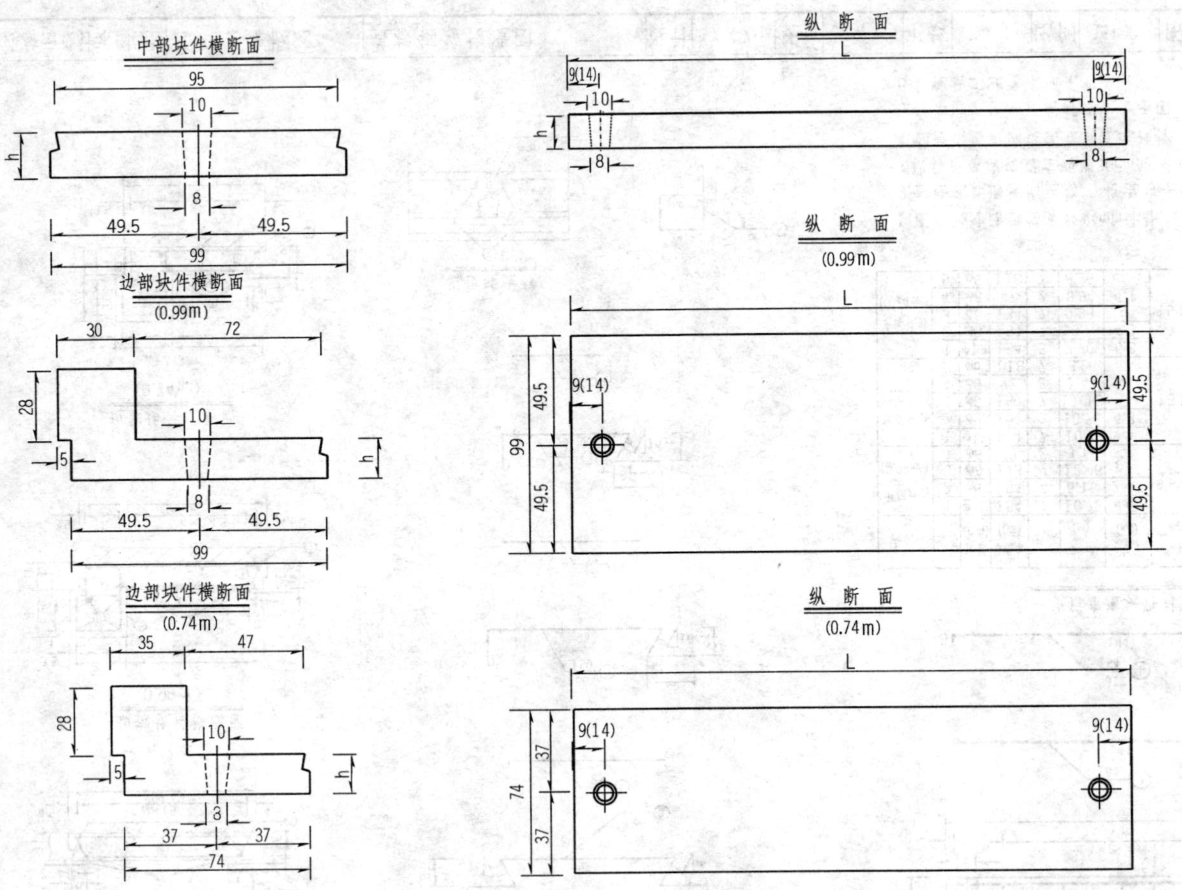

附注:

1.图中尺寸均以cm计。

2.图中h为盖板厚度,L为盖板长度。

公路小桥涵设计示例(六)	1-1.5盖板涵	锚栓孔位置图	设计	XXX	复核	XXX	审核	XXX	比例	1:100	图号	SL6-3	XXX公路勘察设计院

图 8-70

台帽纵断面I-I 1:20

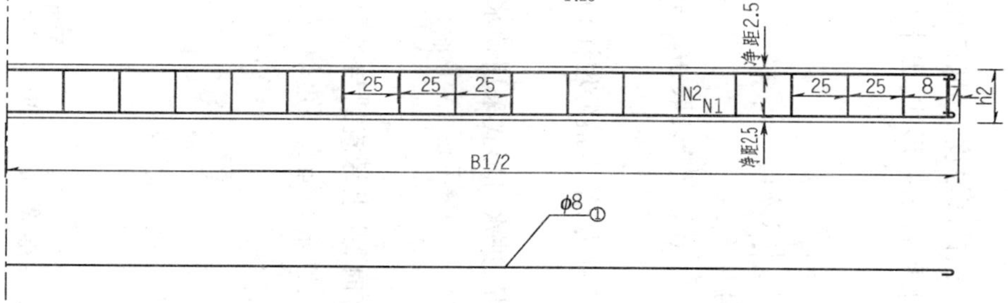

台帽锚栓孔大样 示意
所有跨径(块石)

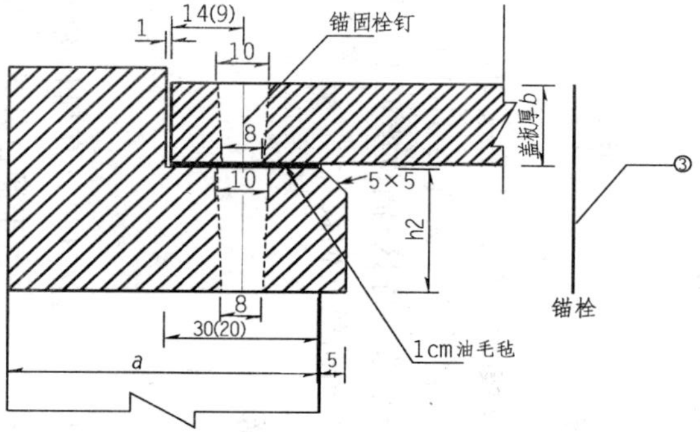

台帽横断面 1:10
跨径1.5 m(块石)

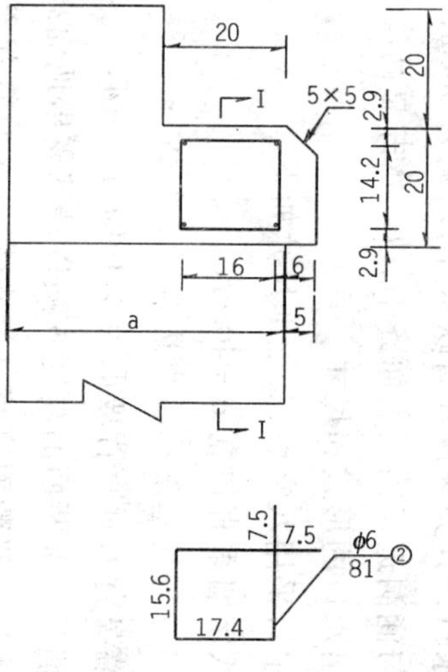

台帽横断面 1:10
跨径>1.5m(块石)

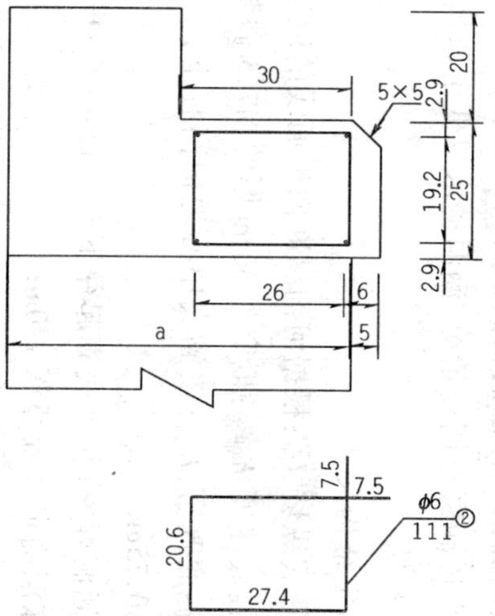

一侧涵台台帽每延米钢筋重量表

台帽高 h_2 (cm)	钢筋编号	直径 (mm)	根数	跨径1.5m 每根长 (cm)	跨径1.5m 共重 (kg)	跨径1.5m 总重 (kg)	跨径>2.5m 每根长 (cm)	跨径>2.5m 共重 (kg)	跨径>2.5m 总重 (kg)
20	1	φ8	4	100	1.58	2.30			
	2	φ6	4	81	0.72				
25	1	φ8	4				100	1.58	2.57
	2	φ6	4				111	0.99	

附注：

1.本图尺寸除钢筋直径以mm计外,余均以cm计。
2.台帽锚栓孔大样图示中，括弧内数字为跨径1.5m时尺寸，括弧外数字为跨径2.0~4.0m时之尺寸。
3.图中a为台墙宽,h2为台帽高,B1为涵洞长度。
4.本图台帽图式台墙材料为浆砌块石。
5.数量表中钢筋总重未包括绑扎铁丝重。
6.锚栓采用盖板主筋，其长度为盖板厚度加台帽厚度($b+h_2$),每个锚栓孔插两根。

公路小桥涵设计示例(六)	1−1.5盖板涵	台帽构造图	设计	XXX	复核	XXX	审核	XXX	比例	1:100	图号	SL6−4	XXX公路勘察设计院

图 8-71

示例(七) 1—1.5m 正交石拱涵

一、设计资料

某山岭重丘区三级公路，路基宽度为7.5m，路基边坡1:1.5，路拱横坡2%。经实地测定河沟中心桩号为K26+605，涵洞轴线与路线交角为90°，河沟中心高程为1181.05m，该处路基中心线设计高程为1183.75m，无超高和加宽，涵洞位于季节性冻区，涵位所处地区最大冻深为0.75m，根据设计流量拟定采用孔径为1.5m。试进行本涵洞的几何设计。

二、设计计算

(一)选择涵洞和进出口形式并拟定结构尺寸

1.选择涵洞和进出水口形式

通过点绘河沟纵断面地面线并作路基横断面戴帽后，根据路基设计高程和沟底高程，可算得(或从路基设计表中可查得)该处路基的填土高度为2.70m。由于涵位处地质条件较好，填土高度较大，当地石料丰富，所以选用1－1.5m石拱涵方案。

在横断面图上作涵洞轴线纵断面的布置，并选定涵底纵坡、铺底厚度、涵底高程、涵洞埋深等，根据小桥涵野外调查情况，涵洞进水口低于原地面因而采用跌水井形式，出水口较为顺畅采用八字翼墙。

2.拟定结构尺寸

(1)涵底纵坡 $I_{涵}$：根据河沟纵断面地面线的地形情况拟定为1%；

(2)铺底厚度 $h_{铺底}$：拟定为30cm厚的M7.5砂浆砌30号片石；

(3)涵底高程 $H_{涵}$：按涵底中心地面高程下挖(清底)20～30cm推算，取 $H_{涵}=1181.05-0.3=1180.75$m；

(4)涵洞埋深(从铺底算起往下至基础底面)：根据地基承载力，结合最低埋深，并考虑到当地最大冻深确定基础埋深1.0m；

(5)进出洞口的形式以及尺寸：该涵洞根据实际地形情况，进水口形式采用跌水井，出水口形式采用八字翼墙。

①进水口的形式和尺寸

进水口设计为浆砌片石跌水井，顶宽为50cm，井深计算时，井上缘筑到与拱顶缘齐平，井底表面与涵洞进口铺底表面齐平，故跌水井总高度为2.15m，跌水井铺底厚度取40cm。

②出水口的形式和尺寸

出水口采用八字墙，其细部尺寸如下。

a.八字墙垂直顶宽 $a=40$cm。

b.墙身与其基础垂直襟边宽度 e 取20cm。

c.墙身背面垂直背坡取为4:1(即 $n:1=4:1$)。

d.墙身端部断面的高度 $h_{端}$：以端部露出地面高20～40cm推算，$h_{端}=30+40=70$cm。

e.墙身根部断面高度 $h_{根}$：按帽石底面算起至基础顶面之高差，$h_{根}=1183.75-1.25-1180.75+0.4=215$cm。

f.出水口建筑高度 $h_{进}$：按涵洞出口铺底到相应帽石顶面高度，$h_{进}=h_{根}+h_{帽}-h_{基}=$

215 + 25 − 40 = 200cm。

(6)洞身尺寸

①根据《公路小桥涵设计手册》涵台顶宽取值为 55cm;

②涵台背坡取 4:1;

③基础厚度 $h_{基}$:取 60cm;

④拱圈矢跨比 f_0/L_0 取 1/3;

⑤拱圈厚度 $t_{拱}$ 为 25cm;

⑥端墙顶宽取 50cm,垂直背坡取 4:1;

⑦截水墙厚度和埋深分别取 40cm 和 100cm;

⑧下游八字墙张角 β:根据出水口河沟地形都取 30°。

(二)涵轴纵断面图上有关尺寸的确定

1.高程计算

(1)路基设计高程

$$H_{设} = 1183.75\text{m}$$

$$H_{上设} = H_{下设} = 1183.75 - 3.75 \times 2\% = 1183.68\text{m}(\text{或从路基设计表中查得})$$

在设计图中用高程引出线将以上数据标于相应的位置处。

(2)涵底高程

涵底高程以清底 30cm 计算,$H_{涵} = 1180.75\text{m}$。

2.涵洞长度计算

$$L_{上} = \frac{B_{上} + m(H_{设} - H_{涵} - h_{进}) + c}{1 + mI_{涵}}$$

$$= \frac{375 + 1.5 \times (118375 - 118075 - 200) + 40}{1 + 1.5 \times 0.01}$$

$$= 567\text{cm} \quad [\text{取 565cm(扣除出檐 2cm)}]$$

$$L_{下} = \frac{B_{下} + m(H_{设} - H_{涵} - h_{进}) + c}{1 - mI_{涵}}$$

$$= \frac{375 + 1.5 \times (118375 - 118075 - 200) + 40}{1 - 1.5 \times 0.01}$$

$$= 574\text{cm} \quad [\text{取 572cm(扣除出檐 2cm)}]$$

3.端墙与拱圈相关线与起拱线交点至洞口在正投影的水平距离 L_1

$$L_1 = 50 + 65 \times \frac{1}{4} = 66\text{cm}$$

4.出口翼墙洞口正投影长度

$$G_{出} = \frac{m(h_{根} - h_{端})}{1 - mI_{涵}} = \frac{1.5 \times (215 - 70)}{1 - 1.5 \times 0.01} = 221\text{cm}$$

(三)涵洞平面图上有关尺寸计算

1.涵台与基础相交平面在平面图上的投影宽度

$$\text{涵台顶宽} + \text{涵台高度} \times \text{背坡坡度} = 55 + 140 \times \frac{1}{4} = 90\text{cm}$$

2.涵台基础尺寸

$$B_{基} = 90 + 2 \times 30 = 150\text{cm}$$

其中 30 为基础的襟边宽度。

3.出口翼墙局部剖面图的尺寸

根据现场地形进行的进出口布置结果,出口设置为一对八字墙,水流扩散角 β_0 相同,取 $\beta_0=30°$,故本设计出水口八字墙左右对称。

(1)翼墙根部和端部断面背坡 n_0

根据公式:

$$n_{0正反}=\left(n\pm\frac{\sin\beta}{m}\right)\cos\beta=\left(4\pm\frac{\sin30°}{1.5}\right)\times\cos30°=3.75(正翼墙)$$

式中:β——八字墙张角,即 $\beta=\beta_0\pm\alpha$;

α——涵洞斜交角;

β_0——水流扩散角。

其余符号含义同前。

(2)翼墙墙身根部断面与基础顶面的交线和墙背与基础顶面的交线的垂线间夹角 δ

由公式:

$$\delta_{正/反}=\arctan\left[\tan\beta\pm\frac{1}{m_0n_{0正反}}\right]$$

因为本涵为正交涵,水流扩散角皆为 30°,下游两个八字墙左、右对称。因此有 $\delta=\delta_{正}=\delta_{反}$,即:

$$\delta=\arctan\left[\tan30°\pm\frac{1}{1.5\times3.5}\right]=21°47'$$

(3)下游洞口根部断面总高度

下游洞口 $h_{出根}=215cm$(前已计算)。

(4)翼墙墙身根部与端部断面墙顶,顺端墙方向平面的平面投影宽度

$$c=\alpha\div\cos\beta=40\div\cos30°=46cm$$

考虑八字墙根部小平台的影响,经计算出水口两个八字墙根部断面墙底顺端墙方向投影宽度

$$d_1=d_3=c+h_{出根}\div n_0=46+215\div3.75=103cm$$

出水口两个八字墙端部断面墙底顺端墙方向投影宽度

$$d_2=d_4=c+h_{出端}\div n_0=46+70\div3.75=65cm$$

(5)翼墙洞口正投影长度

$$G_{出}=\frac{m\cdot(h_{根}-h_{端})}{1-m\cdot I_{涵}}=221cm(前已计算)。$$

(6)翼墙基础襟边顺洞墙端部断面方向的平面投影长度 e_1 和 e_2

翼墙基础垂直襟边宽度 e 取 20cm,则:

$$e_1=e\div\cos\beta=20\div\cos30=23cm$$

$$e_2=e\div\cos\delta=20\div\cos21.8=22cm$$

(7)八字翼墙的总张口大小 B

$$B_{出}=L_0+(G_{进}\times\tan\beta)\times2=150+(221\times\tan30°)\times2=406cm$$

(8)翼墙基础平面尺寸计算

出水口左翼墙基础根部宽度: $b_3=e_1+d_3+e_2=23+103+22=148cm$

出水口左翼墙基础端部宽度： $b_4 = e_1 + d_4 + e_2 = 23 + 65 + 22 = 110\text{cm}$

出水口右翼墙基础根部宽度： $b_1 = b_3 = 148\text{cm}$

出水口右翼墙基础端部宽度： $b_2 = b_4 = 110\text{cm}$

4.帽石的尺寸

帽石的长度为：$1.5 + 2 \times 0.46 = 2.42\text{m}$

(四)工程数量计算

根据《公路小桥涵设计手册》的标准图和本涵洞设计图，计算出该涵洞的工程数量如下。

1.拱圈

拱圈采用 M10 砂浆砌 40 号大面片石，其工程数量为：

$$V = ULdB = 1.2782 \times (1.5 + 0.23) \times 0.25 \times (5.72 + 5.65) = 6.29\ \text{m}^3$$

式中：U——圆弧拱拱轴长度系数，见表 8-7；

L——计算跨径(m)；

d——拱圈厚度(m)；

B——拱圈全宽(m)。

***U* 值 表** 表 8-7

f/L	1/2	1/3	1/4	1/5	1/6	1/7	1/8	1/9	1/10
U	1.5710	1.2782	1.1594	1.1020	1.0720	1.0535	1.0410	1.0325	1.0265

2.护拱

护拱采用 M7.5 砂浆砌 30 号片石，参考第七章图 7-17，其工程数量为：

$$V_A \approx \frac{1}{4}\left[B - 2c - \frac{2f_1 n}{3}\left(2 - k_1 + \frac{\gamma}{f_1}\right)\right] k_1 f_1 L_1$$

式中：B——拱圈全宽(m)；

A——拱顶处侧墙宽度(m)；

f_1——拱圈外弧的高(m)；

n——拱侧墙内边坡(高：宽 = 1：n)；

L_1——拱圈外弧半径长度(m)；

k_1、k_2——计算系数，见表 7-5，则：

$B = 5.65 + 5.72 = 11.37\text{m}$

$c = 50\text{cm}$

$f_1 = (50 + 25 - 10) = 65\text{cm}$

$L_1 = (150 + 2 \times 23)/2 = 98\text{cm}$

$n = 1/4 = 0.25$

$$V_{护拱} \approx \left\{\frac{1}{4}\left[11.37 - 2 \times 0.5 - \frac{2 \times 0.65 \times 0.25}{3} \times (2 - 0.636 + 0.183)\right] \times 0.636 \times 0.65 \times 0.98\right\} \times 2 \approx 2.07\ \text{m}^3$$

3.帽石

帽石采用 M7.5 砂浆砌 30 号粗料石，其工程数量为：

$$0.4 \times 0.25 \times 2.42 \times 2 = 0.48\ \text{m}^3$$

4.侧墙

侧墙采用 M7.5 砂浆砌 30 号片石，参考图 7-15，其工程数量为：

$$V_{侧墙}=\frac{1}{2}(a+b)f_1L_1-aA-\frac{c}{f_1}\left(RA-\frac{1}{3}L_1^3\right)$$

式中：L_1——拱圈外弧半跨长度(m)；

f_1——拱圈外弧的高度(m)；

R——拱圈外弧的半径(m)；

a——侧墙顶宽(在拱弧顶处)(m)；

b——圆弧拱圈外起拱线处侧墙底宽(m)；

c——侧墙底宽与顶宽之差，$b=a+c=a+nf_1$(m)；

A——半割圆 LMN 的面积，即为：$A=K_0L_1^2$(m)；

n——侧墙背坡率；

K、K_0 取值见表 7-3、表 7-4。

$A=K_0L_1^2=0.4839\times0.98^2=0.46$

$C=0.25\times0.65=16\text{cm}$

$R=81+25=106\text{cm}$

$$V_{侧墙}=\left[\frac{1}{2}(0.5+0.66)\times0.65\times0.98-0.50\times0.46-\frac{0.16}{0.65}\left(1.06\times0.46-\frac{1}{3}\times0.98^3\right)\right]\times4$$

$$=0.39\ \text{m}^3$$

5. 涵台

涵台采用 M7.5 砂浆砌 30 号块石，其工程数量为：

$$\frac{0.55+0.9}{2}\times1.4\times11.37\times2=23.08\text{m}^3$$

6. 涵台基础

涵台基础采用 M7.5 砂浆砌 30 号块石，其工程数量为：

$$0.6\times1.5\times11.37\times2=20.47\ \text{m}^3$$

7. 八字墙身

八字墙身采用 M7.5 砂浆砌 30 号片石，其工程数量为：

$$V_{身出}=\left[\frac{1}{2}m(H_{出端}^2-h_{出端}^2)c+\frac{m}{6n_0}(H_{出端}^3-h_{出端}^3)\right]\times2$$

$$=\left[\frac{1}{2}\times1.5\times(2.15^2-0.7^2)\times0.46+\frac{1.5}{6\times3.75}\times(2.15^3-0.7^3)\right]\times2$$

$$\approx4.13\ \text{m}^3$$

8. 八字墙基础

八字墙基础采用 M7.5 砂浆砌 30 号片石，其工程数量为：

$$V_{基出}=\left\{m(c+e_1+e_2)(h_{出根}-h_{出端})d+\frac{m}{2n_0}(h_{出根}^2-h_{出端}^2)d\right.$$

$$\left.+\left[e_2+(e_1+e_3)\frac{1}{2}+c+\frac{h_{出端}}{n_0}\right]ed\right\}\times2$$

$$=\left\{1.5\times(0.46+0.22+0.23)\times(2.15-0.7)\times0.6+\frac{1.5}{2\times3.75}(2.15^2-0.7^2)\times0.6\right.$$

$$\left.+\left[0.22+(0.23+0.1155)\times\frac{1}{2}+0.46+\frac{0.7}{3.75}\right]\times0.2\times0.6\right\}\times2$$

$$\approx 3.62\ \text{m}^3$$

其中：$e_3 = \dfrac{e(1-\sin 30°)}{\cos\beta} = \dfrac{0.2\times(1-\sin 30°)}{\cos 30°} = 0.1155\text{m}$

9.截水墙

截水墙采用 M7.5 砂浆砌 30 号片石，其工程数量为：

$$\frac{4.06+(4.06-2\times0.4\times\tan 30°)}{2}\times0.4\times0.6=0.92\ \text{m}^3$$

10.洞口铺砌

洞口铺砌采用 M7.5 砂浆砌 30 号片石，其工程数量为：

$$\frac{4.06+1.5}{2}\times2.21\times0.3=1.84\ \text{m}^3$$

11.跌水井

跌水井采用 M7.5 砂浆砌 30 号片石，其工程数量为：

跌水井铺底数量　$1.2\times1.5\times0.4=0.72\ \text{m}^3$

跌水井边墙数量　$2.4\times(1.5+2\times0.5)\times0.5+\left(1.2\times2.4-\dfrac{0.4+0.8}{2}\times0.4\right)\times0.5\times2=5.56\text{m}^3$

跌水井总数量为　$0.72+5.56=6.28\ \text{m}^3$

12.铺底

铺底采用 M7.5 砂浆砌 30 号片石，其工程数量为：

$$1.5\times0.3\times11.37=5.12\text{m}^3$$

其设计图纸和工程数量表见下图，如图 8-72 所示。

K26+605.00
1-150×140石拱涵

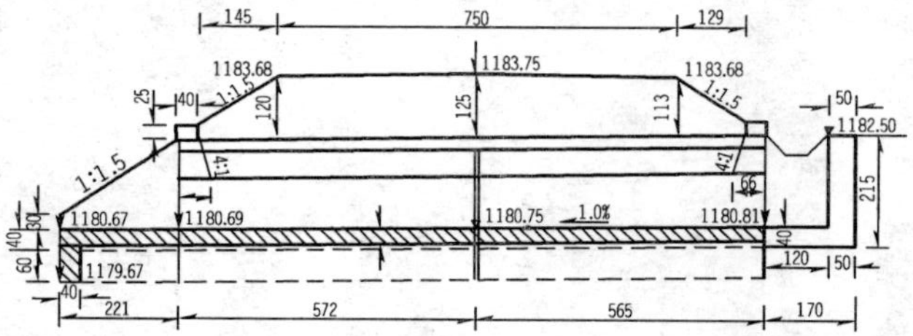

纵断面

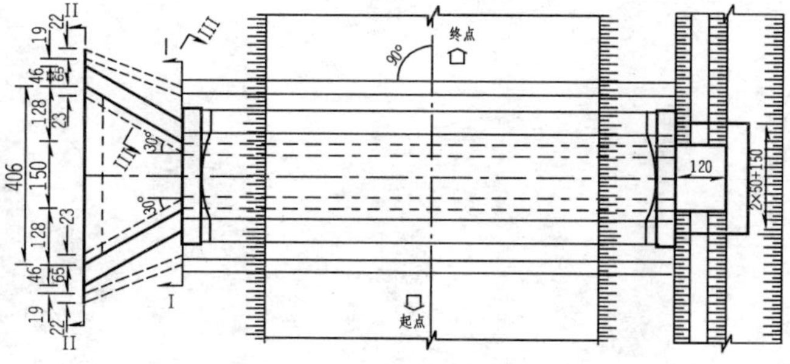

平面图

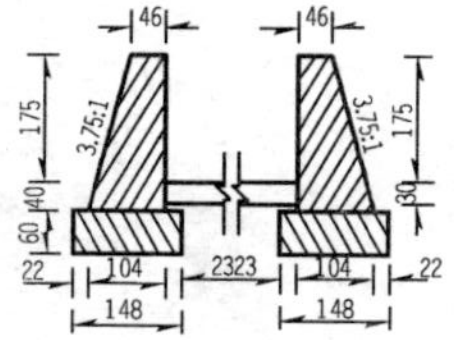

I-I剖面

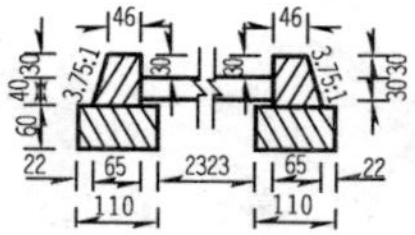

II-II剖面

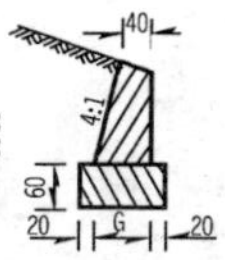

III-III剖面

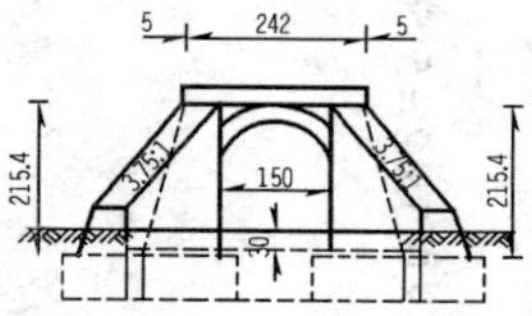

左洞口侧面

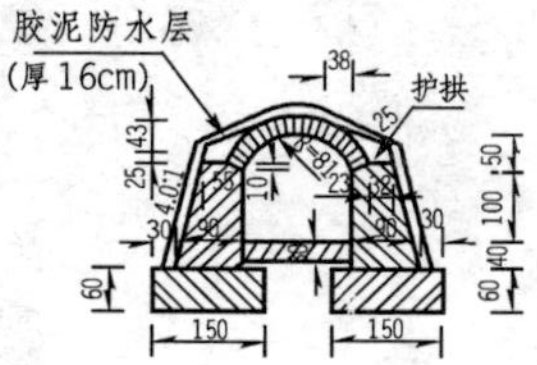

洞身断面

工程数量表

项目 \ 材料		M7.5砂浆砌40号大面片石	M7.5砂浆砌30号粗料石	M7.5砂浆砌30号块石	M7.5砂浆砌30号片石
单位		m^3	m^3	m^3	m^3
涵身	拱圈	6.29			
	护拱				2.07
	帽石		0.48		
	侧墙				0.39
	涵台			23.08	
	基础			20.47	
洞口	八字墙身				4.13
	八字墙基础				3.62
	截水墙				0.92
	洞口铺砌				1.84
	边沟跌井				6.28
铺底					5.12
合计		6.29	0.48	43.55	24.37

附注:

1. 图中尺寸除高程、里程以m计外,其余均以cm计。
2. 本涵设计作用:公路—II级。
3. 本涵须分四段砌筑,段间设2cm宽的沉降缝,内添塞浸有沥青的麻絮。
4. 本涵要求的地基承载力不小于300kPa。
5. 施工时涵底高程及涵底坡度如与实际情况不符时,可适当调整。
6. 为使水流顺畅,涵洞进出口可做适当开挖。

公路小桥涵设计示例(六)	1-1.5m石拱涵	总体布置图	设计	XXX	复核	XXX	审核	XXX	比例	1:100	图号	SL7-1	XXX公路勘察设计院

图 8-72

示例(八)　1—1.0m 钢筋混凝土圆管涵

一、设计资料

某平原微丘区三级公路路基宽 7.0m，设计边坡 1:1.5，路拱横坡 2.0%，经实地测定河沟中心桩号为 K12 + 946，涵洞轴线与路线正交，河沟地面中心高程为 139.8m，上游和下游处的路基设计高程均为 141.9m，涵洞位于季节性冻区，涵位所处地区最大冻深为 1.8m，据设计流量计算的孔径为 0.98m，试进行本涵的几何设计。

二、设计计算

1.选择涵洞类型和进出水口形式并拟定常规尺寸

(1)选择涵洞类型和进出水口形式

通过点绘河沟纵断面地面线并作路基横断面戴帽后，根据路基设计高程和沟底高程，可算得该处路基的填土高度 141.9 - 139.8 = 2.1m。由于流量较小，计算所需孔径仅为 0.98m，而当地石料缺乏，无法修建拱涵，修建钢筋混凝土盖板涵又较为麻烦，为方便施工，确定选用 1 - 1.0m钢筋混凝土圆管涵。

在横断面图上作涵洞轴线纵断面的布置，并选定涵底纵坡、铺底厚度、涵底高程、涵洞埋深等，由于涵洞底部紧贴原地面，进出口水流较为顺畅，为收缩和发散水流并保护路基不受冲刷，拟定进出水口均选用八字翼墙形式。

(2)拟定结构尺寸

①涵底纵坡 $I_{涵}$：根据河沟纵断面地面线的地形情况拟定为 1%。

②孔径 $R_{底}$：拟定为 100cm 的钢筋混凝土圆管。

③涵底高程 $H_{涵}$：按涵底中心地面高程计算。

④涵洞埋深(从铺底算起往下至基础底面)：根据当地冻深决定。

⑤进、出水洞口形式采用八字墙，洞口尺寸：

a.八字墙垂直顶宽 a = 40cm；

b.墙身与其基础垂直襟边 e 取 20cm；

c.墙身背面垂直背坡取 4:1(即 n:1 = 4:1)；

d.墙身端部断面的高度 $h_{端}$：以端部露出地面高 20 ~ 40cm 推算；

e.墙身根部断面高度 $h_{根}$：按帽石底面算起至基础的高差；

(3)本涵洞经拟定的尺寸

①八字墙端部露出地面的高度拟定为 20cm，八字墙垂直顶宽取为 50cm，垂直背坡取为 4:1。

②基础埋深根据当地冻深确定为 210cm，标于出口端部相应位置处。

③管基混凝土厚度拟定为 30cm。

④护壁混凝土拟定为 30cm。

⑤涵身坡度设计，坡度取为 1%，标于相应底顶面。

⑥截水墙宽度取为 40cm，埋深 100cm，并将其宽度标于进出口截水墙处。

2.涵洞纵断面图上有关尺寸和高程的计算

(1)涵身部分的高程和尺寸

①路基设计高程

根据路基设计表结合小桥涵野外调查设计卡，查算出涵位中心桩号处的路基设计高程分别为：

$$H_{设} = H_{上设} = H_{下设} = 141.9\text{m}$$

在设计草图上用高程引出线将以上数据标于设计草图相应位置处。

②涵底高程计算

根据涵位中心桩号处原地面高程得出，即：

$$H_{涵} = H_{沟} = 139.8\text{m}$$

将此高程值标于设计草图相应中心桩号铺底顶面处。

(2)进出水口八字翼墙计算尺寸

本例进出水口处八字翼墙基础埋深根据冻深加 0.25m，取值为 2.10m，翼墙基础厚度 $h_{墙基} = 60\text{cm}$。

翼墙根部断面高度：$h_{进根} = h_{进净} + h_{管} + (h_{基深} - h_{墙基}) = 100 + 10 + (210 - 60) = 260\text{cm}$

翼墙端部断面高度：$h_{进端} = h_{基深} - h_{墙基} + 20 = 210 - 60 + 20 = 170\text{cm}$

上式 210cm 为冻深；60cm 为基础厚度；20cm 为翼墙端部露出地面的高度。

3.涵洞平面图上有关几何尺寸计算

根据流量计算结果选择，本设计依据标准图，采用标准孔径 $\phi = 1.00\text{m}$，将此数据标于平面设计草图上的相应位置。

4.半洞身和洞口立面图上有关尺寸计算

(1)台帽尺寸

台帽块件采用现浇，厚度为 50cm，长取 236cm，标于相应设计草图的位置。

(2)圆管尺寸

前已计算拟定为直径为 100cm。管壁厚度为 10cm。

将上述尺寸标于洞身剖面图上。

5.局部剖面图的尺寸

根据现场地形进行的进出口布置结果，进出口各有一对八字墙水流扩散角 β_0 相同，取 $\beta_0 = 30°$，故本设计进出水口八字墙左右对称。

(1)翼墙根部和端部断面背坡 n_0

根据公式

$$n_{0正反} = \left(n \pm \frac{\sin\beta}{m}\right)\cos\beta = \left(4 \pm \frac{\sin30°}{1.5}\right) \times \cos30° = 3.753(\text{正翼墙})$$

式中：β——八字墙张角，即 $\beta = \beta_0 \pm \alpha$；

α——涵洞斜交角；

β_0——水流扩散角。

其余符号含义同前。

(2)翼墙墙身根部断面与基础顶面的交线和墙背与基础顶面的交线的垂线间夹角 δ

由公式：

$$\delta_{正/反} = \arctan\left[\tan\beta \pm \frac{1}{m_0 n_{0正反}}\right]$$

因为本涵为正交涵，水流扩散角皆为30°，上下游四个八字墙左、右各对称。因此有 $\delta = \delta_{正} = \delta_{反}$，即：

$$\delta = \arctan\left[\tan30° \pm \frac{1}{1.5 \times 3.5}\right] = 21°47'$$

(3)上下游洞口根部断面总高度

$$h_{根} = 260\text{cm}$$

(4)翼墙墙身根部与端部断面墙顶，顺端墙方向平面的平面投影宽度

$$c = \alpha \div \cos\beta = 50 \div \cos30° = 58\text{cm}$$

经计算八字墙根部断面墙底顺端墙方向投影宽度

$$d_1 = d_3 = c_1 + h_{根} \div n_0 = 58 + 260 \div 3.753 = 127\text{cm}$$

八字墙端部断面墙底顺端墙方向投影宽度

$$d'_2 = d'_4 = c + h_{出端} \div n_0 = 58 + 170 \div 3.753 = 102\text{cm}$$

(5)翼墙洞口正投影长度

$$G_{进、出} = \frac{m \cdot (h_{根} - h_{端})}{1 \pm m \cdot I_{涵}}$$

$$G_{进} = \frac{m \cdot (h_{根} - h_{端})}{1 + m \cdot I_{涵}} = \frac{1.5 \times (260 - 170)}{1 + 1.5 \times 0.01} = 133\text{cm}$$

$$G_{进} = \frac{m \cdot (h_{根} - h_{端})}{1 + m \cdot I_{涵}} = \frac{1.5 \times (260 - 170)}{1 - 1.5 \times 0.01} = 137\text{cm}$$

(6)翼墙基础襟边顺洞墙端部断面方向的平面投影长度 e_1 和 e_2

翼墙基础垂直襟边宽度 e 取 20cm，则：

$$e_1 = e \div \cos\beta = 20 \div \cos30° = 23\text{cm}$$

$$e_2 = e \div \cos\delta = 20 \div \cos21.8° = 22\text{cm}$$

(7)八字翼墙的总张口大小 B

$$B_{进} = L_0 + (G_{进} \times \tan\beta) \times 2 = 120 + (133 \times \tan30°) \times 2 = 274\text{cm}$$

$$B_{出} = L_0 + (G_{出} \times \tan\beta) \times 2 = 120 + (137 \times \tan30°) \times 2 = 278\text{cm}$$

(8)翼墙基础平面尺寸计算

进水口左翼墙基础根部宽度： $b_1 = e_1 + d_1 + e_2 = 23 + 127 + 22 = 172\text{cm}$

进水口左翼墙基础端部宽度： $b_2 = e_1 + d_2 + e_2 = 23 + 103 + 22 = 148\text{cm}$

进水口右翼墙基础根部宽度： $b_3 = b_1 = 172\text{cm}$

进水口右翼墙基础端部宽度： $b_4 = b_2 = 148\text{cm}$

出水口左翼墙基础根部宽度： $b'_3 = e'_3 + d'_3 + e'_4 = 23 + 127 + 22 = 172\text{cm}$

出水口左翼墙基础端部宽度： $b'_4 = e'_3 + d'_4 + e'_4 = 23 + 103 + 22 = 148\text{cm}$

出水口右翼墙基础根部宽度： $b'_1 = b'_3 = 172\text{cm}$

出水口右翼墙基础端部宽度： $b'_2 = b'_4 = 148\text{cm}$

6.工程数量计算

根据《公路小桥涵设计手册》的标准图，计算出该涵洞的工程数量如下：

(1)圆管

①钢筋($\phi8$)：$(22.09 + 11.26) \times 9 + (14.24 + 3.33) \times 2 = 335.29\text{kg}$

②预制管混凝土(C20)：$0.342\times9+0.169\times2=3.42\text{m}^3$

(2)台帽

混凝土(C20)：$\left[(0.5\times0.2)-(0.05\times0.05)\times\frac{1}{2}\right]\times2.36\times2\approx0.47\ \text{m}^3$

(3)圆管基础

涵身基础采用 C15 混凝土，其工程量为：$10\times1.8\times0.6-3.14\times0.6^2\div3-0.6^2\times\sin60°\times\cos60°=10.27\text{m}^3$

(4)八字墙身

八字墙身采用 M12.5 浆砌 30 号片石。

①进洞口翼墙墙身工程数量

$$V_{身进}=\left[\frac{1}{2}m(H_{进端}^2-h_{进端}^2)c+\frac{m_0}{6n_0}(H_{进端}^3-h_{进端}^3)\right]\times2$$

$$=\left[\frac{1}{2}\times1.5\times(2.6^2-1.7^2)\times0.58+\frac{1.5}{6\times3.753}\times(2.6^3-1.7^3)\right]\times2$$

$$\approx5.04\text{m}^3$$

②出洞口翼墙墙身工程数量

$$V_{身出}=\left[\frac{1}{2}m(H_{出端}^2-h_{出端}^2)c+\frac{m}{6n_0}(H_{出端}^3-h_{出端}^3)\right]\times2$$

$$\approx5.04\text{m}^3$$

故八字墙身的总体积为：$V_{墙身}=V_{身进}+V_{身出}=5.04+5.04=10.08\text{m}^3$

(5)八字墙基

八字墙基采用 M12.5 浆砌 30 号片石。

进口单个翼墙基础：

$$V_{基进}=m(c+e_1+e_2)(h_{进根}-h_{进端})d+\frac{m}{2n_0}(h_{进根}^2-h_{进端}^2)d$$

$$+\left[e_2+(e_1+e_3)\frac{1}{2}+c+\frac{h_{进端}}{n_0}\right]ed$$

$$=1.5\times(0.58+0.22+0.23)\times(2.6-1.7)\times0.6+\frac{1.5}{2\times3.753}(2.6^2-1.7^2)\times0.6$$

$$+\left[0.22+(0.23+0.1155)\times\frac{1}{2}+0.58+\frac{1.7}{3.753}\right]\times0.2\times0.6$$

$$\approx1.4693\text{m}^3$$

$$V_{基出}=m(c+e_1+e_2)(h_{出根}-h_{出端})d+\frac{m}{2n_0}(h_{出根}^2-h_{出端}^2)d$$

$$+\left[e_2+(e_1+e_3)\frac{1}{2}+c+\frac{h_{出端}}{n_0}\right]ed$$

$$\approx1.4693\text{m}^3$$

其中：$e_3=\frac{e(1-\sin30°)}{\cos\beta}=\frac{0.2\times(1-\sin30°)}{\cos30°}=0.1155\text{m}$

故八字墙基础的总体积为：

$$V_{墙基}=(V_{基进}+V_{基出})\times 2=(1.4693+1.4693)\times 2=5.8772\text{m}^3$$

(6)截水墙

截水墙采用M10浆砌30号片石。其工程数量为：

$$\left[\frac{2.74+(3.31-2\times 0.5\times \tan30°)}{2}+\frac{2.78+(3.36-2\times 0.5\times \tan30°)}{2}\right]\times 0.4\times 1.0$$

$$\approx 2.67\text{m}^3$$

(7)洞口铺砌

洞口铺砌采用M10浆砌30号片石。其工程数量为：

$$\frac{2.74+1.2}{2}\times 1.33\times 0.3+\frac{2.78+1.2}{2}\times 1.37\times 0.3\approx 1.6\ \text{m}^3$$

(8)砂砾垫层

洞身砂砾垫层工程数量为：

$$1.8\times 2\times 1.7\times 2+1.2\times 4\times 1.8+(1.2+1.7)\times 1\times 1.8\times 2=31.32\text{m}^3$$

洞口砂砾垫层工程数量为：

$$\frac{2.74+1.2}{2}\times 1.33\times 1.2+\frac{2.78+1.2}{2}\times 1.37\times 1.2=6.42\ \text{m}^3$$

其设计图纸和工程数量表，如图8-73～图8-75所示。

I-I 1:100

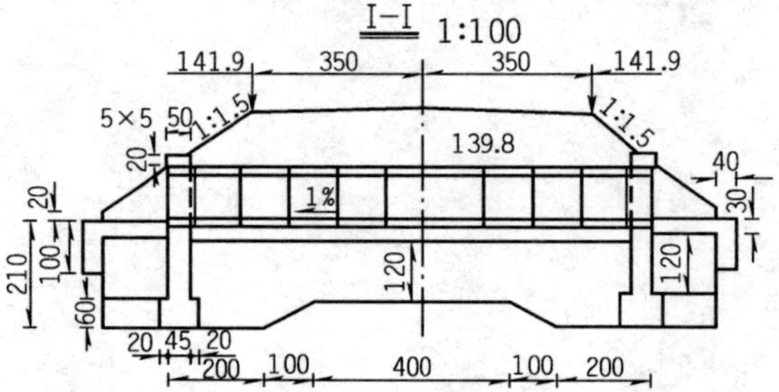

平面图 1:100

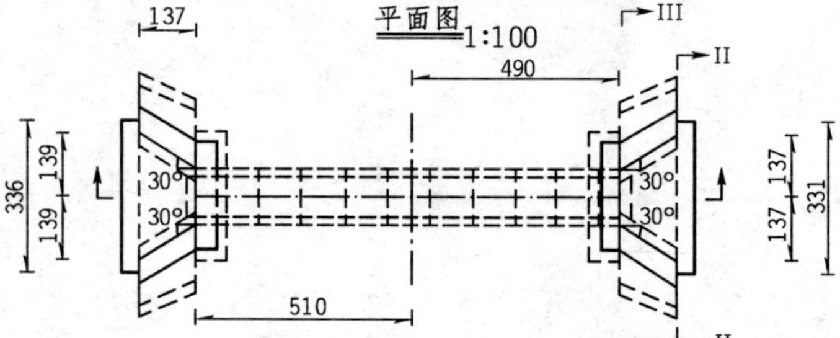

III-III 1:50

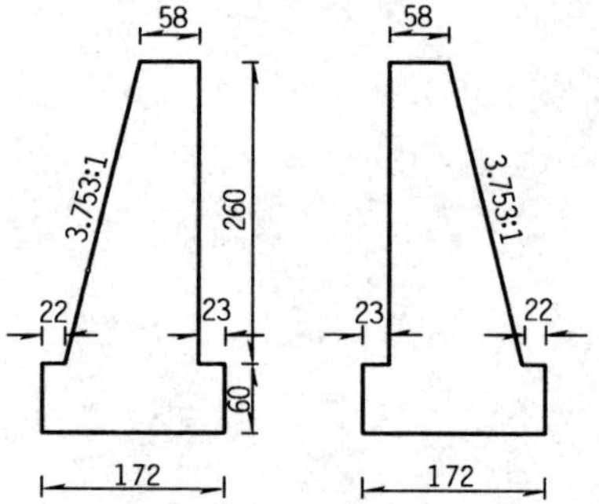

右洞口立面图 1:100

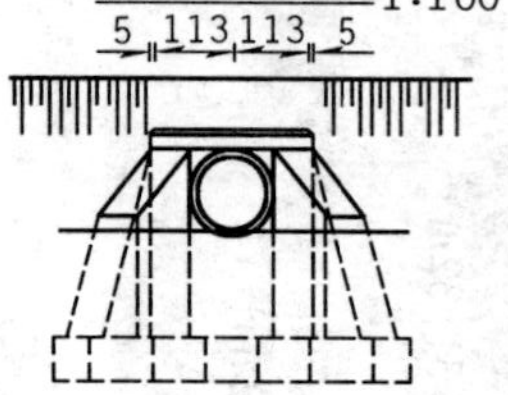

涵身断面图 1:50

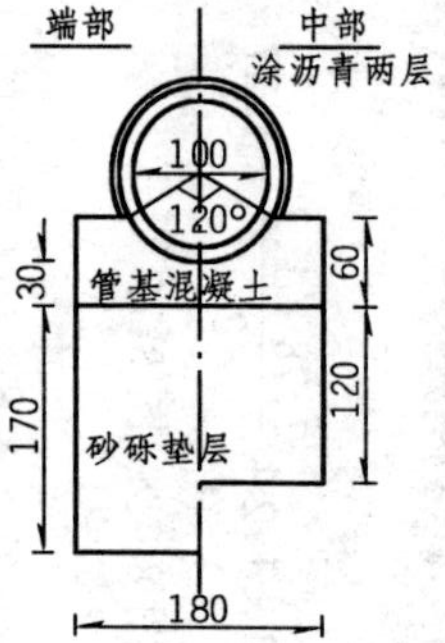

工程数量表

工程名称	材料种类	单位	工程数量
整管节数			9
圆管	C20混凝土	m^3	3.42
管基	C15混凝土	m^3	7.82
管基砂砾垫层		m^3	23.35
洞口铺砌	M10砂浆砌片石	m^3	1.6
洞口铺砌垫层	砂砾	m^3	6.42
钢筋	Ⅰ级	kg	339
帽石	C20混凝土	m^3	0.47
沉降缝		道	1
管缝沉降缝	油毛毡	m^2	12.44
沥青防水层		m^2	22.87
端墙身	M12.5砂浆砌片石	m^3	4.49
端墙基础	M12.5砂浆砌片石	m^3	2.35
八字墙身	M12.5砂浆砌片石	m^3	10.08
八字墙基	M12.5砂浆砌片石	m^3	5.17
八字墙抹面	M10砂浆砌	m^2	3.75
八字墙勾缝		m^2	4.54
挖基土方		m^3	269.33
回填土方		m^3	199.34
截水墙	M10砂浆砌片石	m^3	2.67

II-II 1:50

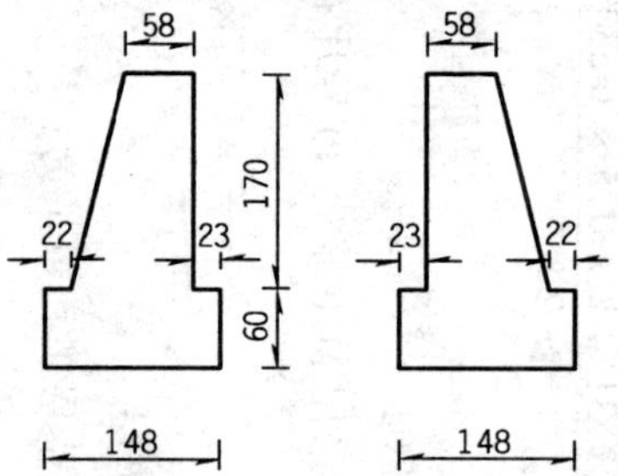

附注：

1. 本图尺寸除高程以m计外，其余均以cm计。
2. 涵底纵坡为沿涵轴线方向。
3. 本图按地基承载力250kPa设计。
4. 基坑开挖至设计高程，应在确定地基承载力满足设计要求后，方可继续施工。

公路小桥涵设计示例（八）	1—1.0m圆管涵	总体布置图	设计	×××	复核	×××	审核	×××	图号	SL8-1

图 8-73

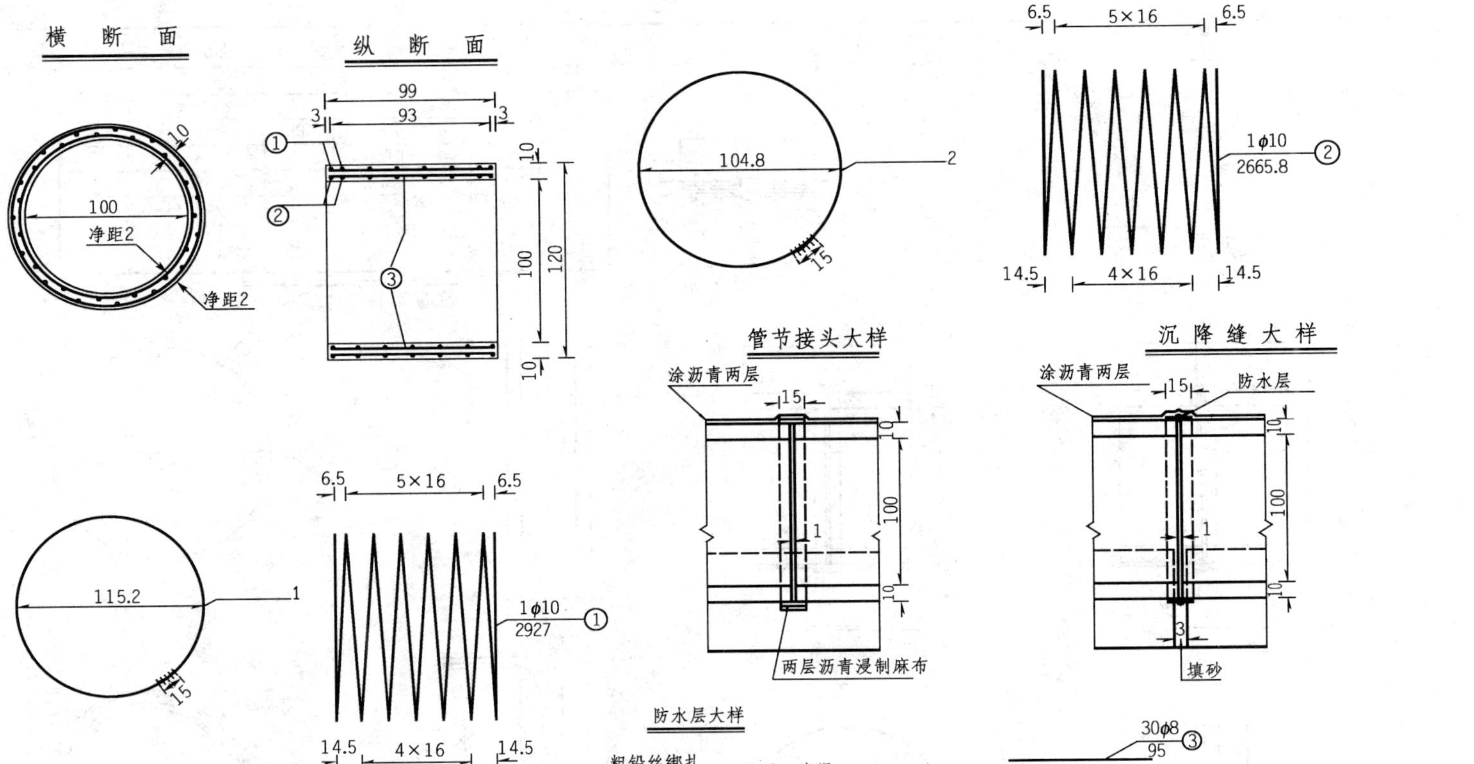

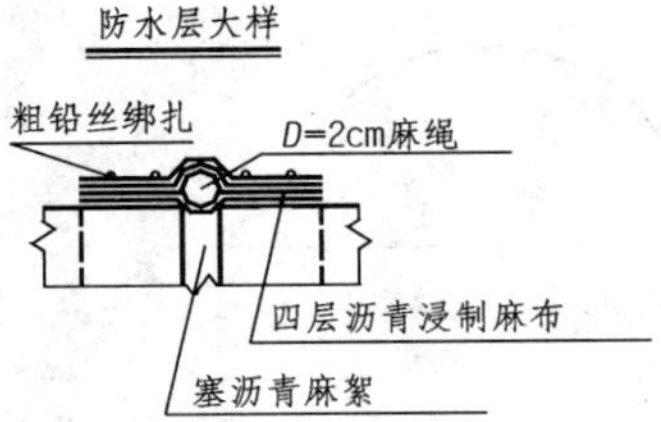

工程数量表

钢筋编号	钢筋直径 (mm)	钢筋长度 (cm)	钢筋每延米重(kg/m)	钢筋根数 (根)	钢筋总长 (m)	钢筋总重 (kg)	绑扎钢筋 (kg)
1(R235)	φ10	3293.4	0.617	1	32.83	20.26	1.42
2(R235)	φ10	3000.9	0.617	1	30.01	18.52	1.42
C20混凝土(m^3)			0.342				

附注:

1.本图比例1:25。

2.本图尺寸除钢筋直径以mm计外,其余均以cm计。

公路小桥涵设计示例(八)	1-1.0m圆管涵	中管节配筋图及接头构造	设计	XXX	复核	XXX	审核	XXX	图号	SL8-2

图 8-74

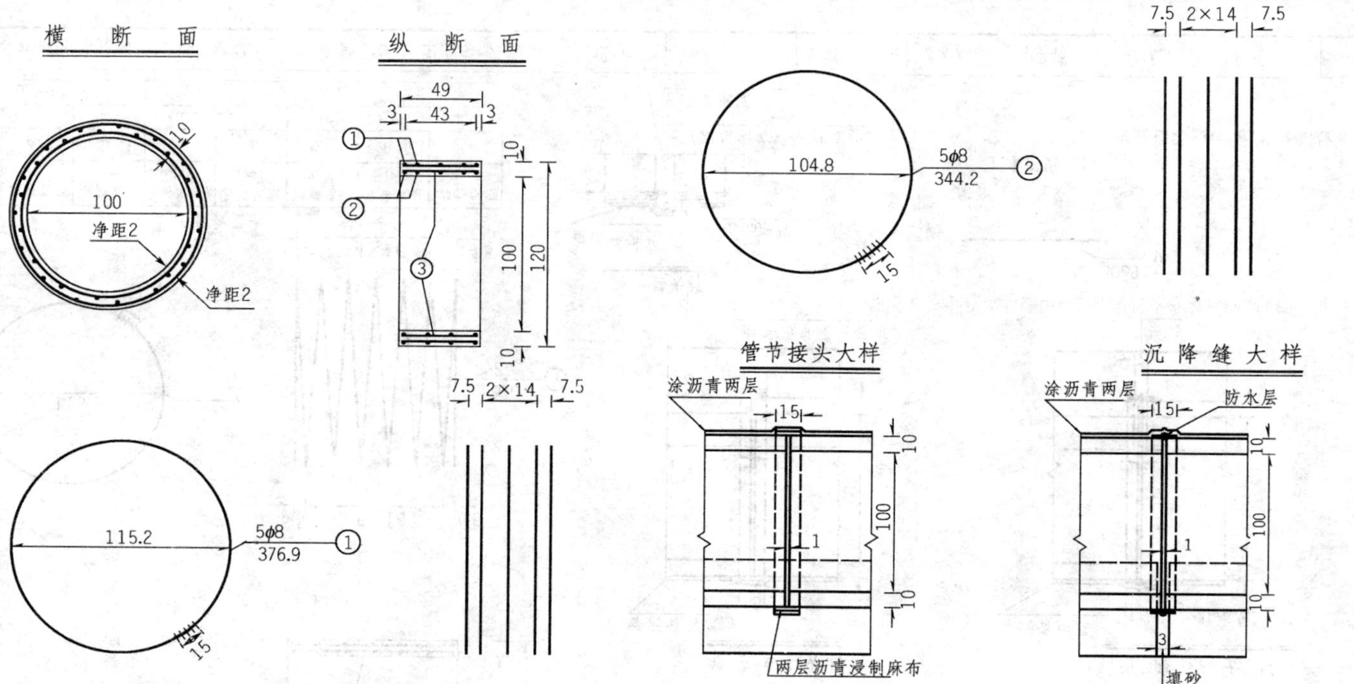

一个管节工程数量表

钢筋编号	钢筋直径 (mm)	钢筋长度 (cm)	钢筋根数	钢筋总长 (m)	单位重 (kg/m)	钢筋总重 (kg)	合计 (kg)
1	φ8	376.9	5	18.85	395	7.44	14.24
2	φ8	344.2	5	17.21	395	6.8	
3	φ8	45	30	13.5	395	5.33	5.33
20号混凝土体积(m³)			169				

防水层大样

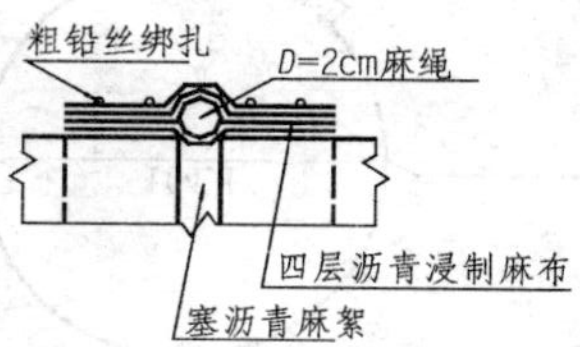

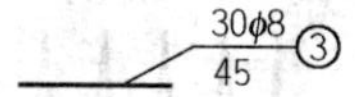

附注:

1.本图比例1:25。

2.本图尺寸除钢筋直径以mm计外,其余均以cm计。

公路小桥涵设计示例(八)	1-1.0m圆管涵	端管节配筋图	设计	XXX	复核	XXX	审核	XXX	图号 SL8-3

图 8-75

示例(九) 1—4.0m 钢筋混凝土箱涵

一、设计资料

某平原微丘区一级公路路基宽25.0m,设计边坡1:1.5,路拱横坡1.50%,经实地测定河沟中心桩号为K18+259,涵洞轴线与路线斜交,斜交角度为75°,河沟地面中心高程为333.1m,上游处的路基设计高程为337.501m,下游处的路基设计高程为337.059m,涵洞位于季冻区,涵位所处地区最大冻深为1.8m,地基为软弱土层,承载力较低,据设计流量计算的孔径为3.90m,试进行本涵的几何设计。

二、设计计算

1.选择涵洞和进出水口形式并拟定常规尺寸

(1)选择涵洞类型和进出水口形式

通过点绘河沟纵断面地面线并作路基横断面戴帽后,根据路基设计高程和沟底高程,可算得(或从路基设计表中可查得)该处路基的填土高度为3.95m。由于涵位处为软基,承载力较低,易产生不均匀沉降,为确保公路运营安全稳定,选用钢筋混凝土箱涵方案。净跨径选为4.0m,略大于所需孔径。

在断面图上作涵洞轴线纵断面的布置,并选定涵底纵坡、铺底厚度、涵底高程、涵洞埋深等,根据进出口处地形条件决定进出水口形式为锥坡洞口。

(2)拟定常规尺寸

①涵底纵坡 $I_{涵}$:根据河沟纵断面地面线的地形情况拟定为0.3%。

②孔径 $R_{底}$:拟定为400cm的钢筋混凝土箱涵。

③涵底高程 $H_{涵}$:按涵底中心地面高程计算。

④涵洞埋深(从铺底算起往下至基础底面):根据当地冻深决定。

⑤进、出水洞口形式采用锥坡:锥坡坡度为外坡1:1.5,内坡为1:1。

(3)本涵洞经拟定的尺寸

①箱涵顶壁、底壁厚度为34cm;

②侧墙厚度为32cm;

③涵身坡度设计,根据沟底纵坡取为1%,标注于涵底顶面;

④截水墙宽度取为40cm,埋深100cm,并将其宽度标于进出口截水墙处。

2.涵洞纵断面图上有关尺寸和高程的计算

(1)涵身部分的高程和尺寸

①路基设计高程

根据路基设计表结合小桥涵野外调查设计卡,查算出涵位中心桩号处的路基设计高程分别为:

$$H_{上设}=337.501\text{m}$$

$$H_{下设}=337.059\text{m}$$

在设计草图上用高程引出线将以上数据标于设计草图相应位置处。

②涵底高程计算

根据涵位中心桩号处原地面高程得出：

$$H_{涵} = H_{沟} = 333.1\text{m}$$

将此高程值标于设计草图相应中心桩号铺底顶面处。

(2)进出水口锥坡计算尺寸

长半轴 $a = m \times h = 1.5 \times 2.84 = 4.26\text{m}$

短半轴 $b = n \times h = 1 \times 2.84 = 2.84\text{m}$

3.涵洞平面图上有关几何尺寸计算

根据流量计算结果选择,本设计依据标准图,采用标准孔径 400cm,将此数据标于平面设计草图上的相应位置。

4.半洞身和洞口立面图上有关尺寸计算

(1)台帽尺寸

台帽块件采用现浇,厚度为 20cm,长取 1168cm,标于相应设计草图的位置。

(2)涵身尺寸

前已计算拟定为标准跨径 400cm。涵壁厚度为 32cm,涵顶、涵底厚度为 34cm。净高 250cm。将上述尺寸标于洞身剖面图上。

5.局部剖面图的尺寸

根据现场地形进行的进出口布置结果,采取斜交斜做洞口。

6.工程数量计算

根据《公路桥涵设计手册》的标准图,该涵洞共长 30.75m,计算出该涵洞的工程数量如下：

(1)涵身

①涵身 C25 混凝土 $(0.34 \times 4 \times 2 + 0.32 \times 3.18 \times 2) \times 30.75 = 146.37\ \text{m}^3$

②主筋(ϕ 20)：$(3809.23 + 3902.92 + 2145.91 + 2046.58 + 9327.64) \div 1000 = 21.23\text{t}$

③其他钢筋数量(ϕ 12)：$(468.64 + 340.14 + 976.96 + 672.72) \div 1000 = 2.46\text{t}$

(2)翼墙

①涵身 C15 混凝土 $(1.18 + 3.77) \div 2 \times 2.38 \times 0.4 \times 4 + 1 \times 3.77 \times 0.4 \times 4 = 15.46\text{m}^3$

②主筋(ϕ 16)：$396.76 \times 2 \div 1000 = 0.8\text{t}$

③其他钢筋数量(ϕ 12)：$308.1 \times 2 \div 1000 = 0.62\text{t}$

(3)台帽

混凝土(C25)：$\left[(0.2 \times 0.4) - (0.05 \times 0.05) \times \frac{1}{2}\right] \times 11.68 \times 2 \approx 1.95\text{m}^3$

(4)锥坡

锥坡铺砌采用 M7.5 砂浆砌 30 号片石,其工程量为：

$$V_{坡} = H \times t \times (1.54H - 2 \times t) \times 4$$
$$= 2.84 \times 0.5(1.54 \times 2.84 - 2 \times 0.5) \times 4 = 19.16\text{m}^3$$

锥坡基础采用 M7.5 砂浆砌 30 号片石,其工程量为：

$$V_{基} = (0.714 \times H - 0.114) \times 4$$
$$= (0.714 \times 2.84 - 0.114) \times 4 = 7.78\ \text{m}^3$$

锥坡填土工程量为：

$$V_{基} = 1.54 \times H^2 \times 4 = 1.54 \times 2.84^2 \times 4 = 49.68\ \text{m}^3$$

(5)截水墙

截水墙采用 M7.5 砂浆砌 30 号片石。其工程数量为：

$$10.18 \times 0.4 \times 1.0 \times 2 = 8.14\ m^3$$

(6)洞口铺砌

洞口铺砌采用 M7.5 砂浆砌 30 号片石。其工程数量经查标准图为 18.53 m^3。

砂砾垫层工程数量经查标准图为 11.58 m^3。

(7)涵底砂砾垫层工程数量

$$2.0 \times 1.8 \times 5.22 \times 2 + 24.3 \times 1.2 \times 5.22 + (1.2 + 1.8) \times 1 \times 5.22 = 205.46 m^3$$

其设计图纸和工程数量表,如图 8-76 ~ 图 8-78 所示。

I—I

1:300

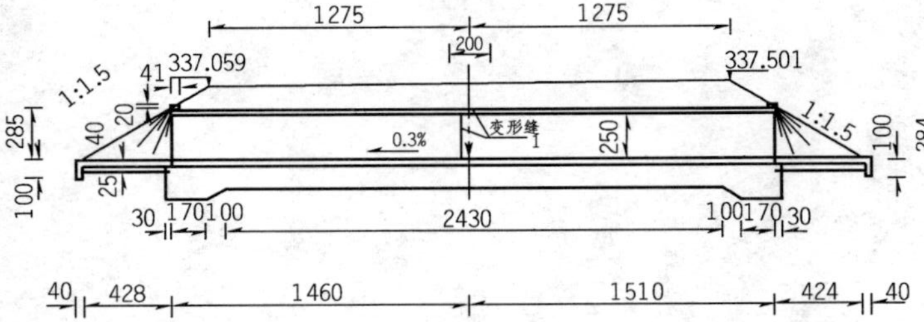

左洞口侧面

1:300

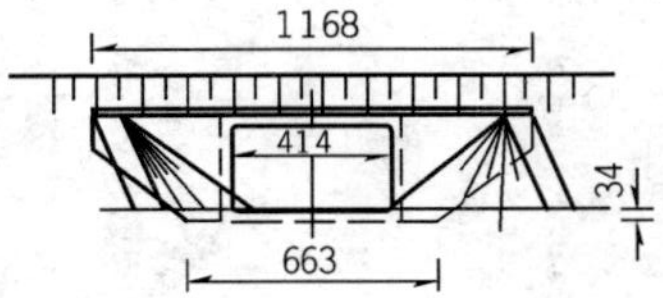

工 程 数 量 表

工程名称	材料种类	单位	工程数量
涵身混凝土	C25混凝土	m^3	146.37
帽　石	C25混凝土	m^3	1.95
洞口铺砌	M7.5砂浆砌片石	m^3	18.53
洞口垫砂砾		m^3	11.58
截水墙体积	M7.5砂浆砌片石	m^3	8.14
翼墙墙身	C15混凝土	m^3	6.74
锥坡填土		m^3	27.51
锥坡铺砌	M7.5砂浆砌片石	m^3	21.40
锥坡基础	M7.5砂浆砌片石	m^3	9.14
锥坡垫砂砾		m^3	7.83
挖基土方		m^3	66.61
基底垫砂砾		m^3	212.58
变形缝面积		m^2	5.28

平　面

1:300

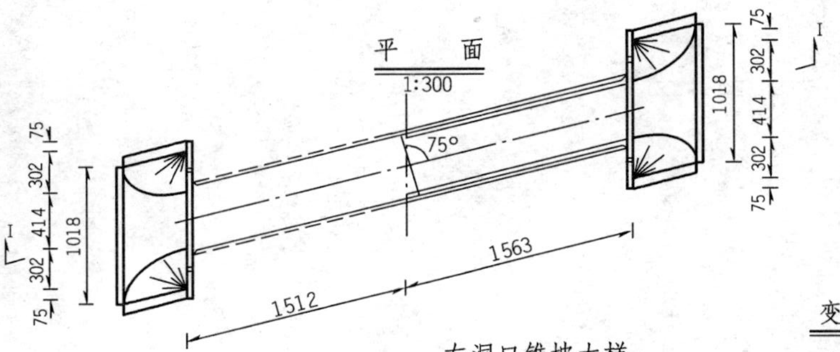

涵身横断面

1:100

端部　中部

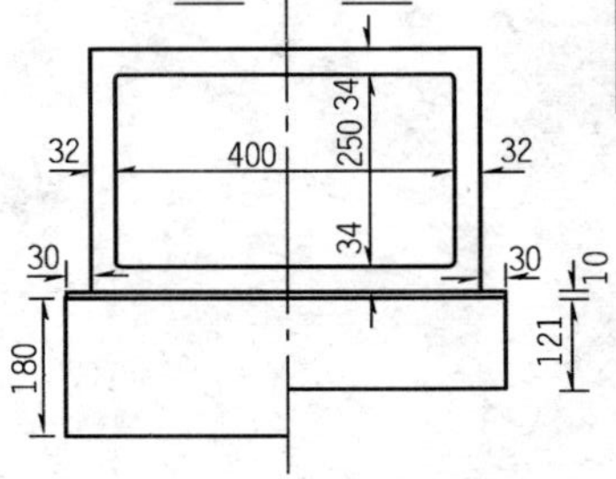

变形缝构造

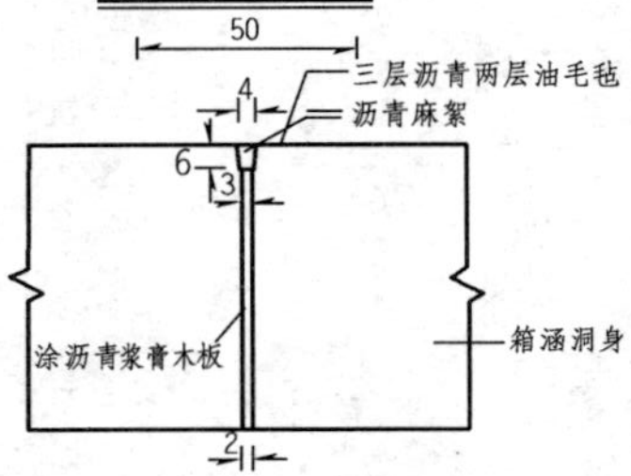

左洞口锥坡大样

1:75

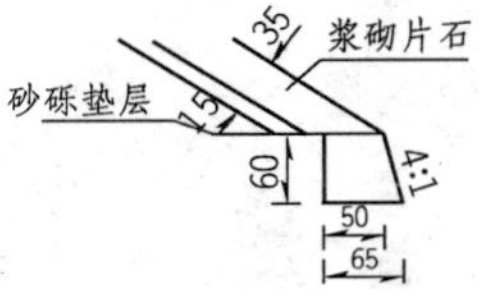

附注:

1.本图尺寸除高程外均以cm计,高程以m计。
2.涵底纵坡为沿涵轴方向。
3.地基承载力为250kPa 。

小桥涵设计示例(九)	1－4.0m 箱涵	总体布置图	设计	X X X	复核	X X X	审核	X X X	图号	SL9－1

图　8-76

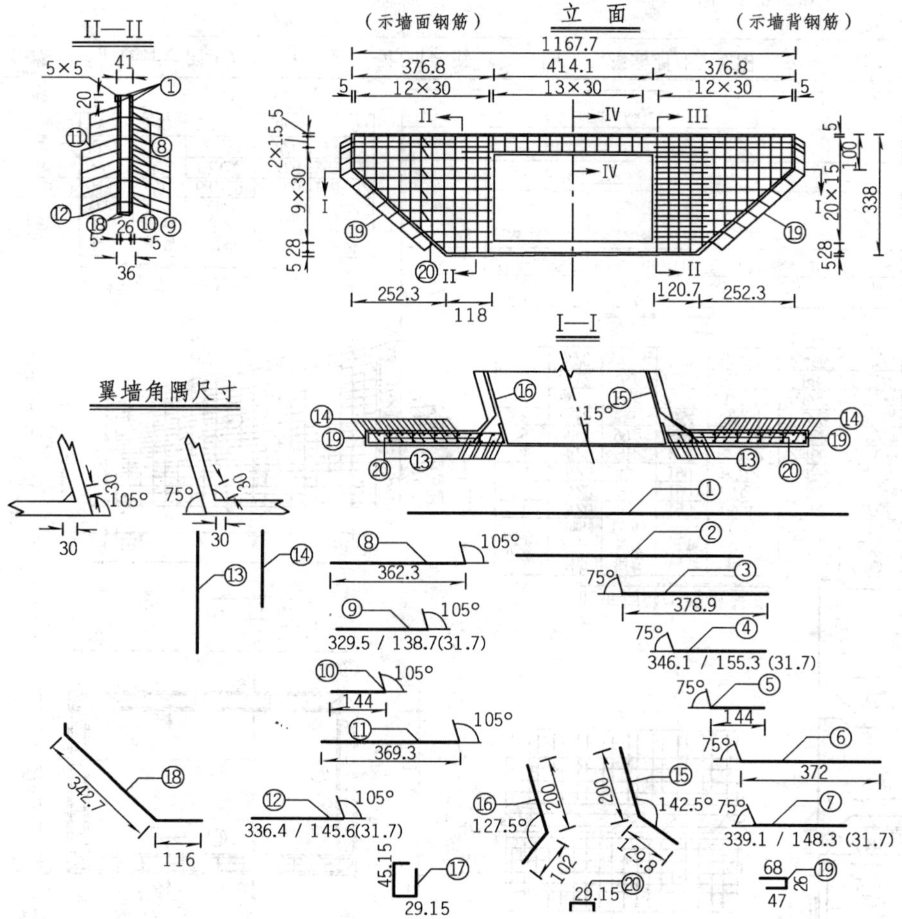

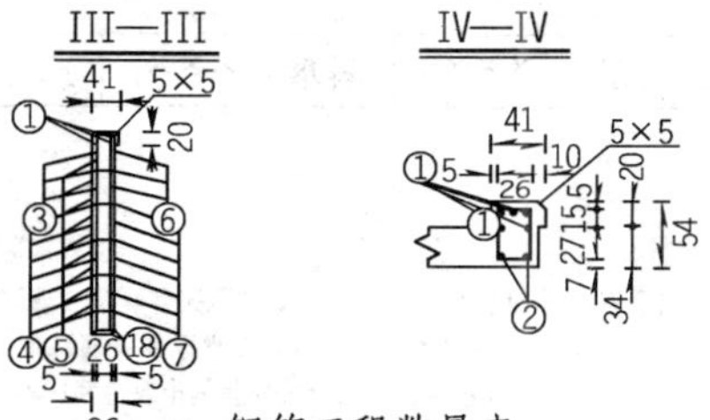

钢筋工程数量表

钢筋编号	钢筋直径（mm）	钢筋长度（cm）	钢筋根数	钢筋总长（m）	单位重（kg/m）	钢筋总重（kg）
1	ϕ16	1161.7	5	58.08	1.578	91.66
2	ϕ16	594.1	2	11.88	1.578	18.75
3	ϕ16	404.9	3	12.15	1.578	19.17
4	ϕ16	276.7	7	19.37	1.578	30.56
5	ϕ12	170	9	15.3	0.888	13.59
6	ϕ12	398	3	11.94	0.888	10.6
7	ϕ12	269.7	7	18.88	0.888	16.76
8	ϕ16	388.3	3	11.65	1.578	18.38
9	ϕ16	260.1	7	18.21	1.578	28.73
10	ϕ12	170	9	15.3	0.888	13.59
11	ϕ12	395.3	3	11.86	0.888	10.53
12	ϕ12	267	7	18.69	0.888	16.6
13	ϕ12	332	18	59.76	0.888	53.07
14	ϕ12	206.1	36	74.18	0.888	65.87
15	ϕ16	329.8	19	62.67	1.578	98.89
16	ϕ16	302	19	57.37	1.578	90.53
17	ϕ12	165.2	14	23.13	0.888	20.54
18	ϕ12	486.6	4	19.46	0.888	17.28
19	ϕ12	141	24	33.84	0.888	30.05
20	ϕ12	38.8	115	44.62	0.888	39.62

附注：

1. 本图比例为 1∶100。
2. 图中尺寸除钢筋直径以 mm 计外，均以 cm 计。
3. 翼墙角隅 15 号和 16 号钢筋均未在立面及 II—II、III—III 断面中绘出，其竖向排列位置分别与 3、4、5 号或 8、9、10 号钢筋一致，错开绑扎在这些钢筋之上。
4. 13 号钢筋与其他钢筋相碰时，应适当移动 13 号钢筋。

公路小桥涵设计示例（九）	1—4.0m 箱涵	箱涵翼墙配筋图	设计	×××	复核	×××	审核	×××	图号 SL9−2

图　8-77

I—I

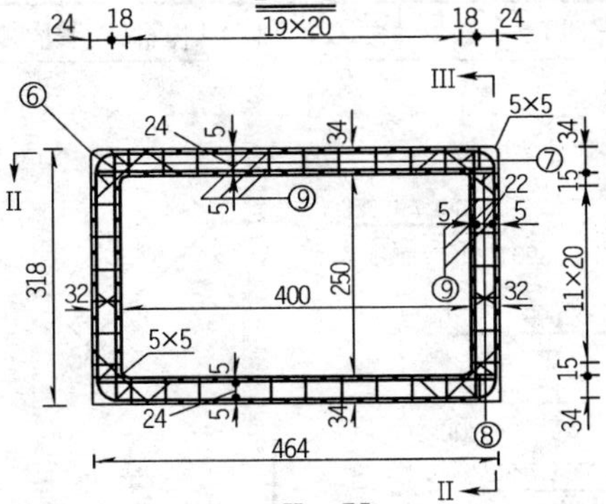

III—III

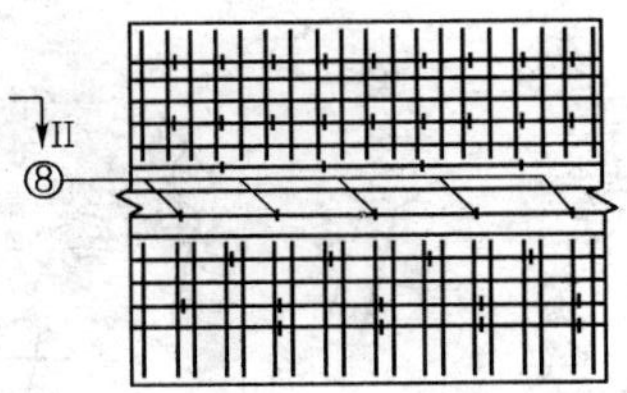

横断面钢筋组合

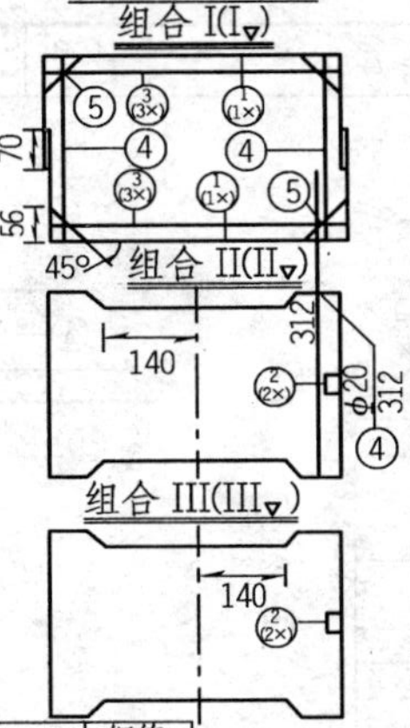

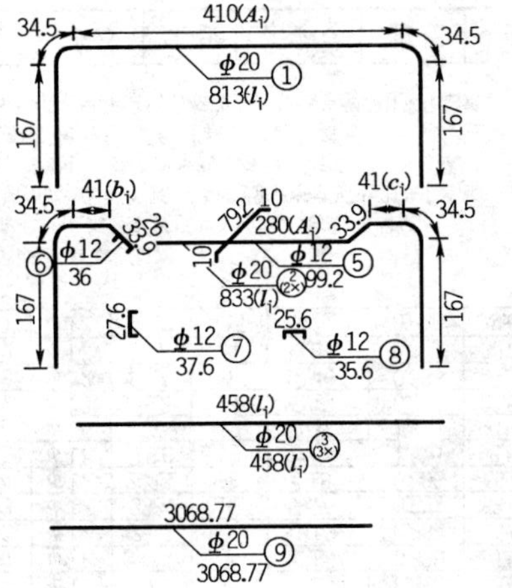

II—II

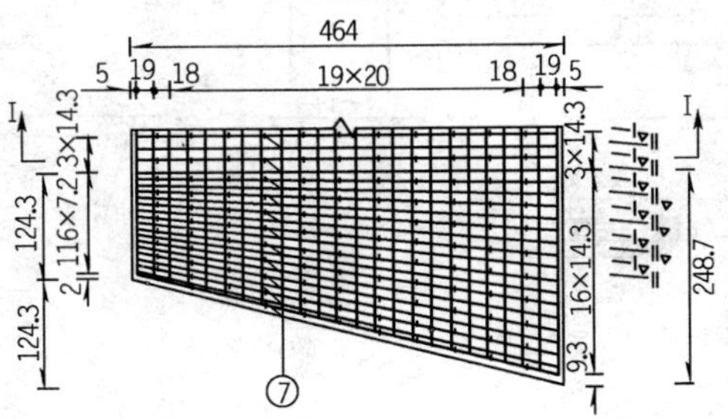

正布钢筋工程数量表

钢筋编号	钢筋直径(mm)	钢筋长度(cm)	钢筋根数	钢筋总长(m)	单位重(kg/m)	钢筋总重(kg)
1	φ20	813	190	1544.7	2.466	3809.23
2	φ20	833	190	1582.7	2.466	3902.94
3	φ20	458	190	870.2	2.466	2145.91
4	φ20	312	266	829.92	2.466	2046.58
5	φ12	99.2	532	527.74	0.888	468.64
6	φ12	36	1064	383.04	0.888	340.14
7	φ12	37.6	2926	1100.18	0.888	976.96
8	φ12	35.6	2128	757.57	0.888	672.72
9	φ20	2701.8	140	3782.5	2.466	9327.64

斜布钢筋尺寸

钢筋编号 \ 尺寸	A_i (cm)	L_i (cm)
1×i(i=1,3,5)	$\sqrt{410^2+(7.15\times i)^2}$	$403+\sqrt{410^2+(7.15\times i)^2}+44\times(1/\cos(RF)-1)$
2×i(i=2,4,6)	$\sqrt{280^2+(4.88\times i)^2}$	$471.1+\sqrt{280^2+(4.88\times i)^2}+b.+c.+92\times(1/\cos(RF)-1)$
3×i(i=1,3,5)		$\sqrt{458^2+(7.15\times i)^2}$
2×i(i=2,4,6)	$b.=\sqrt{41^2+(72\times i)^2}$	
2×i(i=2,4,6)	$c.=\sqrt{41^2+(72\times i)^2}$	
$RF=\arctan((7.15\times i)/454)$		

斜布钢筋工程数量表

钢筋编号	钢筋直径(mm)	钢筋长度(cm)	钢筋根数	钢筋总长(m)	单位重(kg/m)	钢筋总重(kg)
1.	φ20	843.8	76	641.29	2.466	1581.42
2.	φ20	865.3	72	623.02	2.466	1536.36
3.	φ20	483.6	76	367.54	2.466	906.34
9.	φ20	367	140	513.78	2.466	1266.98

附注：

1. 本图比例为1:60。
2. 本图尺寸除钢筋直径以 mm 计外，余均以 cm 为单位。
3. 钢筋组合 I、II、III 表示正布钢筋$I_▽$、$II_▽$、$III_▽$表示斜布钢筋，在斜布钢筋中编号带有脚码×者，表示尺寸与正布钢筋有区别的钢筋（图中尺寸及编号均加括号），施工时按表中计算式计算。
4. 任何斜度的钢筋，其角隅部分的倾斜钢筋 5 号仍保持尺寸 41cm 和倾角 45°不变，5 号、6 号钢筋与分布钢筋 9 号有干扰时，适当改移 9 号钢筋位置。
5. 斜涵两端的斜布钢筋，当最外一片组合钢筋的混凝土保护层小于 5cm 时，应适当向里挪动。
6. 当涵顶填土厚度（包括路面厚度）小于或等于 5cm 时，四角处均应在图示的两根 N6 钢筋中间再增设一根，尺寸自行确定。
7. 9 号分布钢筋长度在施工时可按正涵身长度加斜涵身长度连续下料。
8. 斜布钢筋工程数量表中的 4、5、6、7、8 号钢筋工程量计入了正布钢筋工程数量表中。

公路小桥涵设计示例（九）	1—4.0m 箱涵	箱涵洞身配筋图	设计	×××	复核	×××	审核	×××	图号	SL9-3

图 8-78

示例(十) 1—1.25m 倒虹吸

一、设计资料

某平原微丘区一级公路路基宽25.5m,设计边坡1:1.5,路拱横坡1.50%,经实地测定路线在桩号为K13+125处与一条农用灌渠相交,斜交角度为50°,渠底中心高程为214.965m,上游处的路基设计高程为214.993m,下游处的路基设计高程为214.905m,此地为季冻区,最大冻深为1.8m,据设计流量计算的孔径为1.20m,试进行该涵洞的几何设计。

二、设计计算

1.选择涵洞类型和进出水口形式并拟定常规尺寸

(1)选择涵洞类型和进出水口形式

通过点绘河沟纵断面地面线并作路基横断面戴帽后,根据路基设计高程和渠底高程,该处水面略高于路基设计高程,水流必须通过公路满足灌溉需要,在该处修建普通涵洞不能保证水流通过,修建渡槽又没有足够的建筑空间,因此,只能选用倒虹吸结构。

在横断面图上作涵洞轴线纵断面的布置,并选定涵底纵坡、铺底厚度、涵底高程、涵洞埋深等,根据进出口处地形条件决定进出水口形式为竖井洞口。

(2)拟定常规尺寸

①涵底纵坡 $I_{涵}$:根据河沟纵断面地面线的地形情况拟定为0.5%。

②孔径 $R_{底}$:拟定直径为125cm的钢筋混凝土圆管。

③涵底高程 $H_{涵}$:根据实际情况确定211.35m。

④涵洞埋深(从铺底算起往下至基础底面):根据当地冻深决定。

⑤进、出水洞口形式采用竖井。

(3)本涵洞经拟定的尺寸

①拟定直径为125cm的钢筋混凝土圆管;因涵轴线与水流斜交50°,寒冬斜度为40°,进出口处管口呈椭圆形,其长轴直径为125/cos40° = 163cm,如图8-80所示。

②钢筋混凝土加固为179cm×179cm。

③涵身坡度设计,坡度取为0.5%,标于相应底顶面。

2.涵洞纵断面图上有关尺寸和高程的计算

(1)涵身部分的高程和尺寸

①路基设计高程

根据路基设计表结合小桥涵野外调查设计卡,查算出涵位中心桩号处的路基设计高程分别为:

$$H_{上设} = 214.993\text{m} \quad H_{进} = 214.96\text{m}$$

$$H_{下设} = 214.905\text{m} \quad H_{出} = 214.64\text{m}$$

在设计草图上用高程引出线将以上数据标于设计草图相应位置处。

②涵底高程计算

根据涵位中心桩号处根据冻深及保证路基稳定设为:

$$H_{涵} = 211.35\text{m}$$

将此高程值标于设计草图相应中心桩号铺底顶面处。

(2)进出水口竖井计算尺寸

进出水口上部和排水沟采用同一形式，排水沟为梯形截面边坡坡度为 1:1，靠近路基一侧采用竖隔水墙形式；外侧背坡坡度为 8:1。

3.涵洞平面图上有关几何尺寸计算

根据流量计算结果选择，本设计依据标准图，采用标准孔径 125cm，将此数据标于平面设计草图上的相应位置。

4.半洞身和洞口立面图上有关尺寸计算

(1)竖井尺寸

竖墙高进水口为 504cm，出水口为 518cm，基础厚度为 40cm，砂砾垫层为 60cm。

(2)涵身尺寸

前已计算拟定为标准跨径 125cm。管壁厚度为 12cm，将上述尺寸标于洞身剖面图上。

5.局部剖面图的尺寸

根据现场地形进行的进出口布置结果，采取斜交正做竖井洞口。

6.工程数量计算

根据《公路小桥涵设计手册》的标准图，该涵洞共长 30.75m，计算出该涵洞的工程数量如下：

(1)涵身

①圆管 C25 混凝土：$0.51 \times 46 + 1.01 \times 2 = 25.53\ m^3$

②主筋($\phi 10$)：$55.78 \times 46 = 2565.88kg$

③其他钢筋数量($\phi 8$)：$98.74 \times 2 = 197.48kg$

④涵底砂砾垫层工程数量为：$163.2\ m^3$

(2)涵身加固

①涵身包裹 C25 混凝土：$1.79 \times 1.79 \times 49.89 - 3.14 \times (1.49 \div 2)^2 \times 49.89 = 72.91\ m^3$

②主筋($\phi 14$)：$4985 \times 1.208 \times 24 = 1445.3kg$

③其他钢筋数量($\phi 12$)：$215 \times 0.395 \times 334 = 283.6kg$

(3)井槽及竖井

根据桥涵标准图计算工程量如下：

①井槽采用 M7.5 砂浆砌 30 号片石：$(0.35 \times 1.41 \times 2 + 1.63 \times 0.35) \times 2 \times 2 = 6.23m^3$

②隔墙采用 C20 混凝土工程数量为：$54.2\ m^3$

③隔墙基础采用 C15 混凝土工程数量为：$5.83\ m^3$

④竖井墙身采用 C20 混凝土工程数量为：$60.4\ m^3$

⑤竖井基础采用 C15 混凝土工程数量为：$7.8\ m^3$

⑥竖井铺砌采用 M7.5 砂浆砌 30 号片石工程数量为 $1.71\ m^3$，设计图纸附后，如图 8-79 ~ 图 8-83 所示。

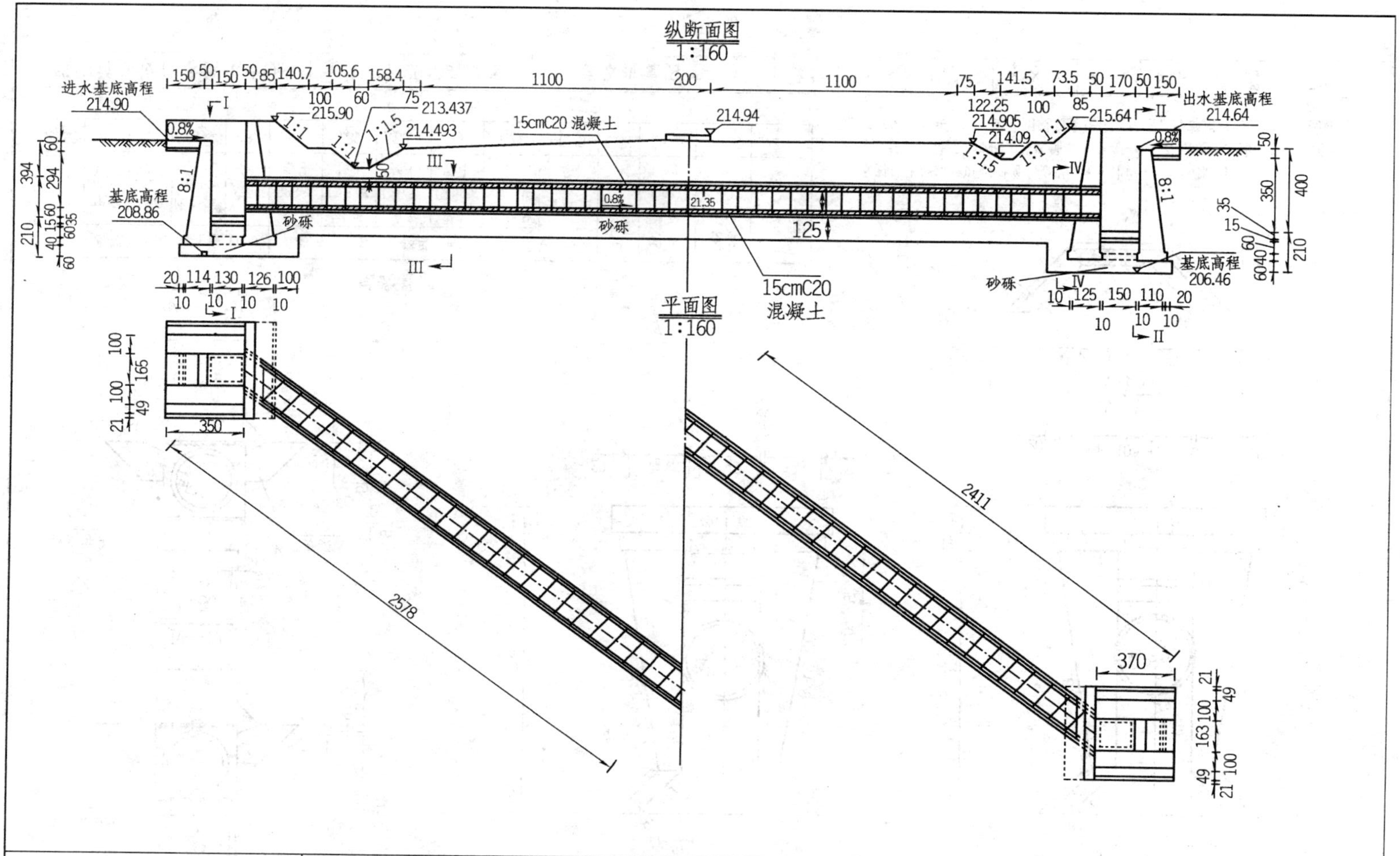

公路小桥涵设计示例(十)	1—1.25m 倒虹吸	总体布置图(一)	设计	×××	复核	×××	审核	×××	图号	SL10-1

图 8-79

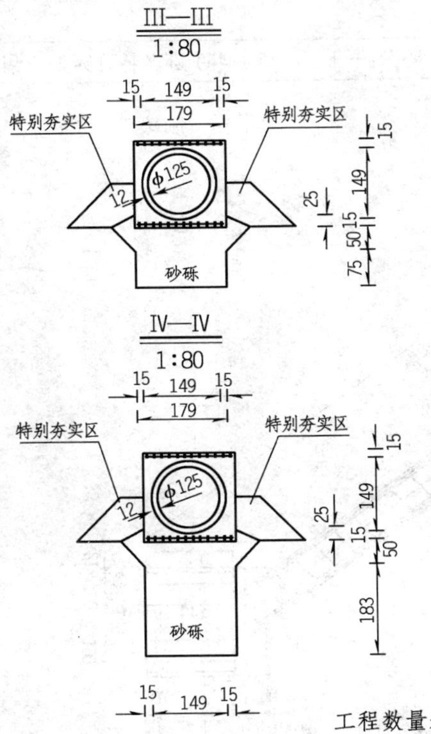

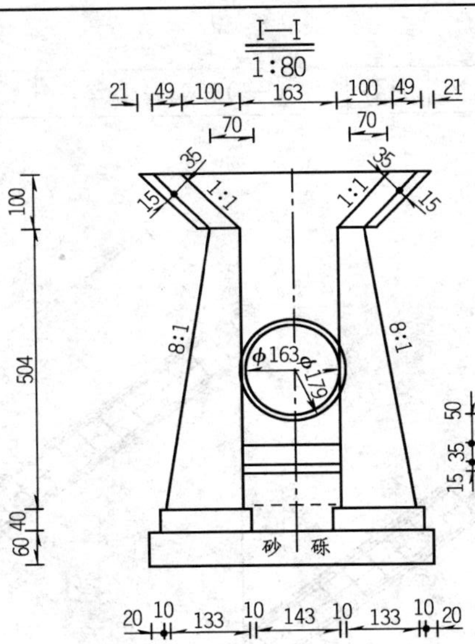

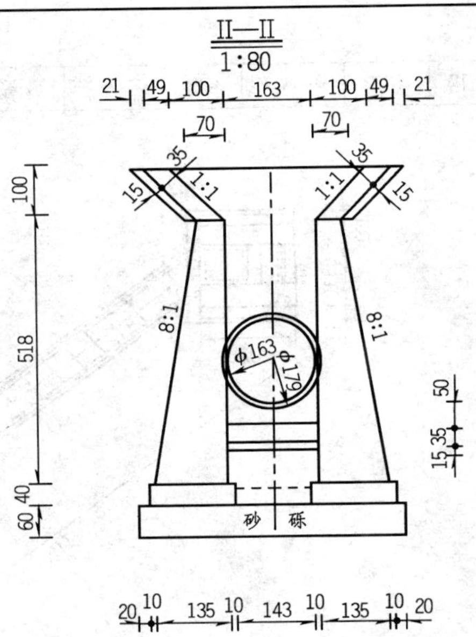

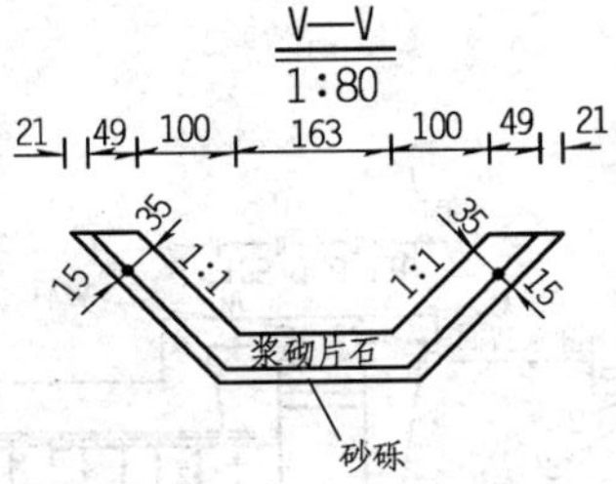

工程数量表

圆管			井槽（m³）		端墙		竖井（m³）				抹面（m²）	砂砾垫层（m³）	挖基土方（m³）	包裹C25混凝土（m³）
C25混凝土	中管（节）	端管（节）	M10砂浆砌片石	垫砂	墙身C25混凝土	基础C15混凝土	墙身C25混凝土	基础C15混凝土	井底铺砌（片石）	井底垫砂				
25.53	46	2	6.86	3	54.2	5.89	60.4	7.8	1.71	0.73	6.86	163.2	2126	72.91

注：

1. 本图尺寸除高程以m计外，余均以cm计。
2. 片石强度不低于30MPa，井底铺砌采用15号片石混凝土，抹面采用M10砂浆。
3. 管节采用对头拼缝，缝内用浸沥青底麻絮填塞，外部用浸沥青的油毛毡裹两道。

公路小桥涵设计示例（十）	1—1.25m倒虹吸	总体布置图（二）	设计	×××	复核	×××	审核	×××	图号	SL10-2

图 8-80

横断面
1 : 50

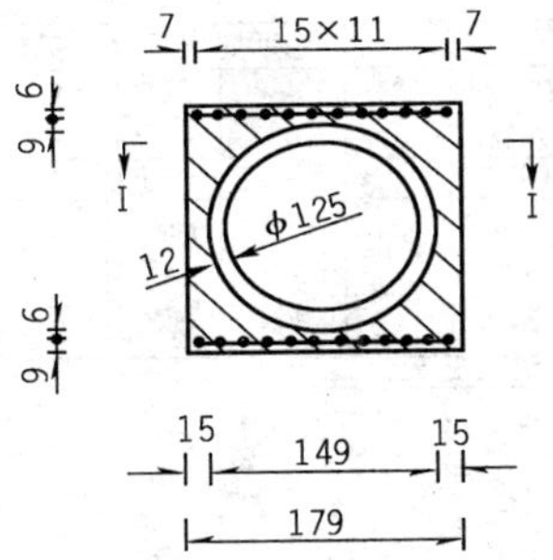

II—II
1 : 50

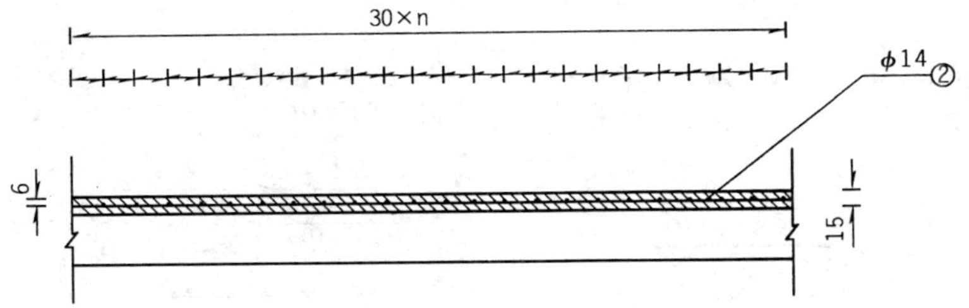

I—I
1 : 50

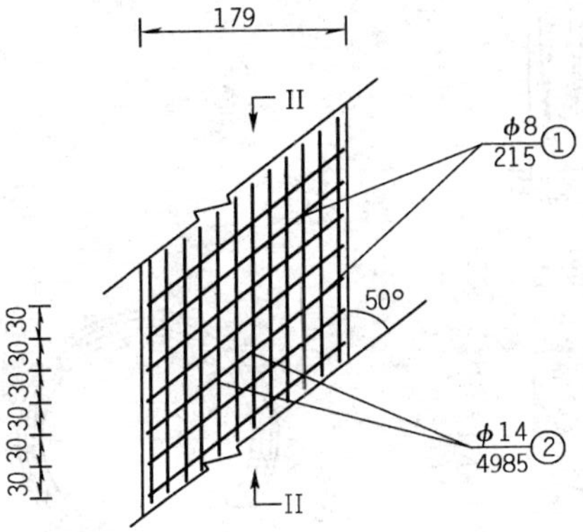

工程数量表

钢筋编号	钢筋直径 (mm)	钢筋长度 (cm)	钢筋每延米重 (kg/m)	钢筋根数 (根)	钢筋总长 (m)	钢筋总重 (kg)	绑扎钢筋 (kg)
1(R235)	ϕ8	215	0.395	334	718.1	283.6	1.42
2(HRB335)	ϕ14	4985	1.208	24	1196.4	1445.3	7.23

注：

1. 本图尺寸除高程以 m 计外，余均以 cm 计。
2. 涵管采用 C20 混凝土包裹，最小厚度 15cm，上下配置钢筋。
3. 竣工后做灌水试验，以防渗漏。

公路小桥涵设计示例（十）	1—1.25m 倒虹吸	加固钢筋图	设计	×××	复核	×××	审核	×××	图号	SL10-3

图 8-81

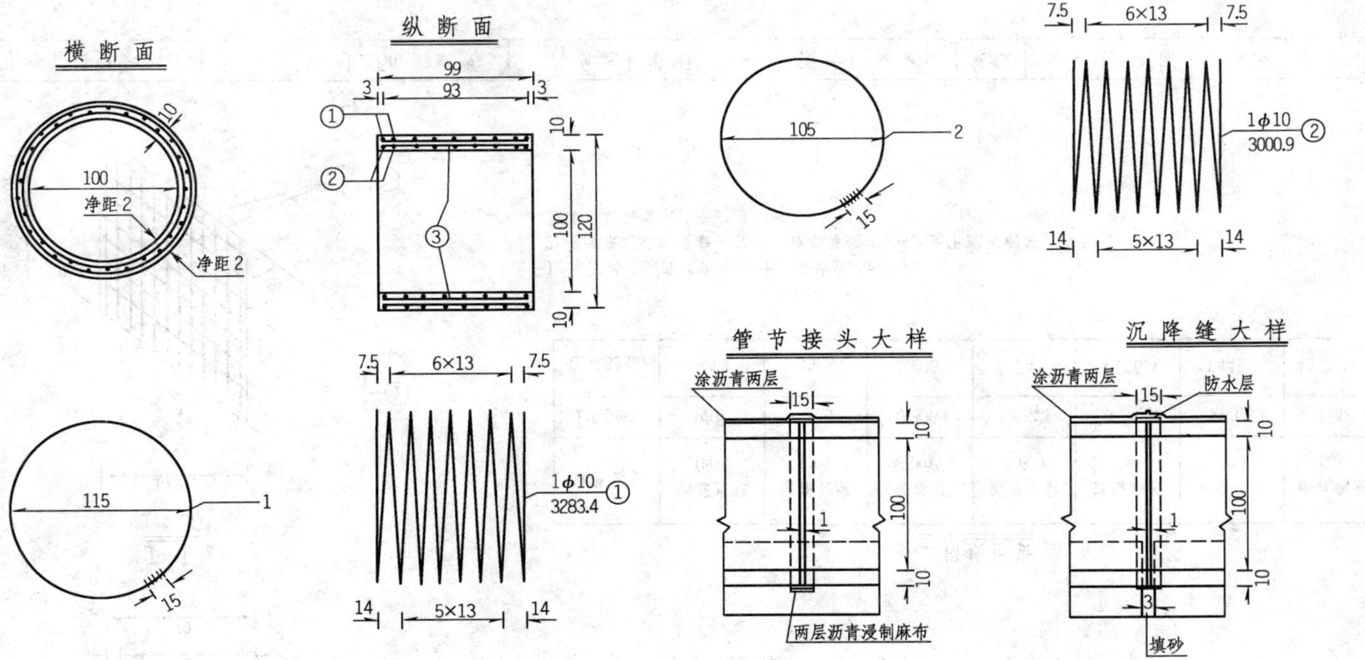

防水层大样

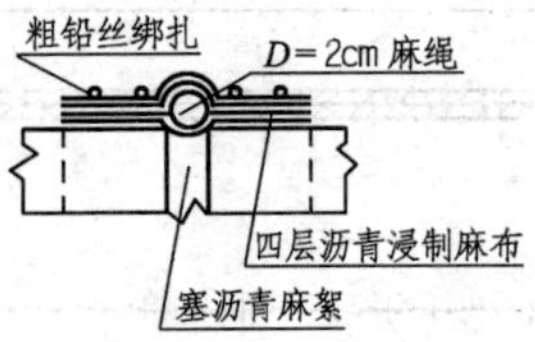

一个管节工程数量表

钢筋编号	钢筋直径(mm)	钢筋长度(cm)	钢筋根数	钢筋总长(m)	单位重(kg/m)	钢筋总重(kg)	合计(kg)
1	φ10	3283.4	1	32.83	0.617	20.26	38.78
2	φ10	3000.9	1	30.01	0.617	18.52	
3	φ10	95	29	27.55	0.617	17	17
C20 混凝土体积(m^3)		0.342					

说明：

1. 本图比例 1:25。
2. 本图尺寸除高程以 m 计外，余均以 cm 计。

公路小桥涵设计示例(十)	1—1.25m 倒虹吸	中管节配筋及管节头构造	设计	×××	复核	×××	审核	×××	图号	SL10-4

图 8-82

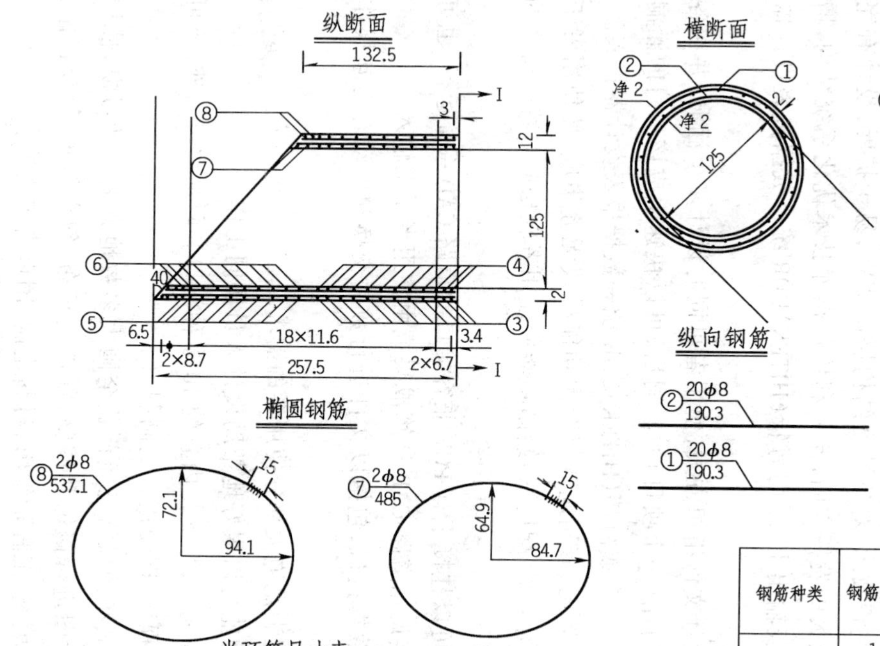

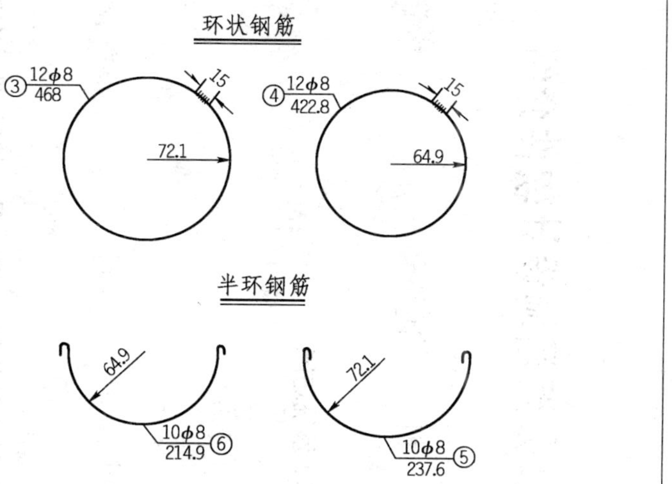

半环筋尺寸表　　单位：cm

序号		1	2	3	4	5	6	7	8	9	10	均长
钢筋号	5	384.5	342.2	308.9	279.1	251	223.3	194.9	164.6	130	97.5	237.6
	6	374.6	322.3	286.9	256.6	228.4	200.7	172.1	141.1	103.7	63.1	214.9

纵向钢筋尺寸表　　单位：cm

序号		1	2	3	4	5	6	7	8	9	10	11	均长
钢筋号	1	130.5	133.4	141.9	155.2	171.9	190.3	208.8	225.5	238.7	247.2	250.2	190.3
	2	135.9	141.2	151.4	165.3	181.7	199	215.4	229.3	239.5	244.8	244.8	190.3

一个端管节钢筋明细表

钢筋种类	钢筋编号	钢筋直径(mm)	钢筋长度(cm)	钢筋根数(根)	钢筋总长(m)	单位重(kg/m)	总重(kg)	合计
纵向钢筋	1	ϕ8	190.3	20	38.06	0.395	15.034	30.067
	2	ϕ8	190.3	20	38.06	0.395	15.034	
环式钢筋	3	ϕ8	468	12	56.16	0.395	22.183	68.674
	4	ϕ8	422.9	12	50.736	0.395	20.041	
半环式钢筋	5	ϕ8	237.6	10	23.76	0.395	9.385	
	6	ϕ8	214.9	10	21.495	0.395	8.491	
构圆钢筋	7	ϕ8	485	2	9.7	0.395	3.831	
	8	ϕ8	537.1	2	10.472	0.395	4.243	
混凝土体积								1.01

公路小桥涵设计示例（十）	1—1.25m 倒虹吸	管端节配筋图	设计	×××	复核	×××	审核	×××	图号	SL10-5

图 8-83

第九章　PowerCulvert 公路涵洞设计软件介绍

第一节　概　　述

一、PCV 系统功能

软件全称:PowerCulvert 公路涵洞 Cad

软件简称:PCV

最新版本:PCV5.6、PCVX

运行环境:Windows98 第 2 版及其以上版本

内存要求:最低 32M,最好 > 64M

PCV 的系统特点:

系统采用完全面向对象的编程技术,对象模型结构层次清晰,易于扩展;设计有完备的二次开发接口,为使用者提供了很大的发挥空间;充分利用数据库技术优化系统结构,增强了系统管理大量数据的能力。在报表输出上,采用海特(HITEK)UDR 统一数据报表设计器对报表进行精确地输出。

(1)采用基于项目管理的设计文件组织方式,使用者可同时设计多个涵洞,并在各涵洞窗口间自由切换。当设计完一条道路(一个项目)的涵洞后,可以快速生成该项目的涵洞工程数量表,表格格式可选 Excel 表,Word 表或海特(HITEK)UDR 统一数据报表设计器报表。

(2)将力学计算、构造图、布置图、套用规范等四大功能模块无缝集成,使使用者工作更便捷与高效。力学计算与完备的构造图(配筋图)绘制功能使使用者轻松应对特殊荷载的涵洞设计。

(3)有灵活的工作方式,它可以挂接于有 PCV 兼容接口的道路 CAD 系统运行,也可单独运行。路线设计数据来源:可直接调用道路 CAD 计算成果或由使用者手工输入。

(4)具有开放的路线 CAD 数据接口,包括以文件进行数据交换和以动态交互操作的方式进行数据交换。

(5)可以设计的涵洞类型能满足绝大部分使用者的需求。

(6)它的导出和导入文件功能可以很好地帮助设计人员协同工作。

(7)提供了强大的洞口处理能力,除支持内置的 10 多种洞口和附加洞口以外,还可以由使用者编程添加任意洞口的绘制程序,即使用者定制洞口。

(8)设计图布图选项齐备,其布图风格已经覆盖全国大多数地方的设计习惯,使用者可以根据自己感兴趣的选项对设计图进行修饰和调整,如斜交正布、斜交斜布、斜交正做、斜交斜做、路基轮廓线绘制、实体剖面填充、工程量编辑、材料定制、图框自定义等。

(9)有强劲而灵活的规范支持,套用规范可以使您快速设置好每一道涵洞的各种参数,利用系统提供的规范编辑管理工具,使用者能够轻松建立自己的规范。

(10)通过结构计算将设计涵洞和利用通用图设计涵洞无缝集成,使用者可以对一道涵洞在两种方式中交叉使用,达到功能与效率的完美统一。在结构计算的过程中,PCV 可根据使用者输入的设计参数,按照经验设定一个最好的初值供使用者参考。在使用者输入的结构计算参数不满足强度要求时,PCV 可以自动调整参数,尽可能地满足结构计算和构造要求。

(11)它本身作为一个服务器部件运行,使用者可轻松进行二次开发,以解决 PCV 本身没有解决的新需求。

(12)有高度灵活的定制特性,从尺寸标注的文字大小到工程量计算中的材料设置均可由使用者定义。

(13)它自带 CAD 内核、版位跟踪技术使使用者瞬间完成图纸排版,可视化的参数输入方式使使用者对帮助文件的依赖减少到最低限度。PCV 的拖动编辑、属性编辑和直接打印功能进一步提高了设计效率。

二、PCV 支持的涵洞类型

PCV 可以完成公路、城市道路设计中任意角度(＊注)的下列形式涵洞的交互式设计:

- 钢筋混凝土盖板涵
- 石拱涵
- 钢筋混凝土圆管涵
- 钢筋混凝土倒虹吸圆管涵
- 阶梯式盖板涵和阶梯式石拱涵
- 钢筋混凝土箱涵

PCV 提供如下常用洞口形式:跌水井,边沟跌井,竖井,八字墙(多层基础),挡墙接跌水铺砌,一字墙接边沟,进口急流槽,出口平坡急流槽(附加洞口),出口阶梯急流槽(附加洞口)。

注:采用通用图及其规范文件设计涵洞时,能采用的角度取决于通用图和规范;采用个性化的构造图时可以设计任意角度的涵洞(只在加强版中提供该功能),加强版还提供了完善的构造图(钢筋图)绘制功能。

第二节　PCV 的界面

一、基于项目管理的多文档界面

PCV 采用多文档主界面管理涵洞设计文件。可以方便使用者在不同涵洞之间相互切换和参照,如图 9-1 所示。

窗口上部为工具条,提供了常用的绘图和编辑工具。

中部黑色区域为绘图主窗口,单击工具条上的“背景颜色”按钮,使用者可以修改窗口的背景色。

中部左边为项目管理器,显示涵洞文件中的所有涵洞。右侧为属性窗口,显示当前涵洞文件的信息。下边为命令行。

使用者可以按照自己喜欢的方式调整 PCV 的菜单和所有工具条、工具窗口的位置,也可以在工具条上单击鼠标右键对工具条进行配置。

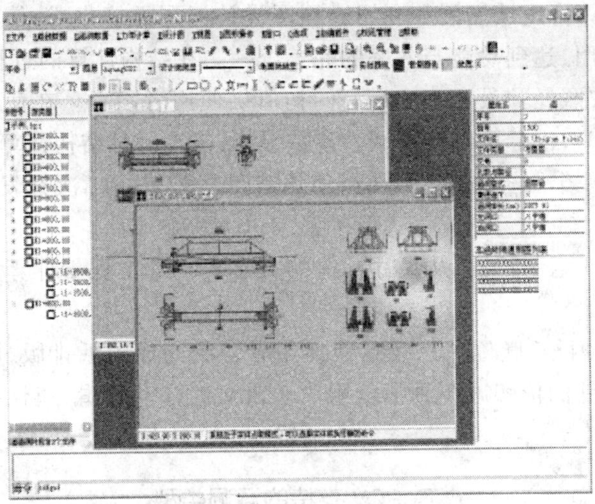

图 9-1　PCV 主界面

二、PCV 的项目管理器

单击菜单“视图”—“项目管理器”可打开或关闭“项目管理器”，项目管理器中列出了当前项目中的所有涵洞，如图 9-2 所示，并在属性栏显示了这些涵洞的摘要信息。双击某个涵洞可以打开这个涵洞的设计图。要一次操作多个涵洞文件，请首先检取需要操作的涵洞文件前面的检取框，然后单击鼠标右键弹出快捷菜单。对选中的文件进行“打开”、“关闭”、“删除”等操作，切换“桩号”与“类型”标签可以选择按桩号排列或按涵洞类型排列显示项目中包含的所有涵洞。选择按“类型”显示时，状态栏中将显示当前类型的涵洞道数，按“桩号” 显示时，状态栏中将显示整个项目所包含的涵洞道数。

三、命　令　行

PCV 命令行界面：使用者可以在命令行中输入参数或数据，如图 9-3 所示。

查找与替换界面如图 9-4 所示。

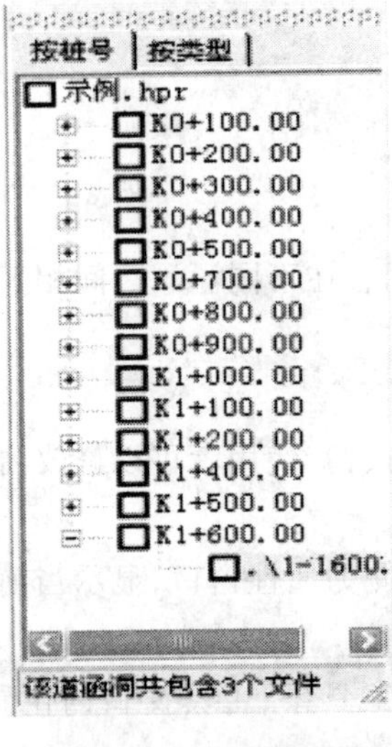

图 9-2　项目管理器

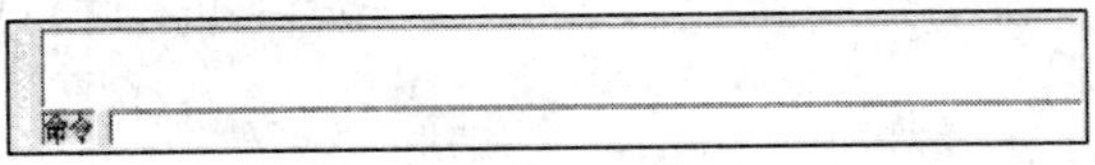

图 9-3　命令行

图 9-4　查找替换

利用查找替换对话框在规范文件中查找或替换特定字符。

查找内容:在这里输入查找目标。

替换为:在这里输入替换目标。

查找下一个:单击这个按钮查找下一个匹配的查找目标,光标停留在查找到的目标上。

替换:单击该按钮将查找到的目标替换为替换目标。

全部替换:单击该按钮对当前窗口内所有查找到的目标进行替换。

方向:指定查找方向。

查找方式:指定是否全字匹配和匹配大小写。

四、工 具 栏

PCV 的绘图工具栏:PCV 的命令多数与 AutoCAD 的命令操作方式相同或相似，如图 9-5 所示:

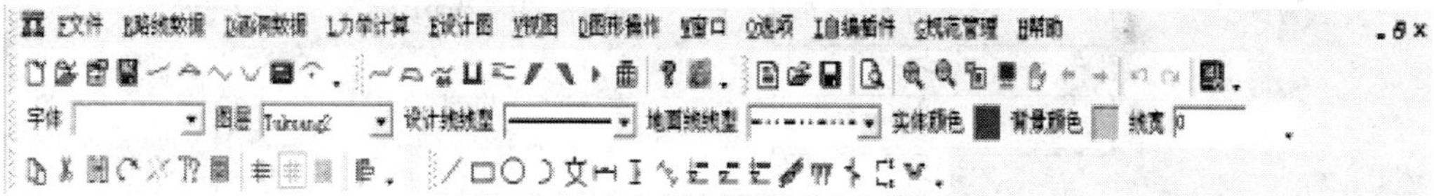

图 9-5　菜单及工具栏

标准工具栏:该工具条中的按钮功能依次为新建涵洞,打开,保存,打印预览,打印(print),放大(zoomout),缩小(zoomin),窗口放缩(zoomwin),显示全图(zoome),平移(pan,注意平移方法为按住鼠标左键不放并拖动鼠标,单击鼠标右键结束平移),到前一视图(prev),到后一视图(nextv),撤消(undo),恢复(redo),显示到 AutoCAD。视图放缩可以在命令行上输入 zoom 命令回车后选择下一步的操作。

显示到 AutoCAD 命令可以将当前文件显示到 AutoCAD 中,要求系统中已经安装 AutoCAD,否则会导致错误发生。

绘图工具栏:图中所示按钮的功能均可以用在命令行输入命令的方式实现。对应的命令依次为: line(画线),rect(画矩形),ellipse(画椭圆或圆),arc(画弧),text(写文字),hdim(水平标注),vdim(垂直标注),pdim(平行标注),dmx(地面线),spx(示坡线),zdx(折断线),viewpoint(剖面符号),psg(排水沟)。标柱命令可在命令行输入 dim 后按提示进行下一步操作。

设计工具:依次为生成设计图、帮助和访问海特公司主页。

制图环境工具栏:在这里设置字体、层名、颜色、线宽等参数。

图形编辑工具栏:依次为 copy(复制),erase(删除),move(移动),rotate(旋转),trim(剪裁),ddedit(文字编辑),ddmodify(属性修改),selectone(选择单个实体,同时关闭版位跟踪),selectlayer(以部件为单位选择实体,同时打开版位跟踪)。

Ve 支持的其他命令有:Wblock 写块文件,Insert 插入块文件,Grid 控制网格操作,Trim 直线剪裁(仅用于直线),Color 命令更改以后作图对象的颜色,Dist 测量距离,Area 测量面积。输入坐标时,PCV 支持捕捉功能,可以捕捉的对象包括:End(线段终点),Mid(线段中点),Int(直线交点),Cen(圆心),使用方法:在输入坐标时输入 End、Mid、Int、Cen 等捕捉命令回车或打空格开始捕捉,然后点取捕捉对象。

ListOn 和 ListOff 命令可以显示和关闭显示实体概况的窗口。

PCV 选择实体的风格与 AutoCAD 完全类似,但不支持 fence 选择操作。

PCV 的 Ve(ver 4.0)支持控点拖动编辑和直接打印。

其他所有的命令在图形操作菜单中可以找到，其操作风格均与 AutoCAD 兼容或类似。

第三节　PCV 基本操作方法

一、PCV 设计涵洞的基本流程

PCV 设计涵洞的基本流程(不需要路线引擎)如图 9-6 所示。

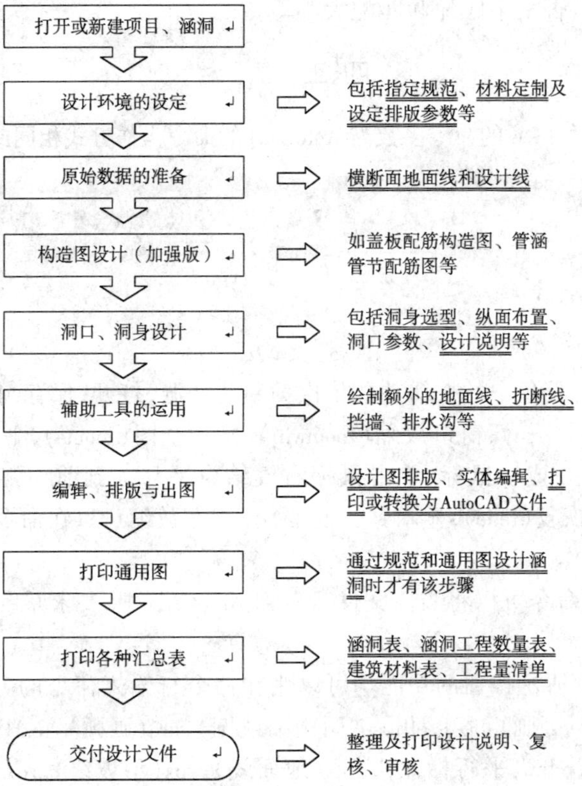

图 9-6　设计流程图

二、一步一步设计涵洞

1. 新建项目

单击菜单“文件 \ 新建项目”后，在随后出现的对话框中输入项目名文件后回车。如果输入的项目已经存在，PCV 将提示您是否覆盖。

在 PCV 每次启动时，会自动新建一个名为 Project1.hpr 的项目文件并自动进入利用模板文件添加涵洞的向导窗口，单击菜单“文件 \ 添加涵洞”也会调出这个对话框，如图 9-7 所示。

2. 设置项目属性

在**“项目公用设置”**标签中设置项目的属性，如图 9-8 所示，这些属性可能在图框中使用到，如工程描述、设计单位等，“起点”、“终点”信息将被绘制在布置图的平面图中。如果某个属性在图框中需要按两行显示出来，则需要在分行的地方加上一个“|”符号，如：“重庆市交通规划勘察设计研究院|中国 重庆”将按 2 行的格式在图框中显示出来，工程描述在生成整个项目的工程数量汇总表时将自动填在表格的左上角。

图 9-7　设计向导

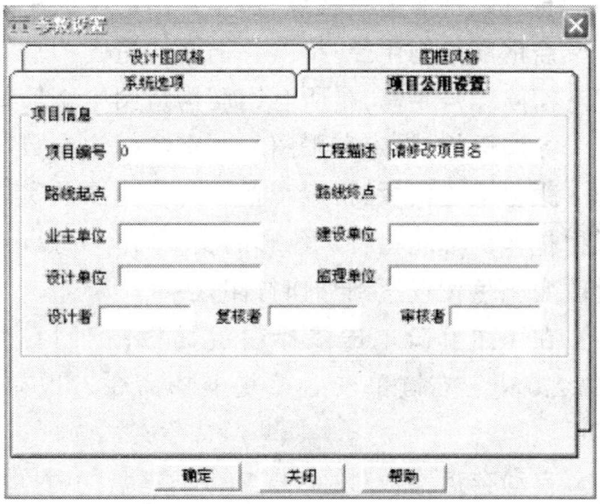

图 9-8　选项对话框

3.设置系统选项(图 9-9)

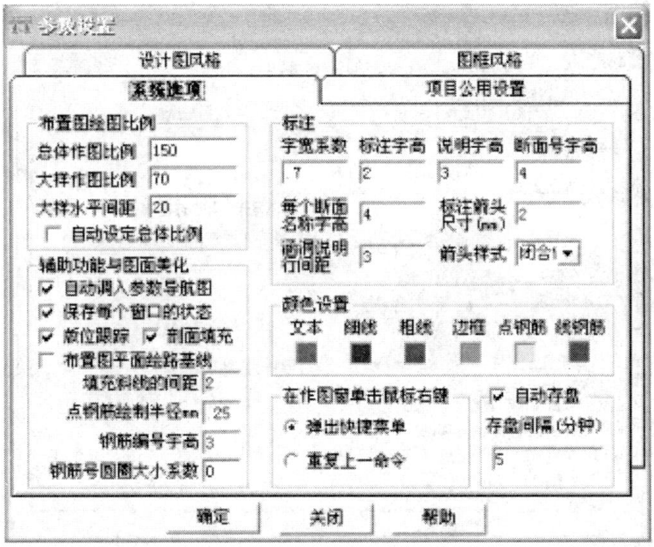

图 9-9　选项对话框

布置图绘图比例面板:总体作图比例指布置图的平纵面作图比例。选择“自动设定总体比例”选项后,平纵面作图比例将由 PCV 自动计算。

辅助功能与图面美化面板

自动调入导航图:将在打开每个有导航图的对话框时自动打开导航图。对于初学者应该启用该选项,对于能熟练使用的使用者可以关闭该选项以加快对话框调入的速度。

保存每个窗口的状态:利用这个人性化的选项可以使调入的对话框以您所期待的样式展现出来。设置该选项会在窗口调入时自动设置高级参数按钮和导航图回到该对话框上一次关闭之前的状态。

版位跟踪:启动版位跟踪功能。

剖面填充:在布置图中,为了增强图形的美感,有时希望对剖面进行填充,设置该选项即可达到目的。

填充斜线间距:剖面填充时,填充线的间距。

布置图平面绘路基线:在布置图的平面中绘制路基轮廓和边坡示坡线。

点钢筋绘制半径:指所有钢筋构造图中点钢筋的绘图尺寸(绘图单位为 mm)。

钢筋编号字高:指所有钢筋构造图中钢筋编号的字高。

标注面板:设定布置图的文字和标注参数。

颜色设置面板:指定布置图与构造图的实体颜色。当用黑白打印机打印彩色图形时,某些黑白打印机可能将特定色彩的实体打印为黑白稿后,对比度或浓度不够,这时使用者就可以通过改变颜色设置达到最佳打印效果。

在作图窗口单击鼠标右键面板:控制在作图窗口中单击鼠标右键后的响应方式。在 PCV2.0 中,右键单击后重复上一命令,现在除了重复上一命令外,还可设置为弹出快捷菜单。

自动存盘面板:设定 PCV 自动存盘的时间间隔。自动存盘会在存盘文件所在路径下产生后缀为".bak"的备份文件,当需要取消自动存盘的效果时,可以利用备份文件恢复原文件。

4.设置布图参数(图 9-10)

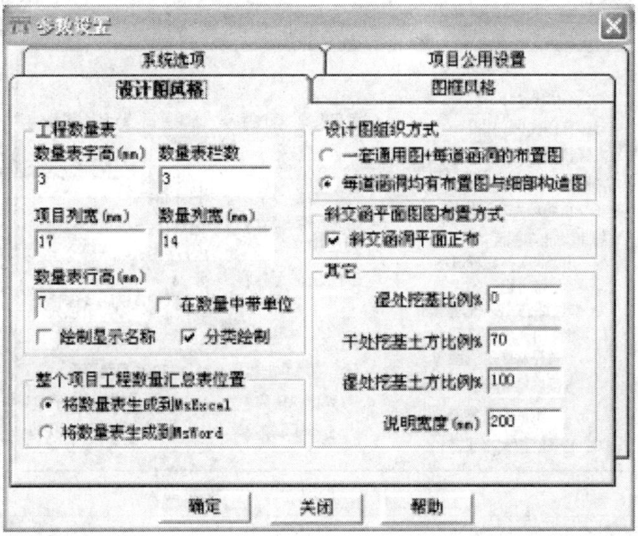

图 9-10 选项对话框

在**"布置图风格"**标签中设置布置图选项。

工程数量表面板:在这里设置每道涵洞分项工程数量表的绘图参数,可以通过栏数、栏宽等参数调整数量表的大小和所占版位。设置"显示部件的显示名称"选项,则在涵洞布置图中的工程数量表"项目"栏显示为在"部件材料设置"对话框中设置的"显示名称"。

设计图组织方式面板:设计图组织方式有两种,第一,选定"一套通用图 + 每道涵洞的布置图"选项,PCV 的"设计图"菜单将会隐去各个构造图绘制功能菜单以简化界面。这时,使用者设计涵洞的参数主要依据**通用图规范和通用图**。第二,选定"每道涵洞均有布置图与细部构造图"选项后,PCV 的"设计图"菜单将会显示各个构造图绘制功能菜单,通过这些菜单可以**绘制各种构造图**,这些构造图与布置图共同构成一道涵洞的设计图,这种文件组织方式在 PCV 中简称为"一涵一图"。

斜交涵洞平面正布：选定该选项，在绘制斜交涵洞的布置图时，涵洞的轴线将水平绘制以节约布图空间，同时立面图也将沿涵轴线投影。

整个项目工程数量表位置：选定"将数量表生成到 MsExcel"中，则数量表将生成 Excel 文件（要求系统中已经安装 Excel）。选定"将数量表生成到 MsWord"中，则数量表将生成 Word 文件（要求系统中已经安装 Word）。

注：只有 PCV 加强版才能采用"每道涵洞均有布置图与细部构造图"方式设计涵洞。这时涵洞的布置图会用到构造图的设计结果。更新某个构造图后一定要重新生成布置图，否则布置图的工程数量会因为没有更新而错误。而某些跟涵长有关的构造图又需要在布置图生成后重新生成才会正确，如台帽构造图、支撑梁构造图、铺装构造图、搭板构造图、牛腿构造图、涵台配筋图、基础配筋图、管涵基础及垫层构造图等，这些图可能需要和布置图交替生成才会完全正确。其他：

挖基土方比重：指挖基中土方占总方量的百分比。例如：挖基中土方占 20%，石方占 80%，则输入 20 即可。

说明宽度：输入布置图中每行说明的最大宽度，PCV 将根据这个宽度对说明文字进行自动折行排版。

定制图框：

在"图框风格"标签中设置图框的属性，在这里使用者可以定制自己的图框。该标签中的尺寸单位均为 mm，如图 9-11 所示。

图 9-11　选项对话框

图框风格名：显示当前图框设置的风格名称，便于标识不同图框的特征，由使用者输入或从图框风格文件（见后）中调入。

图块：需要使用者预先用 PCV 绘制一个图框，然后将它用 Wblock 命令写成一个图块文件（注意，是在 PCV 中写块而不是在 AutoCAD 中写 Dwg 块），然后在这里输入这个已经存在的图块的文件名。

图框插入点 X(Y)坐标：指第一个图框的插入点。这里输入的插入点坐标将和定义图框的图块被写成图块时指定的插入点重合。当自动插入多个图框时，每个图框的插入点会自动根据"每个图框外框的宽"自动平移。

单(双)行图框文字字高:图框中的文字有时可能需要折行(所需显示的文字中含有“|”号时 PCV 即会将它显示为两行),“双行图框文字字高”指图框中这种文字的字高。“单行图框文字字高”指不分行时文字的字高。

双行文字行间距:图框中的文字折行显示时的行间距。

图名格式:所谓图名,在 PCV 通常是指显示于图框中的一个标识文件类型的字符串。在图名格式下拉列表中有三个选项:不带桩号、桩号与图名同行、桩号与图名各占一行。选定不同的值将使图框中的图名呈现不同的显示效果。为了便于大量图纸在出版前的整理和排序,建议选用能够同时显示桩号与图名的选项。

图框显示项目面板:在这个面板中选择需要在图框中显示的项目属性(在项目公用设置面板中输入)及其显示的位置。如图中的工程描述假设为:“成渝高速公路重庆段”,它会在作图窗口的坐标为(122.5,12.5)的位置绘制出来。各条目的插入点总是指绘制出来的字符的水平和垂直方向的中心点。

保存风格:将当前图框的设置保存为命名的风格以便日后重用。注意图框应保存在 PCV 安装目录的 TkStyle 目录中。

载入风格:将以前保存的命名风格调入,可快速设置好图框。

三、依据通用图设计涵洞

1.指定规范

单击菜单“**数据 \ 指定规范文件**”调出,如图 9-12 所示对话框为各种涵洞设置套用的规范文件。可用的规范文件放在 PCV 所在目录下的“规范”子目录中,使用者自己建立的规范也必须放在这个目录中。

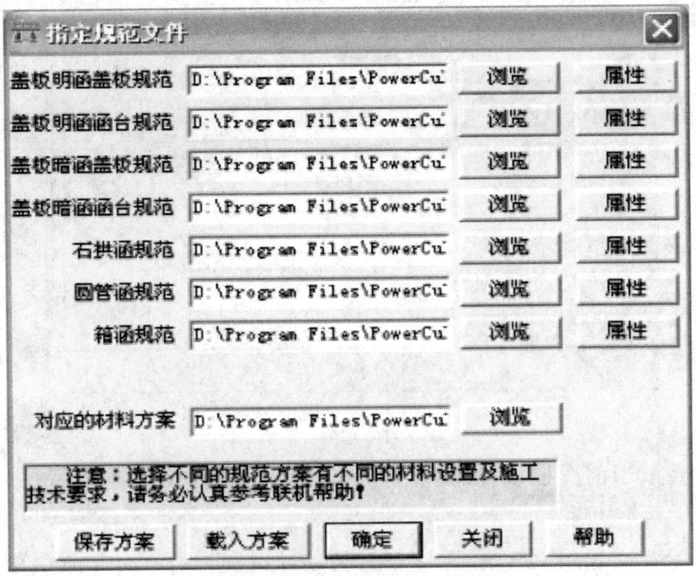

图 9-12　指定规范文件

单击“浏览”可以为各种涵洞类型指定规范文件。这些规范设置可以保存。如“保存方案”将把您的规范设置保存到一个文件中,而“载入方案”将载入保存过的规范方案。

使用者指定的“材料方案”文件将会被调入并修改当前涵洞的材料设置。

如果使用者要更新多个涵洞的材料设置,请使用“设计图”菜单中的“材料设置”功能。

使用者自定义规范:暂时保留。

2.定制材料

如图 9-13 所示,定制当前项目中各个部件所使用的材料,**这些材料设置不仅影响每张布置图上工程量表的绘制效果,而且将会影响在最后生成的整个项目的工程数量汇总表时分类依据,但此表编辑的仅仅是一个单独设置文件,它不会直接应用于任何一个涵洞。**也就是说,在这里将“帽石”的材料改为“混凝土”,不会自动导致其他任何涵洞的“帽石”材料改为“混凝土”,除非用后面介绍的材料方案保存和调入功能。

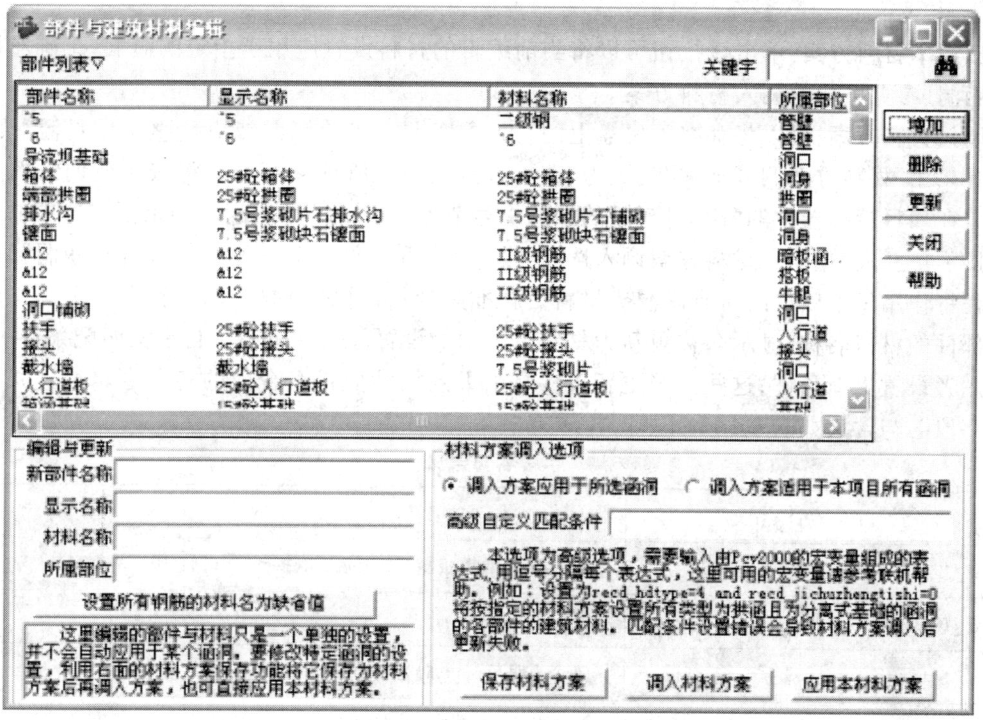

图 9-13 定制材料

部件名称:在 PowerCulvert 内部用于标识涵洞不同部位名称的字符。除了自己添加的部件外,使用者最好不要修改部件名称。

显示名称:它决定在涵洞布置图中的分项工程数量表中某个部件的“项目”栏以什么名称显示出来。在缺省状态下,分项工程数量表中的“项目”栏显示部件的“部件名称”(如“八字墙身”),有时,如果需要在“项目”栏中显示个性化的信息,比如希望数量表的“项目”栏头包含材料名称信息,这时就可以利用“显示名称”达到目的:将“显示名称”设置为类似于“浆砌块石八字墙身”,并且在系统设置中指定在布置图中的数量表里显示部件的显示名称即可。

材料名称:指定部件的建筑材料名称。材料名称在生成整个项目的工程数量汇总表时被作为分类统计依据,如凡是具有“浆砌块石台身”材料设置的部件,其数量均会被统计到表格的“浆砌块石台身”一栏。通过修改材料名称,可以灵活地决定数量的合并统计方式。例如,在生成初步设计的“涵洞表”时,工程量常常被分为较少的几个大类:如洞身混凝土、钢筋、洞身基础、洞口铺砌、洞口基础等,这时就可以通过修改材料名称实现人为分类统计的目的。

所属部位(件):对于圬工的所属部位是指圬工部件所在的位置,如涵台所在的部位为“洞身”,在绘制工程数量表时它的数量就会被放在“洞身”大类下,对于钢筋,所属部件是指其所依附的圬工部件，如台帽上钢筋部件的所属部件均为台帽，它应该为已经存在的其他非钢筋部件。当某个钢筋的“所属部件”被显示为红色时，说明所依附的圬工部件不存在，请仔细核对。没有“所属部件”的钢筋工程量在数量表分类绘制时会被放在“其他”类中。

设置所有钢筋的材料位缺省值：PCV 中默认直径小于等于 10mm 的钢筋为 I 级钢筋，大于 10mm 的钢筋为 II 级钢筋。当您的材料设置满足此要求时，可以单击该按钮快速设置所有钢筋的材料，然后再做局部修改。（对于钢筋，其“材料”属性主要用于指定分类累计依据）。

保存材料方案：可以将当前涵洞的材料设置保存为一个材料方案以供其他有类似材料设置的涵洞“调入”。

应用本材料方案：单击该按钮可以将当前编辑的材料设置应用于指定的涵洞，至于应用到哪些涵洞，参见下面的调入材料方案。

调入材料方案：可以将存在于磁盘上的材料方案调入当前涵洞或更新整个项目涵洞的材料设置。当“材料方案调入选项”设置为“调入方案应用于所选涵洞”时，将按照所调入的方案对所有在项目管理器中的“树形控件”的涵洞桩号节点前打“√”的涵洞。如果没有选中的涵洞则会提示更新失败。当“材料方案调入选项”设置为“调入方案应用于本项目所有涵洞”时，更新过程将作用于本项目的所有涵洞。材料更新准则为：将目标涵洞中与材料方案中部件名相同的部件的材料名称、显示名称更新为材料方案中的设置。此外，“高级自定义匹配条件”可以由使用者设置更新条件，这些高级更新条件是由下列属性变量组合成的各种逻辑表达式。可用的字段名与含义如表 9-1 所示。

字段名与含义 表 9-1

字段名	含　义
recd _ HdType	涵洞类型：1（盖板涵），2（管涵），4（拱涵），5（倒虹吸），6（箱涵）
recd _ HanDongZh uanghao	涵洞桩号，单位 m
recd _ IsMingHan	是否为明涵，非 0 时为明涵
recd _ JianTongDao	是否兼通道，非 0 时为兼通道
recd _ SheJiLiuLiang	设计流量，单位 m^3/s
recd _ TianTuGao	填土高，单位 m
recd _ LeftDongKouType	左洞口形式
recd _ RightDongKouType	右洞口形式
recd _ HdZongPo	涵洞纵坡，单位为％。如 5 代表 5％
recd _ HdKongShu	涵洞孔数
recd _ ToalKuangJing	总跨径
recd _ DanKongKuaJing	单孔跨径
recd _ HdAngle	涵洞斜交角度，单位度
recd _ HdXieChang	涵洞斜长，单位 cm

警告：匹配条件设置错误会导致材料方案调入后更新失败。

编辑部件：单击表格中的任意一个部件后，即可在下方的 3 个文本框中修改该部件的相关属性。修改完毕后单击“更新”按钮则修改立即生效。

新增:在 3 个文本框中输入部件信息后单击“新增”按钮可以新增一个部件。

删除:单击“删除”按钮可以删除一个已经存在的部件。

查找:定位到给定的关键字上,可以快速查找部件。

当工程量编辑对话框和材料定制框同时打开时,两个窗口中的当前部件会自动同步定位,即:当单击一个窗口中的某个部件时,另一个窗口会自动定位到同一个部件。

注意:使用者修改涵洞的建筑材料时,应该注意不同的规范有不同的建筑材料要求,需要参考每个规范对应的设计要点和施工要点,与各个规范相对应的设计要点与施工要点及主要材料设置均保存在与规范相同的目录下,文件后缀名为“doc”,可用 Word 打开。当指定规范文件时,如果同时指定了材料方案,则会调入相应的材料方案至当前涵洞(不是整个项目),要更改整个项目中所有涵洞的材料设置,参见上述“调入材料方案”一节。

在设计完一个项目中的所有涵洞后,需要批量修改或设置部分或所有涵洞的材料设置,可以按以下步骤操作。

(1)修改您需要改变的材料设置部位。

(2)保存修改后的材料方案。

(3)在导航图上,把需要改材料设置的涵洞选择打勾。

(4)调入刚才保存的材料方案,更新所有选择的涵洞的材料方案。

(5)在更新涵洞的材料方案设置过程中,可以“高级自定义匹配条件”,它可以由使用者设置更新条件,这些高级更新条件是由一些属性变量组合成的各种逻辑表达式。具体参见 PCV 联机帮助。

3.输入横断面地面线与设计线

使用者可由文本文件导入在图 9-14 的对话框中输入横断面地面线数据。

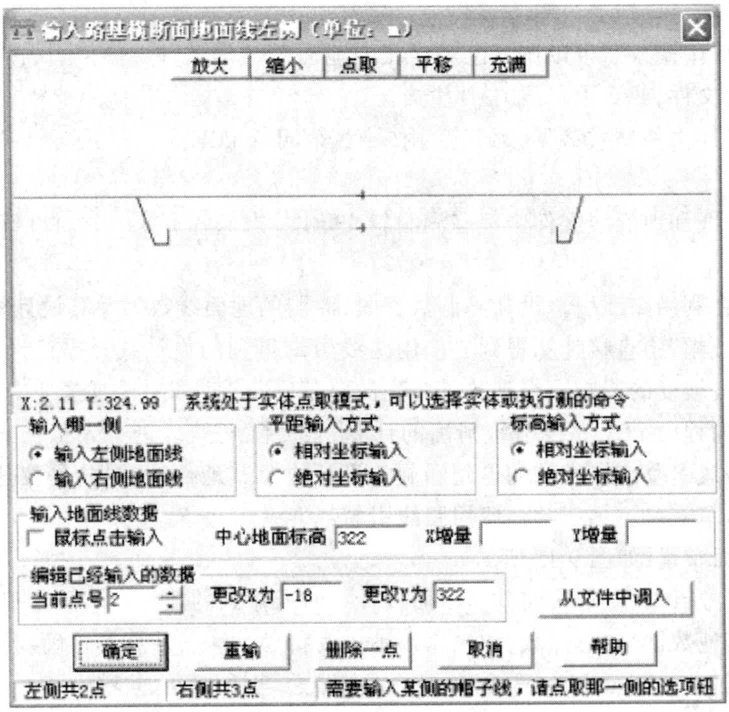

图 9-14 输入横断面地面线

PCV 中,地面线和横断面帽子线输入的每一点都对应一个点号。编号规则为:中心为第 1 点,其中心点 X 坐标为 0,Y 坐标(高程)为中心高程(地面高程或设计高程)。点号往两侧依次递增。

输入地面线数据时可以对 X 和 Y 分别选择按“相对坐标输入”或“绝对坐标输入”。

采用相对坐标输入时,X 指当前点距离前一点的水平距离,当前点在前一点左侧时,相对平距为负数,在右侧为正;Y 指当前点距离前一点的高差,当前点比前一点高程低时,相对平距为负数,反之为正。

采用绝对坐标输入时,X 输入当前点距离中心点的距离,Y 输入当前点的高程。左侧 X 坐标为负。

输入步骤如下。

(1)在“中心地面高程”输入框中输入地面中心高程。

(2)首先在“输入哪一侧”面板中点取需要输入(或修改)左侧或右侧。

(3)在 X 坐标输入框中输入平距(X 增量),左侧输入负值,右侧输入正值,X 坐标输入完毕后回车或按 Tab 键,插字符将跳至 Y 增量输入框,在 Y 坐标输入框中输入 Y 增量后(比前一点高输入正值,比前一点低输入负值),按回车键,至此完成一点的输入。此时插字符又自动跳回 X 坐标输入框,等待输入下一点。

输入横断面设计线时与此类似。只是在有中央分隔带时,还应在设计线输入对话框中输入中央分隔带的高度和宽度。

上方的模拟显示窗口中显示了输入数据的效果,单击窗口中的放大、缩小、平移和充满按钮可以对视图进行平移和放缩。单击“充满”按钮将显示出所有已输入的地面线和设计线。在地面高程和设计高程相差很大时(比如输入中桩地面高程为 301.12m,而中桩设计高程还未来得及输入时,设计高程缺省值为 0),“充满”功能可能导致显示的图形很小而造成没有中桩显示的假象。

单击“从文件中调入”,可以调入已经存在的地面线数据文件。使用者可以手工建立地面线文件和设计线文件,或者由路线 CAD 生成。

手工建立上述文件格式参见《第五篇 附录》、《第四章 PCV 文本格式》、《1.静态文本文件交换方案》。

横断面帽子线和地面线文件中都有涵洞斜交角度,当二者不统一时,将以设计线的角度为准。

重要提示:在利用路线引擎设计涵洞数据时,涵洞的地面线数据及其设计线数据直接从路线引擎“横断面戴帽”中直接计算得到。使用路线引擎得到的设计线数据已经考虑了超高、加宽、涵洞斜交纵坡坡度的影响。得到的是精确的路基(面)设计线的数据。此外,在明涵的设计中,明涵的四角高程由 PCV 路线引擎精确的计算,很大限度的改进了人工输入明涵四角高程的不确切性。路线引擎能够批量的得到涵洞的设计线及其地面线数据,是快速设计的必备工具。关于路线引擎,参见《第三章 **使用路线引擎**》。

(4)涵洞纵面布置,如图 9-15 所示。

左(右)边有效点数:即输入路基横断面设计线时所输入的左(右)侧路基及边坡线(不包含输入的边沟等其他数据)的总点数,如果输入不正确将导致涵长计算不正确。路基中心点的点号为 1,以后每输入一点,点号递增(往左侧与右侧点号均递增,左右侧的第 1 点都是中心点),点号的多少取决于输入的横断面数据的多少。如图中左侧路基边沿点为 6,也就是说,输入横

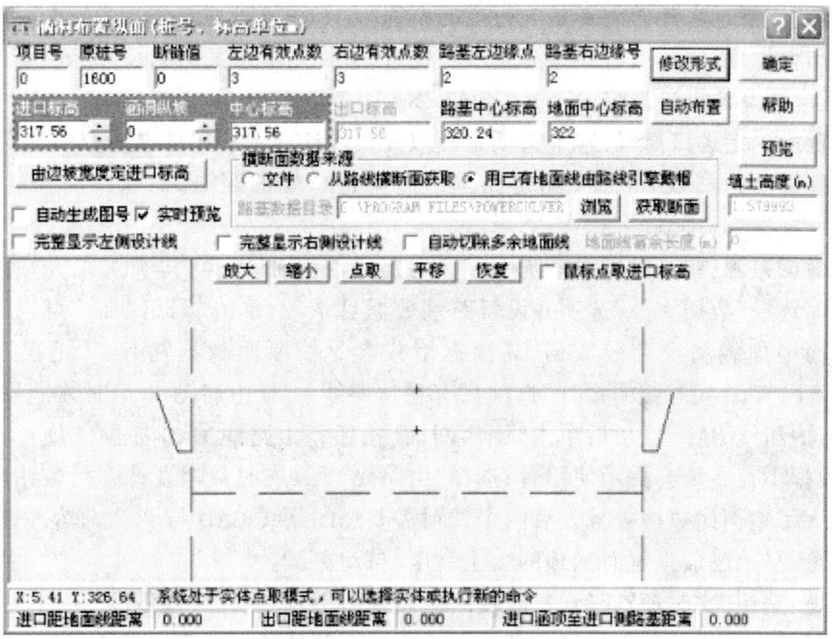

图 9-15　涵洞纵面布置

断面数据时所输入的第 6 点是左侧路基边线，而边坡与地面线相交处为第 7 点。注意，点号随断面输入情况变化，绝不是一个定数。上图数据来源于路线 CAD，看起来路基有效点号好像是 3，实际上却是 7，因为它的 2、3、4、5 点实际上在同一个位置，第 6 点为路基边沿点。通过手工输入断面数据时，这些参数应该是实际输入的点数。

项目号：这里的项目号主要用于从文件中调入横断面数据时（见下文“路线 CAD 数据来源”主题）确定调用的文件名。地面线和设计线的命名准则分别为“dmx－项目号.txt”和“mzx－项目号.txt”如项目编号为 1，则地面线文件名为“dmx－1.txt”，设计线（帽子线）的文件名为“sjx－1.txt”。

原桩号：指定本涵洞的中心桩号。原桩号与**断链值**相加得到连续桩号，PCV 的涵洞桩号采用连续桩号。项目号与连续桩号将共同组合成涵洞的缺省存盘文件名，从文件中或从路线 CAD 动态调用断面都需要用到连续桩号。

路基左（右）**边缘点**：即路基左（右）侧最边沿点（通常为土路肩或人行道边沿）的点号，其将影响路基宽度的标注，编号方法同上。

进口高程：PCV 的纵面布置以进口高程为控制高程，调整进口高程至合适位置，即可直观地完成涵洞纵面布置。输入框右边的加减按钮每次以 10cm 为单位调整高程；点击“鼠标点取进口高程”按钮后，可以用鼠标在下面的模拟显示窗口中点取进口高程的位置，要结束点取高程，需要再次点取“鼠标点取进口高程”按钮。

涵底纵坡：涵底纵坡输入框中可以输入以％为单位的纵坡值。如图中的输入值代表 1％的涵底纵坡。涵底纵坡有正负之分。上图所示为进口在左侧的情形，纵坡为正，反之，当进口在右侧时，纵坡为负。

路基中心高程和地面中心高程：这两个参数是在横断面数据输入对话框中所输入的数据，可以在这里修改它们，以整体上下平移地面线或设计线。

中心高程和出口高程：指涵底中心高程（中桩所对应的位置）和涵底出口高程，在兼通道时,这两个参数值指过水断面而不是人行道的高程。

当进口高程设置过高时,将导致涵长不正确,PCV 将提示您某侧涵长已经小于该侧路基宽度了,这时就应该降低进口高程。

由边坡宽度确定进口高程:这个选项是模拟人工设计涵洞确定进口高程的过程,即在给定净空高度和其他结构参数后,如果给定路基边沿至进口端的距离,则涵底高程就已经确定,PCV 会自动反算这个高程。

横断面数据来源:在这里设置系统中存在的路线数据源。它可以大大提高输入路基原始数据的效率。选择"数据文件"选项并设置路基数据目录后,单击"调用断面"可以调入预先编辑好的横断面地面线和设计线数据,其数据格式参见横断面数据输入。"正在运行的路线CAD"和"由路线 CAD 实时戴帽设计"选项只有在从路线 CAD 中启动 PCV 时才能发挥作用,选择"正在运行的路线 CAD"选项后单击"调用断面"按钮将由路线 CAD 提供已经存在的横断面数据,如果数据不存在则会提示使用者;选择"由路线 CAD 实时戴帽设计"时,使用者应该保证已经正确输入了地面线数据桩号。后两个选项需要您的路线 CAD 与 PCV 兼容才能使用。

填土高度:显示当前设置时涵顶的填土高度,自动更新。

实时预览:选中"实时预览"后,每改变一个路基参数、涵底纵坡或涵洞进口高程时,都会在下部的模拟显示窗口中看到新的涵长预览图。左右两侧的紫红色竖线指示了左右两侧涵长的位置(不包括洞口),底部的深棕色线条为涵底线,当为阶梯涵时,该线条为进出口过水断面的连线。当实时预览选项关闭时,修改参数不能立即看到效果,如果需要立即查看效果可以单击右边的"预览"按钮。

修改形式:当发现预览图不正确或需要调整涵洞跨径和净空等参数时,可以单击"修改形式"按钮进入涵洞选形对话框。

完整显示设计线:可以设置布置图的立面图中是否绘制超过洞口与洞身结合部以外的路基边坡线。如果不需要绘制诸如边沟,则可以不设置显示完整的设计线。

地面线剪裁:设定"自动切除多余地面线"选项并输入地面线保留长度(洞口外的地面线)后,系统会将多余的地面线自动切除以减少图形编辑量。

预览窗口:下方的窗口为涵洞立面布置的简易预览图,单击其中的放大、缩小、平移等按钮可以对视图进行调整。在参数有误时,窗口中的左上角会变成一个按钮,单击这个红色按钮可以进一步查看更详细的错误消息。

用鼠标单击涵底线,拖动它的 3 个红色控点之一,可以方便地调整涵洞的进口高程和涵底纵坡(为阶梯涵时不宜拖动纵坡,否则无法得到预想的效果)。

(5)涵洞选型

使用者在左面的对话框中完成涵洞基本形式的选择,如图 9-16 所示。

涵洞类型:在这个列表框中选择涵洞形式。

左洞口形式:在这个列表框中选择左洞口形式。

右洞口形式:在这个列表框中选择右洞口形式。

洞口形式选择准则:洞口形式选择跌水井或护坡边沟时需要在"结合部设置"中选择一字墙;跌水洞口主要在洞口有挡墙时使用;竖井洞口主要用于倒虹吸;管道洞口用于涵洞作为跨线管道保护涵时衔接两端的管道,可以选择不计其工程数量。要在某侧路基上设置挡墙时,在**"接合部设置"**中选择相应一侧有挡墙,否则得不到设置挡墙的效果。设置挡墙后还可以设置挡墙是否作为涵长计算的控制依据,该选项设置为真后,涵身的端部会沿着挡墙墙面倾斜(如

图 9-16 涵洞类型设置

果挡墙有面坡的话),否则涵身的端部会与没有挡墙时相同,即呈直立状态。要在洞口外侧如八字墙外示出护脚,就可以将“挡墙控制涵长”设置取消。设置挡墙后,还需要在单击洞身接合部参数菜单中的输入“挡墙参数”对话框中输入挡墙数据。

斜交角度:PCV 涵洞斜交角度的规定如下,图 9-17 所示。

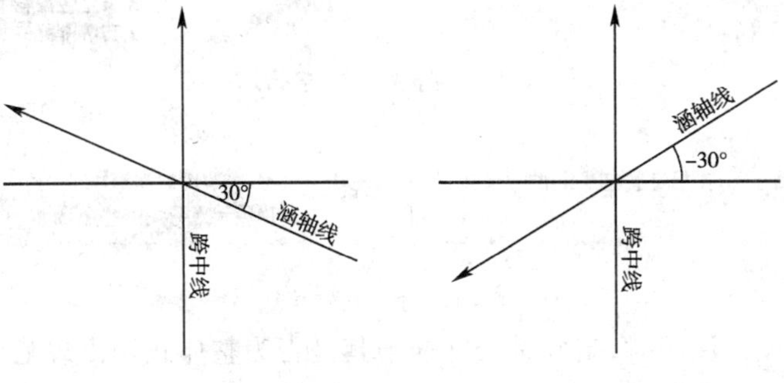

图 9-17

涵洞孔数:设计多孔涵洞时,在这里输入涵洞的孔数。对于盖板和拱涵,多孔涵洞需要输入中墩参数。

设帽石:可以通过“左侧设帽石”和“右侧设帽石”选项决定某侧洞身端部是否设置帽石,帽石宽度采用计算宽度时,PCV 将根据帽石悬出量和帽石宽度以及路基边坡自动算出一个帽石宽度,如果边坡很陡,可以不采用计算宽度而直接输入帽石宽度。

设计荷载与验算荷载:这里选择结构计算或结构验算(加强版提供)中的荷载等级。

当某侧挡墙的外边坡需要参与涵长计算时,需要将“挡墙控制涵长”选项选中。

涵洞兼通道:从节约造价的角度出发,使用者可以将过人的通道和过水的涵洞结合起来,通过涵洞断面形式的调整满足过水和过人双重需求,这种涵洞就是兼通道的涵洞。兼通道的涵洞会在一侧设计人行道,而另一侧用于过水。在 PCV 中,盖板涵和拱涵可以设计为兼通道的涵洞,其断面形式如图 9-18 所示。

单纯的通道:该选项说明本涵洞是单纯的通道。我们通常需要建立一个专门的通道项目来设计单纯的通道,以便于通道数量的分离统计。单纯的通道一般用于交通涵。

如果为旧涵接长,需要输入接长参数,注意旧涵长的单位为“cm”。“旧涵左洞头与路中心距离”参数可以设定旧涵的起点。

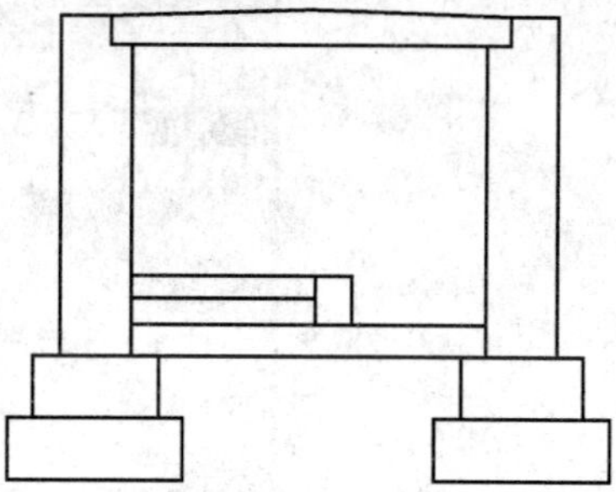

图 9-18　洞身断面

(6)拱涵洞身数据

在“套用规范必备数据”面板中输入“单孔净跨径”、“洞身净高”、“基底(容许)应力(MPa)”后,单击“套用规范”按钮,PCV 即可根据指定的规范文件设定好相关参数,如图 9-19 所示。

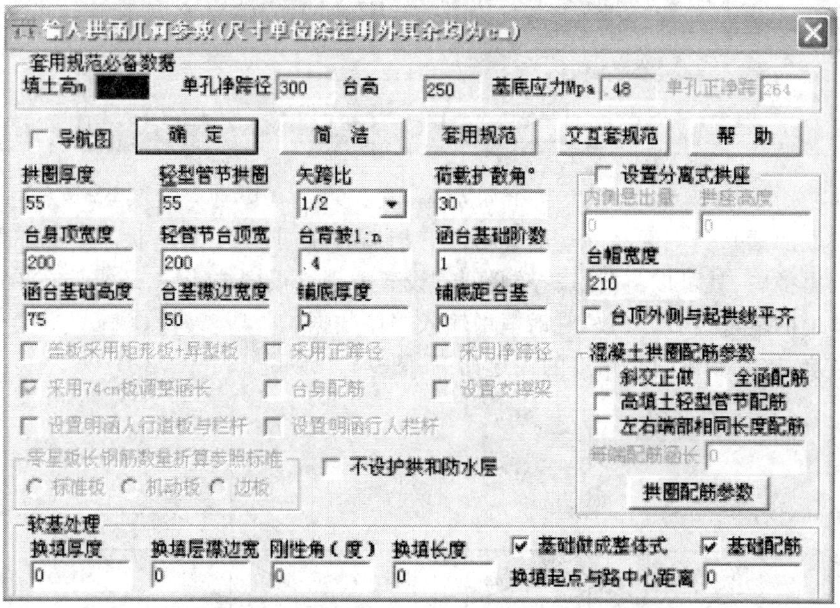

图 9-19　拱涵几何参数

通过规范文件设计涵洞时,基础是否配筋与其是否为整体式均由规范中的数据决定,使用者不应该随意修改。如果从规范中套出来的基础为整体式,说明在给定的基底应力条件下分离式基础不足以满足地基承载力要求,而使用者又希望采用分离式基础时,可以加大基底容许应力后重新套用规范,如果规范中有适用于更大的基底应力的分离式基础记录即可达到目的,如果没有对应的记录,则可以采用结构计算(加强版提供)设计出所需尺寸。

使用者在拱圈厚度、涵台顶宽度输入框中输入高填土拱涵的基本管节的拱圈厚度和涵台顶部宽度,在轻型管节拱圈、轻管节台顶宽输入框中输入轻型管节的拱圈厚度和涵台顶部宽度,如果轻型管节和基本管节的尺寸相同则不绘制高填土拱涵特有的管节分界线。

当基础分为多阶时(图示为 2 阶),“台基襟边宽度”输入单侧多阶襟边宽度的总和,“涵台基础高度”输入多阶基础高度的总和。

“材料方案”参数暂未使用。

调整“铺底距台基”参数将影响铺底和涵台基础的相对位置，也会影响涵台的高度，所以调整了这个参数后应该重新套用规范以保证结构数据的安全。

拱圈配筋：要设计钢筋混凝土拱圈时，需要在“混凝土拱圈配筋参数”面板中选择配筋方式。对于斜交斜做的拱圈，有斜端部配筋。

全涵配筋：整个拱圈配筋。

高填土轻型管节配筋：只对高填土拱涵（端部与中部的拱圈或涵台尺寸不一致）的轻型管节拱圈配筋。

左右端部相同长度配筋：只对端部的一段进行配筋。端部配筋时，其配筋涵长往往设置为最后一段的分段长度（即沉降缝设置间距），在斜交斜做时，建议端部配筋长度至少不能少于2倍端部斜长。

单击**“拱圈配筋参数”**按钮可以设置拱圈配筋参数。

设置支撑梁：在基础不为**整体式基础**的情况下，拱涵可以设置支撑梁。

注意：由于规范中没有包含矢跨比信息，所以需要使用者自己确认所套用的规范是否适用于当前矢跨比设置。PCV 自带的规范文件只适用于 1/2 矢跨比。

当基本管节参数和轻型管节参数不同时，PCV 会按照荷载扩散角绘制管节分节位置。其余参数参见导航图，不再赘述。

技巧：套用规范必备数据中的“涵顶填土”是 PCV 在纵面布置过程中计算出来的，它是套用规范的一个重要原始数据——对于不同填土高度，套用规范的结果是不相同的；使用者可以根据需要在套用规范前修改这个“填土高度”，套用规范时将利用这个修改后的填土高，该功能在某些特殊情况下相当有用。

（7）盖板涵洞身数据（图 9-20）

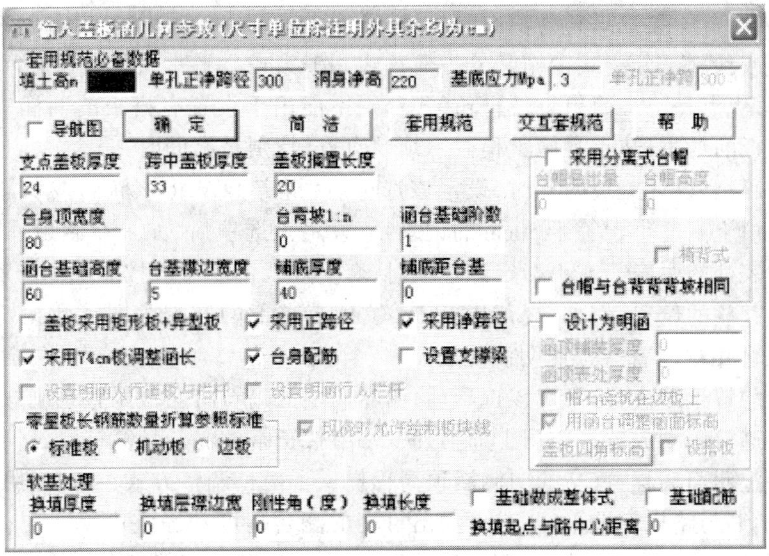

图 9-20 盖板涵几何参数

输入“套用规范必备数据”后，单击“套用规范”PCV 即可根据指定的规范文件设定好相关参数。

在“套用规范必备数据”面板中输入“单孔净跨径”、“洞身净高”、“基底（容许）应力（MPa）”后，单击“套用规范”按钮，PCV 即可根据制定的规范文件设定好相关参数。

PCV 设计盖板涵可以采用变截面盖板,如支点板厚和跨中板厚可以不同。

采用正净跨径和采用斜标准跨径:当采用正净跨径时,在“单孔设计跨径”中所输入的参数将被作为涵洞的正净跨径处理并计算出相应的板长和斜净跨径;当采用斜标准跨径时,在“单孔设计跨径”中所输入的参数将被作为斜板长处理并计算出相应的斜净跨径和正净跨径。这个选项可以尽量照顾各地区的设计习惯并有利于充分利用既有通用图。

盖板采用矩形板+异型板:在设计盖板构造图时,对于斜交盖板涵,PCV 提供 2 种盖板构造供使用者选择。

(1)全部盖板采用斜盖板,如图 9-21 所示。

(2)中部盖板采用矩形板,两端采用异形板,如图 9-22 所示。

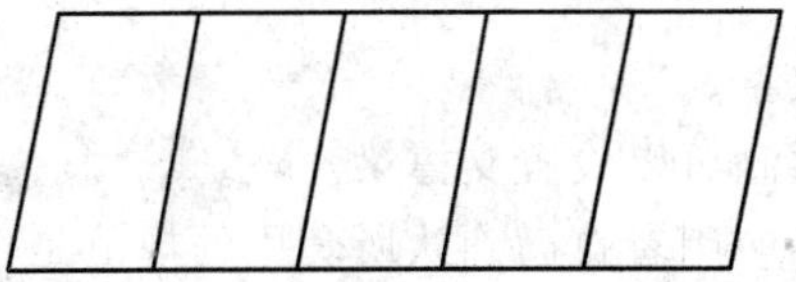

图 9-21

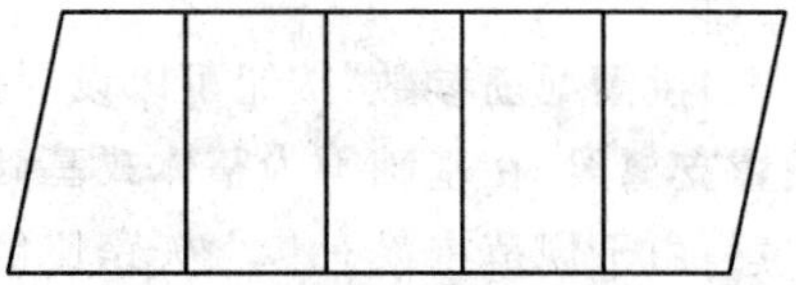

图 9-22

采用 74cm 板调整涵长:为了方便预制,我们通常将盖板设计为种类尽量少的标准件,在建筑安装时根据涵长组合选择盖板。PCV 将标准盖板宽度设计为 99cm 宽,另外可提供 74cm 的板作为调节用的机动板。不采用 74cm 板做调节时,计算涵长与采用涵长之间理论上的差值可达 50cm(超过 50cm 则会多加 1 块 99cm 板;在 PCV 中,当不采用 74cm 时,计算涵长与采用涵长差值超过 10cm 时就会自动增加 1 块板),采用 74cm 板后,这个差值即可减小到 12.5cm 以下。74cm 板可以用于明涵或者暗涵的调整。

采用分离式台帽:当涵台的建筑材料为(钢筋)混凝土时,台帽可以省略不做,这时就无需设置该选项;当涵台的建筑材料为块石时,可以考虑设定该选项后设计分离式台帽。台帽通常用混凝土现浇或预制。分离式台帽又分为椅背式和平头式。平头式台帽和椅背式台帽均可用于明涵和暗涵,优点是施工简单方便;椅背式台帽不能用于设置有搭板的明涵,优点是它可以增强涵台对盖板的约束,缺点是施工稍微麻烦一点点(特别是配筋时)。

设计为明涵:要设计盖板明涵时,设定该选项后,指定 PCV 将该涵洞按明涵配筋(套用规范时通常取用填土高度小于等于 50cm 的记录)。设定该选项后,如果有涵顶铺装和表处还需要输入铺装和表处的厚度。在不指定该选项时,套用规范仍然可能按照明涵配筋(取决于规范中的明涵参数存放的位置,例如:规范中 0.5m 填土节点下的数据为明涵数据,则当填土高度小于 0.5m 时,套用规范就会按照明涵配筋)。

涵顶两端均置于路肩上:设定该选项后,明涵两端的帽石将会被调整至刚好在路肩上的位置,反之,只有进口一端放置在路肩上而另外一端会按正常的涵长计算结果延伸至边坡。

用涵台调整涵面高程:PCV 的明涵涵顶高程提供了两种调整方式,一种是用涵台调整涵面高程,即盖板始终与路拱横坡平行,进口和出口端的涵台高度和净空高度不同;另一种是用铺装层调整涵面高程,而盖板始终与涵底流水面平行,进口和出口端的涵台高度和净空高度相同,使用者可根据设计习惯选用。

设搭板:设置该选项后将在涵台两侧设置搭板。搭板参数详见搭板参数录入。

盖板四角高程:由于路线纵坡和横坡的影响,盖板明涵涵顶的四角(进出口端部靠近路线前进方向和后退方向)高程可能各不相同,这会对涵台及洞口的尺寸有一些影响,使用者通过这一对话框使 PCV 考虑这一问题。具体输入方法详见盖板四角高程输入。

设置支撑梁选项：在涵底不做铺砌或者铺砌强度较小时，涵底需要设置支撑梁，设置该选项可以输入支撑梁参数，支撑梁参数未经规范管理，故套用规范后并不影响这一设置，使用者可以自行决定是否设定这一选项。支撑梁配筋构造参数详见支撑梁配筋构造参数录入。

采用正跨径:指定“设计跨径”输入框中跨径的度量方向。

采用净跨径:指定“设计跨径”输入框中跨径是净跨径还是标准跨径。

套用规范时,会自动将以上两个选项设置为规范中的设置。这两个属性在配套的盖板和涵台规范文件中的设置应该是一致的,否则会导致矛盾。

设置明涵人行道板与栏杆:此选项用于跨径大于 4m 的明涵,在盖板上设置单独的人行道和栏杆,PCV 称之为人行道板与高栏杆。栏杆的工程量在绘制布置图进行统计,套用规范时不进行栏杆工程数量的计算。使用者应在绘制布置图之前绘制高栏杆的构造图。

设置明涵行人栏杆:此选项可用于跨径大于 3m 的明涵,在帽石上设置栏杆,PCV 称之为低栏杆。栏杆的工程量在绘制布置图进行统计,套用规范时不进行栏杆工程数量的计算。使用者应在绘制布置图之前绘制低栏杆的构造图。

软基处理参数:具体参数请参考导航图。

换填起点与路中心距离:该参数可以输入换填的起点位置,从而指定换填区域。输入负值时,换填起点在路基中心左侧,反之在右侧。

在通过规范和通用图设计涵洞时,以上很多选项是与规范中的数据紧密结合的,套用规范后,某些选项不应该随意更改,确实要更改这些选项时需要注意以下几点:“盖板采用矩形板 + 异形板”——使用者如果强制更改该选项后会因为规范中提供的单位工程量与所选计算模式不一致而导致工程量错误;“基础是否配筋”和是否为“整体式”——如果从规范中套出来的基础为整体式,说明在给定的基底应力条件下分离式基础不足以满足地基承载力要求,而使用者又希望采用分离式基础时,可以加大基底容许应力后重新套用规范,如果规范中有适用于更大的基底应力的分离式基础记录即可以达到目的,如果没有对应的记录,则可以采用结构计算(加强版提供)设计出所需尺寸。其他选项——套用规范后为真的选项,可以取消;套用规范后为假的选项,如果需要修改为真,则可在“设计图”菜单中设置相关部件的结构尺寸并在生成布置图前生成其构造图(某些和涵长相关的部件还需要在生成布置图后重新生成,其构造图中的数量表才会正确)。

以上两个选项在以个性化方式设计涵洞时,使用者可自由设置,但在采用通用图和规范文件设计涵洞时,选项是不应该随意更改的;“采用 74cm 板调整涵长”在套用规范后为真时,使用者可以设置为假,但当套用规范后为假时使用者不应该更改。

当基础分为多阶时,“台基襟边宽度”输入单侧多阶襟边宽度的总和,“涵台基础高度”输入多阶基础高度的总和。

涵台的基础在设置整体式基础时,与整体式基础连成一块。

技巧:套用规范必备数据中的“涵顶填土”是 PCV 在纵面布置过程中计算出来的,它是套用规范的一个重要原始数据——对于不同填土高度,套用规范的结果是不相同的;使用者可以根据需要在套用规范前修改这个“填土高度”,套用规范时将利用这个修改后的填土高,该功能在某些特殊情况下会相当有用。

输入盖板四角高程:在盖板涵几何参数对话框中的明涵参数面板中单击“盖板四角高程”按钮进入图 9-23 所示的对话框。

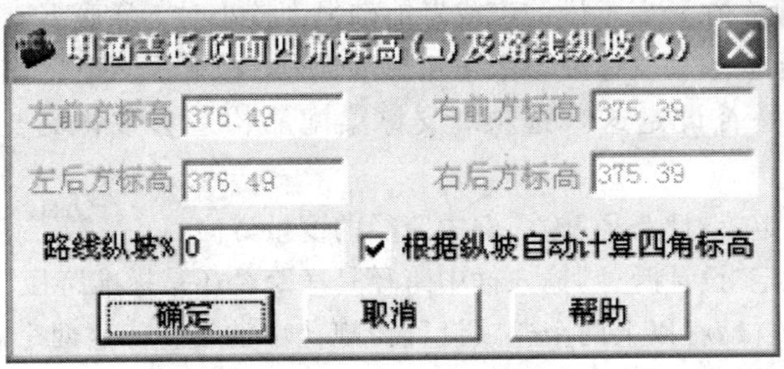

图 9-23　输入盖板四角高程

由于路线纵坡和横坡的影响，盖板明涵涵顶的四角(进出口端部靠近路线前进方向和后退方向)高程可能各不相同，这会对涵台及洞口的尺寸有一些影响，使用者通过这一对话框使 PCV 考虑这一问题。

在四个输入框中分别输入四角盖板边沿的高程。

在**路线纵坡**输入框中输入路线纵坡，单位为 %，如 1% 的纵坡只需要输入 1。

检取复选框"根据纵坡自动计算四角高程"后，PCV 将自动根据涵洞中桩位置的中心及路基边沿高程和路线纵坡设置明涵的四角高程。

输入兼通道的涵洞铺底参数：在涵洞选型对话框中设置"涵洞兼通道"选项后，出现通道断面对话框如图 9-24 所示。

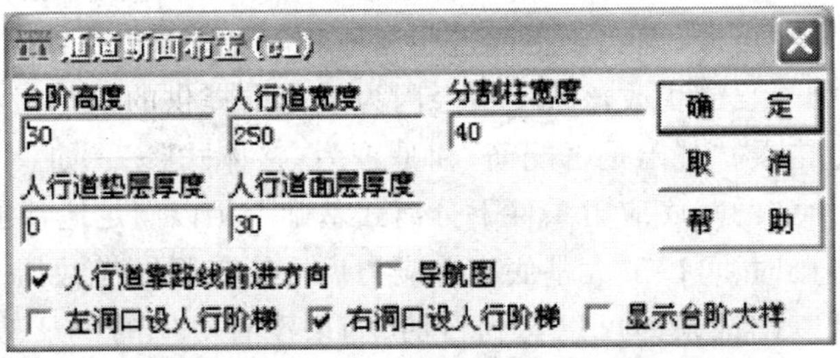

图 9-24　通道断面布置

人行道靠路线前进方向：决定人行道在洞身断面的哪一侧。

人行道垫层/面层厚度：人行道路面可以分层计量。对于行车通道，可能常有垫层和面层建筑材料不相同的情况，可通过这两个参数控制。

左洞口设人行阶梯：指定在左侧洞口外侧设计人行阶梯。对于边沟跌井，应该设置顺路线方向的阶梯，阶梯在洞口内；对于其他洞口，如八字墙，护坡边沟等，阶梯在洞口外侧且可以设置阶梯的旋转角度。阶梯的具体参数参见阶梯洞口参数设置对话框。

右洞口设人行阶梯：与左侧类似。

显示台阶大样：绘制出人行阶梯的梯步大样。

当在涵洞选型对话框中设置"单纯的通道"选项后，人行道宽度将自动为跨径的全宽范围。

异形板角隅钢筋网：在异形盖板的参数输入面板中单击"钢筋网参数"按钮调入图 9-25 对话框，设置的参数用于绘制板顶补强钢筋网。

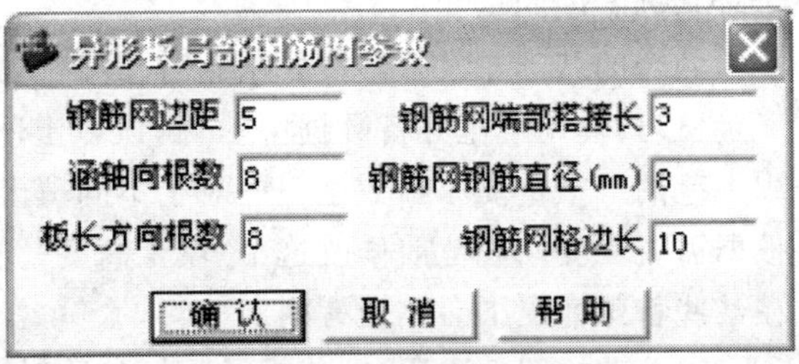

图 9-25　异形板角隅钢筋网

涵轴向根数:钢筋网沿涵轴向铺设的根数。

板长方向根数:钢筋网沿板长方向铺设的根数。

钢筋网格边长:斜交时指斜长。

(8)管涵洞身数据

在涵洞选形对话框中选择涵洞形式为圆管涵或倒虹吸之后会自动弹出图 9-26 对话框,单击"设计图 \ 管节洞身断面"菜单后也会进入该界面。

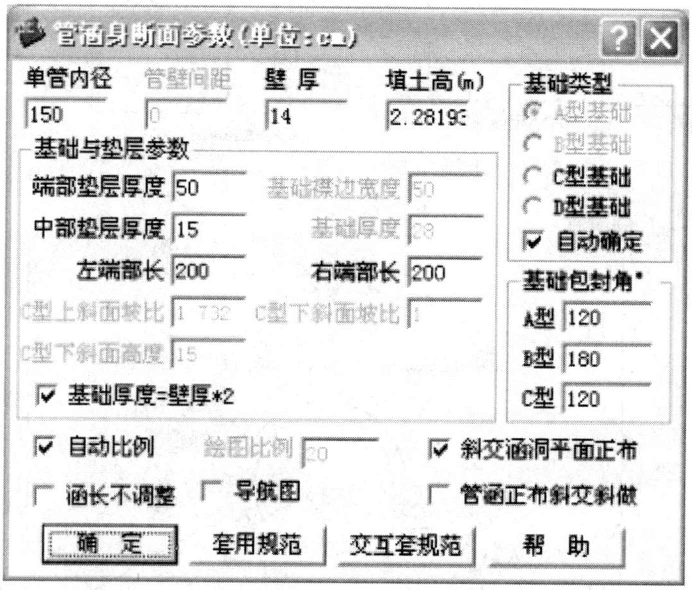

图 9-26 管涵洞身参数

此处可设置圆管涵的管壁厚度和基础、垫层尺寸。

输入单管内径、管壁间距(多孔时可用)、填土高(为自动计算出来的值,可有目的的修改)后,单击"套规范"可以根据指定的管涵规范查询出管壁厚度和配筋数据(配筋数据不可见)。基础和垫层参数由使用者根据地基情况自行设定。

基础与垫层参数:PCV 可以分别设置管涵两端的垫层厚度和长度以适应各地不同的气候和地质条件。

端部垫层厚度:设定端部垫层的厚度。

中部垫层厚度:设定中部垫层的厚度。

左端部长度:设定左侧采用"端部垫层厚度"的长度。

右端部长度:设定右侧采用"端部垫层厚度"的长度。

基础类型:图 9-27 所示,A 型和 B 型的效果实际上取决于使用者的设定,如将二者的"基础包封角"设置为相同时则二者完全一样。增加这个参数主要是为了方便调整涵底高程后自动选择基础的包封角度。设定"自动确定"选项时,填土高度小于 0.75m 时会自动选用 B 型,否则选用 A 型;不设定"自动确定"选项时,使用者可以自由选择 A 型或 B 型。基础的 C 型及其 D 型,主要是在需要填土夯实的管涵修建上;其中,C 型基础的参数可以由使用者自由确定,但是 D 型基础的上面坡比及其下面坡比的值固定,分别为 1:2、1:1。参见 C 型基础、D 型基础、D(180°)型基础示意图。D 型基础,如果选择 180°控制参数,那么,基础包封角都为 180°绘制。D 型基础的参数输入采用 C 型基础的参数输入界面。

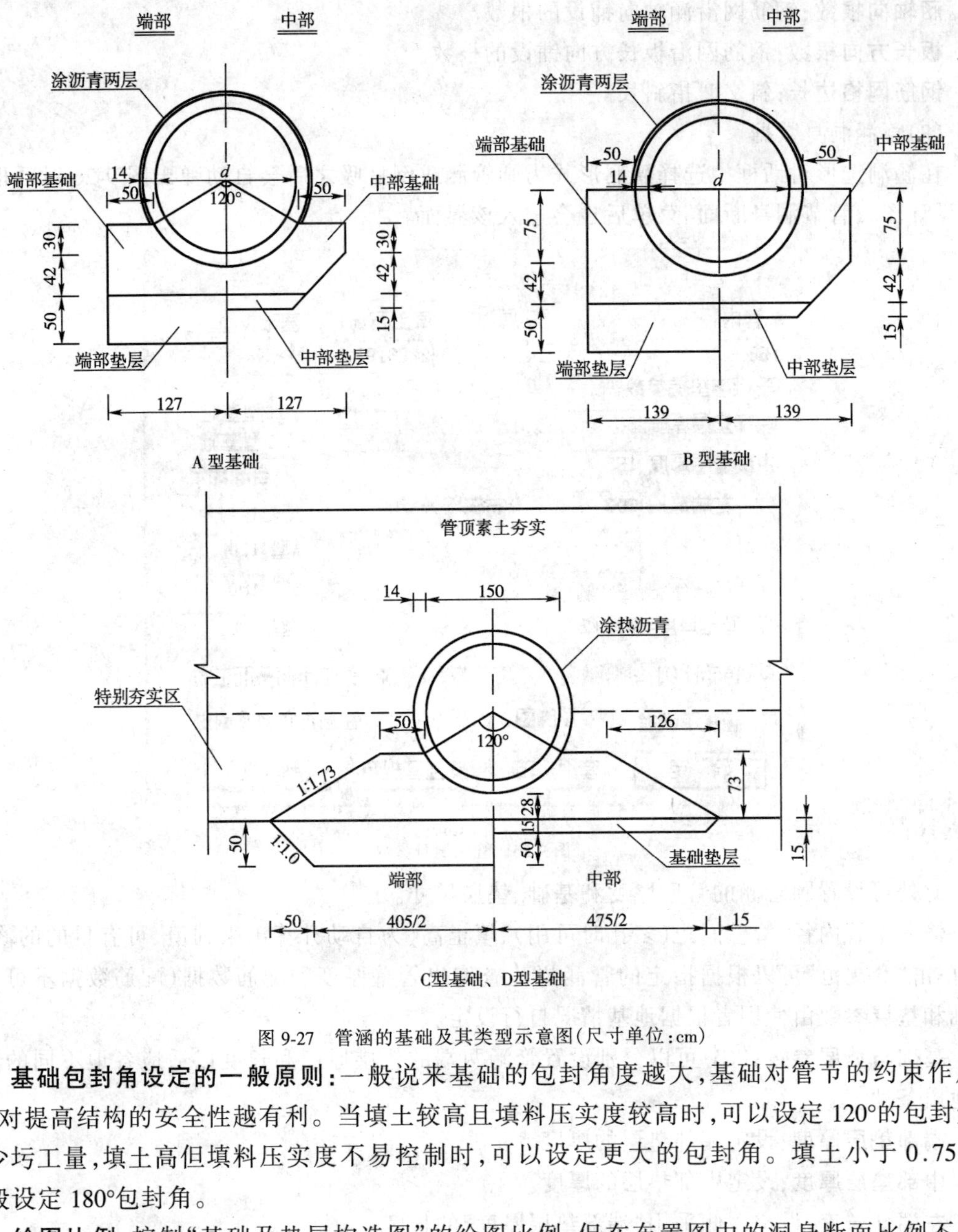

图 9-27 管涵的基础及其类型示意图(尺寸单位:cm)

基础包封角设定的一般原则:一般说来基础的包封角度越大,基础对管节的约束作用越强,对提高结构的安全性越有利。当填土较高且填料压实度较高时,可以设定 120°的包封角以减少圬工量,填土高但填料压实度不易控制时,可以设定更大的包封角。填土小于 0.75m 时一般设定 180°包封角。

绘图比例:控制"基础及垫层构造图"的绘图比例,但在布置图中的洞身断面比例不受影响,它会自动采用大样绘图比例,设定"自动比例"后,PCV 会自动确定"基础及垫层构造图"的绘图比例。

斜交涵洞平面正布:此参数主要用于涵洞在布置图上的布置方式。如果此参数选择,则可以控制涵洞是否正布斜做。

管涵正布斜交斜做:用于控制管涵在正布斜交时,是正做或斜做。在管涵的设计中,由于管涵的特殊性,建议使用者慎用斜管节。

其余参数参见导航图。

(9)箱涵洞身数据

输入净跨径和净空高度后,单击"套用规范"后 PCV 即可根据所指定的箱涵规范的内容自动将所有结构尺寸设置好,如图 9-28 所示。

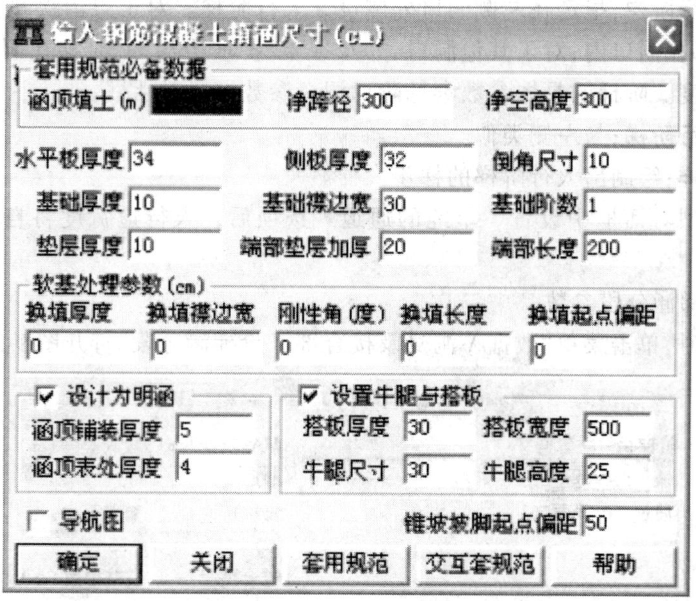

图 9-28　箱涵洞身数据

涵顶填土:显示纵面布置完成后的粗略填土高度,它也是套用规范必须的一个数据。使用者可以修改这个数据达到人为控制规范套用过程的目的。比如,希望按照 5m 填土高对一个涵洞进行尺寸设置,则可以将填土高度改为 5 后再套用规范。

当需要设置涵面铺装、表处或设置牛腿和搭板时,需要选择“设计为明涵”选项。如果设置搭板,还需要输入牛腿和搭板的尺寸。搭板宽度指搭板沿路线方向的长度,搭板长度则沿涵洞轴线方向度量,生成布置图时,PCV 会自动将搭板长度设置为等于路基宽度(或明涵长度)。

注意:套用规范后的结果尽管使用者可以修改,但由于这些尺寸都是与配套的通用图相对应的,手工修改这些尺寸后将导致设计图与通用图不符。如果需要修改尺寸,您应该同时修改规范和通用图或者为该涵洞提供特别设计的构造图(加强版提供)。

其余参数参照导航图和盖板涵尺寸输入对话框,在此不再赘述。

(10)通道断面

在涵洞选型对话框中设置“涵洞兼通道”选项后,会显示输入通道断面的对话框,如图 9-29 所示。

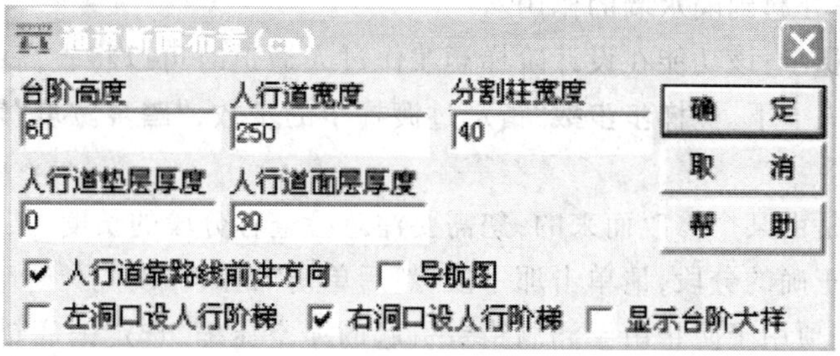

图 9-29　通道断面

人行道靠路线前进方向:决定人行道在洞身断面的哪一侧。

人行道垫层/面层厚度:人行道路面可以分层计量。对于行车通道,垫层和面层建筑材料可能不同,此时,可通过这两个参数进行控制。

左洞口设人行阶梯:指定在左侧洞口外侧设计人行阶梯。对于边沟跌井,应该设置顺路线方向的阶梯,阶梯在洞口内;对于其他洞口,如八字墙、护坡边沟等,阶梯在洞口外侧且可以设置阶梯的旋转角度。阶梯的具体参数参见阶梯洞口参数设置对话框。

右洞口设人行阶梯:与左侧类似。

显示台阶大样:绘制出人行阶梯的梯步大样。

当在涵洞选型对话框中设置“单纯的通道”选项后,人行道宽度将自动为跨径的全宽范围。

(11)设计阶梯涵分段参数

设置阶梯涵时,单击菜单“数据 \ 洞身及接合部 \ 阶梯涵分段”打开图9-30所示对话框。

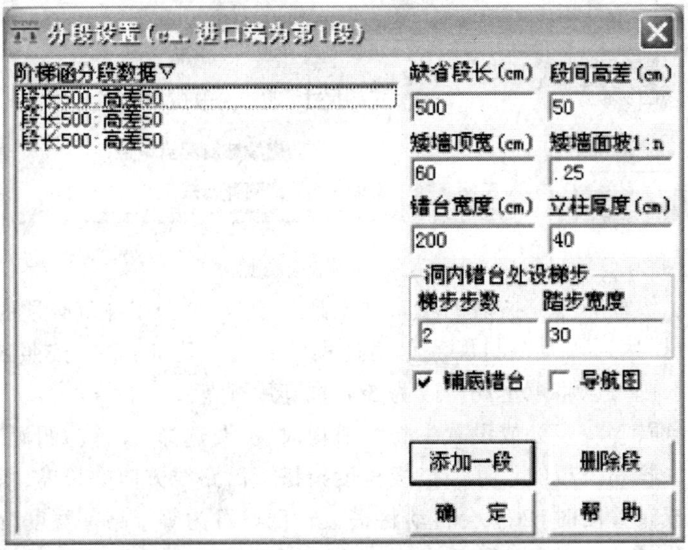

图9-30 阶梯涵分段设置

缺省段长:指每一段的长度。

段间高差:指段与段之间的落差高度,实际上是指定了涵顶矮墙的高度。

矮墙面坡:请注意坡度的输入需要转换坡度的分子为1,例如:假如矮墙面坡为4:1,相当于1:0.25,输入“矮墙面坡”时只需输入0.25,而不能输入“1:0.25”,如果墙面直立则输0。

错台宽度:在**“铺底错台”**选项激活时输入;**“立柱厚度”**参数在错台高度大于铺底厚度时需要输入,立柱在断缝处起到隔水墙的作用。

洞内错台处设梯步:该功能在设计阶梯涵兼作过人通道时可以将较高的错台高度分做若干过渡梯步以便行人上下。**“梯步步数”**指定过渡梯步的步数,**“踏步宽度”**输入梯步的踏步宽度(沿涵轴线度量)。

如果当前涵洞是由某个修改而来的,您需要注意检查各分段的长度,某些段的长度有可能不正确。要删除不正确的分段,请单击那一段,然后单击**“删除一段”**。

铺底错台:该选项用于防止由于涵洞错台引起的净空压缩,选定铺底错台选项后,需要输入错台宽度。

(12)输入一字墙或侧墙参数

当在涵洞选型对话框中设置某侧“设一字墙”选项后,需要单击“洞身接合部 \ 某侧一字墙”菜单调入图 9-31 所示对话框以输入一字墙数据。

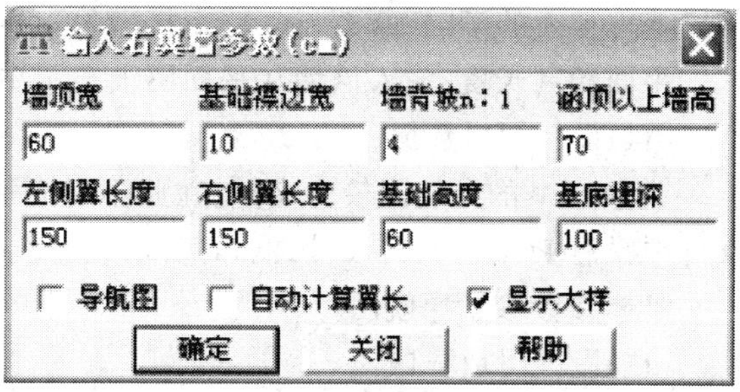

图 9-31　输入一字墙参数

墙背坡：该参数输入一字墙背坡值，墙背直立时输入 0。该值取值范围一般在 0 ~ 0.25 之间。

左（右）**侧翼长度：**输入一端（如路基左侧涵洞）一字墙左（右）侧翼长度。这里的**“左右”**以人面对涵洞洞口时的左右侧为准。以左洞口接合部的一字墙为例，左侧翼长就是指路线前进方向的一字墙翼长，右侧翼长则指路线后退方向的一字墙翼长，右洞口接合部则与左洞口接合部相反。所谓**翼长，**是指翼墙在涵台顶宽以外的墙身长度。

自动计算翼长：设置该选项后，PCV 自动计算两侧翼长。

(13)设置挡墙参数

当某侧洞口设置有挡墙时，您可以单击菜单“数据 \ 洞身及接合部 \ * 侧挡墙”进入挡墙参数设置对话框，如图 9-32 所示。

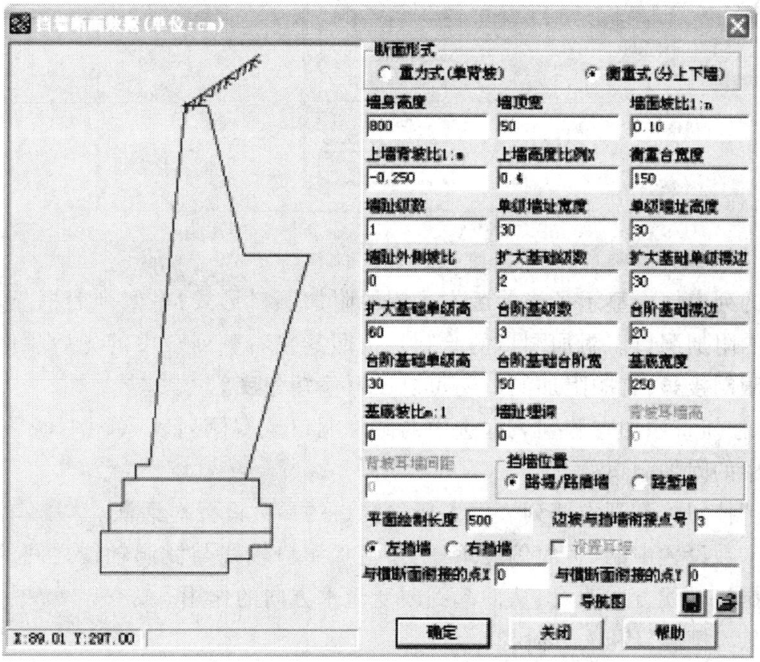

图 9-32　挡墙断面参数

该对话框以衡重式挡墙断面为基础，使用者可通过参数调整出各种形式的砌体挡墙，例如：需要设置重力式挡墙，只需要将上墙高度比例 X 和衡重台宽度设置为 0，然后调整其他参数即可。

打开预览模式可以及时看到参数修改后的效果，否则，如果导航图打开则显示挡墙参数导航图。

挡墙位置选项：指定挡墙按左挡墙绘制还是按右挡墙绘制。

横断面与挡墙衔接点号、衔接点 X、衔接点 Y：挡墙的内部坐标中的衔接点 X、衔接点 Y 将与路基边坡上的第“横断面与挡墙衔接点号”点重合从而实现挡墙与横断面的连接。

平面绘制长度:输入挡墙在平面图上显示出来的部分的长度。

(14)设置洞口数据

鉴于 PCV 的导航图较为完整,在此不再为每种洞口提供单独的说明。需要注意的是规范文件中没有 PCV 的洞口尺寸,洞口尺寸由使用者确定。

具体参数参见导航图。

(15)设置附加洞口

附加洞口是指可以**与标准洞口**(在涵洞选型对话框的洞口形式选择时可以看到的洞口形式)**相连接的洞口**。它给复杂洞口设计提供了灵活的组合方式。当前支持的附加洞口有出口急流槽、阶梯急流槽、排水沟 3 种。

要设置附加洞口,请单击菜单“数据 \ 洞口参数 \ 附加左(或右)洞口”,将显示附加洞口编辑框,如图 9-33 所示。

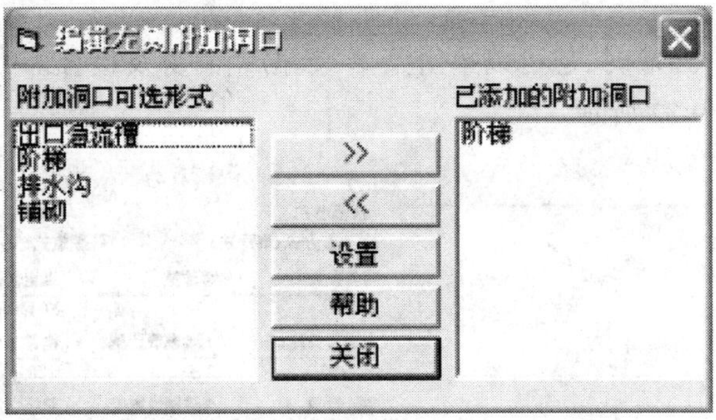

图 9-33　设置附加洞口

上图左侧的列表框中显示了当前版本可用的附加洞口形式;右侧列表框显示了当前已经添加的某一侧的附加洞口。附加洞口的绘制是按照其在右侧列表中的先后顺序绘制的,即附加洞口**可以无限制接长**,有的附加洞口还**可以设置偏转角度**。

单击“ >> ”按钮将添加左侧列表框选中的附加洞口至右侧列表,单击“ << ”按钮将删除右侧列表框中选中的附加洞口。

单击“设置”按钮将打开右侧列表框中所选洞口的参数设置对话框。

附加洞口参数设置中的“平面偏转角”是指附加洞口轴线与涵洞轴线之间的夹角,输入不同的数值将使洞口轴线方向改变,从而起到改变流水方向的作用。

(16)阶梯急流槽洞口和人行阶梯

图 9-34 所示对话框用于人行阶梯和阶梯式急流槽的设计。

在输入阶梯急流槽数据时,“阶梯顺路线方向”、“在洞内人行道同侧”、“立面边坡比”、“偏离洞头距离”等参数无效。

在输入人行梯步参数时立面边坡比在挡墙外接下行阶梯时才起作用,其决定阶梯的倾斜度。

偏离洞头距离:常用于边沟跌井接顺路线方向的阶梯,可用于在边沟跌井内侧预留路基排水边沟位置。

阶梯顺路线方向:人行阶梯的走向可以顺涵洞轴线,也可以顺路线方向。

在洞内人行道同侧:在涵洞兼通道且人行阶梯的走向为顺路线方向时,可以控制人行阶梯朝向路线前进方向还是后退方向，这个选项和人行通道参数中的“人行道靠路线前进方向”参数共同作用决定顺路线阶梯的开口方向。

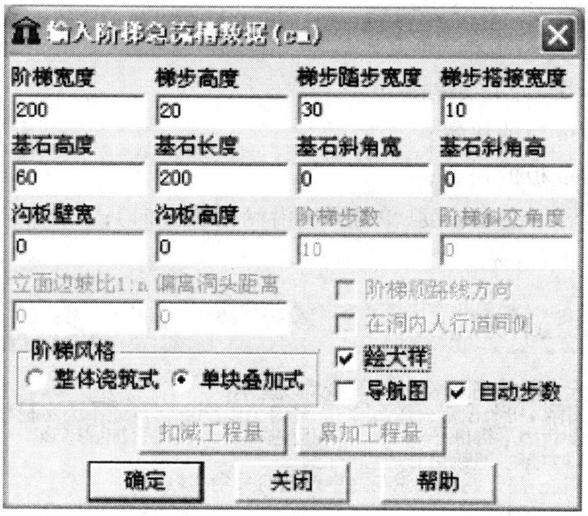

图 9-34　阶梯急流槽

(17)涵长调整、计算涵长与采用涵长

设计涵洞时，按照标准的几何计算模型计算出来的涵长，叫做计算涵长。根据具体情况对涵长进行调整后的涵长叫做采用涵长。对于拱涵、箱涵以及现浇方式施工的盖板涵和圆管涵，涵长往往无须调整，故其涵长与计算涵长相等，对于以预制安装方式施工的盖板涵和圆管涵，由于预制件的尺寸所限，为方便施工，往往对涵长进行调整：用标准件与机动件组合，使采用涵长尽量接近计算涵长。PCV 可以自动根据标准件和机动件的尺寸确定出最科学的组合对涵长进行调整，同时使用者还可以对调整过程进行干预，决定采用涵长的取定原则，可选的原则有：采用涵长最接近计算涵长、采用涵长必须大于计算涵长、采用涵长必须小于计算涵长。

PCV 将涵长调整量放置在出口端，因而出口端的路基边坡在涵长有调整时与输入的原始边坡并不相等，这是正常现象。

(18)涵洞斜交角度

在 PCV 中，涵洞斜交角度是指涵洞轴线与路中线法向夹角(度)，正交涵的 Hdangle 被认为是 0°，斜交涵洞的角度有正负之分。其正负符号示意如下：

在一些地方，涵洞斜交角度指涵洞轴线与路线的夹角，只是约定方式的差异。PCV 数量汇总表中的斜交角度指涵洞轴线与路线的夹角。

(19)编辑涵洞说明

每个涵洞的说明可以作修改(修改后需要重新计算)，图 9-35 中以$符号开头的字符是 PCV 内部定义的“宏”，涵洞计算时每个宏都将被替换为相应的字符。例如：$Z 代表涵洞的中心桩号，假如正在设计的涵洞桩号为 K0 + 100.23，那么，计算时，涵洞说明中的$Z 就会被替换为实际的桩号 K0 + 100.23。各种“宏”的含义如下：

$L——涵洞的正投影长度，单位 cm；

$X——涵洞的斜长(正交时与$L 相同)，单位 cm；

$Z——涵洞中心桩号，单位 m；

$F——涵洞轴线与路中线法线夹角；

$A——涵洞轴线与路中线夹角；

$H——涵洞类型(如石拱涵)；

$G——立面与平面作图比例；

$D——大样作图比例；

$Y——基底容许应力,单位 MPa；

$99——盖板涵 99cm 板的块数；

$74——盖板涵 74cm 板的块数；

$YX——盖板涵异形板中心长度,单位 cm(沿涵轴线方向)；

$R——换填长度,单位 cm。

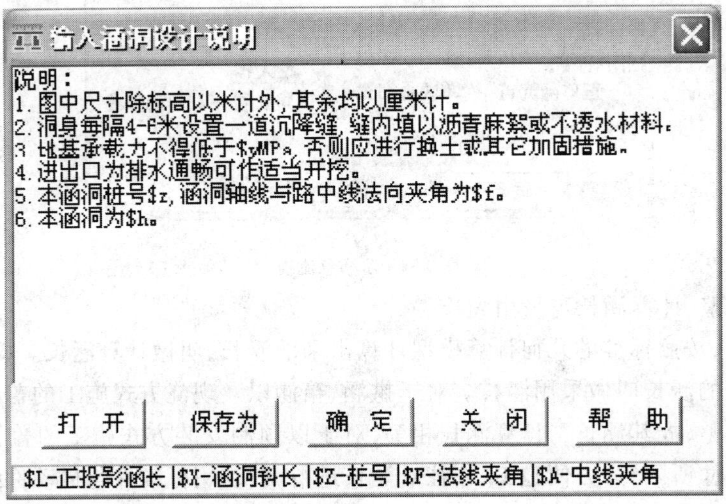

图 9-35　编辑涵洞说明

设计总说明

一个完整的涵洞项目的设计文件应该包含一个设计总说明。这个说明应该至少包含以下内容：

(1)概述：说明本项目涵洞的一些概况,如各类涵洞形式的道数、涵洞形式选择的依据等。

(2)设计依据：重点说明计算理论和参考资料。

(3)施工注意事项：施工工艺流程要求、各部位建筑材料等。

通过 PCV 自带的通用图与规范文件设计涵洞时,规范所在目录提供了与规范相对应的说明,这些文件的内容可以被加入设计总说明中。

生成设计图

在“数据”菜单中设置好各种参数后,即可以单击菜单“设计图 \ 生成布置图”来绘制涵洞的布置图。

在设计构造图(如盖板构造图)时,在“设计图”菜单中设置各种参数后,单击相应的绘图菜单即可绘制出构造图。

注：各种设计图中,当用 Window 字体显示时,I 级钢筋用^号代替,II 级钢筋用 & 符号代替,用 PCV 自带字库时(执行 Font 命令可以设置),会自动显示为正确的钢筋等级符号。其他钢筋的符号仍然被显示为 I 级钢(R235)和 II 级(HRB335)钢符号,使用者应该通过自定义字体将它们的显示形状修改为正确的符号。

复习思考题

1.PCV 公路涵洞 CAD 的运行环境要求是什么？

2.PCV 系统具有哪些特点？

3.PCV 设计涵洞的基本流程是什么？

4.设计涵洞纵断面布置图要输入哪些参数？

5.数据输入完毕，如何生成设计图？

6.利用本书示例 6～10 相关数据，上机操作，绘制拱涵、盖板涵、管涵、箱涵和倒虹吸施工图各一份，并与原图比较。

第十章　桥梁通 CAD 软件简介

第一节　概　　述

一、安　　装

（1）安装应在 Windows 98 第二版及以上中文操作系统下进行，先插入桥梁通 CAD 光盘或软盘第一张，键入 setup，并按提示一步步安装。安装完毕后取出光盘或软盘，以后即可在 Windows 95 或 98 操作系统下运行。

（2）桥梁通 CAD 的安装目录宜用西文建立，否则 AutoCAD R14 无法正常运行。

（3）为避免软件钥匙的安装影响打印接口（并行口）的输出，应安装设备驱动程序。方法是：运行桥梁通目录下 drivers 子目录下的 Registry.exe －p ...\ Drivers。如果在 Windows 2000 或 Windows NT 环境下运行，用户进入 drivers 子目录，打开并仔细阅读 readme.txt 文件内容。

二、配　　置

（1）运行环境：Windows 98 第二版及以上中文操作系统；图形平台为 AutoCAD R14、AutoCAD 2000、AutoCAD 2002。

（2）桥梁通 CAD 安装目录 C:\ QLTCAD6 下有三个子目录，其中子目录 Autosetup 存放若干 AutoCAD 的支撑文件。用户在启动 AutoCAD 前，应将 AutoCAD 的工作目录设置为 C:\ QLTCAD6 \ Autosetup。方法是：刷新屏幕，将鼠标移至 AutoCAD R14 快捷图标处，点击右键，再点击“属性”，在起始位置(S)后面输入 C:\ QLTCAD6 \ Autosetup。这样桥梁通 CAD 为用户提供的 AutoCAD 外部命令可以启动。

三、运　　行

（1）运行桥梁通 CAD 时，必须插入相应的桥梁通的“软件钥匙”，否则桥梁通软件无法正常运行。

（2）用户应在切断电源情况下，将“软件钥匙”插入主机上的打印机接口中，再将打印机接线插头插入“软件钥匙”上。

（3）桥梁通 CAD 安装完毕后，自动在屏幕面板上生成快捷图标如图 10-1 所示，只需点击它即可运行。也可以点击“开始”按钮的程序中的《桥梁通 CAD6》下的 qltcad.exe，达到运行的目的。注意，此时必须要插上“软件钥匙”方可正常运行。

（4）为了使更多的设计者在输入数据时不受“软件钥匙”的限制，桥梁通为用户提供了桥梁通数据编辑器，用户仅需在屏幕面板上点击快捷图标《桥梁通 CAD6 数据编辑器》。也可以点击“开始”按钮的程序中的《桥梁通 CAD6》下的 qltcadedit.exe，达到运行的目的。

图　10-1

(5)桥梁通采用了多文档管理系统，可以同时显示若干窗体并打开若干工程文件，大大方便用户的操作。但是打开窗体越多，留给用户的系统资源将会越少。

(6)点击生成有关构造图（包括钢筋图）按钮，将生成 AutoCAD 的 * **.scr** 或 * **.lsp** 图形文件，用户进入 AutoCAD，在 Command 命令项后键入 **script + 空格 + 文件名**或 **qscr + 空格 + 文件名**，即可将图形展现在屏幕上。qscr 较 script 命令调入的图形速度快得多。

(7)进入 AutoCAD 后（或选择 AutoCAD 的菜单文件 file，弹出下拉式菜单选择新的 new）弹出对话框**"Create New Drawing"**，选择**"Use a Template"**中的 Acad.dwt，避免地质钻孔符号无法正常显示。

(8)桥梁通 CAD 系统附带了许多示例，一个文件对应一个示例，每个示例提供的数据至少可以完成一种计算或绘图（如盖梁计算或 U 台计算或桩柱绘图）的功能。如何知道示例文件可以完成的功能？选择主菜单上的**"辅助工具"**弹出下拉式菜单，再点击**"快速浏览桥梁通文件数据功能"**，弹出浏览操作桥梁通文件数据功能的操作框如图 10-2 所示，进入左上区的**"文件选择"**，选定那个文件，该文件数据功能说明立即显示在下面的**"功能显示框"**内。

图 10-2

四、基本功能

1.桥梁通 CAD 的主要功能简介表（表 10-1）

功 能 简 介　　　　表 10-1

序号	项　目	主要菜单选项	功 能 简 介
1	桥型布置绘图	绘制桥型布置图	正斜交，I 形、T 形、箱形、板断面；柱式、肋式、薄壁、重力式墩台，扩基或桩基；墙式、波形、栏杆式护栏；单双幅桥左右幅可同宽或变宽；自动计算各墩台设计高程、基顶、基底高程，绘制桩号、高程、坡度坡长一览表；绘地质钻孔；全桥基桩坐标计算并绘制其坐标图
		计算绘制桩坐标	
2	盖梁计算与绘图	墩台帽计算	对独柱、2～6 柱墩（台）帽梁作内力分析、配筋计算、强度验算、裂缝计算，输出计算书
		墩台帽钢筋构造	独柱、2～4 柱，正斜交，等高或端部变高，箍筋可加密，弯筋可正弯或斜弯，动态钢筋编号，含明细表
3	桩柱式桥墩计算绘图	桩柱桥墩计算	对墩柱（独柱、2～6 柱）、基桩作内力、桩长、位移、抗裂、配筋计算，输出计算书
		桥墩一般构造	独柱、2～6 柱，平坡或单向横坡，正交或斜交，桩柱式、柱式配承台（单、双排桩）或扩基
		挡块钢筋构造	正交或斜交，单侧或双侧设挡块，含钢筋明细表
		系梁钢筋构造	2 柱或 3 柱或 4 柱，正交或斜交，含钢筋明细表
		桩柱钢筋构造	桩柱截面不同，可配系梁，桩底可留素混凝土，主筋可截断或直通，动态钢筋编号，含明细表

续上表

序号	项　目	主要菜单选项	功 能 简 介
4	重力式U形桥台计算与绘图	U形桥台布置图	对4个截面、4种布载、14项单项荷载、8种组合顺桥向作内力计算、偏心距验算、强度验算、基底应力计算,稳定验算。输出计算书,成图含材料表,用于正斜交。材料包括:石料、片石砌体、块石砌体、粗料石砌体、混凝土预制块砌体、混凝土、片石混凝土砌体
		U形桥台计算	
5	实体桥墩计算与绘图	实体桥墩布置图	对4个截面、2种布载方式、13项单项荷载、顺桥向7种横桥向5种组合进行内力计算、偏心距验算、强度验算、基底应力计算,稳定验算。输出计算书,成图含材料表,用于正交或斜交。材料同重力式U形桥台
		实体桥墩计算	
6	桩柱式桥台绘图	桥台一般构造	2~6柱,平坡或单向横坡,正交或斜交,单侧或双侧设耳墙
		耳背墙钢筋构造	正交或斜交,背墙为牛腿、台阶或直墙式,可选配搭板,动态钢筋编号,含钢筋明细表
		搭板钢筋构造	正交或斜交,含钢筋明细表
		桩柱钢筋构造	桩柱截面不同,桩底可留素混凝土,主筋可截断或直通,动态钢筋编号,含钢筋明细表
		系梁钢筋构造	2柱或3柱或4柱,正交或斜交,含钢筋明细表
7	承台柱式墩绘图	桥墩一般构造	独柱、2~6柱,平坡或单向横坡,正交或斜交
		挡块钢筋构造	正交或斜交,单侧或双侧设挡块,含钢筋明细表
		墩身钢筋构造	墩身为圆形截面,配承台或扩大基础,含钢筋明细表
		承台钢筋构造	双排桩,2~4柱,承台为哑铃形,含钢筋明细表
		桩基钢筋构造	桩柱截面相同或配承台,桩底可留素混凝土,主筋可截断或直通,动态钢筋编号,含明细表
8	承台肋式台绘图	桥台一般构造	2~6柱,平坡或单向横坡,正交或斜交,单侧或双侧设耳墙
		耳背墙钢筋构造	正交或斜交,背墙为牛腿、台阶或直墙式,可选配搭板,动态钢筋编号,含钢筋明细表
		搭板钢筋构造	正交或斜交,含钢筋明细表
		肋台身钢筋构造	正交或斜交,下接双排桩承台或扩基,含钢筋明细表
		承台钢筋构造	接双排桩,2~4柱,承台为哑铃形,含钢筋明细表
		桩柱钢筋构造	桩柱截面不同,桩底可留素混凝土,主筋可截断或直通,动态钢筋编号,含钢筋明细表
9	桩接盖梁桥墩绘图	桥墩一般构造	独柱、2~6柱,平坡或单向横坡,正交或斜交
		挡块钢筋构造	正交或斜交,单侧或双侧设挡块,含钢筋明细表
		桩基钢筋构造	桩柱截面相同或配承台,桩底可留素混凝土,主筋可截断或直通,动态钢筋编号,含明细表
10	桩接盖梁桥台绘图	桥台一般构造	2~6柱,平坡或单向横坡,正交或斜交,单侧或双侧设耳墙
		耳背墙钢筋构造	正交或斜交,背墙为牛腿、台阶或直墙式,可选配搭板,动态钢筋编号,含钢筋明细表
		搭板钢筋构造	正交或斜交,含钢筋明细表
		桩柱钢筋构造	桩柱截面不同,桩底可留素混凝土,主筋可截断或直通,动态钢筋编号,含钢筋明细表

续上表

序号	项　目	主要菜单选项	功 能 简 介
11	扩基柱式墩绘图	桥墩一般构造	独柱、2~6柱,平坡或单向横坡,正交或斜交
		挡块钢筋构造	正交或斜交,单侧或双侧设挡块,含钢筋明细表
		墩身钢筋构造	墩身为圆形截面,配承台或扩大基础,含钢筋明细表
		扩基钢筋构造	基础为1~3阶,上下层设钢筋网,含钢筋明细表
12	扩基肋式台绘图	桥台一般构造	2~6柱,平坡或单向横坡,正交或斜交,单侧或双侧设耳墙
		耳背墙钢筋构造	正交或斜交,背墙为牛腿、台阶或直墙式,可选配搭板,动态钢筋编号,含钢筋明细表
		搭板钢筋构造	正交或斜交,含钢筋明细表
		肋台身钢筋构造	正交或斜交,下接双排桩承台或扩基,含钢筋明细表
		扩基钢筋构造	基础为1~3阶,上下层设钢筋网,含钢筋明细表
13	薄壁桥台绘图	桥台一般构造	单侧或双侧设耳墙或挡块,平坡或单向横坡,正交或斜交
		耳墙钢筋构造	单侧或双侧设耳墙,正交或斜交,动态钢筋编号,里外受力筋直径可不同,含钢筋明细表
		搭板钢筋构造	正交或斜交,含钢筋明细表
		台帽钢筋构造	单侧或双侧设挡块,正交或斜交,背墙墙式配搭板,动态钢筋编号,含钢筋明细表
		台身钢筋构造	单侧或双侧设耳墙,平坡或单向横坡,正交或斜交,含钢筋明细表
		承台钢筋构造	配单排桩,正交或斜交,含钢筋明细表
		支撑梁钢筋构造	根数不限,正交或斜交,含钢筋明细表
		桩基钢筋构造	根数不限,桩底可留素混凝土,主筋可截断或直通到底,动态钢筋编号,含钢筋明细表
		锥坡裙墙构造	正交或斜交,半幅或全幅,计算裙墙、挡墙、锥坡铺砌等圬工数量

2.桥梁通 CAD6.0 辅助计算工具功能表(表10-2)

桥梁通 CAD6.0 辅助计算工具功能表　　表10-2

序号	主要菜单选项	功 能 简 介
1	矩形截面配筋	受力方式:纯弯构件或压弯构件; 设计方式:单筋设计、双筋设计、上下钢筋面积不等; 设计或验算:计算钢筋面积或验算构件强度; 裂缝计算:计算受拉区裂缝; 输　　出:计算结果文件供打印
2	圆形截面配筋	受力方式:压弯构件; 设计方式:钢筋沿圆周边均匀分布; 裂缝计算:按公路和铁路规范分别计算; 输　　出:计算结果文件供打印
3	I形或T形截面配筋	受力方式:纯弯构件; 设计方式:单筋设计、双筋设计、上下钢筋面积不等; 截面形式:I形或T形; 裂缝计算:计算受拉区裂缝; 输　　出:计算结果文件供打印

序号	主要菜单选项	功能简介
4	单排桩墩顶位移计算	桩、柱截面:圆形或矩形; 桩基信息:非嵌岩打入桩沉桩、非嵌岩钻孔灌注桩、嵌岩桩或支撑桩; 墩顶作用力:单独水平作用、单独弯矩作用、两者共同作用; 输　　出:墩顶水平位移和转角位移、冲刷线处水平位移和转角位移
5	荷载加载计算 (按旧规范暂未升级)	布载方式:双孔布载、左孔布载、右孔布载; 汽车荷载:汽车-10级、汽车-15级、汽车-20级、汽车-超20级、汽车城-A级、汽车城-B级; 挂车荷载:履带-50、挂车-80、挂车-100、挂车-120、特挂-160、特挂-220、特挂-300、特挂-420; 输　　出:人群左、右支反力;汽车左、右支反力、冲击分数、行车走向、加载长度轮重、一辆重车轮重;挂车左、右支反力、行车方向、加载长度轮重、一辆重车轮重
6	群桩计算	输　　出:承台底水平位移、竖直位移和旋转角度。 桩顶弯矩、水平力、最大和最小竖直力
7	土中最大弯矩计算	动态显示:土中弯矩图、土侧应力图、土中水平力图。 输　　出:计算结果文件供打印
8	桩长计算	已知:桩顶竖直力、桩基截面尺寸、地质资料。 输　　出:桩长
9	钢筋外径、内径、每米重表	输　　出:不同钢筋直径的外径、内径和每延米质量,供用户查用
10	钢筋弯钩折减表	输　　出:不同钢筋直径45°、90°、135°弯钩折减表,供用户查用
11	螺旋钢筋长度计算	输　　出:螺旋钢筋上、下开口直径相等或不等,不同螺旋钢筋间距绑扎下螺旋钢筋的长度

第二节　桥梁通 CAD 术语和按钮

一、有关概念

(1)一个工程:指一座桥梁。

(2)工程文件:将一座桥梁的原始数据存放在一个文件中。

(3)缺省工程:当用户进入桥梁通 CAD6.x 时,此时的工程文件名为缺省工程文件名 unname.qlt,一但存盘,将弹出一个文件选择对话框,让用户选择新的文件后存盘。注意,用户不要选择 unname.qlt 作为工程文件名。如图 10-3 所示。

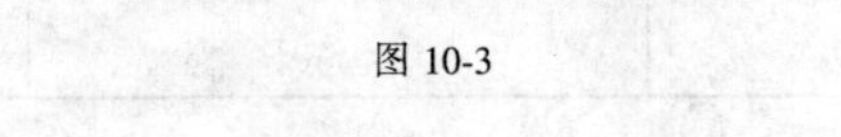

图 10-3

(4)**打开旧工程**:打开一个硬盘上存在的工程文件,鼠标点击后将弹出一个文件选择对话框,如图 10-4 所示。

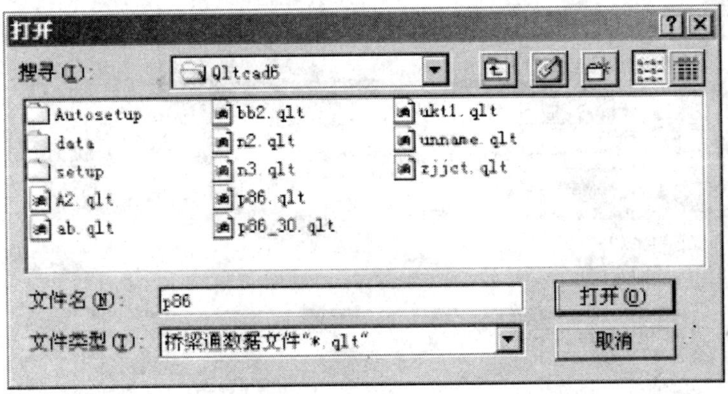

图 10-4

(5)**打开新工程**:打开一个硬盘上不存在的工程文件,鼠标点击后将弹出一个文件选择对话框,如果工程文件存在将被提示是否删除,**"确认"**重新在硬盘上建立,**"放弃"**不建立该工程文件。

(6)**另存为工程**:将当前工程文件存为另一个工程文件,鼠标点击后将弹出一个文件选择对话框,选择文件后确认,文件不存在时创建,存在时完全覆盖,并将当前窗体的工程文件名改为另存为的工程文件名。

(7)**插入工程**:插入当前工程或已经存在工程的部分数据,或这些工程不同墩台的部分数据,这些数据仅仅指当前窗体显示的内容,当前窗体的工程文件名不变。鼠标点击后将弹出一个文件选择对话框,确认选择的文件后又弹出一个桥墩或桥台编号选择对话框,选定桥墩或桥台编号后即可将插入工程文件的指定桥墩或桥台编号的窗体显示内容刷新到当前窗体。

二、窗　　体

(1)**动态窗体**:在打开的多个窗体中,只要鼠标点击任何一个窗体即可被激活的窗体。

(2)**静态窗体**:打开该窗体后无法操作已经打开的其他窗体的窗体。

(3)**窗体平铺**:点击桥梁通主菜单"窗口(W)"下拉式菜单的"平铺",窗体满屏均匀分布。

(4)**窗体层迭**:点击桥梁通主菜单"窗口(W)"下拉式菜单的"层迭",窗体均匀层迭。

(5)**当前窗体**:显示的多个数据输入窗体中,被最后激活的、浮在最前面的窗体,如图 10-5 所示。

三、其他按钮功能

改变字体按钮:改变当前窗体字体的大小、颜色、字型等,如果重新打开窗体,字体将被选为缺省值。

改变颜色:改变当前窗体和窗体附着的构件的颜色。

打印输出:打印有关数据或计算结果,鼠标点击后将弹出一个打印对话框如图 10-6 所示,用户可对打印进行设置。

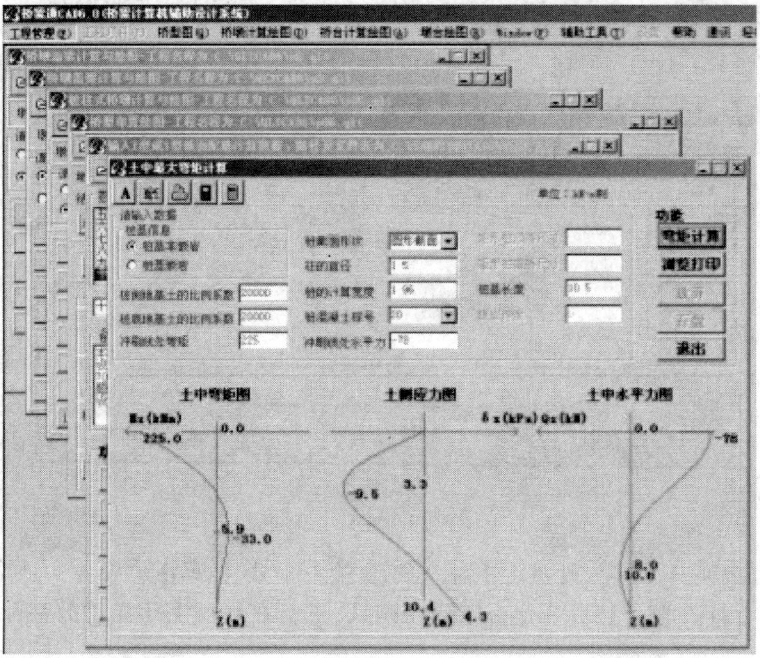

图 10-5

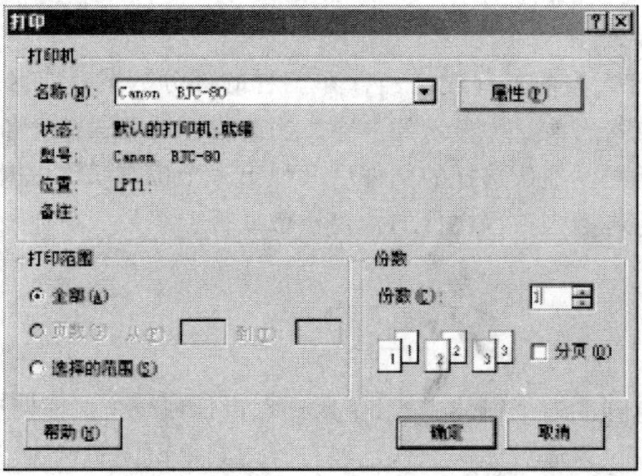

图 10-6

关闭按钮:关闭当前窗体,并对该窗体的数据进行必要的判断,如果为空或不合理提示用户。

计算器按钮:点击它可打开计算器。

放弃按钮:对当前窗体的数据放弃修改。

存盘按钮:对当前窗体的数据确认修改并存在硬盘上如图10-7所示。

退出按钮:关闭当前窗体,并对该窗体的数据进行必要的判断。

窗体右上角×关闭按钮:关闭当前窗体,不对该窗体的数据进行必要的判断。

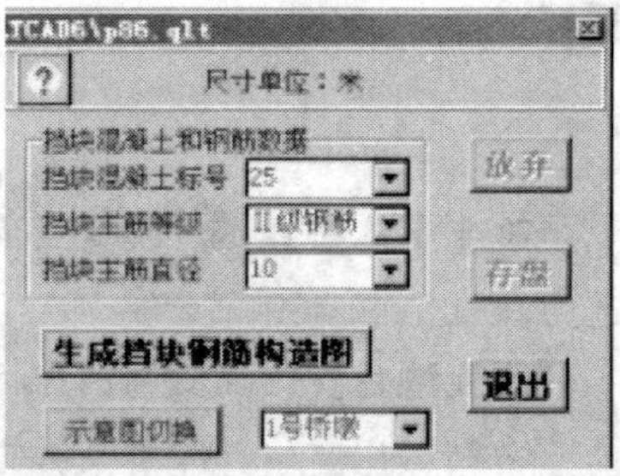

图 10-7

Esc 按钮:关闭当前窗体,不对该窗体的数据进行必要的判断。

大桥名称、斜交角度、桥面横坡按钮:鼠标点击后将弹出一个“**输入大桥名称、斜交角度、桥面横坡**”对话框如图 10-8 所示,输入该工程的大桥名称、斜交角度、桥面横坡,确认正确后存盘并退出。当选择“**全桥墩台斜交角度相同**”时,以后该工程的各个墩台的斜交角度发灰无法再输入,当选择“**全桥桥面横坡相同**”时,以后该工程的各个墩台的桥面横坡发灰无法再输入。

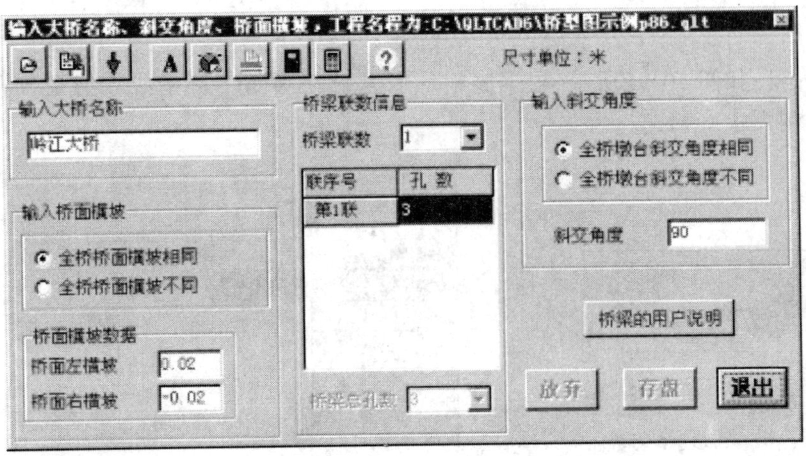

图 10-8

插入同一工程不同桥墩或桥台编号的数据:快速双击红色的“**桥墩或桥台编号**”选择框,弹出一个墩台编号选择框如图 10-9 所示,选取要插入的桥墩或桥台编号,确认后即可将另一桥墩或桥台的数据调入到当前窗体中。

“仅生成材料表”或“图纸和材料表”选择框:如图 10-10 所示,选择“**仅生成材料表**”指生成的钢筋构造图无钢筋图,只有材料数量表;选择“**图纸和材料表**”指生成的钢筋构造图既有钢筋图,又有材料数量表。

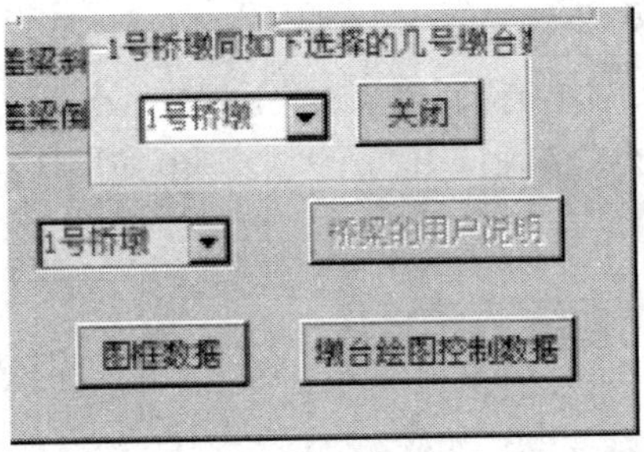

图 10-9

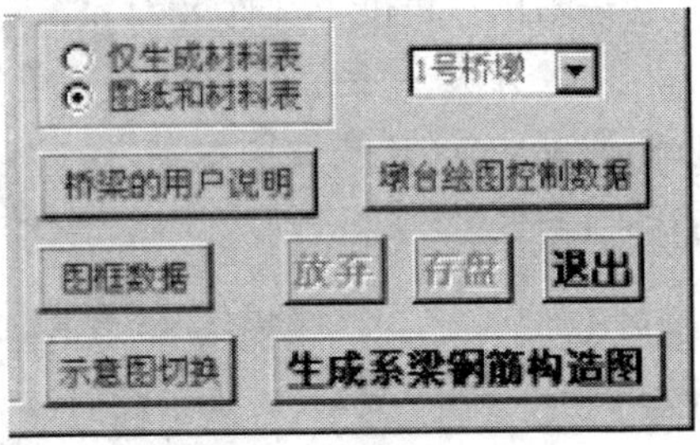

图 10-10

桥梁的用户说明按钮:点击该按钮弹出桥梁的用户说明输入窗体,供用户对大桥作详细说明。

图框数据输入按钮:点击该按钮弹出图框数据输入窗体,供用户输入图框数据。

四、编辑或选择

信息选择框:如图 10-11 所示,直接由鼠标点击。

数据选择框:如图 10-11 所示,鼠标点击该数据框提示的数据。

数值输入框:如图 10-12 所示,输入数值,如果非数值,立即提示用户。

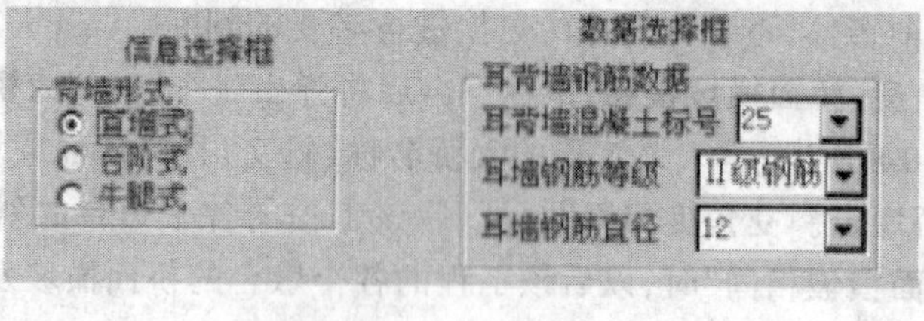

图 10-11

表格输入框:如图 10-13 所示,根据表格的表题自动判断字符型或数值型数据,如果非数值,立即提示用户。

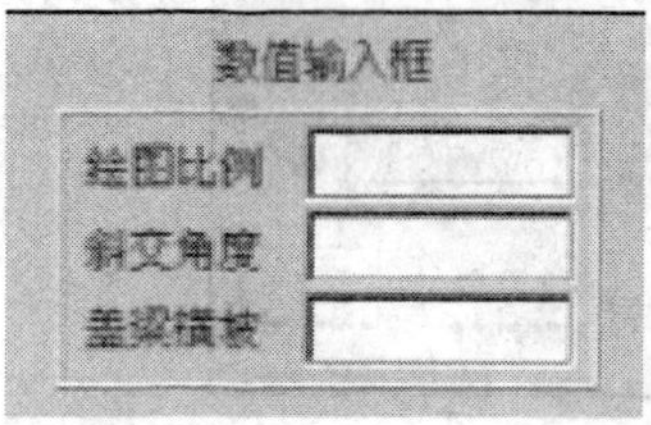

图 10-12

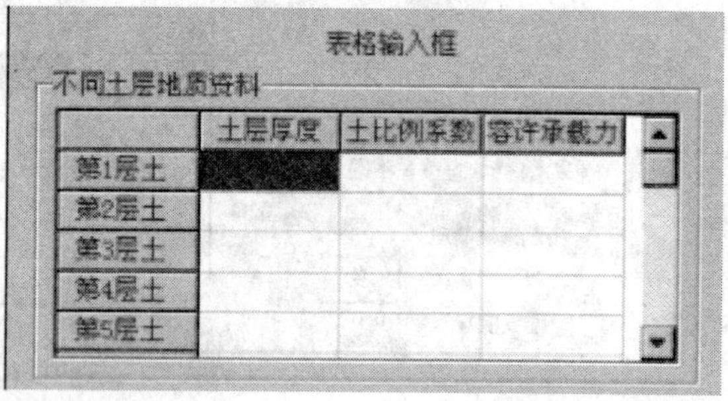

图 10-13

第三节 运用桥梁通 CAD 绘制桥型布置图

一、用户界面

1.样板文件的使用和建立用户工程文件名

系统为用户提供了文件名为 p86.qlt 的样板文件,该桥的数据是完整的。建立用户工程文件名有两种方法,一是在桥梁通主菜单的工程管理下拉式菜单的**"创建工程"**下建立,另一种是在桥梁通主菜单的**"桥型图绘制"**下拉式菜单的**"打开文件"**按钮下建立;系统弹出如图 10-14 所示的对话框。

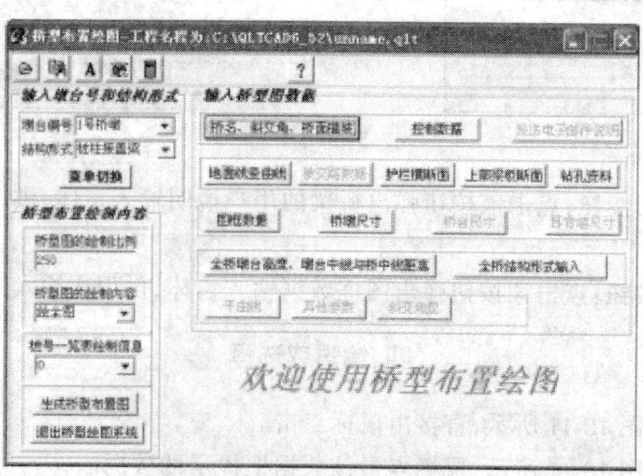

图 10-14

2.桥名、斜交角度、桥梁横坡

点击**"桥名、斜交角度、桥梁横坡"**按钮，弹出**"桥名、斜交角度、桥梁横坡"**数据输入窗体如图 10-15 所示，输入全桥名称、斜交角度、桥梁横坡、桥梁联孔信息等数据。

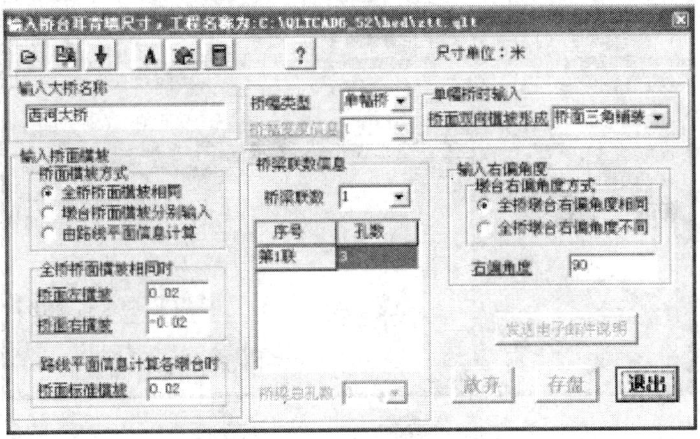

图 10-15

3.墩台编号和结构形式

点击图 10-14 左上角的墩台编号，确定几号桥墩(桥台)的数据输入。再点击左上角的结构形式，选定该桥墩(桥台)编号对应的结构形式，再点击**"桥墩尺寸"**按钮，弹出**"墩台尺寸输入"**对话框，如图 10-16 所示，输入所选将桥墩(桥台)的数据。直到全桥墩台结构形式全部输入完毕。当然，用户只要点击**"全桥结构形式输入"**按钮，弹出**"全桥结构形式输入"**数据输入窗体，如图 10-17 所示，可以很方便的一次将全桥墩台结构形式全部输入。

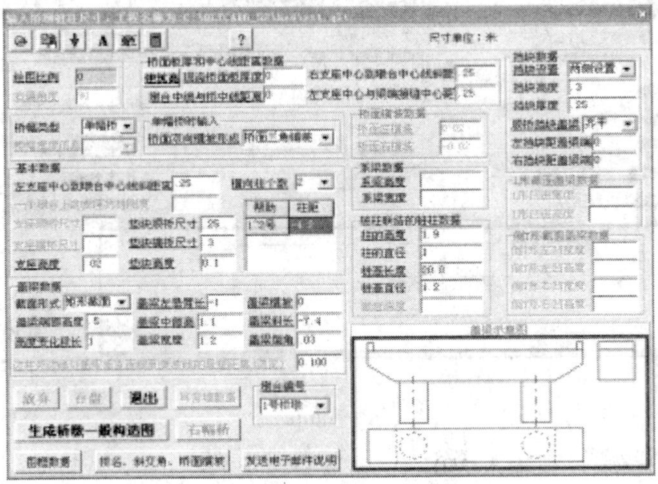

图 10-16

4.输入桥型图控制数据

进入桥型图主窗体，如图 10-14 所示，点击**"控制数据"**按钮，弹出**"桥型图控制数据"**输入窗体，如图 10-18 所示，按照要求输入桥型图控制数据，数据输入完毕后点击"存盘"即可。

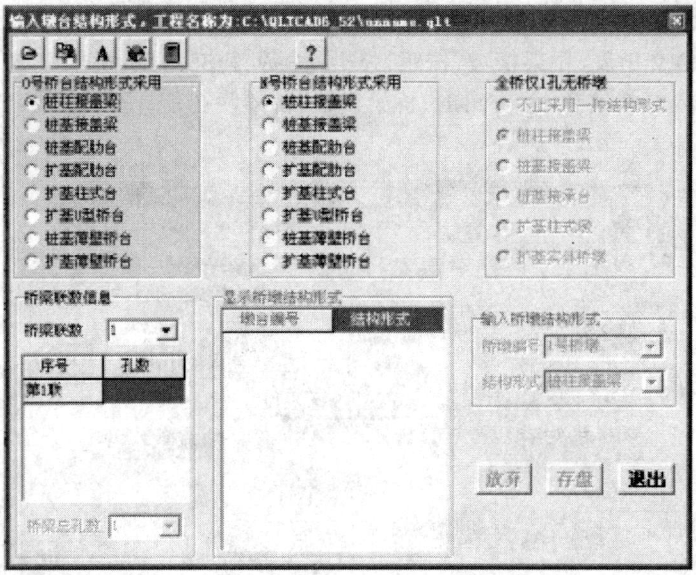

图　10-17

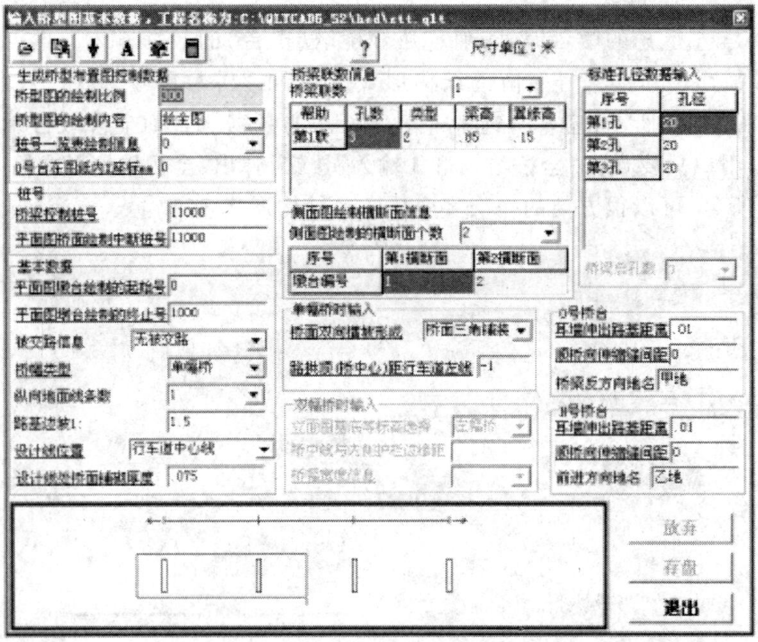

图　10-18

桥型图的绘制比例:一般输入 250。

桥型图的绘制内容:选择绘全图;绘立面;绘平面;绘侧面;绘立面和侧面。

桩号一览表绘制信息:选择 0、1、2、3、4。(0)不绘。绘制桩号一览表内容包括:桩号、地面高程、坡度坡长、设计高程 4 项。绘制桩号一览表内容包括:桩号、地面高程、坡度坡长、设计高程、左线设计高程、右线设计高程 6 项(单幅桥)或 7 项(双幅桥)。绘制桩号一览表内容包括:

设计高程、左线设计高程、右线设计高程3项(单幅桥)或4项(双幅桥)。5位整型数AAAAA指从个位数起分别代表桩号、地面高程、坡度坡长、设计高程、左右线设计高程是否绘制。例如:AAAAA = 11表示仅绘制桩号和地面高程;AAAAA = 1001表示仅绘制桩号和设计高程;AAAAA = 1011表示仅绘制桩号、地面高程、设计高程三项内容。某位值等于0表示不绘,1表示绘制。

0号台在图幅内的X坐标(mm):0表示自动计算,一般输入0。

桥梁中心桩号:当小于0时绝对值表示0号台背墙前缘处桩号。

平面图桥面绘制中断桩号:其值表示平面图桥面要揭示的分界线。若该值小于桥梁起点桩号,则桥面全部揭示;若该值大于桥梁终点桩号,则桥面不揭示;若介于两者之间表示部分揭示。该值一般等于桥梁中心桩号。

平面图墩台绘制的起始号:墩台号规定左侧台以0号起算(下同)。若该值等于2,指0号台、1号墩在平面图中不画,2号墩及以后的墩台要绘制。

平面图墩台绘制的终止号:一般等于N号台(指右侧岸桥台),或一个较大的数。

左右幅桥宽度相关信息:1表示左幅桥同宽,右幅桥同宽且左右幅等宽;2表示左幅桥同宽,右幅桥同宽,左右幅不等宽;3表示左幅桥同宽,右幅桥变宽;4表示左幅桥变宽,右幅桥同宽。

被交路信息:选择:无被交路;主线上跨被交路;被交路上跨主线。

单双幅桥信息:选择:双幅桥;单幅桥。

桥梁反方向地名、桥梁前进方向地名:输入中西文均可。

纵向地面线条数:选择1或3条。

路基边坡:1.5表示1:1.5。

立面图设计高程选择:当双幅桥时,选择:左幅桥或右幅桥,立面图高程以左幅桥或右幅桥表现。

桥中线与内侧护栏边缘距离:双幅桥时指内侧护栏之间距离的一半。

桥梁联数:小于或等于20联。伸缩缝之间为一联。

每联孔数:该值大于0,标注3×800;若小于0,标注|←800→|←800→|←800→|。

每联类型:1表示等高度连续梁;2表示简支桥面连续梁;3表示简支梁;4表示简支板;5表示简支桥面连续板。

每联梁高、每联翼缘高:画立面图用。

侧面图绘制的横断面个数:小于或等于3。

被绘制的横断面墩台号:0表示0号台;1表示1号墩,余类推。

5.地面线和竖曲线数据

进入桥型图主窗体,点击**“地面线和竖曲线”**按钮,弹出**“地面线和竖曲线数据”**输入窗体,如图10-19所示,按照要求输入地面线和竖曲线数据,数据输入完毕点击**“存盘”**即可。

输入桥轴线地面线、桥轴线左地面线、桥轴线右地面线数据:包括地面点数、桩号、高程,输入的地面点不分桩号大小均作排序处理,桩号前冠以负号表示桩号一览表不标注,仅用于地面线绘制,避免了地面点过于密集在桩号一览表中标注时相互干扰。地面点最多237个点。

输入竖曲线变坡点资料:变坡点数、桩号、高程、半径。竖曲线变坡点最多5个。至少要输入2个或以上变坡点数据。每个变坡点桩号不能相同。

6.输入被交路数据

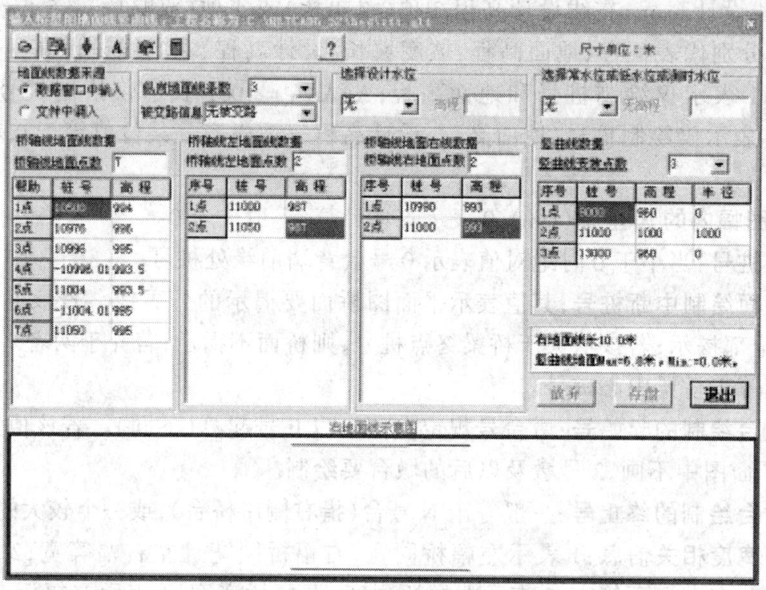

图 10-19

进入桥型图主窗体，在**“控制数据”**窗体中的被交路选择了有被交路，**“被交路数据”**按钮自动发亮，点击**“被交路数据”**按钮，弹出**“被交路”**数据输入窗体，如图 10-20 所示按照要求输入被交路数据，数据输入完毕点击**“存盘”**即可。

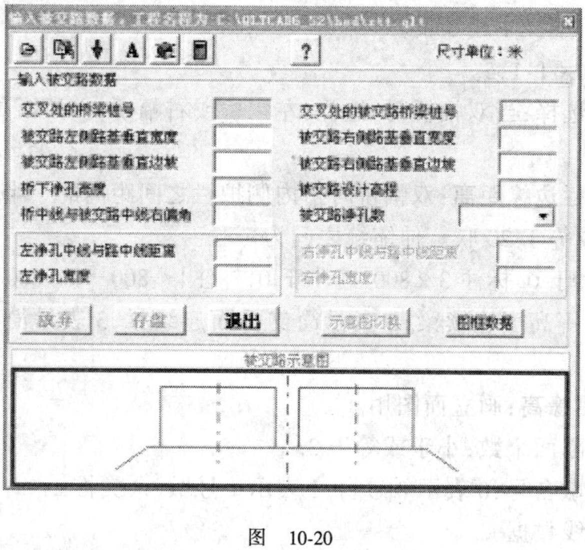

图 10-20

7.护栏横断面数据

进入桥型图主窗体，点击**“护栏横断面”**按钮，弹出**“护栏横断面”**数据输入窗体，按照要求输入护栏横断面数据，数据输入完毕点击**“存盘”**即可。

8.上部梁板断面数据

进入桥型图主窗体，点击**“上部梁板断面数据”**按钮，弹出**“上部梁板断面”**数据输入窗体，按照要求输入上部梁板横断面数据，横断面类型可以是**“I 形或 T 形梁”**如图 10-22 所示、**“空心板梁”**如图 10-23 所示、**“箱形梁”**如图 10-24 所示，数据输入完毕点击**“存盘”**即可。该数据仅绘制桥型图横断面使用。当第 1 个横断面数据输入完毕，输入第 2 个横断面数据时，如果第 2 个横断面数据与第 1 个横断面数据相同,可以快速双击右上角横断面数据输入选择框,弹出对话框,选择与第 1 个横断面数据相同,关闭对话框,第 2 个横断面数据输入完成。

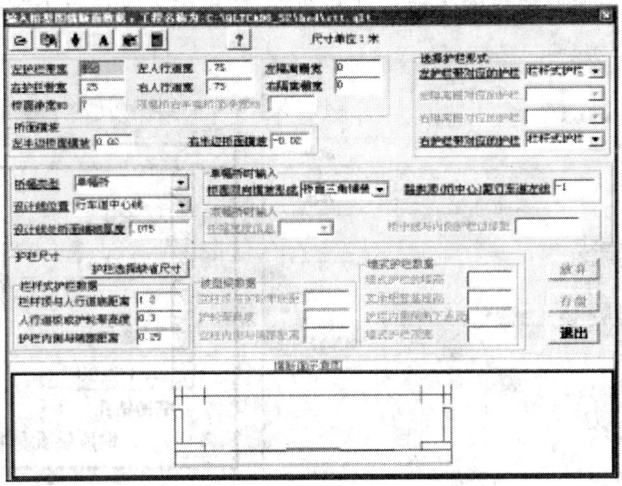

图 10-21

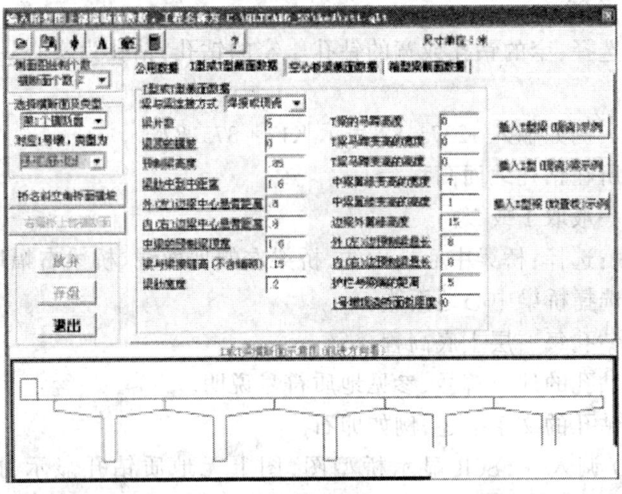

图 10-22

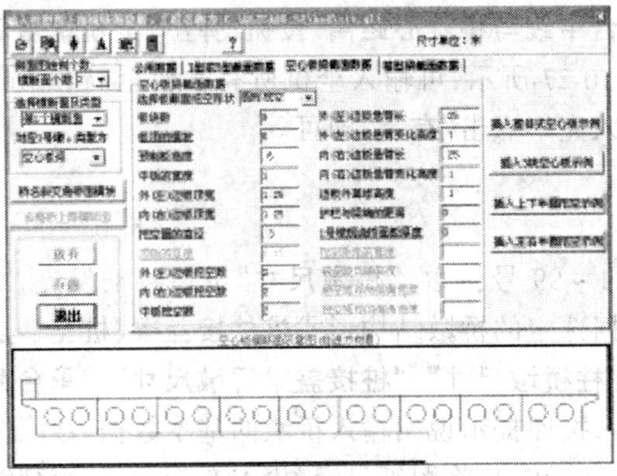

图 10-23

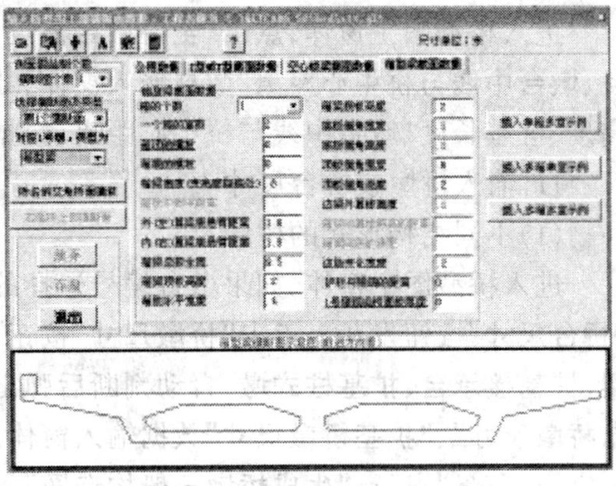

图 10-24

9. 钻孔资料

进入桥型图主窗体，点击**“钻孔资料”**按钮，弹出**“桥型图地质钻孔资料”**数据输入窗体，如图 10-25、图 10-26 所示按照要求输入地质钻孔数据，数据输入完毕点击**“存盘”**即可。

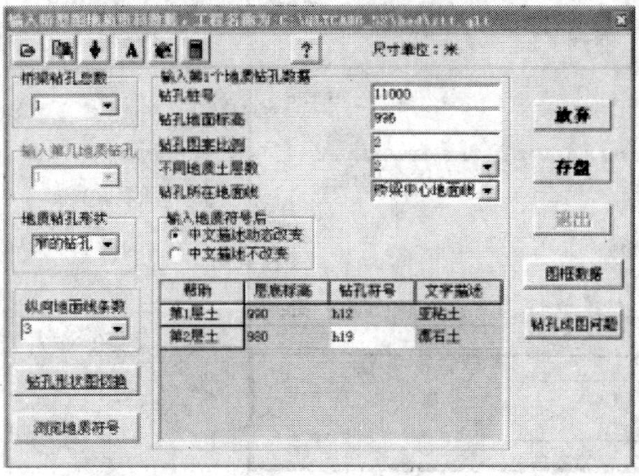

图 10-25

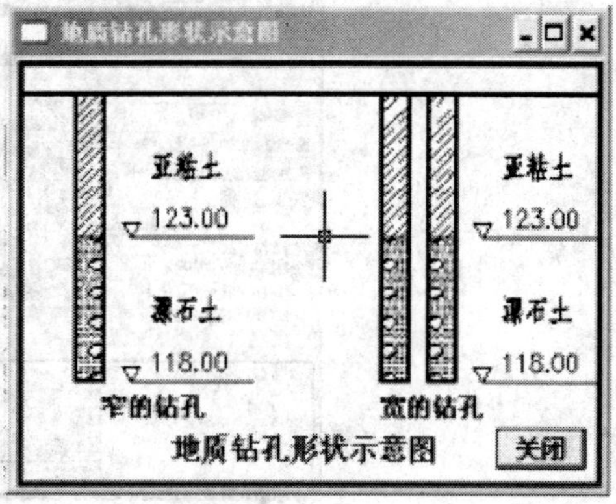

图 10-26

桥梁钻孔数：最多 30 个。

地质钻孔大小：选择：窄的钻孔或宽的钻孔。窄的钻孔：钻孔为实心。宽的钻孔：钻孔为空心，两侧为钻孔符号。

钻孔桩号：实数。例如输入 12375.82 表示 K12 + 375.82。

钻孔地面高程：所在钻孔地面高程。

钻孔图案比例：一般取 1 或 2。

钻孔所在地面线：选择：桥梁中心地面线、桥梁左幅地面线、桥梁右幅地面线。如果地面线选为 1 条，自动提示选择桥梁中心地面线。

层底高程：所在钻孔每一层土底高程。

钻孔符号：所在钻孔的地质符号，参见地质符号说明。

文字描述：所在钻孔的文字描述，例如卵石。

当进入 AutoCAD 调入 * .SCR 显示桥型图，图上无地质钻孔显示，此时用户应在‘command:’命令后执行 QXTZK，地质钻孔才会在屏幕上显示。

10. 输入桥墩或桥台的高度、桩长、墩台中线与桥中心距离

进入桥型图主窗体，点击**“全桥墩台高度、墩台中线与桥中心距离”**按钮，弹出**“全桥墩台高度、墩台中线与桥中心距离”**数据输入窗体，如图 10-27 所示，可输入全桥所有墩台全高和盖梁高度、桩基长度、墩台中线与桥中心距离，数据输入完毕点击**“存盘”**即可。

11. 输入桥墩或桥台尺寸

(1)不同结构形式的桥墩尺寸

进入桥型图主窗体，如果墩台编号选择的是 1 ~ 99 号桥墩，**“桥墩尺寸”**按钮自动发亮，而**“桥台尺寸”**按钮发灰。点击**“桥墩尺寸”**按钮，根据选定的桥墩结构形式**桩柱接盖梁、桩基接盖梁、桩基接承台、扩基柱式墩**，自动判断后弹出**“桩柱桥墩尺寸”**、**“桩接盖梁桥墩尺寸”**、**“承台联结桥墩尺寸”**、**“扩基桥墩尺寸”**数据输入窗体之一，按照提示说明输入桥墩的基本数据，数据输入完毕**“存盘”**，运行**“生成桥墩一般构造图”**，进入 AuotCAD 将图纸显示，检查有无错误，直到数据正确关闭该窗体。

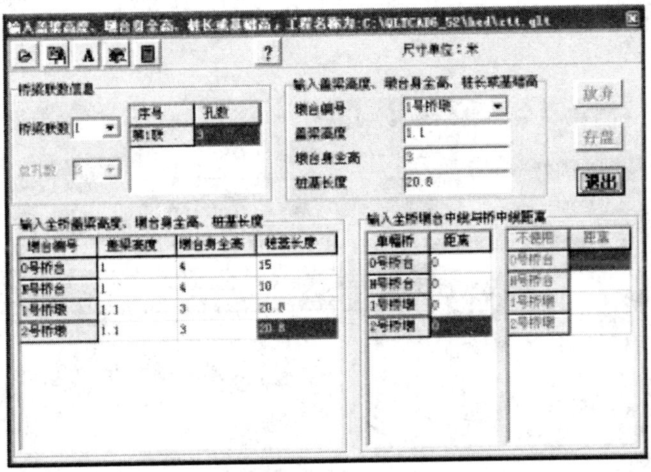

图 10-27

假设 1 号桥墩结构形式为**“桩柱接盖梁”**,点击**“桥墩尺寸”**按钮,则弹出**“桩柱桥墩尺寸”**数据输入窗体,如图 10-28 所示。其他桥墩结构形式数据输入窗体与此相似,此处不再赘述。

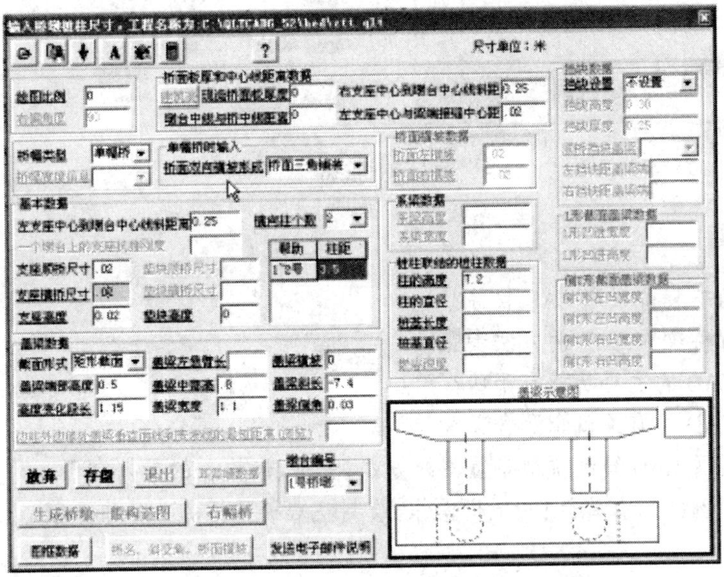

图 10-28

(2)不同结构形式的桥台尺寸

如果墩台编号选择的是 0 号桥台或 N 号桥台,**“桥台尺寸”**按钮自动发亮,而**“桥墩尺寸”**按钮发灰。点击**“桥台尺寸”**按钮,根据用户选定的桥台结构形式**桩柱接盖梁、桩基接盖梁、肋台配桩基、肋台配扩基、扩基柱式台、扩基 U 形桥台、桩基薄壁桥台、扩基薄壁桥台**,自动判断后弹出**“桩柱桥台尺寸”、“桩接盖梁桥台尺寸”、“承台联结桥墩尺寸”、“扩基桥墩尺寸”、“U 台一般构造数据”、“薄壁桥台尺寸”**数据输入窗体之一,按照提示说明输入桥台的基本数据,数据输入完毕存盘,运行**“生成桥台一般构造图”**,进入 AuotCAD 将图纸显示,检查有无错误,直到数据正确关闭该窗体。

假设 0 号桥台结构形式为**“扩基 U 形桥台”**,点击**“桥台尺寸”**按钮,则弹出**“U 形桥台一般**

构造图尺寸”数据输入窗体，如图 10-29 所示。其他桥台结构形式数据输入窗体与此相似，此处不再赘述。

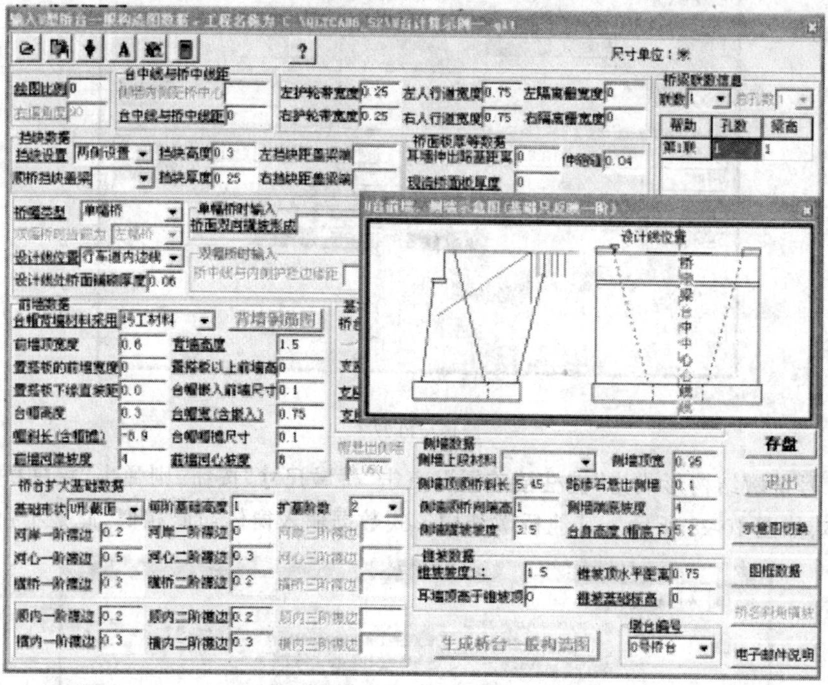

图 10-29

复习思考题

1.如何正确安装桥梁通 CAD 软件？
2.写出运行桥梁通 CAD 的方法步骤。
3.桥梁通 CAD 的主要功能有哪些？
4.桥梁通 CAD 的有关概念及含义？
5.运用桥梁通 CAD 绘制桥型布置图的方法、步骤、应输入的数据有哪些？
6.试利用示例(五)有关数据，上机操作，绘制空心板梁桥的总体布置图。

参考文献

[1] 顾克明,苏洪清,赵嘉行.公路桥涵设计手册—涵洞.北京:人民交通出版社,2001.

[2] 交通部.公路工程技术标准(JTG B01—2003).北京:人民交通出版社,2004.

[3] 交通部.公路桥涵设计通用规范(JTG D60—2004). 北京:人民交通出版社,2004.

[4] 交通部.公路工程基本建设项目设计文件编制办法. 北京:中国书目文献出版社,1996.

[5] 交通部.公路勘测规范(JTJ 061—99).北京:人民交通出版社,1999.

[6] 交通部.公路桥涵施工技术规范(JTJ 041—2000).北京:人民交通出版社,2000.

[7] 交通部.公路桥涵地基与基础设计规范(JTJ 024—85).北京:人民交通出版社,1985.

[8] 河北省交通规划设计院. 公路小桥涵手册. 北京:人民交通出版社,1982.

[9] 孙家驷.公路小桥涵勘测设计(第三版).北京:人民交通出版社,2004.

[10] 交通部公路司.西部通县公路建设技术指南.北京:人民交通出版社,2002.

[11] 刘培文,周卫,张君伟,马杰.公路小桥涵设计示例.北京:人民交通出版社,2005.

[12] 沈伦序.材料力学.北京:高等教育出版社,1988.

[13] 俞高明.桥涵水力水文.北京:人民交通出版社,1993.

[14] 周传林.公路小桥涵设计 . 北京:人民交通出版社,2003.

[15] 叶镇国.桥涵水文与水力学. 北京:人民交通出版社,1998.

[16] 白淑毅. 桥涵设计. 北京:人民交通出版社 ,2002.

[17] 沈月强.桥梁通 CAD6 用户手册.西安:西安方舟计算机有限责任公司,2001.

[18] 重庆海特科技发展有限公司,重庆市交通规划勘察设计院.道路涵洞快速设计——PowerCulvert 涵洞 CAD 教程.重庆海特软件,2005.